# Die Karte des Lebensverhaltens

## und Charakters

William Edward Hartpole Lecky

**Writat**

Diese Ausgabe erschien im Jahr 2024

ISBN: 9789359948393

Herausgegeben von
Writat
E-Mail: info@writat.com

# Inhalt

# KAPITEL I

Eine der ersten Fragen, die sich natürlich jedem Autor stellen muss, der sich mit dem Thema dieses Buches beschäftigt, ist, welchen Einfluss bloße Diskussion und Argumentation auf die Förderung des Glücks der Menschen haben können. Die Umstände unseres Lebens und die Veranlagungen unserer Charaktere bestimmen hauptsächlich das Maß an Glück, das wir genießen, und bloße Diskussionen über die Ursachen von Glück und Unglück können kaum etwas daran ändern. Es ist unmöglich, die vielen Bücher, die zu diesen Themen geschrieben wurden, zu lesen, ohne zu spüren, wie größtenteils sie aus bloß klingenden Allgemeinplätzen bestehen, die sich selbst die kleinste Erfahrung als völlig wirkungslos angesichts eines echten und akuten Kummers erweist, und es ist auch unmöglich, dies zu tun Man erlangt ernsthafte Kenntnisse über die Welt, ohne zu begreifen, dass ein großer Teil der glücklichsten Leben und Charaktere dort zu finden ist, wo Selbstbeobachtung, Selbstanalyse und Überlegungen über das Gute und Böse des Lebens den geringsten Platz einnehmen. Tatsächlich gehört Glück ebenso wie Gesundheit zu den Dingen, an die Menschen selten denken, es sei denn, sie sind beeinträchtigt, und vieles, was zu diesem Thema geschrieben wurde, wurde unter dem Stress einer großen Depression geschrieben. Solche Autoren ähneln dem Mann auf Hogarths Bild, der sich im Schuldnergefängnis mit Plänen zur Begleichung der Staatsschulden beschäftigt. Es gibt Momente, in denen wir alle die Kraft der Worte Voltaires spüren: „Travaillons sans raisonner, c'est le seul moyen de rendre la vie supportable."

Dass in solchen Überlegungen viel Wahres steckt, ist unbestreitbar, und nur innerhalb eines begrenzten Bereichs erstreckt sich der Bereich der Argumentation. Der Mensch kommt mit geistigen und moralischen Eigenschaften auf die Welt, die er nur sehr unvollkommen beeinflussen kann, und ein großer Teil der äußeren Umstände seines Lebens liegt ganz oder größtenteils außerhalb seiner Kontrolle. Gleichzeitig erkennt jeder die Macht von Geschick, Fleiß und Beharrlichkeit, die Umstände der Umgebung zu verändern; die Kraft der Mäßigung und Klugheit, eine von Natur aus schwache Konstitution zu stärken, das Leben zu verlängern und das Krankheitsrisiko zu verringern; die Kraft der Bildung und des Privatstudiums, um unsere intellektuellen Fähigkeiten zu entwickeln, zu schärfen und optimal einzusetzen. Jeder erkennt auch, dass ein großer Teil des Unglücks der meisten Menschen direkt auf ihre eigenen freiwilligen und vorsätzlichen Handlungen zurückzuführen ist. Die Macht, die jeder Mensch bei der Erziehung und Beherrschung seines Charakters und insbesondere bei der Kultivierung der Veranlagungen und Tendenzen besitzt, die am meisten zum Glück beitragen, wird weniger anerkannt und ist vielleicht weniger umfassend, aber nicht weniger real.

Die ewige Frage des freien Willens und des Determinismus begegnet uns hier natürlich, aber zu einem solchen Thema ist es müßig anzunehmen, dass ein moderner Schriftsteller mehr tun kann, als die Frage zu definieren und seinen eigenen Standpunkt darzulegen. Der Determinist sagt, dass die eigentliche Frage nicht darin besteht, ob ein Mensch tun kann, was er will, sondern ob er tun kann, was er nicht will; ob der Wille ohne Motiv handeln kann; ob dieses Motiv letzten Endes ein anderes sein kann als das stärkste Vergnügen. Die Illusion des freien Willens, so behauptet er, sei nur auf den Konflikt unserer Motive zurückzuführen. Unter vielen Formen und Verkleidungen haben Vergnügen und Schmerz ein absolutes Imperium über das Verhalten. Der Wille ist nichts anderes als der letzte und stärkste Wunsch; oder es ist wie ein Stück Eisen, das von Magneten umgeben ist und notwendigerweise von den stärksten angezogen wird; oder (wie man es sich auf geniale Weise vorgestellt hat) wie ein Wetterhahn, der sich seiner eigenen Bewegung bewusst ist, sich aber der Winde, die ihn bewegen, nicht bewusst ist. Das Gesetz der zwingenden Kausalität gilt für die Welt des Geistes ebenso wie für die Welt der Materie. Vererbung und Umstände machen uns zu dem, was wir sind. Unsere Handlungen sind das unvermeidliche Ergebnis der geistigen und moralischen Konstitutionen, mit denen wir auf die Welt gekommen sind, beeinflusst durch äußere Einflüsse.

Die Befürworter des freien Willens hingegen behaupten, dass es eine Tatsache des Bewusstseins sei, dass es eine klare Unterscheidung zwischen dem Willen und den Wünschen gebe und dass, obwohl sie eng miteinander verbunden seien, keine fundierte Analyse sie verwirren könne. Coleridge verglich ihre Beziehungen auf geniale Weise mit „der gleichzeitigen, aber wechselseitigen Wirkung der Luft und der Lebensenergie der Lunge beim Atmen". [1] Wenn der Wille durch die Wünsche kraftvoll beeinflusst wird, hat er seinerseits auch die Macht, auf sie einzuwirken, und er ist kein bloßer Sklave von Vergnügen und Schmerz. Die Befürworter dieser Ansicht behaupten, es sei eine Tatsache des reinsten Bewusstseins, dass wir Dinge tun können, die uns nicht gefallen; dass wir die Macht gebieterischer Begierden außer Kraft setzen, der Voreingenommenheit unserer Natur widerstehen können, um der Pflicht willen den Weg einschlagen, der am wenigsten Vergnügen bereitet, ohne daraus irgendeinen Genuss zu ziehen oder zu erwarten, und in einem bestimmten Moment zwischen alternativen Wegen wählen können. Sie behaupten, dass der Geist die Fähigkeit behält, zu wählen und zu urteilen, zu akzeptieren und abzulehnen, wenn verschiedene Motive vor ihm vorbeigehen; dass es durch die Kraft der Vernunft oder durch die Kraft der Vorstellungskraft ein Motiv in den Vordergrund rücken kann, indem es seine Aufmerksamkeit darauf konzentriert und so seine Kraft verstärkt; dass es eine entsprechende Kraft besitzt, sich anderen Motiven zu widersetzen, sie in den Hintergrund zu drängen und so ihre Kraft allmählich zu schwächen; dass der Wille selbst durch Übung stärker wird, so wie es die Wünsche durch Nachsicht tun. Der Konflikt zwischen dem Willen und den Wünschen, die Realität der Selbstbeherrschung und die Macht des Willens, den Charakter zu verändern, gehören zu den bekanntesten Tatsachen des moralischen Lebens. Mit den Worten von Burke: „Es ist das Vorrecht des Menschen, zu einem großen Teil ein Geschöpf zu sein, das er selbst erschaffen hat." Es gibt Menschen, deren ganzes Leben damit verbracht wird, das eine zu wollen und das Gegenteil zu wünschen, und jede Moral beruht auf der Annahme, dass wir zumindest eine gewisse Freiheit haben, zwischen Gut und Böse zu wählen. „Ich sollte", wie Kant sagt, impliziert zwangsläufig „Ich kann". Das Gefühl moralischer Verantwortung ist ein wesentlicher Bestandteil einer gesunden und entwickelten menschlichen Natur und setzt zwangsläufig einen freien Willen voraus. Das beste Argument dafür ist, dass es unmöglich ist, es wirklich zu leugnen. Kein Mensch kann sich davon abhalten, bestimmte Taten mit Empörung, Scham, Reue, Groll, Dankbarkeit, Begeisterung, Lob oder Tadel zu betrachten, was völlig bedeutungslos und irrational wäre, wenn diese Taten nicht hätten vermieden werden können. Wir können keine besseren Beweise zu diesem Thema haben als die, die sich aus dieser Tatsache ergeben. Es ist unmöglich, das Geheimnis des freien Willens zu erklären, aber solange ein Mensch nicht aufhört, diese Gefühle zu empfinden, ist es ihm nicht gelungen, daran zu glauben. Die Gefühle aller Menschen und der Wortschatz aller Sprachen bezeugen die Universalität des Glaubens.

Newman beschreibt in einer bekannten Passage seiner „Apologia" die immense Wirkung, die der Satz Augustins „Securus judicat orbis terrarum" auf seine Meinung hatte und ihn dazu veranlasste, sich der Kirche von Rom anzuschließen. Die Bedeutung dieser Überlegung in Bezug auf das Thema, auf das sich Dr. Newman bezieht, scheint nicht von großer Bedeutung zu sein. Das bedeutet nur, dass die christliche Kirche zu einer Zeit nur einen kleinen Teil der Menschheit umfasste; als alle Fragen der Orthodoxie oder umgekehrt praktisch in den Händen des Priestertums lagen; als Unwissenheit, Leichtgläubigkeit und Aberglaube auf ihrem Höhepunkt waren und die Gewohnheiten der Unabhängigkeit und Unparteilichkeit des Urteils sehr niedrig waren; und als jede Art gewaltsamer Verfolgung sich gegen diejenigen richtete, die von den vorherrschenden Dogmen abwichen, fanden es bestimmte Priesterräte möglich, Einstimmigkeit in Fragen wie den zwei Naturen in Christus oder den Beziehungen der Personen in der Dreieinigkeit zu erreichen diejenigen aus der Kirche auszuschließen, die von ihren Ansichten abwichen, und dass die einst gewaltigen Sekten, die leicht unterschiedliche Meinungen über diese unergründlichen Beziehungen vertraten, allmählich verschwanden. Eine solche Einstimmigkeit bei solchen Themen und durch solche Methoden erreicht zu werden, scheint mir keine überwältigende Wirkung zu haben. Es gibt jedoch eine gewisse Anzahl von Überzeugungen, die sich nicht beweisen lassen und die immer im Wesentlichen auf der allgemeinen Zustimmung der Menschheit beruhen müssen. So ist die Existenz der Außenwelt. Dies ist meiner Meinung nach die Existenz einer Unterscheidung zwischen richtig und falsch, die sich von der Unterscheidung zwischen Lust und Schmerz unterscheidet und höher ist als diese und in der gesamten menschlichen Natur trotz großer Meinungsverschiedenheiten über die darin enthaltenen Handlungen und Eigenschaften besteht in jeder Kategorie; und das ist auch der verwandte Glaube an einen selbstbestimmenden Willen. Wenn Menschen behaupten, dass diese Dinge bloße Illusionen seien und dass ihren Fähigkeiten nicht zu trauen sei, wird es zweifellos schwierig oder unmöglich sein, sie zu widerlegen; aber ein Skeptizismus dieser Art hat weder auf das Verhalten noch auf das Gefühl einen wirklichen Einfluss.

## FUSSNOTE:

[1] *Hilfsmittel zur Reflexion* , S. 68.

---

# KAPITEL II

Die Menschen vergessen ständig, dass Glück ein Zustand des Geistes und nicht eine Gegebenheit der Umstände ist, und einer der häufigsten Fehler besteht darin, Glück mit den Mitteln zum Glück zu verwechseln und das Erste für das Erreichen des Zweiten zu opfern. Es ist der Fehler des Geizhalses, der damit beginnt, Geld für den Genuss zu suchen, den es verschafft, und schließlich den bloßen Erwerb von Geld zu seinem einzigen Ziel macht und es bis zum Opfer aller rationalen Zwecke und Freuden verfolgt. Sowohl die Umstände als auch der Charakter tragen zum Glück bei, aber die verhältnismäßige Aufmerksamkeit, die dem einen oder anderen dieser großen Bereiche gewidmet wird, ist nicht nur bei verschiedenen Individuen, sondern auch bei verschiedenen Nationen und in verschiedenen Zeitaltern sehr unterschiedlich. Religion wirkt also hauptsächlich bei der Bildung von Dispositionen, und gerade auf diesem Gebiet sollte ihr Einfluss auf das menschliche Glück beurteilt werden. Es beeinflusst zwar die äußeren Umstände des Lebens in großem Umfang und auf vielfältige Weise, aber seine hauptsächliche tröstende und unterstützende Kraft liegt in seiner direkten und unmittelbaren Einwirkung auf die menschliche Seele. Das Gleiche gilt für einige Philosophiesysteme, von denen der Stoizismus am auffälligsten ist. Das Paradoxon der Stoiker, dass Gut und Böse so vollständig von innen kommen, dass für einen weisen Menschen alle äußeren Umstände gleichgültig sind, repräsentiert diese Lebensauffassung in ihrer extremen Form. Seine gemäßigtere Form lässt sich kaum besser zum Ausdruck bringen als in dem Ausspruch von Dugald Stewart: „Das große Geheimnis des Glücks besteht darin, zu lernen, unseren eigenen Geist an äußere Dinge anzupassen, anstatt an Dinge, die außerhalb unserer selbst liegen." [2] Es ist ein herausragendes Merkmal der östlichen Nationen, dass sie ihre Ideale hauptsächlich in Geistes- oder Gefühlszuständen und nicht in Veränderungen der Umstände verorten, und in solchen Nationen sind die Menschen viel weniger bestrebt als in europäischen Ländern, ihre dauerhaften Lebensbedingungen zu ändern .

Andererseits geht die Tendenz jener Philosophien, die den Menschen – seine Meinungen und seinen Charakter – im Wesentlichen als Ergebnis von Umständen betrachten und den Einfluss der Außenwelt auf die Menschheit vergrößern, in die entgegengesetzte Richtung. Alle sensationellen Philosophien von Bacon und Locke bis heute neigen dazu, die Aufmerksamkeit auf die äußeren Umstände und Bedingungen des Glücks zu konzentrieren. Und die gleiche Tendenz wird natürlich auch in den aktivsten, industriellsten und fortschrittlichsten Nationen zu finden sein; wo das Leben sehr voll und geschäftig ist; wo die Konkurrenz am größten ist; wo wissenschaftliche Entdeckungen die Freuden rasch vervielfachen oder die

Schmerzen lindern; wo das Stadtleben mit seiner ständigen Hektik und Veränderung im Vordergrund steht. In solchen Sphären neigen Menschen von Natur aus dazu, das Glück eher von außen als von innen zu suchen, oder mit anderen Worten, sie suchen es viel weniger durch direktes Einwirken auf Geist und Charakter als durch die indirekte Methode verbesserter Umstände.

Der englische Charakter auf beiden Seiten des Atlantiks ist ein äußerst objektiver Charakter – ein Charakter, bei dem Gedanken, Interessen und Gefühle am häufigsten auf das Äußere gerichtet sind. Selbstbeobachtung und Selbstanalyse passen nicht dazu. Niemand kann das englische Leben mit dem Leben selbst in den kontinentalen Nationen vergleichen, die in der Zivilisation den gleichen Rang einnehmen, ohne zu bemerken, wie viel weniger die Engländer es gewohnt sind, sich mit ihren Gefühlen zu beschäftigen oder ihnen freien Spielraum zu geben. Zurückhaltung und Selbstbeherrschung sind die Lektionen, die am häufigsten vermittelt werden. Der gesamte Ton der Gesellschaft spricht dafür. In Zeiten großer Trauer ist mit dem Ausdruck von Trauer ein gewisses Maß an Scham verbunden, das in anderen Ländern als völlig natürlich angesehen würde. Die Neigung, einen alten Kummer durch langwierige Trauer, durch sorgfältig beachtete Jahrestage oder durch lange Zeiten des Rückzugs von der Welt zu vertiefen und aufrechtzuerhalten, ist viel seltener als auf dem Kontinent und nimmt mit Sicherheit ab. Die Tendenz der Engländer besteht darin, sich schnell von der Vergangenheit abzuwenden und Trost in neuen Tätigkeitsfeldern zu suchen. Emotionen setzen sich schnell in Taten um und verlieren durch die Transformation etwas von ihrer Intensität. Die Philanthropie ist nirgends aktiver und praktischer, und in wenigen Ländern hat die Religion einen größeren Einfluss auf das nationale Leben, doch der englische Protestantismus spiegelt sehr deutlich die nationalen Besonderheiten wider. Zweifellos legt sie, wie alle Religionen, Regeln für die Beherrschung von Gedanken und Gefühlen fest, aber diese sind sehr allgemeiner Natur. Da es in erster Linie ein Verhaltensregulator ist, legt es vergleichsweise wenig Wert auf das Innenleben. Es entmutigt oder vernachlässigt zumindest jene minutiöse introspektive Denkweise, die der Beichtstuhl so sehr fördern soll, die in den Schriften der katholischen Heiligen so prominent vorkommt und die ihre besondere Darstellung in den Mystikern und religiösen kontemplativen Orden findet. Für einen Engländer sind verbessertes Verhalten und verbesserte Umstände die wichtigsten und fast einzigen Maßstäbe für den Fortschritt.

Dass diese Tendenz im Großen und Ganzen gesund ist, glaube ich zumindest fest, aber sie bringt gewisse offensichtliche Einschränkungen mit sich und macht die Menschen in gewisser Weise unfähig, andere Arten von Charakter und Glück zu beurteilen. Die Rolle, die die Umstände bei der Bildung unseres Charakters spielen, ist in der Tat sehr offensichtlich, und es ist eine demütigende Wahrheit, dass unter diesen Umständen bloß körperliche Bedingungen, die wir mit den Tieren teilen, einen vorrangigen Platz einnehmen. Auf lange Sicht ist Gesundheit für die große Mehrheit der Männer wahrscheinlich das wichtigste Element des Glücks. Akutes körperliches Leiden oder eine angeschlagene Gesundheit können die besten Gaben des Glücks mehr als ausgleichen, und die Voreingenommenheit unserer Natur und sogar die Prozesse unseres Denkens werden weitgehend von körperlichen Bedingungen beeinflusst. Hume hat von der „Veranlagung gesprochen, eher die positive als die ungünstige Seite der Dinge zu sehen, die glücklicher ist, sie zu besitzen, als Erbe eines Nachlasses von 10.000 *Pfund zu sein.*" ein Jahr;' Aber diese Gabe eines glücklichen Temperaments ist ganz offensichtlich zu einem großen Teil auf die körperliche Verfassung zurückzuführen. Andererseits ist bekannt, wie schnell und wie stark körperliche Leiden auf unsere moralische Natur reagieren. Jeder ist sich der krankhaften Reizbarkeit bewusst, die durch bestimmte Erkrankungen der Nerven oder des Gehirns hervorgerufen wird; von der tiefen konstitutionellen Depression, die häufig auf Lebererkrankungen, längere Schlaflosigkeit und andere hypochondrische Krankheiten folgt und die den Menschen nicht nur einen Großteil ihrer Fähigkeit zum Genießen nimmt, sondern auch ihren Überlegungen zum Leben unfehlbar Farbe und Voreingenommenheit verleiht; von der Art und Weise, in der tierische Leidenschaften sowie tierische Geister durch bestimmte wohlbekannte Alters- und Gesundheitszustände beeinflusst werden. Trotz des „Cœlum non animum mutant" von Horace gelingt es nur wenigen Menschen, zu erleben, wie unterschiedlich die Geister in der schwebenden Atmosphäre eines Londoner Winters und unter dem Glanz eines italienischen Himmels oder in der scharfen, belebenden Atmosphäre von sind am Berghang, und es wird ebenso deutlich, wie anders wir die Welt beurteilen, wenn wir nach einer langen Phase übermäßiger Arbeit erschöpft sind oder nach einer Nacht ruhigen Schlafs erfrischt sind. Poesie und Malerei liegen wahrscheinlich nicht falsch, wenn sie ein bestimmtes Gallen-Temperament mit einer Veranlagung zum Neid oder ein anämisches oder lymphatisches Temperament mit einem heiligen Leben in Verbindung bringen, und es gibt gut belegte Fälle, in denen eine akute Krankheit den Charakter grundlegend verändert hat und manchmal einen ersetzt gewohnheitsmäßige Trübsinnigkeit durch Auftrieb und Licht. [3] Diese unschätzbare Gabe, die manche Menschen in die Lage versetzt, Probleme beiseite zu schieben und ihre Gedanken und Energien schnell und entschlossen in neue Bahnen zu lenken, kann weitgehend durch die Aktion des Willens gestärkt werden, aber nach Ansicht einiger Physiologen hat sie einen wohlbekannten physischen Hintergrund in der größeren oder geringeren Kontraktionskraft der Blutgefäße, die das Gehirn versorgen, was dazu führt, dass der Blutfluss in das Gehirn stärker oder weniger schnell ist. Wenn es wahr ist, dass „ein gesunder Geist in einem gesunden Körper" die höchste Voraussetzung für Glück ist, so ist es auch wahr, dass der gesunde Geist stärker vom gesunden Körper abhängt, als uns lieb ist.

Dies sind nur einige offensichtliche Beispiele dafür, wie der Körper auf das Glück einwirkt. Sie bedeuten nicht, dass der Wille den körperlichen Bedingungen gegenüber machtlos ist, sondern dass er bei der Beherrschung des Charakters bestimmte, ganz bestimmte Veranlagungen hat, denen er begegnen muss. Bei Überlegungen zum Leben wird ein guter Denker, noch mehr als zu anderen Dingen, nicht nur die Kraft der Gegenargumente berücksichtigen, sondern auch die Voreingenommenheit, der sein eigener Geist unterliegt. Das Niveau der nationalen Gesundheit zu erhöhen, ist eine der sichersten Möglichkeiten, das Niveau des nationalen Glücks zu erhöhen, und wenn man den Wert verschiedener Freuden einschätzt, werden viele, die für sich betrachtet auf der Skala einen niedrigen Rang einnehmen, einen hohen Rang einnehmen, wenn Zusätzlich zu dem unmittelbaren und vorübergehenden Genuss, den sie vermitteln, tragen sie dazu bei, einen starken und gesunden Körper zu formen. Kein Bereich der Gesetzgebung ist wirklich wertvoller als der, der sich mit der Gesundheit der Menschen befasst, sei es in der Form der Förderung der Mittel, mit denen Heilmittel entdeckt und verbreitet werden können, oder in der Form, bestimmte Krankheiten durch gemeinsame Anstrengungen auszurotten oder zu sichern dass die Masse der Arbeit in der Gemeinschaft so weit wie möglich unter gesunden hygienischen Bedingungen ausgeübt werden sollte . Auch Mode kann viel bewirken, sowohl im Guten als auch im Schlechten. Es übt über große Menschenmengen ein fast absolutes Reich aus und regelt deren Kleidung, ihre Ausbildung, ihre Stunden, ihre Vergnügungen, ihre Ernährung und die Höhe ihrer Ausgaben. Sie bestimmen die Qualitäten, die sie hauptsächlich anstreben, die Arbeit, die sie ausüben können, und sogar die Form der Schönheit, die sie am meisten pflegen. Es ist für eine Nation ein Glück, wenn dieser mächtige Einfluss genutzt wird, um Lebensgewohnheiten zu fördern, die der Gesundheit zuträglich sind oder sie zumindest nicht ernsthaft beeinträchtigen. Es gibt auch keine Form individueller Bildung, die wirklich wertvoller ist als diejenige, die die Grundvoraussetzungen für ein gesundes Leben lehrt und die Gewohnheiten der Mäßigung und Selbstbeherrschung entwickelt, die dazu am ehesten geeignet sind.

Mit seinen großen Erholungskräften kann die Jugend scheinbar ungestraft viele Dinge tun, die im späteren Leben einen schnellen Erzfeind nach sich ziehen; Aber andererseits ist die Jugend vor allem die Zeit, in der sich Gewohnheiten und Geschmäcker bilden, und das Joch, das dann leichtfertig, bereitwillig und mutwillig auf sich genommen wird, wird in späteren Jahren eine erdrückende Last annehmen. Wenige Dinge sind auffälliger als die

Leichtfertigkeit der Beweggründe, die Schwäche der Impulse, unter denen in der Jugend verhängnisvolle Schritte unternommen werden, die ein geschwächtes Leben und oft einen frühen Tod mit sich bringen. Rauchen im Mannesalter ist, wenn es in Maßen praktiziert wird, eine sehr harmlose und wahrscheinlich wohltuende Praxis, aber es ist bekannt, wie schädlich es für kleine Jungen ist und wie viele von ihnen es aus keinem anderen Motiv als dem Wunsch, älter zu wirken, dazu gebracht haben als sie sind – das sicherste aller Zeichen dafür, dass wir sehr jung sind. Wie oft wurden die weitaus schädlicheren Gewohnheiten des Trinkens oder Spielens oder des Besuchs korrupter Gesellschaften aus einem ähnlichen Motiv oder aus dem bloßen Wunsch heraus erworben, den Charme eines verbotenen Vergnügens zu genießen oder sich mit einigen ausschweifenden Gefährten gut zu verstehen! Wie groß ist der Anteil der lebenslangen weiblichen Schwäche, die nur aus der albernsten Eitelkeit entspringt, auf die frühe Angewohnheit, sich eng zu schnüren! Wie viele Leben wurden durch die sorglose Rücksichtslosigkeit geopfert, die sich weigerte, sich die Mühe zu machen, nasse Kleidung zu wechseln! Wie viele sind durch das Übermaß an Dingen, die in Maßen harmlos, nützlich oder lobenswert sind, zerschmettert und verkürzt worden – durch das gebrochene Blutgefäß, aufgrund des Übermaßes an einer gesunden sportlichen Betätigung oder einem Spiel; durch das ruinierte Gehirn, das überanstrengt ist, um einen dürftigen Preis zu gewinnen! Es ist traurig zu sehen, wie viele Leben zerstört, ruiniert oder korrumpiert wurden bei dem Versuch, einen erhabenen und unerreichbaren Wunsch zu verwirklichen; durch den Impuls der überwältigenden Leidenschaft, der mächtigen und vielleicht unwiderstehlichen Versuchung. Noch trauriger ist es zu beobachten, wie ein großer Teil der Misserfolge im Leben letztendlich auf die unbedeutendsten Ursachen zurückzuführen ist und ohne ernsthafte Anstrengung des Intellekts oder Willens hätte vermieden werden können.

Der Erfolg, mit dem Medizin und Gesundheitswissenschaften daran gearbeitet haben, das Leben zu verlängern, verschiedene Formen von Krankheiten auszurotten oder zu lindern und ihre Folgen zu lindern, ist reichlich bewiesen. In allen zivilisierten Ländern hat sich die durchschnittliche Lebenserwartung erhöht, und es gibt guten Grund zu der Annahme, dass nicht nur das Alter, sondern auch das aktive, nützliche und angenehme Alter viel häufiger geworden ist. Zwar ist der Gewinn an menschlichem Glück nicht ganz so groß, wie man es auf den ersten Blick vermuten könnte. Der Tod ist am wenigsten traurig, wenn er im Säuglingsalter oder im extremen Alter eintritt, und die erhöhte durchschnittliche Lebenserwartung ist größtenteils auf den starken Rückgang der Kindersterblichkeit zurückzuführen, was in Wahrheit ein sehr zweifelhafter Segen ist. Wenn ein extremes Alter wünschenswert ist, dann vielleicht hauptsächlich deshalb, weil es normalerweise eine Konstitution voraussetzt, die viele frühere Jahre eines robusten und gesunden Lebens ermöglicht. Aber trotz aller Schlussfolgerungen sind die Triumphe der Sanitärreform und der medizinischen Wissenschaft vielleicht die hellsten Seiten in der Geschichte unseres Jahrhunderts. Einige der Maßnahmen, die sich als äußerst nützlich erwiesen haben, können nur unter Opfern der individuellen Freiheit und durch weit verbreitete Zwangshygienevorschriften durchgeführt werden und ähneln daher eher Despotismus als einer freien Regierung. Wie anders wäre der Zustand der Welt gewesen, und wie viel größer wäre die Popularität einer starken Monarchie gewesen, wenn zu der Zeit, als eine solche Regierungsform allgemein vorherrschte, die Herrscher die Intelligenz gehabt hätten, sich die Verbesserung der Gesundheit und des Gesundheitszustands vorzustellen Die Verlängerung des Lebens ihrer Untertanen ist das Hauptziel ihrer Politik und nicht militärischer Ruhm, der Erwerb von Territorien oder bloße protzige und selbstsüchtige Zurschaustellung!

Es gibt jedoch Grund zu der Annahme, dass die Verringerung von Krankheiten und die Verlängerung des durchschnittlichen menschlichen Lebens nicht notwendigerweise oder auch nur im Allgemeinen mit einer entsprechenden Verbesserung des allgemeinen Gesundheitszustands einhergehen. „Akute Krankheiten", sagt ein ausgezeichneter Richter, „die überaus tödlich sind, kommen dagegen in einer Bevölkerung mit hohem Gesundheitsstandard vor ... So kann in einer Gemeinde, in der ..." oft eine hohe Sterblichkeitsrate beobachtet werden Die Zahl der von der Krankheit betroffenen Personen ist gering, und andererseits kann eine allgemeine körperliche Depression mit der Prävalenz chronischer Krankheiten einhergehen und dennoch bei einem großen Anteil der Todesfälle unbeachtet bleiben." [4] Eine anämische Bevölkerung, die frei von schweren Krankheiten ist, aber üblicherweise auf einem niedrigen Gesundheitsniveau lebt und über die deprimierte Stimmung und die schwache Fähigkeit zum Genießen verfügt, die ein solcher Zustand hervorruft, ist alles andere als ein idealer Zustand, und dafür gibt es viele Gründe Ich befürchte, dass dieser Typ zunimmt. Viele Dinge im modernen Leben, darunter unüberlegte Philanthropie und unüberlegte Gesetzgebung, tragen nicht unerheblich dazu bei, dieses Leben hervorzubringen, aber zwei Ursachen dominieren wahrscheinlich alle anderen. Der eine liegt in der Gesundheitswissenschaft selbst, die es einer großen Zahl von konstitutionell schwachen Kindern, die früher im Säuglingsalter gestorben wären, ermöglicht, erwachsen zu werden, zu heiraten und einen schwachen Nachwuchs zu zeugen. Das andere ist die stetige Migration der Bevölkerung vom Land in die Städte, die eines der auffälligsten Merkmale der modernen Zivilisation ist. Diese beiden Einflüsse neigen unweigerlich und stark dazu, die Vitalität einer Nation zu schwächen und dadurch das Niveau der Tiergeister zu senken, was eines der wesentlichsten Elemente des Glücks ist. Ob unser verbesserter

Lebensstandard und unser viel größeres Wissen über die sanitären Bedingungen ihnen insgesamt entgegenwirken, ist sehr zweifelhaft.

Wie bei den meisten Fragen, die das Leben betreffen, gibt es auch hier entgegengesetzte Gefahren, die vermieden werden müssen, und Weisheit liegt hauptsächlich in einem richtigen Sinn für Proportionen und Maßstäbe. Dass die von den Regierungen vorangetriebene Gesundheitsreform im Großen und Ganzen ein großer Segen war, scheint mir kaum vernünftig in Frage zu stellen, aber viele der besten Richter sind der Meinung, dass sie leicht in gefährliche Extreme getrieben werden kann. Es gibt kaum etwas Merkwürdigeres als die Beobachtung, wie schnell die Liebe zur individuellen Freiheit in der vergangenen Generation abgenommen hat. Wie zufrieden unterwirft die englische Rasse große Bereiche ihres Lebens einem Netz von Vorschriften, die sie einschränken und umzingeln. Jeder einzelne Fall muss individuell geprüft werden, und nur wenige werden heute bestreiten, dass das Recht erwachsener Männer und Frauen, die Bedingungen ihrer eigenen Arbeit zu regeln und die Risiken, die sie eingehen, zu bestimmen, möglicherweise in mehr als den Fällen klugerweise verletzt wird Die Manchester School hätte zugegeben. Gleichzeitig sollte die ausgeprägte Tendenz dieser Generation, die Strenge und den Geltungsbereich der Zwangsgesetze in den Bereichen Industrie und Sanitärreform auszuweiten, sorgfältig beobachtet werden. Seine Übertreibungen können in mehr als einer Hinsicht genau den Klassen, denen sie zugute kommen sollen, großen Schaden zufügen.

Eine einigermaßen entsprechende Aussage lässt sich über die individuelle Gesundheitserziehung treffen. Es ist, wie ich bereits sagte, von größter Bedeutung, dass wir uns in der Jugend das Wissen und die Gewohnheiten aneignen, die zu einem gesunden Leben führen. Die Hauptartikel des Hygiene-Glaubensbekenntnisses sind wenige und einfach. Mäßigung und Selbstbeherrschung in allen Dingen – viel Bewegung, frische Luft und kaltes Wasser – ausreichend beständige Arbeit, die nicht übertrieben wird – gelegentliche Änderung der Gewohnheiten und Abstinenz von einigen Dingen, die offensichtlich gesundheitsschädlich sind, sind die Grundregeln, die es zu beachten gilt. In der großen Lotterie des Lebens sind Männer, die sie alle beachtet haben, möglicherweise zu Krankheit, schwacher Vitalität und frühem Tod verurteilt, aber sie tragen zumindest enorm zu den Chancen auf ein starkes und erfülltes Leben bei. Für die Betreuung seiner Kinder werden die Eltern weitere Kenntnisse benötigen, aber für die Selbststeuerung ist kaum mehr erforderlich, und mit frühen Gewohnheiten wird die Einhaltung der Gesundheitsregeln fast instinktiv und unbewusst. Aber obwohl keine Art von Bildung von transzendenter Bedeutung ist als diese, wird sie nicht selten in ein Extrem getrieben, das ihren eigenen Zweck zunichte macht. Die Gewohnheit, die so oft bei Menschen mit leichten chronischen Krankheiten oder schwachem Temperament oder müßigem Leben wächst, ihre eigene Gesundheit und ihre eigenen Beschwerden zum ständigen Thema ihrer Gedanken zu machen, wird bald zu einer Krankheit, die sehr schädlich für das Glück und geradezu schädlich für die Gesundheit ist. Es ist wohlbekannt, dass bei einer Epidemie die von Panik Geplagten am anfälligsten für die Ansteckung sind, und das Leben des gewohnheitsmäßigen Valetudinarianers neigt dazu, sofort die Nervenenergie zu schwächen, die für die wahre Ausdauer der Gesundheit sorgt. Um es mit den Worten eines angesehenen Arztes auszudrücken: „Menschen können nicht auf ein langes und gesundes Leben hoffen, wenn sie übermäßig besorgt oder übermäßig wählerisch sind." Der beste Weg, gut zu leben, ist, gut zu arbeiten. Gute Arbeit ist der tägliche Prüfstein und Schutz der persönlichen Gesundheit.... Das praktische Ziel sollte es sein, ein geordnetes und natürliches Leben zu führen. Wir sollten uns nicht unseren Weg durch die Welt bahnen und bei jedem Schritt zittern ... Es ist schlimmer als eitel, denn es ermutigt und verstärkt das Böse, das es zu lindern versucht ... Ich glaube fest daran, dass die Hälfte der bestätigten Invaliden von Der Tag könnte von ihren Krankheiten geheilt werden, wenn sie gezwungen wären, ein geschäftiges und aktives Leben zu führen und keine Zeit hätten, sich über ihr Elend zu ärgern ... Einer der verführerischsten und schädlichsten Fehler im Selbstmanagement ist die Praxis des Nachgebens zu Trägheit, Schwäche und Depression ... Wer leben möchte, sollte sich gut darüber im Klaren sein, dass die Nervenkraft die Kraft des Lebens ist und dass der Wille über das Gehirn und das Gehirn einen wunderbar starken und direkten Einfluss auf den Körper hat nervöses System.' [5]

## FUSSNOTEN:

[2] *Aktive und moralische Kräfte* , ii. 312.

[3] Viele interessante Informationen zu diesem Thema finden sich in *den Rapports du physique et du moral de l'homme von Cabanis* .

[4] Kay's *Moral and Physical Condition of the Working Classes* , S. 75.

[5] *Wie man das Beste aus dem Leben macht* von Mortimer Granville .

# KAPITEL III

Bevor wir näher auf die Hauptelemente eines glücklichen Lebens eingehen, kann es sinnvoll sein, ein paar Seiten einigen allgemeinen Überlegungen zu diesem Thema zu widmen.

Eine der ersten und am deutlichsten anerkannten Regeln, die es zu beachten gilt, ist, dass Glück am wahrscheinlichsten dann erreicht wird, wenn es nicht das direkte Ziel des Strebens ist. In der frühen Jugend sind wir es gewohnt, das Leben grob in Arbeit und Freizeit zu unterteilen, wobei wir Ersteres als Pflicht oder Notwendigkeit und Letzteres als Vergnügen betrachten. Einer der großen Unterschiede zwischen Kindheit und Männlichkeit besteht darin, dass wir unsere Arbeit mehr mögen als unser Spiel. Es wird für uns, wenn nicht zum Hauptvergnügen, so doch zum Hauptinteresse unseres Lebens, und selbst wenn es das nicht ist, zu einer wesentlichen Bedingung unseres Glücks. Nur wenige Leben bringen so wenig Glück hervor wie solche, die ziellos und unbeschäftigt sind. Abgesehen von allen Überlegungen zu richtig und falsch ist eine der ersten Bedingungen für ein glückliches Leben, dass es erfüllt und geschäftig ist und auf die Verwirklichung von Zielen außerhalb von uns selbst ausgerichtet ist. Angst und Langeweile sind die Skylla und Charybdis, an denen die Rinde des menschlichen Glücks am häufigsten zerstört wird. Wenn ein Leben in luxuriösem Müßiggang und selbstsüchtiger Bequemlichkeit die Menschen in gewissem Maße vor der ersten Gefahr bewahrt, bringt es selten die zweite mit sich. Kein Ortswechsel, keine Vielzahl selbstsüchtiger Vergnügungen wird ihnen auf die Dauer ermöglichen, ihm zu entkommen. Wie Carlyle sagt: „Die ruhelose, nagende Langeweile, die wie eine dunkle, trübe Ozeanflut, die mit den Phlegethonen und Stygischen Tiefen kommuniziert, jedes so geführte menschliche Leben umgibt – ist es nicht der schmerzhafte Schrei selbst dieses gefangenen Heldentums?“ . Du bittest um Glück. „Oh, gib mir Glück“, und sie geben dir immer neue Arten von Bedeckungen für die Haut, immer neue Arten von Versorgung für den Verdauungsapparat ... Nun, freue dich über deine Polster und Kochkünste, wenn ja, sie werden dich „glücklich“ machen ." Möge ihre Vielfalt kontinuierlich und unzählig sein. Lass in allen Dingen die ständige Veränderung, wenn das ein ewiger Segen für dich ist, dein Teil sein und nicht mein Teil. Erleiden Sie den Fluch des Propheten und machen Sie sich in allen Dingen dieser sublunären Welt „wie ein Rad“. Steigen Sie in Ihre Eisenbahnen ein; Wirbeln Sie mit einer Geschwindigkeit von fünfzig oder, wenn Sie so wollen, mit fünfhundert Meilen pro Stunde von Ort zu Ort; Sie können diesem unaufhaltsamen, allumfassenden Ozeanstöhnen der Langeweile nicht entkommen. NEIN; Wenn Sie zu den Sternen aufsteigen und Jachtreisen unter den Gürteln des Jupiter unternehmen oder auf dem Ring des Saturns auf Hirschjagd gehen könnten, würde es Sie immer noch umarmen. Du kannst ihm nicht entkommen; Du kannst deinen Platz darin nur für einen Moment ändern, ohne dich trösten zu lassen. Diese prophetische Predigt aus den Tiefen wird bei Ihnen bleiben, bis Sie sie weise interpretieren und tun, oder bis der Riss des Schicksals sie und Sie verschlingt.' [6]

Es bedarf nur einiger Jahre Lebenserfahrung, um die tiefe Wahrheit dieser Passage zu erkennen. Ein ideales Leben würde mit reichlich Arbeit ausgestattet sein, die sowohl unserem Intellekt als auch unserem Charakter entspricht und viel Interesse und wenig Angst mit sich bringt. Nur wenige von uns können das beherrschen. Die Arbeit der meisten Menschen wird weitgehend von den Umständen bestimmt, obwohl es bei der Lebensführung viele Alternativen und viel Raum für geschickte Steuerung gibt. Aber die erste große Regel ist, dass wir etwas tun müssen – dass das Leben einen Sinn und ein Ziel haben muss – dass die Arbeit nicht nur gelegentlich und krampfhaft, sondern stetig und kontinuierlich erfolgen sollte. Vergnügen ist ein Juwel, das seinen Glanz nur dann behält, wenn es mit Arbeit verbunden ist, und ein leeres Leben ist einer der schlimmsten Schmerzen, obwohl die Inseln der Muße, die ein überfülltes, gut beschäftigtes Leben prägen, dazu gehören können auf die wir mit größter Freude zurückblicken.

Eine weitere große Wahrheit wird in der Aussage von Aristoteles zum Ausdruck gebracht, dass ein weiser Mann es sich eher zum Ziel setzen wird, Leiden zu vermeiden, als Freude zu erlangen. Menschen können in Wirklichkeit sehr wenig tun, um die Wucht der großen Trauerfälle und der anderen schwerwiegenderen Katastrophen des Lebens zu mildern. Alle unsere Philosophie- und Argumentationssysteme sind vergeblich, wenn sie mit ihnen konfrontiert werden. Angeborenes Temperament, das wir nicht wesentlich ändern können, entscheidet darüber, ob wir unter dem Schlag zerquetscht werden oder über den Auftrieb verfügen, der unsere Natur wieder gesund machen kann. Das bewusste und bewusste Streben nach Vergnügen ist mit vielen Täuschungen und Illusionen verbunden und führt selten zu dauerhaftem Glück. Aber wir können durch Besonnenheit, Selbstbeherrschung und intelligente Regulierung sehr viel tun, um das Leben so zu verwalten, dass ein großer Teil seiner Katastrophen vermieden wird, und gleichzeitig, indem wir die Zuneigungen rein und ungetrübt bewahren, indem wir Interessen diversifizieren und aktive Gewohnheiten entwickeln, um seine Langeweile und Verzweiflung zu bekämpfen.

Eine andere Wahrheit ist, dass sowohl die größten Freuden als auch die größten Schmerzen des Lebens viel mehr in den bescheideneren Sphären liegen, die für alle zugänglich sind, als auf den seltenen Gipfeln, die nur die Begabtesten oder Glücklichsten erreichen können. Bei näherer Betrachtung würde man wahrscheinlich feststellen, dass die meisten Männer, die ihr Leben erfolgreich großen Arbeiten und Ambitionen gewidmet und die großartigsten Gaben des Schicksals erhalten haben, dennoch ihre größte Freude an Dingen gefunden haben, die nichts mit ihren Hauptbeschäftigungen zu tun haben und im Allgemeinen innerhalb der liegen Reichweite des einfachen Mannes. Häusliche Freuden, Freuden der Landschaft, Freuden des Lesens, Freuden des Reisens oder des Sports waren die höchsten Freuden von Männern mit großem Ehrgeiz, Intellekt, Reichtum und Stellung. Es gibt eine merkwürdige Passage in Lord Althorps Leben, in der dieser beliebteste und erfolgreichste Staatsmann gegen Ende seines langen parlamentarischen Lebens seine nachdrückliche Überzeugung zum Ausdruck brachte, dass „das, was ihm die größte Freude auf der Welt bereitete", darin bestand, „Sport zu sehen". Hunde jagen.' [7] Ich kann mich daran erinnern, wie ich mit einem alten Abgeordneten, der fast fünfzig Jahre lang im Unterhaus gesessen hatte, in der bedeutsamsten Periode der modernen englischen Geschichte einen Ort auf dem Land besichtigte. Wenn man ihn befragte, konnte er von den bewegenden Szenen des großen Reformgesetzes von 1832 erzählen, aber es war merkwürdig zu beobachten, wie schnell und unweigerlich er von solchen Themen zur Geschichte der Bäume auf seinem Anwesen überging, die er gepflanzt und in jedem Stadium beobachtet hatte von ihrem Wachstum, und wie offensichtlich sich seine Zuneigung im Rückblick auf das Leben diesen Dingen und nicht den Ereignissen einer langen parlamentarischen Karriere zuwandte. Ich fragte einmal einen berühmten Mann des öffentlichen Lebens, der seinem Land in vielen Ländern mit glänzendem Erfolg gedient hatte und den Abend seines Lebens als aktiver Landedelmann an einem Ort verbrachte, den er sehr liebte, ob er diesen Bereich nicht zu eng fände für sein Glück. „Nie einen Tag lang", antwortete er; „Und in jedem Land, in dem ich war, in jedem Posten, den ich bekleidet habe, war der Gedanke an diesen Ort immer im Hinterkopf." Ein großer Schriftsteller, der fast sein ganzes Leben einem gigantischen Werk gewidmet hatte und es zu seiner eigenen Überraschung schließlich zu einem erfolgreichen Abschluss brachte, bemerkte traurig, dass er inmitten der Glückwünsche, die von allen Seiten zu ihm strömten, nicht anders konnte, als zu spüren, wann Er analysierte seine eigenen Gefühle, wie lau die Befriedigung war, die ihm ein solcher Triumph verschaffen konnte, und welch viel lebhaftere Befriedigung er empfand, als er die herannahenden Schritte einiger kleiner Kinder hörte, denen er beigebracht hatte, ihn zu lieben.

Es ist eines der Paradoxe der menschlichen Natur, dass die Dinge, um die man am meisten kämpft und die man am meisten beneidet, nicht die intensivsten oder die unverfälschtesten Freuden bereiten. Ehrgeiz ist der Luxus der Glücklichen. Manchmal, aber seltener, ist es der Trost und die Ablenkung der Elenden; Aber die meisten, die seine Wege beschritten haben, werden, wenn sie ehrlich mit sich selbst umgehen, anerkennen, dass die schwersten Enttäuschungen des öffentlichen Lebens im Vergleich zu der Schmerzhaftigkeit des Leidens, das am Sterbebett einer Frau oder eines Kindes erduldet wird, und das in ihnen zur Bedeutungslosigkeit werden Im kleinen Kreis eines Familienlebens haben sie mehr wahres Glück gefunden, als der Beifall der Nationen jemals geben könnte.

Schau herab, schau herab von deinen glitzernden Höhen,

 Und sagt uns, ihr Söhne der Herrlichkeit,

Die Freuden und die Schmerzen deiner Adlerflüge,

 Der Triumph, der die Geschichte krönte,

Die Begeisterung, die mich überwältigte, als das Tor gewonnen wurde,

 Das Ziel eines Lebenswunsches;

Und eine Stimme antwortete aus der untergehenden Sonne:

 Nein, das Liebste und Beste liegt näher.

Wie oft schweifen unsere liebevollen Gedanken in solchen Stunden ab

 Zum Traum zweier müßiger Liebender;

Zum Kuss der jungen Frau; zum spielenden Kind;

 Oder das Grab, das das hohe Gras bedeckt!

Und wir würden kaum Rücksicht auf Macht oder Gold nehmen,

 Und von allen vergeblichen Bemühungen des Lebens,

Wenn das Herz so leuchten könnte, wie es früher glühte,

 Und wenn die Jugend ewig bleiben könnte.

Eine weitere Überlegung bei der Kultivierung des Glücks besteht darin, sich die Gewohnheit anzueignen, unsere Segnungen zu verwirklichen, solange sie andauern. Es ist eine der traurigsten Tatsachen der menschlichen Natur, dass wir ihren Wert gewöhnlich erst durch ihren Verlust erfahren. Dies gilt, wie ich bereits festgestellt habe, ganz offensichtlich für die Gesundheit.

Aufgrund der Gesetze unseres Seins sind wir uns der Wirkungsweise unserer Körperorgane kaum bewusst, solange sie gut funktionieren. Erst wenn sie gestört, blockiert oder beeinträchtigt sind, konzentriert sich unsere Aufmerksamkeit auf sie. Aus diesem Grund wird ein Zustand vollkommener Gesundheit erst dann in vollem Umfang wahrgenommen, wenn er verloren geht und kurze Zeit danach wiedererlangt wird. Gray hat das neue Lustgefühl, das die Genesung mit sich bringt, in bekannten Zeilen beschrieben:

Sehen Sie den Elenden, der schon lange tost hat

    Auf dem dornigen Bett des Schmerzes,

Schließlich reparierte er seine verlorene Kraft

    Und wieder atmen und gehen;

Das gemeinste Blümchen des Tals,

Die einfachste Note, die den Sturm anschwellen lässt,

    Die gemeinsame Sonne, die Luft, der Himmel,

    Für ihn öffnet sich das Paradies.

Und was für die Gesundheit gilt, gilt auch für andere Dinge. Erst wenn ein Unglück die Ruhe unseres Verhaltens durchbricht und uns ein Geschenk des Glücks entzieht, das wir lange genossen haben, spüren wir, wie groß der Wert dessen war, was wir verloren haben. Es gibt Zeiten im Leben der meisten von uns, in denen wir alles dafür gegeben hätten, dass die Welt erst gestern so wäre, wie wir waren, auch wenn der gestrige Tag ohne Wertschätzung und ohne Freude an uns vorbeigegangen ist. Manchmal führt unsere Wahrnehmung dieses Kontrasts tatsächlich zu einem dauerhaften und heilsamen Ergebnis. In der Medizin der Natur wird eine chronische und anhaltende Unruhe oder Krankhaftigkeit des Temperaments oft durch einen heftigen, wenn auch vorübergehenderen Kummer geheilt, der den Lauf unserer Gedanken und Vorstellungen heftig verändert.

Der Unterschied zwischen Wissen und Erkenntnis ist einer der Tatsachen unserer Natur, der unsere Aufmerksamkeit am meisten verdient. Jeder menschliche Geist enthält große Mengen trägen, passiven und unbestrittenen Wissens, das keinen wirklichen Einfluss auf das Denken oder den Charakter ausübt, bis etwas geschieht, das unsere Vorstellungskraft berührt und dieses Wissen in die Tat umsetzt. Nur sehr wenige Dinge tragen so viel zum Glück des Lebens bei wie die ständige Erkenntnis der Segnungen, die wir genießen. Der Unterschied zwischen einer von Natur aus zufriedenen und einer von Natur aus unzufriedenen Natur ist einer der ausgeprägten Unterschiede des angeborenen Temperaments, aber wir können viel dazu beitragen, die Gewohnheit zu kultivieren, über die Vorteile unseres Schicksals nachzudenken, was die Zustimmung in einen positiveren Genuss verwandelt. Religion leistet in diesem Bereich viel, denn sie vermittelt Dankbarkeit ebenso wie Gebet, Dankbarkeit für die Gegenwart und die Vergangenheit sowie Hoffnung für die Zukunft. Unter weltlichen Einflüssen haben Kontrast und Vergleich den größten Wert. Manche Menschen blicken ständig auf das Vermögen, das über ihnen liegt, und vergleichen ihre eigene Armut mit dem Reichtum anderer. Eine weise Natur wird einen entgegengesetzten Weg einschlagen und die Gewohnheit entwickeln, eher auf die Runde der Glücksleiter zu schauen, die unter unserer eigenen liegt, und die unzähligen Punkte zu erkennen, in denen unser Schicksal besser ist als das anderer. Wie Dr. Johnson sagt: „Nur wenige befinden sich in einer so düsteren und bedrückenden Situation, dass sie nicht jeden Tag noch verlassenere und elendere Wesen sehen, von denen sie lernen können, sich über ihr eigenes Los zu freuen."

Der Trost, den Menschen inmitten ihres Unglücks daraus ziehen, über das noch größere Unglück anderer nachzudenken und dadurch ihr eigenes Unglück zu erleichtern, ist ein Thema, das vorsichtig verwendet werden muss, aber wenn es so verwendet wird, ist es nicht falsch und erweist sich oft als sehr wirksam. Vielleicht ist die Freude, die La Rochefoucauld vorgibt, dass Männer das Unglück ihrer besten Freunde empfinden, wenn es wirklich so ist, zum Teil auf diese Überlegung zurückzuführen, ebenso wie das Gefühl des Mitleids, das durch einen plötzlichen Tod oder große Schwierigkeiten, die andere erleiden, entsteht sicherlich nicht ganz unabhängig von der Erkenntnis, dass solche Katastrophen über uns selbst kommen könnten. Es ist jedoch bemerkenswert, dass, obwohl alle Moralisten den Inhalt als einen der Hauptbestandteile des Glücks anerkennen, einige der stärksten Einflüsse der modernen industriellen Zivilisation ihm entgegenstehen. Die gesamte Theorie des Fortschritts, wie sie in der politischen Ökonomie gelehrt wird, beruht auf der Bedeutung der Schaffung von Wünschen und Wünschen als Anreiz zur Anstrengung. Es gibt Länder, insbesondere in südlichen Klimazonen, in denen die Bedürfnisse der Menschen sehr gering sind und in denen die Menschen, solange diese Bedürfnisse befriedigt werden, ein sorgloses und zufriedenes Leben führen, die Gegenwart genießen und sehr wenig an die Zukunft denken. Ob die Summe der Freuden in einer solchen Bevölkerung tatsächlich geringer ist als in unserer fortgeschritteneren Zivilisation, ist zumindest fraglich. Es ist eine Bemerkung von Schopenhauer, dass die Idylle, die einzige Form der Poesie, die sich speziell der Beschreibung menschlicher Glückseligkeit widmet, das Leben immer in seiner einfachsten und am wenigsten ausgefeilten Form malt, und er sieht darin eine Illustration seiner Lehre, dass sie die größte ist Glück findet man auch im einfachsten und sogar gleichförmigsten Leben, vorausgesetzt, es entgeht dem Übel der Langeweile. Der politische Ökonom wird jedoch den Zustand eines solchen Volkes, wie ich es beschrieben habe, als beklagenswert bezeichnen, und um es zu erziehen, wird seine erste Aufgabe darin bestehen, ihm Unzufriedenheit mit seinem Schicksal einzuflößen und es davon zu überzeugen, seine Bedürfnisse zu vervielfachen und nach einem höheren Standard an Komfort, nach einer erfüllteren und größeren Existenz zu streben. Die Unzufriedenheit mit den bestehenden Umständen ist die Hauptquelle des Wunsches, sie zu verbessern, und dieser Wunsch ist die Triebfeder des Fortschritts. In dieser Lebenstheorie wird Glück nicht im Inhalt gesucht, sondern in verbesserten Umständen, in der Entwicklung neuer Genussfähigkeiten, in der Freude, die das aktive Leben auf natürliche Weise bereitet. Den Geist der Zufriedenheit und den Wunsch nach Verbesserung in ihrem angemessenen Verhältnis in unserer Natur zu bewahren und eine bewusste Wertschätzung der Segnungen, die wir genießen, mit einem gesunden und gut regulierten Ehrgeiz zu verbinden, ist keine leichte Sache, aber es ist das Problem, das alle haben Wer ein perfektes Leben anstrebt, sollte sich vor Augen führen. *In medio tutissimus ibis* ist die Kultivierung des Charakters besonders wichtig, und einige seiner besten Elemente werden in ihren Extremen schädlich. So kann kluge Voraussicht, die eine der ersten Voraussetzungen für ein erfolgreiches Leben ist, leicht in den erbärmlichsten Geisteszustand verfallen, in dem Menschen ständig die ungewissen Gefahren und Übel einer ungewissen Zukunft antizipieren und darüber nachdenken. Wie viel vom Glück und Elend der Menschen kann tatsächlich in diesen beiden Worten, Erkenntnis und Vorfreude, enthalten sein!

Es gibt kein Eudæmometer, das den Grad des Glücks, den Männer in verschiedenen Altersstufen, unter unterschiedlichen Umständen und mit unterschiedlichen Charakteren erreichen, genau misst. Wenn es so etwas gäbe, könnte es uns vielleicht entmutigen, indem es zeigt, dass Unterschiede und Verbesserungen der Umstände das wahre Glück in geringerem Maße beeinflussen, als wir es uns normalerweise vorstellen. Unsere Natur passt sich schnell an verbesserte Umstände an, und sie hören auf, positive Freude zu bereiten, während ihr Verlust äußerst schmerzhaft ist. Die fortgeschrittene Zivilisation bringt unzählige und unschätzbare Vorteile mit sich, bringt aber auch viele Formen des Leidens mit sich, von denen ein raueres Dasein ausgenommen ist. Es gibt Grund zu der Annahme, dass es normalerweise mit einem geringeren Spektrum an Tiergeistern einhergeht, und es geht sicherlich mit einer erhöhten Schmerzempfindlichkeit einher. Einige Philosophen haben behauptet, dass dies die beste aller möglichen Welten sei. Es ist schwer, das zu glauben, da das ganze Ziel der menschlichen Bemühungen darin besteht, es besser zu machen. Aber der Erfolg dieser Bemühungen zeigt sich eher in den vielen schrecklichen Formen

menschlichen Leidens, die dadurch beseitigt oder verringert wurden, als in
dem höheren Grad an positivem Glück, das erreicht wurde.

## FUSSNOTEN:

[6] *Broschüren der Neuzeit:* „Jesuitismus.“

[7] Le Marchants *Leben von Althorp* , S. 143.

# KAPITEL IV

Obwohl die enge Beziehung zwischen Moral und Glück allgemein anerkannt ist, gehöre ich nicht zu der Schule, die glaubt, dass Vergnügen und Schmerz, ob tatsächlich oder erwartet, die einzigen Motive sind, durch die der menschliche Wille gesteuert werden kann; dass Tugend sich letztlich in wohlüberlegtem Interesse auflöst und ihren letzten Grund im Glück derer findet, die sie praktizieren; dass „alle unsere Tugenden", wie La Rochefoucauld sagte, „in Selbstliebe enden wie die Flüsse im Meer." Ein Sprichwort wie „Ehrlichkeit ist die beste Politik" stellt zweifellos eine große Wahrheit dar, obwohl mit Recht gesagt wurde, dass niemand wirklich ehrlich ist, der nur aus diesem Motiv ehrlich ist, und obwohl es sehr offensichtlich ist, dass dies keineswegs der Fall ist eine universelle Wahrheit, hängt aber weitgehend von sich ändernden und prekären Bedingungen der Gesetze, der Polizei, der öffentlichen Meinung und den individuellen Umständen ab. Aber in den höheren Bereichen der Moral ist das Zusammentreffen von Glück und Tugend weitaus zweifelhafter. Es ist sicherlich nicht wahr, dass die höchste Natur notwendigerweise oder auch nur von Natur aus die glücklichste ist. Das Heidentum hat keinen vollkommeneren Typus hervorgebracht als die zutiefst erbärmliche Figur des Marcus Aurelius, während das Christentum sein Ideal in einem Mann findet, der als „Mann der Schmerzen" bekannt war. Das Gewissen der Menschheit hat Selbstaufopferung immer als das höchste Element der Tugend erkannt, und Selbstaufopferung ist niemals real, wenn sie nur der Austausch eines geringeren Glücks gegen ein größeres ist. Keine moralische Chemie kann die Verehrung des Leids, die Goethe als das Wesen des Christentums beschrieb, in die Verehrung des Glücks umwandeln, und wahrscheinlich spielen Gesundheit und Temperament bei den meisten Menschen eine weitaus größere Rolle für das wahre Glück ihres Lebens als alle höheren Tugenden. Die Befriedigung erfüllter Pflichten, die einige Moralisten zu den größten Freuden des Lebens zählen, ist insofern eine echte Sache, als sie die Menschen vor inneren Vorwürfen bewahrt, aber es ist wahrscheinlich, dass Gewissensbisse gerade bei den schlimmsten Menschen am wenigsten gefürchtet werden Unter den besten Männern sind sie sicherlich nicht am wenigsten zu spüren. Tatsächlich ist das Gewissen, wenn es sehr empfindlich und sehr erhaben ist, viel mehr ein Element des Leidens als das Gegenteil. Es zielt auf ein Ideal ab, das höher ist, als wir erreichen können. Es nimmt die niedrigste Sicht auf unsere eigenen Leistungen. Es leidet stark unter den vielen Mängeln, die ihm sehr bewusst sind. Weit davon entfernt, sich dem angenehmen Rückblick auf ein gut verbrachtes Leben hinzugeben, drängt es die Menschen zu ständiger, schmerzhafter und oft erfolgloser Anstrengung. Eine Natur, die auf der heiligen oder heroischen Ebene angesiedelt ist, wird sich in einer erschütternden Welt wiederfinden, wird viel Reibung und Widerstand hervorrufen und wird von vielen Dingen gequält werden, die eine niedere Natur ruhig hinnehmen würde. Die höchste Form der intellektuellen Tugend ist jene Liebe zur Wahrheit um ihrer selbst willen, die Vorurteile bricht, die Begeisterung durch die uneingeschränkte Zulassung gegensätzlicher Argumente und qualifizierender Umstände zügelt und viele Dinge, die wir gerne als solche akzeptieren würden, in den Bereich der Möglichkeit oder Wahrscheinlichkeit stellt Gewissheiten. Offenheit und Unparteilichkeit sind zu einem großen Teil Temperamentstugenden; Aber niemand, der die menschliche Natur wirklich kennt, kann daran zweifeln, wie viel angenehmer es für die meisten Menschen ist, unter dem Reich unbesiegbarer Vorurteile zu leben und bewusst jede Überlegung auszuschließen, die geschätzte Überzeugungen erschüttern oder schwächen könnte. „Gott", sagt Emerson, „bietet jedem Geist die Wahl zwischen Wahrheit und Ruhe." Nimm, was Dir gefällt. „Man kann nie beides haben." Eines der stärksten Argumente der Naturreligion beruht auf der Tatsache, dass Tugend so oft ihren Lohn nicht bringt; auf dem Glauben, der so tief in der menschlichen Natur verankert ist, dass dies im Wesentlichen ungerecht ist und in einem zukünftigen Zustand behoben werden muss.

Aus solchen Gründen halte ich es für unmöglich, Tugend mit Glück gleichzusetzen, und die Ansichten der Gegenschule scheinen mir hauptsächlich auf einer unnatürlichen und trügerischen Verwendung von Worten zu beruhen. Auch wenn die Verbindung zwischen Tugend und Vergnügen am engsten ist, ist es wahr, wie die alten Stoiker sagten, dass Tugend zwar Freude bereitet, dies aber nicht der Grund ist, warum ein guter Mann sie praktiziert; dass Vergnügen der Begleiter und nicht der Leitfaden seines Lebens ist; dass er die Tugend nicht liebt, weil sie Freude bereitet, sondern dass sie Freude bereitet, weil er sie liebt. [8] Ein wahrer Bericht über die menschliche Natur wird erkennen, dass sie die Fähigkeit besitzt, etwas anzustreben, das sich vom Glück unterscheidet und verständlicherweise als höher beschrieben werden kann, und dass der Adel des Lebens wesentlich von der Vorherrschaft dieses höheren Ziels abhängt . Es ist nicht einmal wahr, dass das Ende des Menschen darin bestehen sollte, endlich Frieden zu finden. Es sollte sein, seine Pflicht zu tun und die Wahrheit zu sagen.


Aber während diese große Wahrheit, dass es ein höheres Ziel als das Glück gibt, immer aufrechterhalten werden sollte, sind die Beziehungen zwischen Moral und Glück eng und intim und durchaus einer Untersuchung wert. Was die niedrigeren oder alltäglicheren Tugenden betrifft, kann es keinen Fehler geben. Es ist sehr offensichtlich, dass ein gesundes, langes und erfolgreiches Leben eher durch Fleiß, Mäßigung und Reinheit erreicht werden kann als durch umgekehrte Wege. Es ist ganz offensichtlich, dass Trunkenheit und

Sinnlichkeit die Gesundheit ruinieren und das Leben verkürzen; dass Müßiggang, Glücksspiel und ungeordnete Gewohnheiten den Wohlstand ruinieren; dass schlechte Laune, Egoismus und Neid die Freundschaft zerstören und Feindseligkeiten und Abneigung hervorrufen; dass es in jeder gut regulierten Gesellschaft zumindest eine allgemeine Übereinstimmung zwischen dem Weg der Pflicht und dem Weg des Wohlstands gibt; Unehrlichkeit, Gewalt und Missachtung der Rechte anderer sind natürlich und werden normalerweise entweder vom Gesetz oder von der öffentlichen Meinung oder von beiden bestraft. Bischof Butler hat argumentiert, dass die allgemeine Tendenz der Tugend, zum Glück zu führen, und die allgemeine Tendenz des Lasters, zum Unglück zu führen, beweisen, dass es auch in ihrem gegenwärtigen Zustand eine moralische Regierung der Welt gibt, und welche Kontroversen auch immer über diese Schlussfolgerung erhoben werden mögen kann zumindest keinen Zweifel an der wesentlichen Wahrheit der Tatsachen haben. Glück lässt sich, wie ich bereits sagte, am besten erreichen, wenn es nicht das unmittelbare oder zumindest das Hauptziel ist, auf das man abzielt. Ein verschwendetes und inaktives Leben wirkt nicht nur an sich langweilig, sondern beraubt den Menschen auch der wirklichen und eindeutigen Freude, die auf natürliche Weise aus der gesunden Aktivität all unserer Kräfte entsteht, während ein Leben im Egoismus die Freuden des Mitgefühls ausschließt, die im menschlichen Leben eine so große Rolle spielen Glück. Eine der Lektionen, die die Erfahrung am deutlichsten lehrt, ist, dass Arbeit, Pflicht und Charakterdisziplin wesentliche Elemente für dauerhaftes Glück sind. Die Freuden des Lasters sind oft real, aber sie sind oft vergänglich und hinterlassen Spuren von Leid, Schwäche oder Fürsorge. Die edleren Freuden wachsen und verstärken sich größtenteils mit zunehmendem Alter. Die Leidenschaften der Jugend verwandeln sich, wenn sie ordnungsgemäß reguliert werden, allmählich in Gewohnheiten, Interessen und dauerhafte Zuneigungen, und in den langen Prognosen des Lebens wird die Überlegenheit der Tugend als Element des Glücks am deutlichsten.

Es wurde mit Recht gesagt, dass Wörter wie „Zeitvertreib" und „Ablenkung", wenn sie auf unsere Vergnügungen angewendet werden, zu den melancholischsten in der Sprache gehören, denn sie sind das Bekenntnis der menschlichen Natur, dass sie ihr Glück nicht in sich selbst finden kann, sondern nach etwas suchen muss Das wird die Zeit ausfüllen, die Leere, die sie empfindet, verdecken und die Gedanken der Menschen von den Bedingungen und Aussichten ihres eigenen Lebens ablenken. Wie viel vom Vergnügen der Gesellschaft und überhaupt aller Vergnügungen hängt von ihrer Fähigkeit ab, uns selbst vergessen zu lassen! Der Untergrund des Lebens ist traurig, und nur wenige Menschen, die über die Gefahren und Unsicherheiten nachdenken, die es umgeben, können es ohne große Hilfe von außen auch nur erträglich finden. Das erste und wichtigste dieser

Hilfsmittel liegt in der Schaffung starker Interessen. Es ist eines der Gesetze unseres Wesens, dass wir der Düsternis des Lebens am besten begegnen können, wenn wir nach Interessen streben und nicht nach Vergnügungen. Die höchste Effizienz haben aber nur diejenigen, die selbstloser Natur sind. Indem Menschen ihr ganzes Wesen den Interessen anderer widmen, entkommen sie am wirksamsten der Melancholie der Selbstbeobachtung; der Lebenshorizont wird erweitert; Die Entwicklung der moralischen und sympathischen Gefühle jagt egoistischen Sorgen hinterher, und aufgrund des gleichen Paradoxons, das wir in anderen Teilen der menschlichen Natur gesehen haben, erreichen Menschen ihr eigenes Glück am besten, indem sie sich auf das Streben nach dem Glück anderer konzentrieren.

Die Ziele und Perspektiven eines gut geregelten Lebens wurden meines Erachtens noch nie besser beschrieben als in einem der Briefe von Burke an den Herzog von Richmond. „Angesichts der vielen positiven Ärgernisse und der unzähligen bitteren Enttäuschungen des Vergnügens in der Welt ist es in der Tat klug, so viele Ressourcen der Befriedigung wie möglich in der eigenen Macht zu haben." Immer wenn wir den Geist auf ein einziges Objekt konzentrieren, müssen dieses Objekt und das Leben selbst zusammenpassen. Aber obwohl es richtig ist, Beschäftigungsreserven zu haben, muss dennoch ein bestimmtes Ziel im Vordergrund stehen; sehr und außerordentlich; und die anderen Massen und Figuren müssen ihre gebührende Unterordnung wahren, um die große Zusammensetzung eines wichtigen Lebens zu erkennen. [9] Es ist ebenso wahr, dass unter diesen Objekten die Uneigennützigen und Selbstlosen einen vorherrschenden Platz einnehmen sollten. Bei einigen beschränkt sich dieser Teil ihrer Tätigkeit auf den engen Kreis ihres Zuhauses oder auf die isolierten Pflichten und Wohltätigkeitsorganisationen in der eigenen Nachbarschaft. Bei anderen nimmt es die Form großer öffentlicher Interessen an, einer engagierten Beteiligung an sozialen, philanthropischen, politischen oder religiösen Unternehmungen. Für das Glück des Lebens spielt der Charakter eine größere Rolle als der Intellekt, und die Kultivierung des selbstlosen Teils unserer Natur ist nicht nur eine der ersten Lektionen der Moral, sondern auch der Weisheit.


Wie bei den meisten anderen Dingen liegen die Schwierigkeiten am Anfang, und durch stetige Übung gelangt es zu einer zweiten und instinktiven Natur. Die Fähigkeit des Menschen, seinen Charakter organisch zu verändern, ist sehr begrenzt, aber im Großen und Ganzen liegt die Verbesserung des Charakters wahrscheinlich eher in seiner Reichweite als die intellektuelle Entwicklung. Für ein nennenswertes intellektuelles Studium mangelt es den meisten Menschen an Zeit und Gelegenheit, und selbst wenn es anders wäre, würde jeder Mensch umfangreiche Kenntnisse und Gedanken vorfinden, die völlig außerhalb seines Geschmacks, seiner Fähigkeiten und seines Verständnisses liegen. Aber jeder kann bis zu einem gewissen Grad die Lektion der Selbstaufopferung lernen, das Richtige praktizieren, seine vorherrschenden Fehler korrigieren oder zumindest mildern. Welche schönen Beispiele von Selbstaufopferung, stillem Mut, Resignation im Unglück, geduldiger Erfüllung schmerzlicher Pflichten, Großmut und Vergebung bei Verletzungen lassen sich oft unter denen finden, die intellektuell am gewöhnlichsten sind!

Das heimtückische Anwachsen des Egoismus ist eine Krankheit, vor der die Menschen am meisten auf der Hut sein sollten; Aber es ist ein schwerwiegender, wenn auch weitverbreiteter Irrtum anzunehmen, dass die selbstlosen Instinkte uneingeschränkt befriedigt werden können. Hier ist jedoch ein wichtiger Unterschied zu beachten. Die vielen und großen Übel, die aus verschwenderischen und unüberlegten Wohltätigkeitsorganisationen resultieren, sind nicht immer oder vielleicht im Allgemeinen auf ein Übermaß oder eine Extravaganz des Wohltätigkeitsgefühls zurückzuführen. Sie sind viel häufiger auf den Defekt zurückzuführen. Der reiche Mann, der sich nie die Mühe macht, die Einzelheiten der Fälle, die ihm vorgelegt werden, zu erforschen oder ernsthaft über die weiteren Konsequenzen seiner Taten nachzudenken, der aber bereit ist, Geld zu geben, wenn er darum gebeten wird, und der dies dadurch auch berücksichtigt Wer seine Pflicht erfüllt hat, wird auf diese Weise eher Schaden anrichten als der Mann, der sich der geduldigen, mühsamen Haus-zu-Haus-Arbeit unter den Armen widmet. Die vielen Männer und die wahrscheinlich noch größere Zahl von Frauen, die große Teile ihres Lebens einer solchen Arbeit widmen, lernen bald, die Folgen ihrer Wohltätigkeit mit ziemlicher Genauigkeit zu erkennen und zwischen Würdigen und Unwürdigen zu unterscheiden. Dass solche Menschen oft exklusiv und einseitig werden und sich eine Art Berufsneigung aneignen, die sie dazu verleitet, alle nationalen Rücksichten ihrem eigenen Thema unterzuordnen und das wahre Verhältnis der Dinge aus den Augen zu verlieren, ist zweifellos wahr, wird es aber wahrscheinlich nicht sein Ich habe bei den besten Arbeitern festgestellt, dass ein solches Leben dazu neigt, die Emotionen übermäßig zu verstärken. Wie Bischof Butler mit tiefer Wahrheit gesagt hat, werden aktive Gewohnheiten durch Wiederholung gestärkt und passive Eindrücke geschwächt, und ein Leben in aktiver Wohltätigkeitsarbeit ist durchaus mit viel Nüchternheit und sogar Kälte des Urteils bei der Beurteilung jedes einzelnen Falles vereinbar. Es ist nicht der Chirurg, der ständig Operationen zur Heilung seiner Patienten durchführt, der beim Anblick des Leidens am meisten bewegt.

Ich glaube, das ist im Großen und Ganzen wahr, aber es ist auch wahr, dass es schwere Krankheiten gibt, die sich besonders an der selbstlosen Seite unserer Natur festsetzen, und sie sind besonders gefährlich, weil Menschen das Gefühl haben, dass das Selbstlose das Tugendhafte und Edlere ist Menschen auf der anderen Seite ihres Wesens neigen dazu, diese Tendenzen zu ertragen, ohne Aufsicht oder Kontrolle zu agieren. Dennoch ist es kaum möglich, die Katastrophen zu übertreiben, die aus falsch eingeschätzten, selbstlosen Handlungen resultieren. Die gesamte Geschichte der religiösen Verfolgung veranschaulicht dies reichlich, denn es besteht kein Zweifel daran, dass ein großer Teil der Verfolger aufrichtig das suchte, was sie für das höchste Wohl der Menschheit hielten. Und auch wenn diese dunkle Seite der Menschheitsgeschichte mittlerweile fast abgeschlossen ist, gibt es noch viele andere Möglichkeiten, ein ähnliches Übel darzustellen. Scherze, Sentimentalitäten und Fanatismus häufen sich vor allem um die selbstlose Seite unserer Natur und wirken auf viele seltsame und subtile Arten böse. Wenige Dinge haben auf der Welt mehr Schaden angerichtet als unverhältnismäßiges Mitgefühl. Es ist ein Gesetz unseres Wesens, dass wir nur von Leiden zutiefst bewegt werden, die wir deutlich erkennen, und das Ausmaß, in dem verschiedene Arten von Leiden die Vorstellungskraft ansprechen, steht in keinem Verhältnis zu ihrer tatsächlichen Größe. Der gütigste Mensch wird von einem Erdbeben in Japan oder einer Pest in Südamerika mit einer Gleichgültigkeit lesen, die er gegenüber einem vorzeitigen Tod oder einem schmerzhaften Unfall in seiner unmittelbaren Nachbarschaft niemals an den Tag legen würde, und im Allgemeinen trifft uns das Leiden einer prominenten und isolierten Person viel gewaltsamer als das einer ununterscheidbaren Menge. Nur wenige Todesfälle sind so prominent und wecken daher nur wenige so weit verbreitetes Mitgefühl wie die Todesfälle auffälliger Krimineller. Es ist keine Übertreibung zu sagen, dass der Tod eines „interessanten" Mörders oft viel stärkere Gefühle hervorruft, als jemals der Tod seines Opfers hervorgerufen hat; oder durch den Tod tapferer Soldaten, die bei einer obskuren Expedition in einem abgelegenen Land durch Krankheit oder durch das Schwert ums Leben kamen. Diese Art der Beurteilung wirkt sich unmittelbar auf das Verhalten aus. Der humanitäre Geist, der das Strafgesetzbuch mildert und die Wiedergutmachung des Verbrechers zum Hauptziel macht, ist vollkommen richtig, solange er die abschreckende Kraft der Strafe nicht so weit verringert, dass die Kriminalität zunimmt, und solange er nicht zunimmt Der Kriminelle ist in einer besseren Situation als der unschuldige Arme, aber wenn diese Bedingungen nicht erfüllt sind, ist es viel mehr ein Übel als ein Gutes. Die entfernten, indirekten und unerkannten Konsequenzen unserer Taten sind oft viel wichtiger als die offensichtlichen und direkten, und es kommt immer wieder vor, dass Menschen durch die Ausrottung eines konzentrierten und aufdringlichen Übels eine diffuse Krankheit verstärken oder erzeugen, die sich über ein weitaus größeres Gebiet auswirkt . Wie wenige zum Beispiel, die die vorherrschende Tendenz teilen, jedes Übel, das in der Gesellschaft auftritt, durch Zwangsgesetze zu bekämpfen, sind sich der Gefahr angemessen bewusst, die mit der Schwächung der robusten, eigenständigen und einfallsreichen Gewohnheiten einhergeht, von denen das Glück der Gesellschaft so weitgehend abhängt Gleichzeitig werden durch die Vervielfachung der Funktionen und damit die Erhöhung der Staatsausgaben der schwächelnden Industrie neue und erdrückende Belastungen auferlegt! Wie oft haben Philanthropen aus echtem Interesse für eine leidende Klasse oder ein leidendes Volk Maßnahmen befürwortet, die durch das Entfachen, die Verlängerung oder die Ausweitung eines großen Krieges unfehlbar viel größere Katastrophen herbeiführen würden als die, die sie wiedergutmachen würden! Wie oft hätten große Ausbrüche grausamer Kriminalität oder schwere und dauerhafte Unruhen im Staat oder internationale Konflikte, die Tausende von Menschenleben gekostet haben, durch eine schnelle und unerschütterliche Härte abgewendet werden können, vor der eine unvoreingenommene Menschheit zurückschreckte! Wenn Louis Philippe im Februar 1848 Marschall Bugeaud erlaubt hätte, auf den revolutionären Mob zu schießen, zu einer Zeit, als es in Frankreich keinen wirklichen und weit verbreiteten Wunsch nach Revolution gab, wie viele blutige Seiten französischer und europäischer Geschichte wären dann vielleicht verschont geblieben!

Maßnahmen, die Männer und noch mehr Frauen vor übermäßiger Arbeit schützen und sie mit kostspieligen Gesundheitsvorkehrungen umgeben, können, wenn sie unüberlegt formuliert sind, leicht ein Geschlecht oder ein Volk im Wettbewerb der Industrie so behindern, dass sie von großen Feldern vertrieben werden von der Industrie, schränken ihre Lebensgrundlagen ein, senken ihren Lohn- und Komfortstandard und verringern so ernsthaft ihr Lebensglück. Die unüberlegte Unterdrückung von Vergnügungen, die nicht ganz gut sind, die aber großen Massen großen Spaß bereiten, verfehlt selten den Anstoß für andere, geheimere und wahrscheinlich bösartigere Vergnügungen. Unüberlegte Wohltätigkeitsorganisationen oder eine extravagante und zu nachsichtige, schlechte Rechtsverwaltung entmutigen unweigerlich Fleiß und Sparsamkeit und vergrößern in der Regel die Armut, die sie heilen sollten. Der Elternteil, der davor zurückschreckt, seinem Kind Leid zuzufügen oder ihm jedes Vergnügen vorzuenthalten, das es sich wünscht, legt nicht den Grundstein für ein glückliches Leben und die Güte, die dem Naturgesetz entgegenwirkt oder es verdunkelt, zu dem Extravaganz, Unvorsichtigkeit und Laster führen Natürlich zum Verderben führend, ist weder für den aufrichtigen Mann, der der Versuchung widerstanden hat, noch für den schwachen Mann, dessen Tugend zweifelhaft auf dem Spiel steht, eine wirkliche Freundlichkeit. Es ist auf lange Sicht auch nicht zum Wohle der Welt, wenn überlegene Fähigkeiten, überlegene Energie oder Fleiß im Wettlauf des Lebens behindert werden, wenn es verboten wird, außergewöhnliche Risiken um außergewöhnlicher Belohnungen willen einzugehen, und wenn Vorschriften auf Arbeitsmaßstäbe reduziert werden

Gewinn, der minderwertigen Charakteren oder Mächten zugute kommen soll.

Das fatale Laster unüberlegter Wohltätigkeit besteht darin, dass sie nur auf unmittelbare und unmittelbare Ergebnisse abzielt, ohne Alternativen oder entfernte und indirekte Konsequenzen in Betracht zu ziehen. Eine große und höchst angesehene Form der Wohltätigkeit ist die mit der Tierwelt verbundene, und in England wird sie in mancher Hinsicht bis zu einem Punkt getrieben, der auf dem Kontinent unbekannt ist. Aber was für eine seltsame Form des Mitgefühls ist es doch, die es lange Zeit unmöglich machte, in England ein Pasteur-Institut zu gründen, und Patienten, denen eine der schrecklichsten Krankheiten drohte, die die Menschheit befallen können, dazu zwang, nach Paris zu gehen – wozu sie immer bereit sind –, um sich einer Behandlung zu unterziehen, die ihnen das sogenannte humane Gefühl der Engländer zu Hause verbietet! Was für eine seltsame Form von Wohlwollen ist es, in einem Land, in dem Feldsport die gewohnheitsmäßige Belustigung der höheren Gesellschaftsschichten ist, selbst die sorgfältigsten begrenzten und überwachten Experimente an lebenden Tieren als kriminell anzuprangern und damit die beste Hoffnung, Abhilfe zu finden, zunichte machen würde für einige der schlimmsten Formen menschlichen Leidens, die einzig sichere Methode, um angebliche Heilmittel zu testen, die tödlich sein oder für die Menschheit von unschätzbarem Nutzen sein können! Tatsächlich gehen ausländische Kritiker oft viel weiter und glauben, dass die öffentliche Meinung in England in anderen Formen, die mit diesem Thema zusammenhängen, seltsam launenhaft und inkonsistent sei. Mit Erstaunen vergleichen sie die Strafen, die manchmal für die Misshandlung einer Frau und für die Misshandlung einer Katze verhängt werden; Sie fragen, ob die wirklichen Leiden, die durch viele Dinge verursacht werden, die in England gesetzlich bestraft oder von der Meinung verworfen werden, größer sind als die, die durch Sportarten verursacht werden, die ständig ohne Vorwurf ausgeübt werden; und sie neigen dazu, in der großen Beliebtheit und Ausarbeitung einiger Tierschutzorganisationen vieles übertrieben oder sogar phantastisch zu finden. [10] Gleichzeitig beunruhigen in unserem eigenen Land die anerkannteren Feldsportarten viele wohlwollende Naturen erheblich. Ich möchte hier nur sagen, dass die positiven Vorteile, die sie mit sich bringen, zwar groß und offensichtlich sind, aber diejenigen, die sie verurteilen, ständig vergessen, was das Schicksal der Tiere wäre, die geschlachtet werden, wenn es solche Sportarten nicht gäbe, und wie wenig die Bilanz des Leidens verbessert wird oder verändert durch die Zerstörung von Wesen, die ihrerseits vom Zerstören leben. Wie ein Dichter sagt:

Die Fische jubeln, wenn die Möwe stirbt,

Der Tod des Lachses bewahrt tausend Fliegen.

Bei den meisten dieser Fragen ist die Auswirkung auf den menschlichen Charakter wichtiger als die Auswirkung auf das Glück der Tiere. Das Beste, was die Gesetzgebung für Wildtiere tun kann, besteht darin, die Zeitspanne so weit wie möglich auf harmlose Klassen auszudehnen und ihnen Immunität zu sichern, während sie ihre Jungen produzieren und versorgen. Dies ist die wahrste Güte, und aus ganz anderen Gründen ist sie besonders notwendig, da die Verbesserung der Schusswaffen und die Zunahme der Bevölkerung das alte Gleichgewicht zwischen Produktion und Zerstörung für den Menschen völlig verändert haben und bedrohen, wenn sie nicht kontrolliert werden , was zu einer fast vollständigen Ausrottung großer Klassen der Tierwelt führen würde. Es ist traurig zu beobachten, wie oft sensible Frauen, die sich gegen Feldsportarten wehren und alle Experimente an lebenden Tieren verurteilen, mit perfekter Gefühllosigkeit Moden unterstützen, die zur vollständigen Zerstörung einiger der schönsten Vogelarten führen und in der Lage sind In einigen Fällen handelte es sich um besonders schwere Grausamkeiten.

## FUSSNOTEN:

[8] Seneca, *De Vita Beata* .

[9] Burkes *Korrespondenz* , i. 376, 377.

[10] Während ich diese Seiten schreibe, finde ich den folgenden Absatz in einer Zeitung, der meine Meinung veranschaulichen könnte: „ HUNDE PFLEGEN" . Am Freitag wurde vor dem Brompton County Court ein Fall verhandelt, in dem einige Anhaltspunkte für die medizinische Behandlung von Hunden vorgelegt wurden. Der Besitzer einer Hundestation in Tattersall's Corner verklagte Herrn Harding Cox auf Unterbringung und Verpflegung von sieben Hunden, und das *Regime* wurde erläutert. Sie werden mit Fleischessenz gefüttert, mit Portwein heruntergespült und haben als Verdauungsmittel in Milch und Pfeilwurz aufgeschlagene Eier. Es werden auch medizinische Bäder und Stärkungsmittel angeboten, und gelegentlich werden die Tiere mit einem Tag auf dem Land verwöhnt. Diese Hygienemaßnahme erforderte einen Aufwand von zehn Schilling pro Woche. Der Beklagte machte geltend, dass die Gebühren überhöht seien, der Richter sprach dem Kläger jedoch 25 Pfund zu. Wie viele Krankenhauspatienten erhalten eine solche Behandlung? – *Daily Express* , 16. Februar 1897.

# KAPITEL V

Die im letzten Kapitel gegebenen Illustrationen werden ausreichen, um die Gefahr aufzuzeigen, die darin besteht, der selbstlosen Seite der menschlichen Natur freien Lauf zu lassen, ohne ernsthafte Kontrolle durch Vernunft und Willen. Die Dinge in ihrer wahren Proportion zu sehen und dem vergrößernden Einfluss einer krankhaften Vorstellungskraft zu entgehen, sollte eines der Hauptziele des Lebens sein, und in keinem Bereich ist es notwendiger als in denen, die wir besprochen haben. Gleichzeitig hat jedes Zeitalter seinen eigenen idealen moralischen Typus, auf den sich die stärksten und besten Einflüsse der Zeit konzentrieren. Die Geschichte der Moral ist im Wesentlichen eine Geschichte der Veränderungen, die nicht so sehr in unserer Vorstellung davon stattfinden, was richtig und falsch ist, sondern vielmehr in der verhältnismäßigen Stellung und Bedeutung, die wir verschiedenen Tugenden und Lastern zuweisen. Es gibt große Gruppen moralischer Qualitäten, die in manchen Zeitaltern der Weltgeschichte als überragend angesehen wurden, während sie in anderen Zeitaltern in den Hintergrund gedrängt wurden, und es gibt entsprechende Gruppen von Lastern, die in manchen Perioden als sehr ernst angesehen wurden und in anderen als sehr trivial. Der heroische Typus des Heidentums und der heilige Typus des Christentums in seiner reinsten Form bestehen größtenteils aus den gleichen Elementen, aber die Verhältnisse, in denen sie vermischt werden, sind völlig unterschiedlich. Es gibt Zeiten, in denen die militärischen und bürgerlichen Tugenden – die Eigenschaften, die gute Soldaten und patriotische Bürger ausmachen – alle anderen dominieren. Die Selbstaufopferung der besten Männer fließt gewohnheitsmäßig in diesen Kanälen. In einem solchen Zeitalter mögen Integrität in den Geschäftsbeziehungen und häusliche Tugenden, die die Reinheit der Familie wahren, hoch geschätzt werden, aber sie werden vor allem deshalb geschätzt, weil sie für das Wohlergehen des Staates von wesentlicher Bedeutung sind. Der Soldat, der die besten Qualitäten seines Berufs in höchstem Maße erreicht hat, der Patriot, der seine Bequemlichkeiten, seine Ambitionen und sein Leben den Diensten des Staates opfert, ist das höchste Vorbild, und die Wertschätzung, die ihm entgegengebracht wird, ist gering wenig herabgestuft, auch wenn er sich vielleicht, wie Cato, grausamer Grausamkeit gegenüber seinen Sklaven oder, wie einige der Helden der Antike, skandalöser Formen privater Verschwendung schuldig gemacht hat.

Es gibt andere Zeiten, in denen das Militärleben von Moralisten mit Missbilligung betrachtet wird und in denen Patriotismus auf der Tugendskala ganz unten steht, während Nächstenliebe, Sanftmut, Selbstverleugnung, hingebungsvolle Gewohnheiten und Reinheit in Gedanken, Worten und Taten es tun vor allem eingeprägt. Die intellektuellen Tugenden wiederum, die sich mit Wahrheit und Falschheit befassen, bilden eine eigene Gruppe. Die Geisteshaltung, die die Menschen dazu bringt, die Wahrheit um ihrer selbst willen als das höchste Ideal zu lieben und sich von jeder Falschheit, Übertreibung, parteiischen oder sektiererischen Falschdarstellung und Erfindung abzuwenden, ist in keinem Zeitalter üblich, aber es gibt einige Zeitalter, in denen dies der Fall ist es wird als Tugend anerkannt und eingeschärft, während es andere gibt, bei denen man ohne Übertreibung sagen kann, dass die gesamte Tendenz der religiösen Lehre darin besteht, sie zu entmutigen. Über viele Jahrhunderte herrschte völlig der asketische und rein kirchliche Tugendstandard. Obwohl die häuslichen Tugenden klar anerkannt waren, hatten sie insgesamt einen untergeordneten Platz gegenüber den sogenannten höheren Tugenden des asketischen Zölibats. Wohltätigkeit wurde, obwohl sie edel gepflegt und praktiziert wurde, hauptsächlich durch ein dogmatisches Medium betrachtet und weniger zum Nutzen des Empfängers als zum spirituellen Wohl des Spenders praktiziert.

In den Augen vieler bestand die höchste Vorstellung eines heiligen Lebens größtenteils, wenn nicht sogar hauptsächlich, in der völligen Loslösung von weltlichen Interessen und Neigungen. Kein Typus wurde mehr bewundert, und kein Typus war jemals vollständiger von allen aktiven Pflichten und allen menschlichen Beziehungen getrennt als der Heilige der Wüste oder der Mönch eines kontemplativen Ordens. Der Welt sterben; seinen Zielen, Interessen und Vergnügungen gegenüber gleichgültig werden; Alle Dinge an einem Maßstab zu messen, der völlig anders ist als das menschliche Glück, und gewohnheitsmäßig für ein anderes Leben zu leben, war die ständige Lehre der Heiligen. In der Betonung, die auf die Pflege des spirituellen Lebens gelegt wurde, sank der gesamte Bereich der aktiven Pflichten auf eine niedrigere Ebene; und das Auge des Geistes war nach oben und innen gerichtet und blickte nur wenig auf die Welt um ihn herum. „Glücklich", sagte ein Heiliger, „ist der Geist, der nur zwei Objekte sieht, Gott und sich selbst, wobei die eine Vorstellung ihn mit souveräner Freude erfüllt und die andere ihn bis zur äußersten Niedergeschlagenheit erniedrigt." [11] „So viel Liebe wir den Geschöpfen geben", sagte ein anderer Heiliger, „so viel Liebe stehlen wir vom Schöpfer." [12] „Nur zwei Dinge verlange ich", sagte ein Dritter, [13] „leiden und sterben." „Gib alles auf", sagte Thomas à Kempis, „und du wirst alles finden." Lass das Verlangen hinter dir und du wirst Ruhe finden.' „Solange sich ein Mensch nicht von der Zuneigung aller Geschöpfe loslöst, kann er sich nicht mit geistiger Freiheit den göttlichen Dingen widmen."


Die allmähliche, stille und halb unbewusste Veränderung der Art der Moral, die nach der Reformation stattfand, war sicherlich nicht das unwichtigste ihrer Ergebnisse. Wenn dies bis zu einem gewissen Grad auf die besondere

Theologie der protestantischen Kirchen zurückzuführen ist, so war es vielleicht noch mehr auf die Abschaffung des geistlichen Zölibats zurückzuführen, das die Religionslehrer in den Mittelpunkt des häuslichen Lebens und in engen Kontakt mit einem großen Kreis gesellschaftlicher Personen rückte Aufgaben. Es gibt auch heute noch einen deutlichen Unterschied zwischen den Moralvorstellungen eines aufrichtig katholischen und eines aufrichtig protestantischen Landes, und dieser Unterschied besteht nicht so sehr, wie uns Kontroversisten sagen würden, im Größeren und Kleinen, sondern vielmehr im moralischen Typ oder im anderen Worte, in dem unterschiedlichen Grad der Bedeutung, der verschiedenen Tugenden und Lastern beigemessen wird. Wahrscheinlich gibt es nirgendwo auf der Welt schönere und ehrfürchtigere Vorbilder als in einigen der katholischen Länder Europas, die von den intellektuellen Bewegungen der Zeit kaum berührt wurden, aber kein guter Beobachter kann übersehen, wie viel größer der Ort ist Pflichten zugewiesen werden, die ausschließlich auf theologischen Überlegungen beruhen, und wie weitgehend sogar die natürlichen Pflichten auf solchen Überlegungen basieren und von ihnen bestimmt, begrenzt und manchmal sogar ersetzt werden. Die Geistlichen, die auf dem Konstanzer Konzil Sigismund dazu veranlassten, das von ihm gewährte Geleit zu verletzen und Hus trotz seines feierlichen Versprechens zum Feuertod zu verurteilen, [14] und die Geistlichen, die auf dem Reichstag zu Worms vergeblich versuchte, Karl V. zu einer ähnlichen Perfidie gegenüber Luther zu bewegen, stellen eine in unserer Zeit weit verbreitete Moralauffassung dar. Es ist keine Übertreibung zu sagen, dass in katholischen Ländern die Pflicht zur Wahrhaftigkeit in Fällen, in denen sie im Widerspruch zu den Interessen der Kirche steht, ausschließlich auf der Grundlage der Ehre und keineswegs auf der Grundlage der Religion beruht. Bei der Einschätzung katholischer Herrscher kann kein unparteiischer Beobachter übersehen, dass ihre Haltung gegenüber den Interessen der Kirche alle Erwägungen öffentlicher und privater Moral überwiegt.

In früheren Zeiten war dies noch viel häufiger der Fall. Die Kirche nahm in den Köpfen der Menschen einen Platz ein, der dem des Staates in der Römischen Republik mindestens ebenbürtig war. Männer, die große Opfer dafür gebracht und große Dienste geleistet hatten, galten vor allen anderen als die guten Männer, und bei diesen Männern erschienen Dinge, die wir als grob kriminell betrachten sollten, als bloße lässliche Schwächen. Jeder, der daran zweifelt, soll das Leben der frühen katholischen Heiligen und die noch lehrreicheren Seiten studieren, in denen Gregor von Tours und andere kirchliche Annalisten die Charaktere und Taten der prominenteren Persönlichkeiten in der weltlichen Geschichte ihrer Zeit beschrieben haben Er wird bald das Gefühl haben, in eine moralische Atmosphäre geraten zu sein und sich mit moralischen Maßstäben und Perspektiven auseinanderzusetzen, die denen unserer Zeit völlig unähnlich sind. [15]

In hochzivilisierten Zeitaltern lässt sich derselbe Geist deutlich erkennen. Bossuet war sicherlich kein Heuchler oder Speichellecker, sondern ein Mann von strenger Tugend und zweifellosem Mut. Er zögerte nicht, die grobe Verschwendung im Leben Ludwigs Er brachte über sein Volk Katastrophen, die unermesslich größer waren als die Fehler seines Privatlebens – obwohl er in der Tat von diesen Kriegen in der Sprache begeisterter und uneingeschränkter Lobreden gesprochen hat [16] – hatte er zumindest die Gnade, ein Kapitel seines Politique tirée de l'Écriture Sainte' zum Thema „Gott liebt den Krieg nicht." Aber in den Augen von Bossuet war es die dominierende Tatsache im Leben Ludwigs XIV. Die Aufhebung des Edikts von Nantes und die brutale Verfolgung der Hugenotten reichten aus, um ihn zu einem der besten Herrscher zu machen. [17]

Für diejenigen, die sich aufrichtig mit dem Thema befassen, gibt es darin nichts, was Überraschung erregen müsste. Die Lehre, dass die katholische Kirche der inspirierte Führer ist, die Stimme der Göttlichkeit auf Erden vertritt und mit absoluter Autorität über alle Fragen von richtig und falsch entscheidet, führte ganz natürlich zu der Überzeugung, dass nichts, was ihren Interessen förderlich war, wirklich kriminell sein konnte. und in allen Bereichen der Moral regelte es den Grad von Lob und Tadel. Die Lehre, die immer noch so weit verbreitet ist, aber jetzt so wenig erkannt wird, dass das erste Wesentliche für die Erlösung der orthodoxe Glaube ist, stellte das Verhalten auf eine niedrigere Ebene von Bedeutung als das Dogma, während die Überzeugung, dass es in der Macht des Menschen liegt, absolute Gewissheit zu erlangen Im religiösen Glauben gilt, dass falscher Glaube in den Augen des Allmächtigen ein Verbrechen ist, das ewige Verdammnis mit sich bringt, und dass der Lehrer der Häresie der größte Feind der Menschheit ist, der in den Augen der Gläubigen sofort die Taten rechtfertigt, die jetzt als die schwerwiegendsten erscheinen moralische Verirrungen. Viele niedere Motive und Elemente vermischten sich zweifellos mit der langen und abscheulichen Geschichte der religiösen Verfolgungen der Christenheit, aber in den Augen unzähliger gewissenhafter Männer schien diese Lehre völlig ausreichend, um sie zu rechtfertigen und jegliches Mitgefühl für die Opfer zu unterdrücken. Die gleichen Überlegungen erklären die völlige Gleichgültigkeit, mit der so viele gute Männer die Hexenverfolgungen beobachteten, die Tausende alter, schwacher und unschuldiger Frauen der Folter und dem Tod überantworteten.

Es könnten noch andere, weniger tragische Beispiele angeführt werden. Daher wird der Arzt bei einer Geburt manchmal vor die Alternative gestellt, das Leben der Mutter oder des ungeborenen Kindes zu opfern. In solchen Fällen würde ein protestantischer oder freigeistiger Arzt nicht zögern, das Erwachsenenleben als das mit Abstand wertvollste zu retten. Die katholische Lehre besagt, dass unter solchen Umständen die erste Pflicht des Arztes darin besteht, das Leben des ungetauften Kindes zu retten. [18] Eine große Anzahl kommerzieller Transaktionen, die heute allgemein als vollkommen unschuldig und nützlich anerkannt werden, wären lange Zeit aufgrund der katholischen Wucherlehre verboten gewesen, die selbst die geringsten Geldzinsen als Sünde verurteilte, wenn sie verlangt wurden als der Preis des Darlehens. [19]

Jedes religiöse und in der Tat jedes philosophische System, das in der Geschichte der Welt eine große Rolle gespielt hat, hat die Tendenz, sich entweder an einen bestimmten moralischen Typus anzupassen oder sich ihm anzugleichen, und in den Augen einer großen und wachsenden Zahl ist es auf dessen Vortrefflichkeit angewiesen Diese Art und der Erfolg bei der Herstellung hängen davon ab, dass ihre Überlegenheit hauptsächlich davon abhängt. Der Überbau oder das Gerüst des Glaubens, um den es herum aufgebaut ist, scheint ihnen vergleichsweise unbedeutend zu sein, und es ist nicht ungewöhnlich, dass sich Menschen einem bestimmten Typus leidenschaftlich widmen, lange nachdem sie die Lehren, mit denen er einst verbunden war, über Bord geworfen haben. Carlyle zum Beispiel bezeichnete sich manchmal als Calvinist und benutzte sowohl öffentlich als auch privat eine Sprache, als gäbe es keinen wesentlichen Unterschied zwischen ihm und den orthodoxsten Puritanern, doch es ist sehr offensichtlich, dass er fast allen Artikeln ihrer Anhänger keinen Glauben schenkte Glaube. Was er damit meinte, war, dass der Calvinismus in allen Ländern, in denen er wirklich dominierte, eine bestimmte Art von Charakter und Moralvorstellung hervorgebracht hatte, die in seinen Augen die edelste war, die es bisher auf der Welt gegeben hatte.

„ Schwört *vor allem* nicht, meine Brüder." Wenn es sich dabei, wie allgemein angenommen wird, um den Brauch handelt, im gemeinschaftlichen Gespräch profane Schwüre zu gebrauchen, wie weit entfernt von modernen Vorstellungen ist dann der Platz, der diesem Laster zukommt, das das menschliche Glück vielleicht ebenso wenig beeinflusst wie jedes andere, das erwähnt werden kann? Ausmaß der Kriminalität, und wie merkwürdig charakteristisch ist die Tatsache, dass das Laster, dem diese Überlegenheit der Ungeheuerlichkeit zugeschrieben wird, auch in den Zeiten, in denen theologische Einflüsse am stärksten waren, weiterhin vorherrschte und in jeder guten Gesellschaft im einfachen Gehorsam gegenüber einer Wende verschwunden ist der Mode, die es als unflätig verbietet! Lange Zeit wurden in den Kirchen zu bestimmten Zeiten Gesetze verlesen, in denen es verurteilt wurde, [20] und in einer davon wurde beschrieben, dass es wahrscheinlich sei, dass es Gottes Zorn hervorrufe und „die vielen Katastrophen, unter denen diese Nationen jetzt leiden, noch verschlimmert". Wie merkwürdig charakteristisch ist die Beschränkung des Begriffs „unmoralisch" im allgemeinen Sprachgebrauch auf ein einziges Laster, so dass man von einem

Mann, der unaufrichtig, selbstsüchtig, grausam oder maßlos ist, immer noch sagen könnte, er habe „ein moralisches Leben" geführt, weil er tadellos war in den Beziehungen der Geschlechter! Bei der Beurteilung des Charakters von Persönlichkeiten des öffentlichen Lebens findet sich ständig das gleiche unverhältnismäßige Urteil in der vergleichenden Betonung privater Fehler und der gigantischsten öffentlichen Verbrechen. Urteilsfehler sind keine moralischen Fehler, aber jeder öffentliche Mann, der aus selbstsüchtigen, ehrgeizigen oder parteipolitischen Motiven sein Land in einen ungerechten oder unnötigen Krieg stürzt oder dazu beiträgt, das öffentliche Interesse seinem persönlichen Ehrgeiz unterordnet, beschäftigt sich mit der Förderung Klassen-, National- oder Provinzhass, er senkt den moralischen Standard des öffentlichen Lebens oder unterstützt eine Gesetzgebung, von der er weiß, dass sie Unehrlichkeit fördert oder fördert, er begeht ein Verbrechen, vor dem er, wenn man ihn an seinen Folgen misst, die schwersten Taten der bloßen Tat begeht private Unmoral verkommt zur Bedeutungslosigkeit. Doch wie unterschiedlich werden solche Dinge bei brillanten und erfolgreichen Politikern im Urteil der Zeitgenossen und manchmal sogar im Urteil der Geschichte behandelt!

Es ist meines Erachtens eine Besonderheit der Neuzeit, dass die wichtigsten moralischen Einflüsse viel vielfältiger und komplexer sind als in der Vergangenheit. Es gibt kein so absolutes Herrschaftsgebiet wie das, das der Staat in einigen Perioden der heidnischen Antike und die Kirche im Mittelalter über den Charakter ausübte. Unsere Zivilisation ist mehr als alles andere eine industrielle Zivilisation, und industrielle Gewohnheiten prägen wahrscheinlich am stärksten den moralischen Typus, den die öffentliche Meinung anstrebt. Die Sklaverei, die die Industrie und die von ihr geförderten Qualitäten tief in Misskredit brachte, ist verschwunden. Das Feudalsystem, das die Industrie in eine untergeordnete Stellung brachte, wurde abgeschafft, und die starke moderne Tendenz, sowohl die Privilegien als auch die Exklusivität des Standes zu verringern und die Bedeutung des Reichtums zu erhöhen, geht in die gleiche Richtung. Eine Industriegesellschaft hat ihre besonderen Laster und Mängel, aber sie bringt natürlich die moralischen Qualitäten, die die Industrie am besten fördern kann und von denen sie am meisten abhängt, deutlich zum Vorschein und verleiht dem gesamten moralischen Denken einen utilitaristischen Charakter. Es ist nicht das Christentum, sondern der Industrialismus, der den starken Sinn für den moralischen Wert von Sparsamkeit, stetigem Fleiß, Pünktlichkeit bei der Einhaltung von Verpflichtungen und ständiger Voraussicht im Hinblick auf die Vorsorge für die Eventualitäten der Zukunft in die Welt gebracht hat, der heute so charakteristisch ist der moralische Typus der zivilisiertesten Nationen.

Viele andere Einflüsse haben jedoch dazu beigetragen, den industriellen Typus zu verstärken, zu qualifizieren oder zu beeinträchtigen. Der Protestantismus hat die urchristliche Ethik von einer Menge abergläubischer und künstlicher Pflichten befreit, die sie überlagert hatte, und ein ähnlicher Prozess hat sich in katholischen Ländern unter dem Einfluss des rationalisierenden und skeptischen Geistes vollzogen. Der Einfluss der dogmatischen Theologie auf die Moral hat abgenommen. Aus den riesigen und komplexen religiösen Systemen der Vergangenheit rückt ein eklektischer Geist jene christlichen Tugenden in den Vordergrund, die am offensichtlichsten mit der natürlichen Religion übereinstimmen und ganz offensichtlich dem Wohlergehen der Menschen auf der Erde förderlich sind . Auch die Philanthropie oder Wohltätigkeit, die den Kern des Systems bildet, wurde durch die zunehmende Kenntnis und Erkenntnis der Bedürfnisse und Nöte anderer immens intensiviert; durch die Schmerzempfindlichkeit, durch die Milderung der Manieren und die menschlicheren und raffinierteren Geschmäcker und Gewohnheiten, die eine hochentwickelte intellektuelle Zivilisation auf natürliche Weise hervorbringt. Das Pflichtgefühl spielt in der modernen Philanthropie eine große Rolle, und niedere Motive der Prahlerei oder Sitte vermischen sich größtenteils mit der echten Freundlichkeit des Gefühls, das sie inspiriert; aber im Großen und Ganzen ist es wahrscheinlich, dass die Menschen unserer Tage, wenn sie anderen Gutes tun, viel mehr als in der Vergangenheit auf den Nutzen des Empfängers achten und viel weniger auf eine Belohnung für ihre Taten in einer zukünftigen Welt. Solange dieser Nutzen erreicht wird, werden sie die damit verbundene Selbstaufopferung gerne so weit wie möglich verringern. Ein überaus charakteristisches Merkmal der modernen Philanthropie ist ihre enge Verbindung mit Vergnügungen. Es gab eine Zeit, in der eine große philanthropische Arbeit natürlich durch die Ausgabe von Ablässen unterstützt wurde, die allen, die sich daran beteiligten, besondere Vorteile in einer anderen Welt versprachen. In unserer Generation nehmen Bälle, Basare, Theater- oder andere Vergnügungen zugunsten wohltätiger Zwecke einen fast entsprechenden Platz ein.

Gleichzeitig hat das zunehmende Wissen, und insbesondere die Art von Wissen, die die Wissenschaft vermittelt, auf andere Weise unsere Urteile über richtig und falsch stark beeinflusst. Die mentale Disziplin, die Gewohnheiten fundierter und genauer Überlegungen, das Misstrauen gegenüber bloßer Autorität und ungeprüften Behauptungen und Traditionen, die die Wissenschaft zu produzieren neigt, stimulieren die intellektuellen Tugenden, und die Wissenschaft hat viel dazu beigetragen, das Lebensdiagramm zu berichtigen, indem sie noch mehr aufgezeigt hat klar die wahren Bedingungen des menschlichen Wohlergehens aufzeigen und viel Unbegründetheit und viele Fehler in der Lehre der Vergangenheit aufdecken. Man kann jedoch nicht sagen, dass die bürgerlichen oder militärischen

Einflüsse zurückgegangen seien. Auch wenn der Staat nicht ganz den gleichen Platz einnimmt wie in der heidnischen Antike, ist es zumindest sicher, dass in einem demokratischen Zeitalter öffentliche Interessen im Leben der Menschen eine enorme Rolle spielen und es eine wachsende und gefährliche Tendenz gibt, den Einfluss des Staates zu vergrößern Der Staat geht über das Individuum, während der moderne Militarismus die Blüte Kontinentaleuropas in seinen Kreis zieht und die militärische Ausbildung zu einem der mächtigsten Einflüsse auf die Bildung von Charakteren und Idealen macht.

Ich glaube nicht, dass die Welt jemals große Meinungsverschiedenheiten über die wesentlichen Elemente von richtig und falsch haben wird. Diese Dinge liegen tief in der menschlichen Natur und in den Grundbedingungen des menschlichen Lebens. Die Veränderungen, die derzeit stattfinden und die sich wahrscheinlich in Zukunft verstärken werden, liegen hauptsächlich in der Bedeutung, die verschiedenen Qualitäten beigemessen wird.

Was als nutzlose Selbstaufopferung und unnötiges Leiden erscheint, wird so weit wie möglich vermieden. Die Stimmungslage, die das Leiden an sich als eine Sache der Sühne ansah, als eine Art, dem Mann der Schmerzen zu folgen, als eine Sache, die man um seiner selbst willen annehmen, bei der man verweilen und die man verlängern muss, spielt in manchen Fällen eine sehr große Rolle schönsten christlichen Leben, insbesondere in jenen, die unter dem Einfluss der katholischen Kirche entstanden sind. Eine alte Legende erzählt, dass Christus einst einem katholischen Heiligen als Schmerzensmann erschien und ihn fragte, welchen Segen er sich am meisten wünschen würde. „Herr", war die Antwort, „dass ich am meisten leiden möchte." Diese Tendenz zieht sich tief durch die gesamte asketische Literatur und das gesamte klösterliche System des Katholizismus, und außerhalb des Katholizismus zeigte sie sich manchmal in der Zurückhaltung, die Hilfe von Anästhetika anzunehmen, die das angeblich von der Vorsehung gesandte Leiden teilweise oder vollständig beseitigten. Die Geschichte der Verwendung von Chloroform liefert hierfür eindrucksvolle Beispiele. Viele meiner Leser erinnern sich vielleicht an die französischen Mönche, die sich der Kultivierung eines der pestilenzreichsten Orte der römischen Campagna widmeten, der mit einer kirchlichen Legende verbunden war, und die völlig unnötigerweise darauf bestanden, dort während der Jahreszeit zu bleiben, in der ein solcher Wohnsitz wenig bedeutete weniger als ein langsamer Selbstmord. Sie hatten, wie sie zu sagen pflegten, ihr Fegefeuer auf Erden und blieben dort, bis ihre Verfassung hoffnungslos zerstört war und sie zum Sterben in ihr eigenes Land geschickt wurden. In der Neuzeit lassen sich rührende Beispiele von Menschen finden, die im äußersten Krankheits- oder Leidensstadium aus religiösen Motiven Skrupel hatten, die einfachsten Erleichterungen in Anspruch zu nehmen, [21] und etwas von demselben

Gefühl zeigt sich in dem Wunsch, dies zu tun eine hoffnungslose und qualvolle Krankheit bis zum letzten möglichen Moment verlängern. All dies verschwindet offensichtlich und schnell. Das unvermeidliche Leid mit Geduld und Resignation ertragen; Sich mutig Gefahren und Leiden für einen würdigen und nützlichen Zweck zu stellen, hat in der Ethik des Jahrhunderts zwar einen so hohen Stellenwert wie nie zuvor, aber das Leiden um seiner selbst willen wird nicht mehr geschätzt und als eines der ersten Ziele angesehen eines weisen Lebens, es einzuschränken und zu verringern.

Ich denke, niemand hat klarer gesehen oder anschaulicher beschrieben als Goethe die Richtung, in die die Moral in der Neuzeit fließt. Seine Philosophie ist eine irdische Philosophie, und die alten Theologen hätten gesagt, dass sie es der zweiten Gesetzestafel gänzlich ermöglichte, die erste zu ersetzen oder in den Schatten zu stellen. Von ihm wurde mit viel Wahrheit gesagt, dass „die Abneigung gegen das Übernatürliche ein inhärenter Teil seines Geistes war". Sich von nutzlosen und unfruchtbaren Spekulationen abwenden; unsere Gedanken beharrlich vom Unerkennbaren, Unvermeidlichen und Irreparablen abzuziehen; sie auf die unmittelbare Gegenwart und die nächste Pflicht zu konzentrieren; keine moralische Energie für übermäßige Selbstbeobachtung, Selbsterniedrigung oder Selbstvorwürfe zu verschwenden, sondern die Kultivierung und den weisen Einsatz all unserer Kräfte zum höchsten Ideal und Ziel unseres Lebens zu machen; Arbeit und Studium dem Kummer und dem Bedauern entgegensetzen; düstere Gedanken und übertriebene Ängste auf Distanz zu halten; „Das Individuum in Verbindung und Zusammenarbeit mit dem Ganzen zu sehen" und Anstrengung und Handeln als die Hauptelemente von Pflicht und Glück zu betrachten, war die Lektion, die er ständig lehrte. „Der Geist, der mit aktiven Kräften ausgestattet ist und sich mit einem praktischen Ziel an die Aufgabe hält, die ihm am nächsten liegt, ist der Würdigste, den es auf Erden gibt." „Charakter besteht darin, dass ein Mann stetig die Dinge verfolgt, zu denen er sich fähig fühlt." „Versuchen Sie, Ihre Pflicht zu erfüllen, und Sie werden wissen, was Sie wert sind." „Frömmigkeit ist kein Zweck, sondern ein Mittel; ein Mittel, um durch die reinste Seelenruhe die höchste Kultur zu erreichen.' „Wir sind nicht dazu geboren, die Probleme der Welt zu lösen, sondern um herauszufinden, wo das Problem beginnt, und um dann innerhalb der Grenzen dessen zu bleiben, was wir begreifen können."

Aufrichtige Liebe zur Wahrheit und klare und eindeutige Vorstellungen zu kultivieren und uns so weit wie möglich von Vorurteilen, Fanatismus, Aberglauben und Übertreibungen zu distanzieren; Weite, fundierte, tolerante und vielseitige Ansichten über das Leben zu vertreten, steht in seinen Augen im Vordergrund der Ethik. „Bemühen Sie sich ernsthaft, Worte zu verwenden, die so gut wie möglich mit dem übereinstimmen, was wir fühlen, sehen, denken, erleben, uns vorstellen und denken." „Entfernen Sie mit klarer und ehrlicher Absicht falsche, irrelevante und vergebliche Ideen." „Die wahrste Liberalität ist Wertschätzung." „Die Liebe zur Wahrheit zeigt sich darin, dass der Mensch das Gute in allem zu finden und zu schätzen weiß." [22]

In den Augen dieser Denkrichtung bestand einer der großen Fehler der alten theologischen Ethik darin, dass sie übermäßig negativ war. Es dachte viel mehr an die Vermeidung der Sünde als an die Erfüllung der Pflicht. Je mehr wir im Wissen voranschreiten, desto mehr werden wir dazu kommen, die Menschen im Geiste des Gleichnisses von den Talenten zu beurteilen; das heißt durch das Nettoergebnis ihres Lebens, durch ihre wesentliche Selbstlosigkeit, durch den Grad, in dem sie ihre Fähigkeiten und Möglichkeiten einsetzen, und auf die Ziele, auf die sie sie richten. Der Grundstein des moralischen Lebens wird viel weniger eine Frage kleiner Skrupel, einer sorgfältigen Selbstprüfung und einer extremen Betonung von Charakter- und Verhaltensfehlern, die kaum oder gar keine Auswirkung auf das aktive Leben haben. Ein Leben im Müßiggang wird mit viel weniger Toleranz betrachtet als derzeit. Die Menschen werden weniger introspektiv und objektiver, und nützliches Handeln wird immer mehr zum Leitprinzip der Moral.

Theoretisch wird dies wahrscheinlich ohne weiteres zugegeben, aber jeder gute Beobachter wird feststellen, dass es eine erhebliche Änderung des Standpunkts mit sich bringt. Ein Leben in gewohnheitsmäßiger Trägheit und Müßiggang, ohne dass die Fähigkeiten wirklich ausgebildet werden und ohne Ergebnisse, die einen Menschen vermissen lassen, wenn er gestorben ist, kann ohne jede Tat verbracht werden, die die Welt als bösartig bezeichnet, und ist mit viel Charme des Temperaments durchaus vereinbar und Verhalten und mit einer völligen Freiheit von gewalttätigem und aggressivem Egoismus. Ein solches Leben hätte in den Augen vieler Moralisten einen viel höheren Stellenwert als ein Leben ständiger, ehrenhafter und aufopfernder Arbeit für das Wohl anderer, das gleichzeitig mit einem positiven Laster behaftet ist. Doch das Leben, das vergleichsweise tadellos zu sein scheint, hat es in Wahrheit völlig verfehlt, während das andere Leben trotz all seiner Mängel weitgehend das erreicht hat, was das Hauptziel eines menschlichen Lebens sein sollte: die volle Entfaltung und den nützlichen Einsatz aller Kräfte wir besitzen. Es gibt in der Tat Menschen, bei denen ein überempfindliches Gewissen sogar eine lähmende Sache ist, die sie durch die Andeutung ständiger kleinlicher und genialer Skrupel von nützlichen Taten abhält. Es handelt sich um ein moralisches Gebrechen, das jener übertriebenen intellektuellen Sorgfalt entspricht, die ein intellektuelles Leben so oft fast völlig unfruchtbar macht, oder jener übermäßigen Tendenz, eine Frage von allen Seiten zu betrachten und die Gefahren und Nachteile eines Kurses zu erkennen, der nicht selten in wenigen Augenblicken auftritt Die

Schwierigkeit lähmt die Handlungen öffentlicher Männer. Manchmal wird diese übermäßige Gewissenhaftigkeit unter der seltsamen und subtilen Voreingenommenheit des Willens unbewusst in trägen und trägen Naturen gefördert, die von Natur aus nicht geneigt sind, sich anzustrengen. Die Hauptlinien der Pflichten in den großen Beziehungen des Lebens sind hinreichend offensichtlich, und die Kasuistik, die Gewissensbisse vervielfacht und unwirkliche und künstliche Pflichten erfindet, ist eher ein Hindernis als eine Förderung für ein edles Leben.

Es ist wahrscheinlich, dass sich die Moral im Laufe der Welt immer mehr in die von mir beschriebene Richtung bewegen wird. Gleichzeitig wird es eine stetig wachsende Tendenz geben, moralische Qualitäten und Verhaltensweisen hauptsächlich danach zu beurteilen, inwieweit sie das menschliche Glück fördern oder verringern. Begeisterung und Selbstaufopferung für ein Ziel, das keinen wirklichen Einfluss auf das Wohlergehen des Menschen hat, werden seltener und weniger respektiert, und die Verurteilung von als falsch erkannten Handlungen wird viel stärker als bisher im Verhältnis zu der Situation stehen Verletzungen, die sie zufügen. Einige Dinge, wie der übermäßige Luxus der Ausgaben und die Unvorsichtigkeit, Kinder zur Welt zu bringen, für die keine Vorkehrungen getroffen wurden, von denen man heute kaum noch sagen kann, dass sie in die Lehren der Moralisten oder zumindest der Kirchen Eingang finden, könnten eines Tages der Fall sein werden als schwerwiegendere Straftaten angesehen als einige, die im Strafgesetzbuch aufgeführt sind.

## FUSSNOTEN:

[11] Hl. Franz von Sales.

[12] Hl. Philipp Neri.

[13] Hl. Teresa.

[14] „Cum dictus Johannes Hus fidem orthodoxam pertinaciter impugnans, se ab omni con ductu et privilegio reddiderit alienum, nec aliqua sibi fides aut promissio de jure naturali divino vel humano, fuerit in præjudicium Catholicæ fidei observanda." Erklärung des Konzils von Konstanz. Siehe Creightons *Geschichte des Papsttums*, ii. 32.

[15] Einige Beispiele hierfür habe ich in meiner *Geschichte der europäischen Moral*, ii, zusammengestellt. 235-242.

[16] Siehe zB seine Trauerrede über Marie Thérèse d'Autriche.

[17] Siehe die enthusiastische Lobrede auf die Verfolgung der Hugenotten in seiner Trauerrede auf Michel le Tellier. Es kommt zu dem Schluss: „Épanchons nos cœurs sur la piété de Louis; Wir haben gerade unsere Akklamationen empfangen und uns an den neuen Constantin, an den neuen

Théodose, an den neuen Marcien und an den neuen Karl der Große gewandt, als die sechs Cent Trient im Concile de Chalcédoine autrefois waren: „Du hast mir den Auftrag gegeben." ; du hast die Helden ausgerottet; das ist die Würde deiner Herrschaft; es ist der eigene Charakter. Par vous l'hérésie n'est plus, Dieu seul a pu faire this merveille. Roi du ciel, bewahre den Roi de la terre; c'est le vœu, des Églises; c'est le vœu des Évêques.'

[18] Siehe Migne, *Encyclopédie Théologique* , „Dict. de Cas de Conscience, Art. *Abtreibung* .

[19] Siehe zu diesem Thema meine *Geschichte des Rationalismus* , ii. 250-270, und mein *Democracy and Liberty* , II., Kap. viii.

[20] 21 Jakobus I. c. 20; 19 Geo. II. C. 21. Die Strafen waren jedoch Geldstrafen, der Pranger oder kurze Freiheitsstrafen. Die Verpflichtung, die Satzung in den Kirchen zu lesen, wurde 1823 abgeschafft, aber der Brauch war zuvor in Vergessenheit geraten. Im Jahr 1772 wurde ein Pfarrer (aus privater Rache) strafrechtlich verfolgt und mit einer Geldstrafe belegt, weil er es versäumt hatte, es zu lesen. ( *Jahresregister* , 1772, S. 115.)

[21] Die folgende schöne Passage aus einer Begräbnispredigt von Newman ist ein Beispiel: „Man hätte denken sollen, dass ein Leben, das so unschuldig, so aktiv, so heilig, ich könnte sagen, so tadellos von Anfang bis Ende, von der Heimsuchung verschont geblieben wäre." von irgendeiner langen und strengen Buße, um es zu beenden; sondern um uns zweifellos zu zeigen, wie niederträchtig und elend die Besten von uns in uns selbst sind ... und um uns darüber hinaus ein Muster zu geben, wie wir selbst Leiden ertragen können, um die Verdienste zu steigern und die Krone dieses treuen Dieners zu beschleunigen und zu erhellen Seines Herrn, es gefiel dem allmächtigen Gott, eine Unordnung auf ihn zu schicken, die in den letzten sechs Jahren mit ihm kämpfte, ihn beherrschte und ihn schließlich so weit zerstörte, das heißt, wie der Tod jetzt die Macht hat, zu zerstören ... Es liegt an denen, die ihm Jahr für Jahr nahe kamen, die vielen Worte und Taten der Resignation, Liebe und Demut aufzubewahren, die diese lange Buße hervorrief. Diese verdienstvollen Taten sind im Buch des Lebens niedergeschrieben, und sie haben ihn dorthin begleitet, wohin er gegangen ist. Sie vervielfachten sich und wuchsen im Laufe seines Prozesses an Stärke und Perfektion; und noch nie waren sie so beeindruckend wie am Ende. Als ein Freund ihn in der letzten Woche besuchte, stellte er fest, dass er Bedenken hatte, seine Schläfen mit etwas erfrischendem Wasser befeuchten zu lassen, und dass er nur mit Mühe dazu gebracht werden konnte, seine Zustimmung zu geben; Er sagte, er fürchte, es sei ein zu großer Luxus. Als ihm derselbe Freund etwas Flüssigkeit anbot, um seinen quälenden Durst zu stillen, war seine Antwort dieselbe." – Predigt bei der Beerdigung des Right Rev. Henry Weedall, S. 19, 20.

[22] Siehe das ausgezeichnete kleine Buch von Herrn Bailey Saunders mit
dem Titel „ *The Maxims and Reflections of Goethe*".

# KAPITEL VI

Die Tendenz, die Moral eher in ihren positiven als in ihren negativen Aspekten zu betrachten und Menschen nach dem Guten zu beurteilen, das sie in der Welt tun, ist ein gesundes Element im modernen Leben. Ein starkes Bewusstsein für die Verpflichtung zu einem erfüllten, aktiven und nützlichen Leben ist der beste Schutz sowohl der individuellen als auch der nationalen Moral in einer Zeit, in der die Auflösung oder Schwächung theologischer Überzeugungen die Grundlagen zerstört, auf denen die meisten aktuellen Morallehren basieren. Auf dem Gebiet der Moral hat das Handeln einen viel größeren Stellenwert als das Denken – sogar einen größeren Stellenwert, wenn es darum geht, unsere Schwierigkeiten zu verdeutlichen und den Weg aufzuzeigen, den wir gehen sollten. Durch die aktive Erfüllung einer unmittelbaren Pflicht wird die Aussicht auf künftige Pflichten am klarsten, und diejenigen, die am meisten in aktive Pflichten vertieft sind, machen sich normalerweise wenig Sorgen um die Wirrungen des Lebens oder um winzige und lähmende Skrupel. Eine öffentliche Meinung, die vom Müßiggang abhält und den Standard öffentlicher Pflichten hoch legt, ist besonders wertvoll in einer Zeit, in der die Tendenz, Reichtum zu schätzen und Würde am Reichtum zu messen, stark zugenommen hat und in der Reichtum in einigen seiner wichtigsten Formen zugenommen hat völlig von besonderen Pflichten distanziert. Die Pflichten des Grundbesitzers, der von einer armen und einigermaßen abhängigen Pachtbevölkerung umgeben ist, die Pflichten des Leiters einer großen Fabrik oder eines Ladens, der eine große Anzahl von Arbeitern oder Angehörigen beschäftigt, sind hinreichend offensichtlich, wenn auch selbst in diesen In allen Bereichen ist das Pflichtenband stark gelockert worden durch den wachsenden Geist der Unabhängigkeit, der jede Klasse immer eifersüchtiger auf die Einmischung anderer macht, und durch die wachsende Tendenz der Gesetzgebung, alle Geschäftsbeziehungen und Verträge durch bestimmte Gesetze zu regeln, anstatt sie aufzugeben , wie in der Vergangenheit, auf freiwilliges Handeln. Aber es gibt große Vermögensklassen, die ganz oder fast ganz von besonderen und bestimmten Pflichten getrennt sind. Die große und immer größer werdende Menschenmenge, deren Einkommen aus Staats-, Provinz- oder Gemeindeschulden stammt oder die Anteilseigner oder Inhaber von Schuldverschreibungen großer Handels- und Industrieunternehmen sind, hat kaum oder gar keine praktische Kontrolle über diese oder hat kein Interesse daran von wem ihr Vermögen stammt. Die Vervielfachung solcher Vermögen ist eines der großen Merkmale unserer Zeit und birgt große Gefahren. Solche Vermögen bieten unvergleichliche Möglichkeiten für luxuriöses Nichtstun, und da sie an sich wenig oder gar keinen gesellschaftlichen Einfluss oder eine Stellung mit sich bringen, werden diejenigen, die sie besitzen, besonders versucht, eine solche Stellung durch eine Zurschaustellung von Reichtum und Luxus anzustreben, die eine zutiefst vulgäre und demoralisierende Wirkung hat auf die Gesellschaft. Die Tendenz des Müßiggangs, zur Unmoral zu führen, ist seit langem ein Gemeinplatz der Moralisten. Vielleicht hat unsere Zeit klarer erkannt als die vorangegangene, dass völliger und gewohnheitsmäßiger Müßiggang Unmoral *ist* und dass, wenn die Lebensumstände einem Menschen keinen bestimmten Arbeitsbereich zuweisen, es seine erste Pflicht ist, diesen für sich selbst zu finden . Es wird gerne gesagt, dass zu Beginn der Regierungszeit von Königin Victoria junge Männer in England, die wirklich beschäftigt waren, Müßiggang hegten, und dass am Ende der Regierungszeit junge Männer, die wirklich untätig waren, vorgaben, beschäftigt zu sein. Meiner Meinung nach nimmt ein unverhältnismäßig großer Teil der englischen Energie politische Formen an, und es liegt eine gefährliche Übertreibung in der vorherrschenden Tendenz, alle sozialen und moralischen Missbräuche durch Gesetze des Parlaments zu bekämpfen. Aber es gibt eine Vielzahl anderer und weniger aufdringlicher Arbeitsgebiete, die für alle Stufen des Intellekts und für viele Charaktertypen geeignet sind und in denen Männer, die über den unschätzbaren Segen der Muße verfügen, reichliche und nützliche Felder für die Ausübung ihrer Kräfte finden können.

Die Berichtigung moralischer Urteile ist eines der wichtigsten Elemente der Zivilisation; Hiervon hängt hauptsächlich die Möglichkeit eines moralischen Fortschritts im großen Maßstab ab. Kaum etwas verdirbt den Menschen mehr als die Gewohnheit, Menschen als beneidenswerte Menschen oder Eigenschaften zu betrachten, die der Gesellschaft schaden. Das offensichtlichste Beispiel ist die leidenschaftliche Bewunderung, die einem brillanten Eroberer entgegengebracht wird, oft unabhängig von der Gerechtigkeit seiner Kriege und den Motiven, die ihn bewegt haben. Dieses falsche moralische Gefühl hat eine solche Stärke erlangt, dass eine überwältigende militärische Macht mit ziemlicher Sicherheit zu einer ehrgeizigen Karriere führt. Die perverse öffentliche Meinung ist die Hauptursache. Ruhm, nicht Interesse, ist die Verlockung, oder zumindest wäre Letzteres machtlos, wenn es nicht von Ersterem begleitet würde – wenn die Verfluchung der Menschheit natürlicherweise einer skrupellosen Aggression folgen würde.

Ein weiteres und kaum weniger offensichtliches Beispiel für die Verehrung falscher Ideale ist der erbitterte Wettbewerb zwischen Luxus und Prahlerei, der die wohlhabenderen Städte Europas und Amerikas kennzeichnet. Es ist keine Übertreibung zu sagen, dass bei einem einzigen Festival in London oder New York oft Summen für die müßigste und vergänglichste Prahlerei ausgegeben werden, die die Industrie wiederbeleben, den Elendstum auslöschen oder das Leid in einem weiten Gebiet lindern könnte. Die Frage der Ausgaben für Luxusgüter ist zweifellos eine Frage des Ausmaßes, die nicht auf strenge Regeln reduziert werden kann, und es gibt viele, die versuchen werden, die auffälligsten Ausgaben mit der Begründung zu rechtfertigen, dass sie einen Arbeitsplatz bieten und andere Nebenvorteile, die sie vermeintlich mit sich bringen produzieren. Aber nichts in der politischen Ökonomie ist sicherer als die Tatsache, dass die enormen und ständig steigenden Ausgaben für den Luxus der Prahlerei in modernen Gesellschaften, bei denen große Kapitalmassen der produktiven Arbeit entzogen werden, ein schwerwiegendes wirtschaftliches Übel sind, und es gibt wahrscheinlich keine andere Form davon Ausgaben, die im Verhältnis zu ihrer Höhe so wenig wirkliche Freude bereiten und so wenig wirklichen Nutzen bringen. Sein Übel darin, materielle und grundlegende Standards für Exzellenz zu setzen, die schlimmsten Leidenschaften anzuregen, die aus einer maßlosen Liebe zum Reichtum erwachsen, und viele zu ruinieren, die in einen Wettbewerb verführt werden, den sie nicht ertragen können, kann kaum hoch genug eingeschätzt werden. Auf allen Ebenen ist dies dadurch zu spüren, dass der Standard der herkömmlichen Ausgaben angehoben wird, viele von vielen gesellschaftlichen Verkehren ausgeschlossen werden, die vortrefflich dazu geeignet sind, ihn zu schmücken, und in die gesamte Gesellschaft ein niedrigerer und materiellerer Ton eingeführt wird. Dies sind jedoch nicht die einzigen Konsequenzen. Reichtum, der für die Vervielfältigung und Ausweitung wirklicher Annehmlichkeiten oder sogar für Vergnügungen ausgegeben wird, die im Verhältnis zu ihrem Preis Vergnügen bereiten, wird niemals ernsthafte Empörung hervorrufen. Es ist die kolossale Verschwendung der Mittel zum menschlichen Glück in den selbstsüchtigsten und vulgärsten Formen sozialer Werbung und Konkurrenz, die den anarchischen Leidenschaften, die die gesamte Zukunft unserer Zivilisation bedrohen, eine Kraft und fast eine Rechtfertigung verleiht. Es sind solche Dinge, die den Klassenhass schüren und die Klassenspaltung vertiefen, und wenn das Gesetz der Meinung nicht eingreift, um sie zu kontrollieren, werden sie der Gesellschaft, die sie fördert, eines Tages ein Zeichen und eine wohlverdiente Vergeltung sein.

Ein bekannteres, wenn auch wahrscheinlich nicht wirklich schädlicheres Beispiel falscher Ideale ist die Verherrlichung der *Halbwelt*, die in manchen Gesellschaften und Literaturen so auffällig ist. Bei einer gesunden Meinung würde das öffentliche, protzige Auftreten solcher Personen, ohne ihren Charakter zu verbergen, in der großen Modeszene und unter den Würdenträgern des Staates als unerträglicher Skandal erscheinen, und es wird noch schlimmer, wenn sie es tun Geben Sie der Mode den Ton und werden Sie zu Zentren und Vorbildern großer und keineswegs unauffälliger Teile der Gesellschaft. Die Übel, die aus dieser öffentlichen Verherrlichung der Klasse entstehen, sind unermesslich größer als die Übel, die sich aus ihrer Existenz ergeben. Der Standard der Volksmoral wird herabgesetzt. Die Versuchung in ihrer verführerischsten Form wird leicht entflammbaren Naturen aufgezwungen, und die schädlichste aller Lektionen wird armen, ehrlichen und hart arbeitenden Frauen beigebracht. Es ist in der Tat wunderbar, dass in Gesellschaften, in denen dieses Übel vorherrscht, immer noch so viel Tugend unter den anmutigen, attraktiven Frauen der Ladenbesitzer- und Dienstbotenklasse vorhanden ist, wenn sie ständig Mitglieder ihrer eigenen Klasse vor sich sehen, die das Laster der Tugend vorziehen und sofort dazu aufsteigen Reichtum, Luxus und Müßiggang, und sogar als Objekte der Bewunderung oder Nachahmung hochgehalten.

Um den Charakter eines Menschen klug beurteilen zu können, ist es eines der ersten Dinge, seine Ideale zu verstehen. Versuchen Sie herauszufinden, welche Art von Männern oder Leben; welche Eigenschaften, welche Positionen erscheinen ihnen am wünschenswertesten. Männer erkennen ihre eigenen Ideale nicht immer vollständig an, denn Bildung und die Konventionalitäten der Gesellschaft zwingen sie dazu, eine Vorliebe für das geltend zu machen, was in ihren Köpfen möglicherweise keine Wurzeln hat. Aber durch eine sorgfältige Untersuchung ist es normalerweise möglich, festzustellen, welche Personen oder Eigenschaften, Umstände oder Gaben eine echte, spontane, magnetische Kraft auf sie ausüben – ob sie wirklich höchsten Rang oder Stellung, Geld, Schönheit, Intelligenz oder Überlegenheit schätzen des Charakters. Wenn Sie das Ideal eines Menschen kennen, haben Sie einen wahren Schlüssel zu seiner Natur erhalten. Die Grundlinien seines Charakters, die permanenten Tendenzen seiner Vorstellungskraft, sein grundsätzlicher Adel oder seine Gemeinheit werden auf diese Weise wirksamer offenbart als durch jedes andere Mittel. Ein Mann mit hohen Idealen, der weise und edel bewundert, ist nie völlig unwürdig, auch wenn er in große Laster verfallen kann. Ein Mann, der die niederen Elemente verehrt, ist in Wahrheit ein Götzendiener, auch wenn er sich vielleicht nie vor einem steinernen Bildnis verneigt hat.

Der menschliche Geist hat viel mehr Fähigkeit, zwischen richtig und falsch sowie zwischen wahr und falsch zu unterscheiden, als die relative Schwere der gegensätzlichen Übel genau einzuschätzen. Bei der Beurteilung zwischen richtig und falsch liegt man fast immer richtig. Es ist im Allgemeinen falsch, das Ausmaß der Schuld einzuschätzen, und die Wurzel dieses Fehlers liegt in der extremen Schwierigkeit, uns in die Lage derer zu versetzen, deren Charakter oder Umstände sich grundlegend von unseren eigenen unterscheiden. Dieser Mangel an Vorstellungskraft wirkt sich weitgehend auf unser Urteil darüber aus, was gut und was schlecht ist. Nur wenige Männer verfügen über genügend Vorstellungskraft, um herausragende Leistungen zu verwirklichen, die sich von ihren eigenen völlig unterscheiden. Dies, weit mehr als Eitelkeit, führt dazu, dass sie die Arten von Exzellenz, denen sie selbst nahe kommen, als die besten und Geschmäcker und Gewohnheiten, die mit ihren eigenen völlig unvereinbar sind, als sinnlos und verachtenswert ansehen. Am schwierigsten ist es vielleicht, den Unterschied im Charakter und insbesondere im moralischen Empfinden zu erkennen, der durch einen tiefgreifenden Unterschied in den Umständen entsteht. Diese Schwierigkeit verfälscht unsere Urteile über die Vergangenheit weitgehend und ist der Grund, warum eine starke Vorstellungskraft, die es uns ermöglicht, sehr unterschiedliche Charaktere und sehr entfernte Umstände zu erkennen, zu den ersten Notwendigkeiten eines großen Historikers gehört. Historiker berücksichtigen selten ausreichend, wie sehr die Urteile und Dispositionen selbst der besten Männer vom moralischen Ton der Zeit, der Gesellschaft und des Berufs, in dem sie lebten, geprägt sind. Dennoch ist es wahrscheinlich, dass wir im Großen und Ganzen die Charaktere der Vergangenheit gerechter einschätzen als die der Gegenwart. Niemand würde die Taten Karls des Großen oder seiner Zeitgenossen nach den strengen Regeln der Ethik des 19. Jahrhunderts beurteilen. Wir haben das Gefühl, dass sie zwar zweifellos Verbrechen begangen haben, diese Verbrechen aber zumindest auf unbestimmte Zeit weniger abscheulich sind, als sie es unter den völlig anderen Umständen und der moralischen Atmosphäre unserer Zeit gewesen wären. Dennoch wenden wir diese Argumentationsmethode selten auf die verschiedenen Schichten derselben Gesellschaft an. Männer, die selbst inmitten aller Annehmlichkeiten und aller moralisierenden und zurückhaltenden Einflüsse einer raffinierten Gesellschaft aufgewachsen sind, werden oft über die Verbrechen der elenden Parias der Zivilisation urteilen, als ob ihre Taten durch ihre Stellung in keiner Weise gelindert würden. Sie sagen sich: „Wie schuldig hätte ich sein müssen, wenn ich das getan hätte", und ihr Urteil ist nach dieser Darstellung des Falles ganz gerecht. Sie erkennen die Natur der Tat. Sie sind sich des Charakters und der Umstände des Schauspielers überhaupt nicht bewusst.

Und doch lässt sich der Unterschied zwischen der Position eines solchen Kritikers und der der Kinder betrunkener, ignoranter und verschwenderischer Eltern, die in bitterer Armut in den Slums unserer Großstädte geboren wurden, kaum überbewerten. Trunkenheit, Gotteslästerung, Unehrlichkeit, Prostitution und Unanständigkeit jeglicher Art sind seit ihrer frühesten Kindheit ihre vertrautesten Erfahrungen. Alle sozialen Einflüsse, so wie sie sind, sind Einflüsse des Lasters. Wenn sie erwachsen werden, scheint ihnen das Leben kaum mehr als die Alternative zu harter, schlecht bezahlter und gleichzeitig prekärer Arbeit, die wahrscheinlich im Armenhaus endet, oder der Kriminalität mit ihren größeren und schnelleren Gewinnen und ihren Zeiträumen zu bieten aus grobem Vergnügen, wahrscheinlich, wenn auch nicht sicher, gefolgt von Gefängnis oder einem frühen Tod. Sie sehen in der Tat, wie Figuren in einem Traum oder wie Wesen aus einer anderen Welt, die Reichen und Luxuriösen, die ihren Reichtum und ihre Zeit in vielen Arten von Vergnügen verbringen, aber für die ganz Armen kommt Vergnügen kaum außer in Form des Gin-Palastes oder vielleicht der niedrige Musiksaal. Und in vielen Fällen sind sie in diese stinkende Atmosphäre der Versuchung und des Lasters geraten, mit einer Natur, die durch eine lange Reihe bösartiger erblicher Einflüsse entwürdigt und geschwächt wurde, mit schwachem Willen, ohne geistige oder charakterliche Fähigkeiten, die auf einen gesunden Ehrgeiz reagieren könnten; mit starken angeborenen Veranlagungen zum Bösen. Allein die Form ihrer Gesichtszüge, die Form ihrer Schädel weist sie als auserwählte Mitglieder der kriminellen Klasse aus. Selbst hier gibt es zweifellos einen Unterschied zwischen richtig und falsch; es gibt Spielraum für das Handeln des freien Willens; Es gibt gerechte Gründe für Lob und Tadel, und die Gesellschaft schützt sich zu Recht durch strenge Strafen gegen die natürlichsten Verbrechen. Aber welcher menschliche Richter kann das Ausmaß moralischer Schuld angemessen beurteilen? Oder welchen Vergleich gibt es zwischen den Verbrechen, die durch solche Umstände hervorgerufen werden, und denen, die in den Häusern gepflegter und wohlgeordneter Annehmlichkeiten entstehen?

Auch im letztgenannten Fall ist eine wirklich zutreffende Beurteilung nicht möglich. Männer werden mit Willen und Leidenschaften unterschiedlicher Stärke auf die Welt geboren, obwohl im reifen Leben die Stärke oder Schwäche eines jeden größtenteils auf sein eigenes Verhalten zurückzuführen ist. Bei unterschiedlichen Charakteren hat dieselbe Versuchung unter denselben äußeren Umständen eine enorm unterschiedliche Stärke, und nur sehr wenige Männer können die Stärke einer Leidenschaft, die sie selbst nie erlebt haben, vollständig erkennen. Um ein Beispiel zu wiederholen, das ich bereits verwendet habe: Wie schwierig ist es für einen konstitutionell nüchternen Mann, sich in seinem eigenen Kopf eine angemessene Vorstellung von der Macht der Versuchung des Trinkens für einen Dipsomane zu machen, oder für einen leidenschaftslosen Mann, sich die Versuchungen richtig vorzustellen? eine zutiefst sinnliche Natur! Ich habe in einem früheren Kapitel über die Kraft gesprochen, mit der körperliche Zustände auf das Glück einwirken. Ihr Einfluss auf die Moral ist nicht weniger schrecklich. Es gibt Krankheiten, die den Ärzten wohlbekannt sind und die selbst das ruhigste Gemüt gewöhnlich reizbar machen; dem gesündesten Gemüt eine krankhafte Wendung geben; Erfülle den reinsten Geist mit unheiligen Gedanken. Es gibt andere, die die Kraft des stärksten Willens zerstören und dem Charakter jedes Gleichgewicht und jede Selbstbeherrschung nehmen. [23] Es kommt oft vor, dass wir einem Mann schon lange die Schuld für offensichtliche Charakterfehler geben, bis schließlich Selbstmord oder die Offenlegung einer schweren körperlichen oder geistigen Krankheit, die lange unbemerkt gewirkt hat, seine Fehler erklärt und unsere Schuld in Mitleid verwandelt . Im Wahnsinn kehrt sich manchmal der gesamte moralische Charakter um, und Tendenzen , die im gesunden Leben schlummerten oder unterdrückt wurden, gewinnen plötzlich an Bedeutung. In solchen Fällen erkennen wir alle an, dass es keine moralische Verantwortung gibt, aber Wahnsinn mit seinen Illusionen und unwiderstehlichen Impulsen und Idiotie mit seiner völligen Aufhebung des Willens und des Urteils sind keine klar definierten Zustände, wie Juristen behaupten würden , abgegrenzt durch scharfe und gut geschnittene Grenzen, völlig verschieden von der Vernunft. Es gibt Anfangsstadien; es gibt schrittweise Annäherungen; Es gibt Zwielichtzustände zwischen Vernunft und Wahnsinn, die nicht nur von Experten, sondern von allen klugen Menschen dieser Welt klar erkannt werden. Es gibt viele, die nicht verrückt genug sind, um eingesperrt zu werden oder der Verwaltung ihres Eigentums entzogen zu werden oder von der Strafe befreit zu werden, wenn sie ein Verbrechen begangen haben, aber die, um es mit der üblichen Ausdrucksweise zu sagen, „nicht alle" sind dort' – deren Exzentrizitäten, Illusionen und Launen am Rande des Wahnsinns stehen, deren Urteile hoffnungslos durcheinander geraten; deren Willen zwar nicht völlig verkümmert, aber offensichtlich krank ist. In Fragen des Eigentums, in Fragen des Verbrechens, in Fragen der Familienordnung verursachen solche Personen die größte Verwirrung, und kein kluger Mann wird sie nach demselben moralischen Maßstab beurteilen wie ausgeglichene und gut entwickelte Naturen.

Die Schlussfolgerung, die aus solchen Tatsachen gezogen werden kann, ist sicherlich nicht, dass es keinen freien Willen und keine persönliche Verantwortung gibt, noch, dass wir nicht die Macht haben, die Handlungen anderer zu beurteilen und unter unseren Mitmenschen zwischen Gut und Böse zu unterscheiden. Die wahre Lektion ist die extreme Fehlbarkeit unserer moralischen Urteile, wenn wir versuchen, den Grad der Schuld zu messen. Manchmal sind Männer sogar ihrer eigenen Vergangenheit gegenüber ungerecht, weil sie im Alter nicht in der Lage sind, die Macht der Versuchungen zu erkennen, die sie in ihrer Jugend erlebt haben. Andererseits führt eine größere Kenntnis der Welt dazu, dass wir uns der enormen Unterschiede zwischen den moralischen Verhältnissen der Menschen bewusster werden und daher weniger zuversichtlich und nachsichtiger in unseren Urteilen über andere sind. Es gibt Männer, deren Karten im Leben so schlecht sind, deren Versuchungen zum Laster, sei es aufgrund der Umstände oder des angeborenen Charakters, so überwältigend erscheinen, dass wir sie, obwohl wir sie bestrafen und in gewissem Sinne tadeln können, kaum als verantwortlicher betrachten können als ein schädliches wildes Tier. Unter den schrecklichen Tatsachen des Lebens gibt es in der Tat keine schrecklichere als diese. Jeder, der an die weise Regierung der Welt glaubt, muss manchmal mit erdrückender oder zumindest erschütternder Wucht die entsetzlichen Ungerechtigkeiten des Lebens erkannt haben, wie sie sich in den enormen Unterschieden in der Verteilung von unverdientem Glück und

Elend zeigen. Aber die Ungleichheit der moralischen Umstände ist nicht geringer. Es hat den Glauben vieler erschüttert. Es hat einige sogar dazu gebracht, von einem möglichen Himmel für die Bösen zu träumen, in dem diejenigen, die mit einer physischen Konstitution in die Welt hineingeboren werden, die sie wild, grausam, sinnlich oder feige macht, von der Natur befreit werden können, die die Ursache für ihre Sünden war Laster und ihr Leiden auf Erden; wo den unterschiedlichen Umständen gebührend Rechnung getragen werden kann, die einen Menschen immer tiefer in die Kriminalität gestürzt haben und es einem anderen, der nicht wirklich besser oder schlechter war, ermöglicht haben, ohne ernsthafte Makel durch das Leben zu gehen und immer höher aufzusteigen in der moralischen Skala.

Allerdings ist unsere Fähigkeit, über andere zu urteilen, unvollkommen, und wir alle sind dazu verpflichtet, sie auszuüben. Es ist unmöglich, die Überlegungen zu moralischer Schuld und mildernden oder erschwerenden Umständen aus dem Strafgesetzbuch und aus der Rechtspflege auszuschließen, obwohl nicht klar genug behauptet werden kann, dass das Strafgesetzbuch nicht mit dem Moralkodex übereinstimmt, und zwar so viele Dinge, die zutiefst unmoralisch sind, liegen außerhalb seines Rahmens. Im Großen und Ganzen sollte es so weit wie möglich auf Handlungen beschränkt werden, durch die Menschen andere direkt verletzen. Im Falle erwachsener Männer sollten private Laster, von denen niemand direkt betroffen ist, außer durch seinen eigenen freien Willen, und in denen keine Elemente von Gewalt oder Betrug vorhanden sind, nicht in seinen Geltungsbereich gebracht werden. Dieses Ideal kann allerdings nicht vollständig erreicht werden. Der Gesetzgeber muss dem starken Druck der öffentlichen Meinung Rechnung tragen. Es ist manchmal wahr, dass ein Strafgesetz ein privates Laster verhaften, einschränken oder die Wiederbelebung verhindern kann, ohne dass es zu einem ausgleichenden Übel kommt. Aber diese Vermutung verstößt gegen alle Gesetze, die freiwillige Handlungen erwachsener Männer bestrafen, wenn diese Handlungen niemandem außer ihnen selbst schaden. Der gesellschaftliche Tadel oder die Beurteilung der Meinung geht zu Recht viel weiter, obwohl er oft auf sehr unvollkommenem Wissen oder Erkenntnissen beruht. Es ist wahrscheinlich, dass die öffentliche Meinung die Verbrechen der Leidenschaft und des Alkoholkonsums sowie solche, die dem Druck großer Armut entspringen und mit großer Unwissenheit einhergehen, im Großen und Ganzen zu streng beurteilt. Die Ursachen häuslicher Anarchie sind meist so persönlicher Natur und beinhalten so viele unbekannte oder unvollkommen erkannte Elemente der Verschlimmerung oder Linderung, dass in den meisten Fällen die weniger Männer versuchen, sie besser zu beurteilen. Andererseits ist die öffentliche Meinung bei der Beurteilung von Verbrechen aus Ehrgeiz, Gier, Neid, Böswilligkeit und gefühllosem Egoismus meist viel zu nachsichtig; die Verbrechen des unrechtmäßig erworbenen und missbräuchlich genutzten Reichtums, insbesondere in den vielen Fällen, in denen diese Verbrechen gesetzlich nicht bestraft werden.

Es ist eine bloße Sittenlehre, dass auf dem Weg des Bösen der erste Schritt am meisten kostet. Die Scham, der Abscheu und die Reue, die mit dem ersten Verbrechen einhergehen, verschwinden schnell, und mit jeder Wiederholung wird die Gewohnheit des Bösen stärker. Ein Prozess der gleichen Art geht über unsere Urteile hinweg. Wenige Dinge sind neugieriger, als zu beobachten, wie sich das Auge an eine neue Kleidungsmode gewöhnt, wie unpassend sie auch sein mag; Wie schnell werden Männer oder zumindest Frauen einen neuen und künstlichen Maßstab annehmen und instinktiv und unbewusst nach diesem Maßstab bewundern oder tadeln und nicht nach einem echten Sinn für Schönheit oder umgekehrt. Wenige Menschen, wie rein ihr natürlicher Geschmack auch sein mag, können lange in einer vulgären und vulgären Umgebung leben, ohne etwas von der Zartheit ihres Geschmacks zu verlieren und zu lernen, Dinge anzunehmen – wenn nicht mit Freude, so doch mit Duldung –, von denen sie unter anderen Umständen ausgehen wäre zurückgeschreckt. In gleicher Weise gewöhnen sich sowohl Individuen als auch Gesellschaften, wenn auch nur allzu bereitwillig, an ein niedrigeres moralisches Niveau, und es ist eine ständige Wachsamkeit erforderlich, um die Formen oder Richtungen zu erkennen, in denen sich der individuelle und nationale Charakter unmerklich verschlechtert.

**FUSSNOTE:**

[23] Siehe Ribot, *Les Maladies de la Volonté*, S. 92, 116-119.

# Kapitel VII

Es ist für einen Arzt unmöglich, einem Patienten eine vernünftige Therapie zu verschreiben, wenn er sich nicht eine klare Vorstellung von der Natur seiner Konstitution und den krankhaften Einflüssen gemacht hat, zu denen er neigt; und wenn wir die Weisheit verschiedener Vorschläge zur Charakterführung beurteilen, stoßen wir sofort auf die anfängliche Kontroverse über die Güte oder die Verderbtheit der menschlichen Natur. Es ist ein Thema, bei dem extreme Übertreibungen vorherrschen. Die Schule von Rousseau, die in der zweiten Hälfte des 18. Jahrhunderts auf dem Kontinent vorherrschte, stellte den Menschen als ein Wesen dar, das im Wesentlichen gut entsteht, und führte alle moralischen Übel der Welt nicht auf angeborene Tendenzen zum Laster zurück. sondern auf Aberglauben, bösartige Institutionen, irreführende Bildung und eine schlecht organisierte Gesellschaft. Es ist eine offensichtliche Kritik, dass, wenn die menschliche Natur so gut gewesen wäre, wie solche Autoren es sich vorgestellt haben, diese korrupten und verderblichen Einflüsse nie hätten entstehen können oder zumindest nie einen kontrollierenden Einfluss hätten erlangen können, und diese Philosophie geriet mit der Französischen Revolution stark in Misskredit , zu dessen Entstehung es so viel beigetragen hat, endete in den unaussprechlichen Schrecken der Schreckensherrschaft und im gigantischen Blutbad der Napoleonischen Kriege. Auf der anderen Seite gibt es große Schulen von Theologen, die den Menschen als völlig und grundlegend verdorben darstellen, „in Verderbtheit geboren, zum Bösen geneigt, unfähig, aus eigener Kraft Gutes zu tun"; durch die Katastrophe in Eden als moralisches Wesen völlig zerstört und ruiniert. Es gibt auch Moralphilosophen – meist ohne jeglichen Bezug zur Theologie –, die alle selbstlosen Elemente der menschlichen Natur leugnen oder wegerklären, den Menschen so darstellen, als würde er einfach von Eigeninteressen regiert, und behaupten, dass die gesamte Kunst der Bildung und Regierung in einer vernünftigen Anordnung der Dinge bestehe egoistische Motive, die die Interessen des Einzelnen mit denen seiner Nachbarn in Einklang bringen. Es ist nicht übertrieben zu sagen, dass die Gesellschaft niemals hätte existieren können, wenn diese Sicht auf die menschliche Natur gerecht gewesen wäre. Die Welt wäre wie ein Käfig voller wilder Tiere gewesen, und die Menschheit wäre bald in einem ständigen mörderischen Krieg umgekommen.

Es ist in der Tat eine der offensichtlichsten Tatsachen der menschlichen Natur, dass eine solche Sicht auf die Menschheit unwahr ist. Eifersucht, Neid, Feindseligkeit und Selbstsucht spielen zweifellos eine große Rolle im Leben und tarnen sich unter vielen fadenscheinigen Formen, und der zynische Moralist hatte nicht ganz unrecht, als er erklärte: „Tugend würde

nicht so weit gehen, wenn Eitelkeit ihr nicht Gesellschaft leisten würde." '
und dass nicht nur unsere Verbrechen, sondern sogar viele unserer besten
Taten auf selbstsüchtige Motive zurückzuführen sind. Aber er muss eine
seltsam unglückliche Erfahrung mit der Welt gemacht haben, der die enorme
Übertreibung der Bilder der menschlichen Natur nicht erkennt, die in einigen
Maximen von La Rochefoucauld und Schopenhauer vermittelt werden. Sie
sagen uns, dass Freundschaft ein bloßer Austausch von Interessen ist, bei
dem jeder nur versucht, etwas vom anderen zu gewinnen; dass die meisten
Frauen nur deshalb rein sind, weil sie nicht in Versuchung geraten sind und
bedauern, dass die Versuchung nicht kommt; dass wir einige Fehler
eingestehen, um uns einzureden, dass wir keine größeren haben, oder um
durch unser Eingeständnis die gute Meinung unserer Nachbarn
wiederzugewinnen; dass, wenn wir einen anderen loben, dies nur dazu dient,
dass auch wir selbst gelobt werden; dass die Tränen, die wir über dem
Sterbebett vergießen, wenn es sich nicht um heuchlerische Tränen handelt,
die nur darauf abzielen, unsere Nachbarn zu beeindrucken, nur auf unserer
Überzeugung beruhen, dass wir selbst eine Quelle der Freude oder des
Gewinns verloren haben; dass der Neid in der Welt so vorherrscht, dass es
nur Männer mit minderwertigem Intellekt oder Frauen von minderwertiger
Schönheit sind, die von ihren Mitmenschen aufrichtig gemocht werden; dass
alle Tugend eine bewusste oder unbewusste egoistische Berechnung ist.

Solche Ansichten sind mindestens so weit von der Wahrheit entfernt wie die
Rosenbilder von Rousseau und St. Pierre. Niemand kann mit
unvoreingenommenem Blick auf die Welt blicken, ohne das enorme Maß an
uneigennützigem, aufopferungsvollem Wohlwollen wahrzunehmen, das sie
durchdringt; die unzähligen Leben, die nicht nur harmlos und harmlos
verbracht werden, sondern auch in der ständigen Erfüllung von Pflichten; in
ständiger und oft schmerzhafter Arbeit für das Wohl anderer. Der bessere
Teil der utilitaristischen Schule hat die Wahrheit vollständig erkannt, dass die
menschliche Natur so beschaffen ist, dass ein großer Teil ihres Vergnügens
von Mitgefühl abhängt; oder, mit anderen Worten, von der Kraft, die wir
besitzen, in das Glück anderer einzutreten und es zu teilen. Das Schauspiel
des Leidens löst auf natürliche Weise Mitgefühl aus. Freundlichkeit erzeugt
natürlich Dankbarkeit. Die Sympathien der Menschen bewegen sich
naturgemäß eher auf der Seite des Guten als auf der Seite des Schlechten.
Das gilt nicht nur für die Dinge, die uns unmittelbar betreffen, sondern auch
für die vollkommen uneigennützigen Urteile, die wir über historische
Ereignisse oder über die Charaktere in Romanen und Gedichten fällen.
Großartige Darstellungen von Heldentum und Selbstaufopferung wecken
echte Begeisterung. Die Zuneigungen des häuslichen Kreises sind die Regel
und nicht die Ausnahme; Patriotismus kann große Ausbrüche völlig
selbstloser Großzügigkeit hervorrufen und Menschenmengen dazu verleiten,
ihr Leben für Zwecke zu riskieren oder zu opfern, die ganz anders sind als

ihre eigenen selbstsüchtigen Interessen. Die menschliche Natur hat in der Tat sowohl ihre moralischen als auch ihre physischen Bedürfnisse und sucht natürlich und instinktiv nach einem Objekt des Interesses und der Begeisterung außerhalb ihrer selbst.

Wenn wir uns noch einmal mit den Lastern und Sünden befassen, die zweifellos die Welt verunstalten, werden wir viel Grund zu der Annahme finden, dass das Außergewöhnliche in der menschlichen Natur nicht die böse Tendenz, sondern das zügelnde Gewissen ist und dass es sich hauptsächlich um die Schwäche der charakteristisch menschlichen Qualität handelt Das ist der Ursprung des Bösen. Mit dem Wissen, über das wir heute verfügen, ist es in der Tat unmöglich, den Tieren ein gewisses Maß an Vernunft und moralischem Sinn abzusprechen. Zusätzlich zu den höheren Instinkten der elterlichen Zuneigung und Hingabe, die so deutlich entwickelt sind, finden wir bei manchen Tieren zweifellos Anzeichen von Reue, Dankbarkeit, Zuneigung und Selbstaufopferung. Sogar der Punkt der Ehre, der manchen Dingen Scham und anderen Stolz beimisst, lässt sich deutlich unterscheiden. Niemand , der den intelligenteren Hund beobachtet hat, kann dies in Frage stellen, und viele werden behaupten, dass bei einigen Tieren zwar sowohl die guten als auch die schlechten Eigenschaften weniger ausgeprägt sind als beim Menschen, das Verhältnis der guten zu den bösen Eigenschaften beim Tier jedoch günstiger ist als beim Mann. Gleichzeitig wird in der Tierwelt dem Verlangen gewöhnlich ohne andere Zurückhaltung als der Furcht nachgegangen, während es beim Menschen größtenteils, wenn auch zweifellos nur sehr unvollkommen, durch moralische Selbstbeherrschung eingeschränkt wird. Die meisten Verbrechen entstehen nicht aus einem Fehler im ursprünglichen und ursprünglichen Verlangen, sondern aus der Unvollkommenheit dieses höheren, unterschiedlichen oder hinzugefügten Elements in unserer Natur. Den Verbrechen der Unehrlichkeit und des Neides liegt, wenn man sie richtig analysiert, einfach ein Verlangen nach dem Wünschenswerten zugrunde – ein natürliches und unvermeidliches Gefühl. Was fehlt, ist die Zurückhaltung, die den Menschen davon abhält, begehrenswerte Dinge, die einem anderen gehören, zu nehmen oder zu versuchen, sie zu nehmen. Sinnliche Fehler entspringen einem völlig natürlichen Impuls, aber die Beschränkung, die die Wirkung dieses Impulses auf definierte Umstände beschränkt, fehlt. Ein großer Teil der Gefühllosigkeit und Härte der Welt ist auch auf einen einfachen Mangel an Vorstellungskraft zurückzuführen, der uns daran hindert, die Leiden anderer angemessen zu erkennen. Die räuberischen, neidischen und wilden Gefühle, die den Menschen beunruhigen, wirken ungehemmt durch die Tierwelt, obwohl die überlegene Intelligenz des Menschen seinen Wünschen einen besonderen Charakter und eine stark erweiterte Reichweite verleiht und sie in für das Tier unvorstellbare Sphären führt. Maßlose und unkontrollierte Wünsche sind die Wurzel der meisten menschlichen Verbrechen, aber gleichzeitig scheint die Selbstbeherrschung, die das Verlangen oder die Selbstsucht durch die Rechte anderer einschränkt, hauptsächlich, wenn auch nicht vollständig, das Vorrecht des Menschen zu sein.

Überlegungen dieser Art reichen aus, um der oft zu hörenden extremen Übertreibung menschlicher Korruption entgegenzuwirken, sie stehen jedoch nicht im Widerspruch zur Wahrheit, dass die menschliche Natur so verdorben ist, dass sie ohne starke rechtliche und soziale Maßnahmen niemals sicher ihrer ungehinderten Entwicklung überlassen werden kann Zurückhaltung. Es ist nicht notwendig, nach Beispielen für seine Verderbtheit innerhalb der Gefängnisse oder in den vielen Fällen zu suchen, die man außerhalb der kriminellen Bevölkerung mit krankhaften moralischen Veranlagungen finden kann, die oft ebenso deutlich erkennbar sind wie körperliche Krankheiten. Im großen Maßstab und in den Handlungen großer Menschenmengen kommt die traurige Wahrheit reichlich zum Ausdruck. Im Großen und Ganzen war das Christentum bei der Beeinflussung von Einzelpersonen weitaus erfolgreicher als von Gesellschaften. Das bloße Schauspiel eines Schlachtfeldes mit der entsetzlichen Masse abscheulichen Leids, das der Mensch dem Menschen absichtlich und raffiniert zufügt, sollte ausreichen, um alle idyllischen Bilder der menschlichen Natur zu zerstreuen. Einst war es in einer großen Schriftstellerschule Brauch, ungerechte Kriege ausschließlich den Herrschern der Welt zuzuschreiben, die für ihre eigenen selbstsüchtigen Ambitionen unbarmherzig das Leben von Zehntausenden ihrer Untertanen opferten. Ihre Schuld war sehr groß, aber sie hätten niemals den Weg der ehrgeizigen Eroberung eingeschlagen, wenn ihnen nicht der Beifall der Nationen gefolgt und ermutigt worden wäre, und es gibt keine Anzeichen dafür, dass die Demokratie, die die Massen inthronisiert hat, tatsächlich eine Tendenz zum Niedergang hat Krieg.

In der Neuzeit liegt die Kriegsgefahr weniger in den Intrigen der Staatsmänner als vielmehr in tief verwurzelten internationalen Eifersüchteleien und Antipathien; in plötzlichen, vulkanischen Ausbrüchen populärer Leidenschaft. Nach 1800 Jahren des Bekenntnisses zum Friedensbekenntnis ist die Christenheit ein bewaffnetes Lager. Noch nie oder kaum jemals in Friedenszeiten hatten die bloßen Kriegsvorbereitungen einen so großen Teil seiner Bevölkerung und seiner Ressourcen in Anspruch genommen, und sehr selten wurde ein so großer Teil seiner Fähigkeiten hauptsächlich in die Erfindung und Perfektionierung von Zerstörungsinstrumenten gesteckt. Wer die Welt ohne Illusionen betrachtet, wird gezwungen sein zuzugeben, dass die Hauptgarantien für ihren Frieden viel weniger in moralischen als vielmehr in rein egoistischen Motiven zu finden sind. Die finanziellen Schwierigkeiten der großen Nationen; ihr tiefes Misstrauen zueinander; die enormen Kosten des modernen Krieges; die gigantischen kommerziellen Katastrophen, die es unweigerlich mit sich bringt; die extreme Ungewissheit seiner Ausgabe; der völlige Ruin, der einer Niederlage folgen kann – das sind die wahren Einflüsse, die die Leidenschaften der Tiger und die Gier der Menschheit zügeln. Es ist auch einer der Vorteile, die mit den vielen Übeln des Universaldienstes einhergehen, dass große Bürgerarmeen, die in Kriegszeiten aus ihren Häusern, ihren Familien und ihren friedlichen Berufen vertrieben werden, nicht denselben Kampfesdurst haben, der unter reinen Bürgern aufwächst Berufssoldaten, die freiwillig rekrutiert wurden und während ihrer gesamten Karriere ein Militärleben führten. Doch welches Vertrauen könnte man trotz alledem auf die Nachsicht christlicher Nationen setzen, wenn der Weg der Aggression gleichzeitig einfach, lukrativ und sicher wäre? Die Urteile der Nationen im Umgang mit den Aggressionen ihrer Nachbarn unterscheiden sich zwar stark von denen, die sie sich über Aggressionen ihrer eigenen Staatsmänner oder zu ihrem eigenen Vorteil bilden. Aber keine große Nation ist tadellos, und es gibt wahrscheinlich keine Nation, die sich nicht schnell mit dem kriegerischen Geist anstecken könnte, wenn ein Eroberer und ein paar großartige Siege, wie sie es fast immer tun, die moralischen Fragen des Kampfes verdunkeln würden.

Es ist wahr, dass Krieg nicht immer oder vollständig böse ist. Manchmal ist es gerechtfertigt und notwendig. Manchmal ist es angeblich und teilweise tatsächlich auf eine starke Welle philanthropischer Gefühle zurückzuführen, die durch große Untaten hervorgerufen wird, obwohl es von allen Formen der Philanthropie diejenige ist, die sich selbst am natürlichsten besiegt. Auch wenn es ungerechtfertigt ist, bringt es großartige Eigenschaften wie Mut, Selbstaufopferung und Ausdauer zum Einsatz, die einen blendenden und trügerischen Glanz über seine Schrecken und seine Kriminalität werfen. Es appelliert über alles andere hinaus auch an das Verlangen nach Aufregung, Abenteuer und Gefahr, das ein wesentliches und herrisches Element der menschlichen Natur ist und das, obwohl es an sich weder eine Tugend noch ein Laster ist, sich kraftvoll mit einigen davon vermischt sowohl mit den besten als auch mit einigen der schlimmsten Taten der Menschheit. Es ist in der Tat seltsam zu beobachten, wie viele Menschen in jedem Zeitalter bereit waren, ihr Leben für Ursachen zu riskieren oder zu opfern, die sie nie klar verstanden haben und die sie nur schwer mit einfachen Worten beschreiben könnten.

Aber das Ausmaß der reinen und fast spontanen Böswilligkeit auf der Welt ist wahrscheinlich weitaus größer, als wir uns zunächst vorstellen. Im öffentlichen Leben werden die Wirkungen dieser Seite der menschlichen Natur sofort offengelegt und vergrößert, wie die Figuren, die von einer magischen Laterne auf eine Leinwand geworfen werden, und zwar in einem Ausmaß, das man nicht übersehen kann. Niemand kann zum Beispiel die anonyme Presse studieren, ohne zu bemerken, wie ein großer Teil davon systematisch, beharrlich und bewusst eingesetzt wird, um Klassen-, Rassen- oder internationalen Hass zu schüren und oft Unwahrheiten zu verbreiten, um dieses Ziel zu erreichen. Die Existenz vieler Zeitungen hängt notorisch von solchen Appellen ab, und mehr als alle anderen Instrumente schüren und verewigen sie jene permanenten Feindseligkeiten, die den Frieden der Menschheit am meisten gefährden. Die Tatsache, dass solche Zeitungen in vielen Ländern zur wichtigsten und fast ausschließlichen Lektüre der Armen werden, stellt den schwerwiegendsten Nachteil für den Wert der Volksbildung dar. Wie viele Bücher haben Popularität erlangt, wie viele Sitze im Parlament wurden gewonnen, wie viele einflussreiche und gewinnbringende Posten wurden erreicht, wie viele Parteisiege wurden errungen, indem man an solche Leidenschaften appellierte! Oftmals tarnen sie sich unter den hochtrabenden Namen Patriotismus und Nationalität, und Männer, die ihr ganzes Leben damit verbracht haben, Klassenhass zu säen und verwandte Nationen zu spalten, tarnen sich unter dem Namen Patrioten und haben auf der Bühne der Politik eine nicht geringe Rolle gespielt . Der tief verwurzelte Aufruhr, der erbitterte Klassen- und Nationalhass, der das europäische Leben durchzieht, hätten eine ganz andere Intensität als jetzt, wenn sie nicht durch Demagogen, politische Abenteurer und öffentliche Schriftsteller künstlich angeregt und aus rein egoistischen Motiven gefördert worden wären .

Zu den schlimmsten Taten, die ein Mensch begehen kann, gehören gewöhnlich die Gesetze, die von der Gesetzgebung unberührt bleiben und von der öffentlichen Meinung nur schwach gerügt werden. Politische Verbrechen, die ein falsches und kränkliches Gefühl so bereitwillig duldet, sind unter ihnen auffällig. Männer, die mit dem Leben und Vermögen einer Vielzahl von Menschen um Reichtum und Macht gespielt haben; Männer, die für ihren persönlichen Ehrgeiz bereit sind, die lebenswichtigsten Interessen ihres Landes zu opfern; Männer, die in Zeiten großer nationaler Gefahr und Aufregung absichtlich Unwahrheiten nach Unwahrheiten in der öffentlichen Presse verbreiten, in der begründeten Überzeugung, dass sie ihr böses Werk tun werden, bevor ihnen widersprochen werden kann, können in Parlamenten und Parlamenten schamlos und fast unzensiert angetroffen werden Salons. Die Menge falscher Aussagen auf der Welt, die nicht auf bloße Nachlässigkeit, Ungenauigkeit oder Übertreibung zurückzuführen sind, sondern eindeutig sowohl vorsätzlich als auch böswillig sind, kann kaum hoch genug eingeschätzt werden. Manchmal liegt es an dem bloßen Wunsch, eine lukrative Sensation zu erzeugen oder eine persönliche Abneigung zu befriedigen, oder sogar an einer unprovozierten Böswilligkeit, die Freude daran hat, Schmerz zuzufügen.

Sehr oft ist es für Stockjobbing-Zwecke gedacht. Die Finanzwelt ist davon durchdrungen. Es ist die übliche Methode, Wertpapiere zu erhöhen oder abzuwerten, Investoren anzulocken, Unwissende und Leichtgläubige auszunutzen und unehrlichen Menschen den schnellen Aufstieg zu Reichtum zu ermöglichen. Wenn die Aussicht auf baldigen Wohlstand in Sicht ist, gibt es immer eine große Zahl von Menschen, die perfekt darauf vorbereitet sind, einen Kurs einzuschlagen, der den völligen Ruin vieler Menschen nach sich zieht, die schwerwiegendsten internationalen Interessen gefährdet und möglicherweise alle Katastrophen eines Krieges über die Welt bringt. Es ist zweifellos wahr, dass solche Männer nur eine Minderheit sind, obwohl es weniger sicher ist, dass sie eine Minderheit wären, wenn die Möglichkeit offen stünde, durch unmoralische Mittel zu plötzlichem Reichtum zu gelangen, und es ist keine kleine Minderheit, die es gewohnt ist, zu dulden diese Verbrechen, wenn sie Erfolg hatten. Es ist fraglich, ob die größten Kriminellen innerhalb der Gefängnismauern zu finden sind. Unehrlichkeit im Kleinen wird fast immer bestraft. Unehrlichkeit in gigantischem Ausmaß kommt immer wieder vor. Der Taschendieb und der Einbrecher werden selten mit ihrer verdienten Strafe bestraft, aber in der Führung von Unternehmen, in den großen Bereichen der Industrieunternehmen und der Spekulation werden durch den Ruin von Massen und durch Methoden, die, obwohl sie gesetzliche Strafen umgehen, gigantische Vermögen erworben , sind im Wesentlichen betrügerisch. In den meisten Fällen werden diese Verbrechen von gebildeten Männern begangen, die über alle lebensnotwendigen Dinge, die meisten Annehmlichkeiten und viele Annehmlichkeiten des Lebens verfügen, und einige der schlimmsten von ihnen werden durch die Bedingungen des Lebens stark begünstigt moderne Zivilisation. In unserer Zeit gibt es keinen größeren Skandal und kein größeres moralisches Übel als die Bereitwilligkeit, mit der die öffentliche Meinung sie entschuldigt, und den Einfluss und die gesellschaftliche Stellung, die sie dem bloßen Reichtum zumisst, selbst wenn er durch notorische Unehrlichkeit erworben oder mit absoluter Selbstsucht verschwendet wird oder auf eine Weise, die geradezu demoralisierend ist. In vielerlei Hinsicht scheint mir der moralische Fortschritt der Menschheit unbestreitbar zu sein, aber es ist äußerst zweifelhaft, ob die soziale Moral, insbesondere in England und Amerika, in dieser Hinsicht nicht ernsthaft rückläufig ist.

In Wahrheit ist es zwar eine grobe Verleumdung der menschlichen Natur, das enorme Maß an echter Güte, Selbstaufopferung und sogar Heldentum zu leugnen, das es auf der Welt gibt, aber es ist ebenso müßig, die beklagenswerte Schwäche der Selbstbeherrschung, die große Kraft, zu leugnen und der weitverbreitete Einfluss rein böser Leidenschaften auf die Angelegenheiten der Menschen. Das Misstrauen gegenüber dem menschlichen Charakter, das die Erfahrung des Lebens zu erzeugen neigt, ist eine der Hauptursachen für den Konservatismus, der sich mit zunehmendem Alter so häufig verstärkt. Man hat immer mehr den Eindruck, dass alle Beschränkungen von Gesetz, Sitte und Religion wesentlich sind, um die

Elemente der Gesellschaft in friedlicher Zusammenarbeit zusammenzuhalten, und die Menschen lernen, mit zunehmender Toleranz sowohl Institutionen als auch Meinungen gegenüber zu blicken, die der Prüfung nicht standhalten können aus reiner Vernunft und können größtenteils mit Wahnvorstellungen vermischt sein, wenn sie nur die besseren Gewohnheiten vertiefen und moralischen Beschränkungen zusätzliche Kraft verleihen. Sie lernen auch die Gefahr zu erkennen, ihre Ideale zu hoch anzusetzen und zu versuchen, Verhaltensweisen durchzusetzen, die weit über dem durchschnittlichen Niveau menschlicher Güte liegen. Solche Versuche, wenn sie die Form von Zwangsmaßnahmen annehmen, scheitern selten daran, einen Rückstoß hervorzurufen, der sehr schädlich für die Moral ist. In diesem wie in allen anderen Bereichen ist die Bedeutung von Kompromissen im praktischen Leben eine der großen Lektionen, die die Erfahrung lehrt.

# KAPITEL VIII

Der Ausdruck „Moralischer Kompromiss" hat einen bösen Klang und wirft Fragen der praktischen Ethik auf, die sehr schwierig und sehr gefährlich sind, aber es sind Fragen, mit denen sich jeder bewusst oder unbewusst auseinandersetzen muss. Die Kontraste zwischen der Starrheit theologischer Formeln und dem tatsächlichen Leben sind bei diesem Thema sehr groß, obwohl viele Theologen in der Praxis und durch die vielen raffinierten Feinheiten, die die Wissenschaft der Kasuistik ausmachen, versucht haben, ihnen auszuweichen. Eine eindrucksvolle Passage aus der Feder von Kardinal Newman wird diese Kontraste ins deutlichste Licht rücken. „Die Kirche vertritt die Auffassung", schreibt er, „dass es besser wäre, wenn Sonne und Mond vom Himmel fielen, die Erde verfiele und all die vielen Millionen, die sich auf ihr aufhielten, in größter Qual verhungerten Ich sage nicht, dass eine Seele verloren geht, sondern eine einzige lässliche Sünde begeht, dass sie vorsätzlich die Unwahrheit sagt, obwohl sie niemandem schadet, oder dass sie ohne Entschuldigung einen kümmerlichen Heller stiehlt.' [24]

Es ist sicherlich keine Übertreibung zu sagen, dass eine solche Lehre zu Konsequenzen führen würde, die mit einem Leben außerhalb einer Einsiedelei oder eines Klosters absolut unvereinbar sind. Es würde die Wurzel aller Zivilisation treffen, und obwohl viele bereit sein mögen, ihm offiziell zuzustimmen, glaubt kein Mensch tatsächlich mit der Art von Überzeugung daran, die zu einem leitenden Einfluss im Leben wird. Ich habe mich in einem anderen Buch mit diesem Thema beschäftigt und möchte hier einige Zeilen wiederholen, die ich damals geschrieben habe. Wenn „eine unbestrittene Sünde, selbst die trivialste, in ihrem Wesen und in ihren Folgen so unaussprechlich schrecklich ist, dass es besser wäre, jedes Unglück, das keine Sünde mit sich brachte, zu ertragen, anstatt sie zu begehen", Selbst wenn die gesamte Menschheit qualvoll zugrunde gehen sollte, ist es offensichtlich, dass das oberste Ziel der Menschheit Sündenlosigkeit sein sollte, und es ist ebenso offensichtlich, dass das Mittel zu diesem Zweck die absolute Unterdrückung der Wünsche ist. Den Kreis der Bedürfnisse zu erweitern bedeutet notwendigerweise, die Versuchungen zu vervielfachen und damit die Zahl der Sünden zu erhöhen." Kein materieller und intellektueller Vorteil, keine Steigerung des menschlichen Glücks, keine Linderung des Leidens oder der Tristesse des menschlichen Lebens kann nach dieser Theorie etwas anderes als ein Übel sein, wenn es auch nur im geringsten Ausmaß oder auf die nebensächlichste Weise zum Übel beiträgt Sünden, die begangen werden. „Ein Souverän sollte bei der Berechnung der Folgen eines Krieges berücksichtigen, dass eine einzige durch diesen Krieg verursachte Sünde, eine einzige Gotteslästerung eines verwundeten Soldaten, der Raub eines einzelnen Hühnerstalls, die Verletzung der Reinheit einer einzelnen Frau." ein größeres Unglück als der Ruin des gesamten Handels seiner Nation, der Verlust ihrer wertvollsten Provinzen, die Zerstörung all ihrer Macht. Er muss glauben, dass das Übel der zunehmenden Unkeuschheit, die unweigerlich aus der Bildung einer Armee resultiert, eine unermesslich größere Katastrophe ist als alle nationalen oder politischen Katastrophen, die die Armee jemals abwenden kann. Er muss glauben, dass die schrecklichsten Seuchen und Hungersnöte, die sein Land verwüsten, als Anlass zur Freude betrachtet werden sollten, wenn sie auch nur den schwächsten und vergänglichsten Einfluss auf die Unterdrückung von Lastern haben. Er muss glauben, dass, wenn die Ansammlung seines Volkes in großen Städten die Zahl seiner Sünden auch nur um eine einzige erhöht, keine möglichen intellektuellen oder materiellen Vorteile verhindern können, dass der Bau von Städten eine schreckliche Katastrophe darstellt. Nach diesem Prinzip ist jede Ausarbeitung des Lebens, jedes Vergnügen, das Menschenmengen zusammenbringt, fast jede Kunst, jede Anhäufung von Reichtum, die Begierden weckt oder stimuliert, ein Übel, denn all dies wird zur Quelle einiger Sünden, und ihre Vorteile sind für die größtenteils rein terrestrisch.'

Überlegungen dieser Art bringen, wenn sie gebührend berücksichtigt werden, die Unaufrichtigkeit und Unwirklichkeit vieler unserer angeblichen Überzeugungen deutlich zum Vorschein. Kaum ein vernünftiger Mensch würde Feiertage unterdrücken wollen, nur weil sie Anlass zu einer beträchtlichen Anzahl von Trunkenheitsfällen sind, die es sonst nicht gegeben hätte. Kein humaner Gesetzgeber würde zögern, sie zu unterdrücken, wenn sie ebenso viele Todesfälle oder andere große physische Katastrophen zur Folge hätten. Diese Art, die relative Bedeutung von Dingen zu messen, ist nicht unvereinbar mit einer allgemeinen Anerkennung der Tatsache, dass es viele Vergnügungen gibt, die ein Maß an moralischem Übel erzeugen, das ihre Vorteile als Quelle des Vergnügens überwiegt, oder mit der großen Wahrheit, dass das Moralische das ist höher und sollte der beherrschende Teil unseres Wesens sein. Aber die Realitäten des Lebens können nicht anhand starrer theologischer Formeln gemessen werden. Das Leben ist eine Szene, in der verschiedene Arten von Interessen sich nicht nur vermischen, sondern auch modifizieren und in gewissem Maße einander ausgleichen, und es kann nur durch ständige Kompromisse weitergeführt werden, in denen die Definitionslinien selten sehr klar markiert sind, und in denen sogar Das höchste Interesse darf die anderen nicht völlig absorbieren oder außer Kraft setzen. Wir müssen uns mit guten Prinzipien auseinandersetzen, die nicht zu ihren vollen logischen Ergebnissen getrieben werden können; mit unterschiedlichen Standards, die nicht unter starres Recht gebracht werden können.

Nehmen Sie zum Beispiel die vielen Unwahrheiten, die die konventionellen Höflichkeiten der Gesellschaft vorschreiben. Einige davon sind so reine Ausdruckssache, dass sie niemanden täuschen. Andere dienen vor allem dem Zweck der höflichen Verschleierung, etwa wenn sie es uns ermöglichen, eine Anfrage abzulehnen oder eine Einladung oder einen Besuch abzulehnen, ohne offenzulegen, ob Abneigung oder Unvermögen dahintersteckt. Dann gibt es Unwahrheiten für nützliche Zwecke. Nur wenige Menschen würden vor einer Unwahrheit zurückschrecken, die das einzige Mittel darstellte, einen Patienten vor einem Schock zu bewahren, der wahrscheinlich seinen Tod zur Folge hätte. Ich nehme an, niemand würde zögern, einen Kriminellen zu täuschen, wenn er ihn auf keine andere Weise daran hindern könnte, ein Verbrechen zu begehen. Es gibt auch Fälle der Unterdrückung dessen, was wir für wahr halten, und von stillschweigender oder offener Duldung dessen, was wir für falsch halten, wenn eine vollständige und wahrheitsgetreue Offenlegung unserer eigenen Überzeugungen das Glück anderer zerstören oder Überzeugungen untergraben könnte, die sie für falsch halten sind eindeutig für ihr moralisches Wohlergehen notwendig . Fälle dieser Art kommen im Leben ständig vor, und ein guter Mann, der sich mit jedem einzelnen Fall auseinandersetzt, wird wahrscheinlich keine großen Schwierigkeiten haben, seinen Kurs zu steuern. Aber die vagen und schwankenden Linien moralischer Kompromisse können nicht ohne große moralische Gefahr auf feste Regeln reduziert werden, die dann mit ihren vollen logischen Konsequenzen umgesetzt werden müssen. Die unsterblichen Seiten von Pascal reichen aus, um zu zeigen, bis zu welchem Grad der Unmoral die Lehre, dass der Zweck die Mittel heiligt, von den Kasuisten der Kirche vorangetrieben wurde, deren Zierde Kardinal Newman war.

Im Kriegsfall eröffnet sich ein großes und schwieriges Feld moralischer Kompromisse, was zwangsläufig die völlige Aufhebung großer Teile des Sittengesetzes mit sich bringt. Dies ist nicht nur in ungerechten Kriegen der Fall; es gilt auch, wenn auch in geringerem Maße, für diejenigen, die am notwendigsten und gerechtesten sind. Krieg ist keine bloße leidenschaftslose Erfüllung einer schmerzhaften Pflicht und kann es auch nie sein. Sein Wesen und die Hauptvoraussetzung für seinen Erfolg besteht darin, in großen Menschenmassen zerstörerische und kämpferische Leidenschaften zu entfachen, die so heftig und bösartig sind wie die, mit denen der Hund den Fuchs bis zum Tod jagt oder der Tiger stürzt sich auf seine Beute. Zerstörung ist eines ihrer Hauptziele. Täuschung ist eines ihrer Hauptmittel, und eine der großen Künste geschickter Feldherrschaft besteht darin, zu täuschen, um zu zerstören. Welche anderen Elemente sich auch mit dem Krieg vermischen und ihn würdigen mögen, zumindest fehlt dies nie; Und so widerstrebend die Menschen auch in den Krieg eintreten mögen, wie gewissenhaft sie sich auch bemühen mögen, ihn zu vermeiden, sie müssen wissen, dass diese Dinge, wenn der Schauplatz des Gemetzels erst einmal begonnen hat, nicht nur akzeptiert und geduldet, sondern auch angeregt, ermutigt und applaudiert werden müssen. Es wäre schwer, sich eine Gesinnung vorzustellen, die weiter von den Moralvorstellungen des gewöhnlichen Lebens, ganz zu schweigen von den christlichen Idealen, entfernt ist als die, mit der die Soldaten, die am meisten mit dem Feuer und der Leidenschaft beseelt sind, die zum Sieg führen, vorwärts stürmen, um den Feind mit dem Bajonett niederzuschlagen.

Tatsächlich hat der Krieg, der in unserem gegenwärtigen Stadium der Zivilisation absolut unverzichtbar ist, seine eigenen Moralvorstellungen, die sich stark von denen des friedlichen Lebens unterscheiden. Dennoch gibt es nur wenige Bereiche, in denen durch die Betonung moralischer Motive größere Veränderungen bewirkt wurden. In den frühen Stadien der Menschheitsgeschichte war es lediglich eine Frage der Macht. Es gab keinen Unterschied zwischen Piraterie und regulärem Krieg, und Einfälle in einen Nachbarstaat ohne Provokation und mit dem alleinigen Zweck der Plünderung brachten keinen moralischen Vorwurf mit sich. Die Bewohner eines eroberten Landes in die Sklaverei führen; die gesamte Bevölkerung einer belagerten Stadt abzuschlachten; Die Zerstörung großer Gebiete jeder Stadt, jedes Dorfes und jedes Hauses und die Hinrichtung aller Gefangenen gehörten zu den gewöhnlichen Vorfällen im Krieg. Dies geschah in den besten Zeiten der griechischen und römischen Zivilisation ohne Vorwürfe. In vielen Fällen blieben weder Alter noch Geschlecht verschont! [25] In Rom wurde der besiegte Feldherr im mamertinischen Gefängnis erdrosselt oder verhungert. Zehntausende Gefangene wurden bei Gladiatorenkämpfen zum Tode verurteilt. Julius Cäsar, dessen Gnade so hoch gepriesen wurde, „hingerichtete den gesamten Senat der Veneter; erlaubte ein Massaker an den Usipeten und Tenkterern; verkaufte 40.000 Eingeborene von Genabum als Sklaven; und schnitt allen tapferen Männern die rechte Hand ab, deren einziges Verbrechen darin bestand, dass sie ihre Stadt Uxellodunum bis zum Letzten gegen ihn hielten. [26] Kein Gemetzel in der Geschichte ist schrecklicher als das, das in Jerusalem unter dem General stattfand, der „die Freude des Menschengeschlechts" genannt wurde, und als der letzte Anfall des Widerstands aufgehört hatte, sandte Titus jüdische Gefangene, sowohl männliche als auch männliche weiblich, zu Tausenden in die Amphitheater der Provinz, um dort von wilden Tieren gefressen oder als Gladiatoren abgeschlachtet zu werden.

Doch schon sehr früh wurden Linien gezogen, die einen klaren, wenn auch etwas willkürlichen Kodex militärischer Moral bildeten. In Griechenland wurde weitgehend zwischen Kriegen mit griechischen Staaten und Kriegen mit Barbaren unterschieden, wobei letztere als fast außerhalb des Bereichs moralischer Überlegungen liegendes galten. Es ist eine Unterscheidung, die sich in Wirklichkeit nicht sehr von der unterscheidet, die christliche Nationen in der Praxis ständig zwischen Kriegen innerhalb der Grenzen der Christenheit und Kriegen mit wilden oder heidnischen Nationen gemacht haben. Griechische und vielleicht noch mehr römische Moralisten haben viel über die gerechten Ursachen von Kriegen geschrieben. Viele von ihnen verurteilen alle ungerechten, aggressiven oder sogar unnötigen Kriege. Einige von ihnen beharren auf der Pflicht der Staaten, sich stets durch Konferenzen oder sogar durch Schiedsverfahren zu bemühen, den Krieg abzuwenden, und obwohl diese Gebote, wie auch die entsprechenden Gebote christlicher Geistlicher, oft verletzt wurden, blieben sie sicherlich nicht ohne Einfluss auf die Angelegenheiten. Es ist wahrscheinlich nicht übertrieben zu sagen, dass die römischen Kriege in dieser Hinsicht im Vergleich zu denen der christlichen Zeit nicht ungünstig abschneiden. Es ist bemerkenswert, wie ein großer Teil der besten christlichen Werke zur Ethik des Krieges auf den Grundsätzen heidnischer Moralisten basiert, und obwohl in der Antike wie in der Neuzeit die wahre Ursache des Krieges oft ganz anders war als die Vorwände, der Sinn des Krieges Gerechtigkeit im Krieg war in der römischen Epoche ebenso deutlich ausgeprägt wie in den meisten christlichen Perioden. [27]


Es wurde großer Wert auf die Pflicht einer formellen Kriegserklärung vor den Feindseligkeiten gelegt. Polybios erwähnt die Verwerfung, die in Griechenland den Ätoliern auferlegt wurde, weil sie diesen Brauch vernachlässigt hatten. In der Römerzeit war es allgemein verbreitet, und im Mittelalter wurde der Brauch, der feindlichen Macht eine Herausforderung zu senden, sorgfältig beachtet. In der Neuzeit ist die formelle Kriegserklärung weitgehend in Vergessenheit geraten. Die Feindseligkeiten zwischen England und Spanien unter Elisabeth und die Invasion Deutschlands durch Gustav Adolf begannen ohne eine solche Erklärung, und es gab in späterer Zeit zahlreiche Beispiele dafür. [28]

Die Behandlung von Gefangenen wurde grundlegend verändert. Es ist wahr, dass in modernen Kriegen Rebellen, meuternden Soldaten, aufständischen Sklaven und Wilden, die selbst keine Gnade gewähren, sehr oft ein Viertel verweigert wird. Oftmals – vielleicht sogar generell – wurde es irregulären Soldaten wie den französischen Francs-tireurs im Krieg von 1870 verweigert, die ohne Uniform versuchten, ihre Häuser gegen eine Invasion zu verteidigen. Soldaten, die die Kapitulationsbedingungen ablehnten und weiterhin einen nicht zu verteidigenden Ort verteidigten, wurde dies lange Zeit verweigert, aber diese Strenge wurde in den letzten drei Jahrhunderten allgemein verurteilt. Aber im Großen und Ganzen hat sich die Behandlung des besiegten Soldaten stetig verbessert. Einmal wurde er getötet. Bei einem anderen blieb er als Sklave erhalten. Dann wurde ihm gestattet, sich durch

Zahlung eines Lösegeldes zu befreien; Jetzt wird er einfach in Gewahrsam gehalten, bis er ausgetauscht oder auf Bewährung freigelassen wird oder bis der Krieg zu Ende ist. In der zweiten Hälfte des gegenwärtigen Jahrhunderts wurden viele ausgefeilte und wohltätige Vorschriften für den Erhalt von Krankenhäusern und die gute Behandlung von Verwundeten durch internationale Vereinbarungen sanktioniert. Die Unterscheidung zwischen Zivilbevölkerung und Kombattanten wird zunehmend beobachtet. Im Allgemeinen erleiden Nichtkombattanten, wenn sie den Feind nicht behindern, keinen weiteren Schaden als den, der durch die Zahlung von Kriegsbeiträgen und die anderweitige Sicherung des Lebensunterhalts der Eindringlinge entsteht. Die mutwillige Zerstörung von Privateigentum wurde immer mehr vermieden. Eine solche Tat wie die Verwüstung der Pfalz unter Ludwig XIV. würde jetzt in einem europäischen Krieg allgemein verurteilt werden, obwohl die Massenzerstörung von Dörfern in unseren eigenen indischen Grenzkriegen und die auf beiden Seiten im Bürgerkrieg in Kuba angewandten Methoden offenbar große Ähnlichkeit damit gehabt zu haben scheinen. Bei der Behandlung von Kaufleuten wird die in der Magna Charta festgelegte Regel der Gegenseitigkeit weitgehend eingehalten, und die Konferenz von Brüssel im Jahr 1874 erklärte, es verstoße gegen das Kriegsrecht, eine unbefestigte Stadt zu bombardieren. Der große Bürgerkrieg in Amerika hat wahrscheinlich nicht wenig dazu beigetragen, den Standard der Menschlichkeit im Krieg zu heben; Denn während nur wenige lange Kriege mit solcher Entschlossenheit oder auf Kosten so vieler Menschenleben geführt wurden, wurden nur sehr wenige mit einer so gewissenhaften Abstinenz von mutwilligen Barbarei geführt.

Es wurden auch viele restriktive Regeln akzeptiert, die in geringem Maße dazu dienten, die tatsächlichen Kriegshandlungen abzuschwächen, und sie hatten einen echten Einfluss in dieser Richtung, obwohl es nicht möglich ist, das Militärgesetz auf einem klaren ethischen oder logischen Prinzip zu rechtfertigen . Attentat und die Ermutigung zum Attentat; der Einsatz von Gift oder vergifteten Waffen; die Verletzung der Bewährung; die betrügerische Verwendung einer Waffenstillstandsfahne oder des Roten Kreuzes; das Abschlachten der Verwundeten; die Verletzung der Kapitulationsbedingungen oder anderer besonderer Vereinbarungen sind absolut verboten, und 1868 einigten sich die in St. Petersburg versammelten Vertreter der europäischen Mächte darauf, den Einsatz von Sprenggeschossen unter einem Gewicht von 14 Unzen im Krieg abzuschaffen und zu verbieten die Ausbreitung ansteckender Krankheiten im Land eines Feindes als Kriegsinstrument. Darin wurde der allgemeine Grundsatz festgelegt, dass das Ziel des Krieges darin besteht, den Feind außer Gefecht zu setzen, und dass Waffen, die darauf ausgelegt sind, unnötiges Leid zu verursachen, das über das zur Erreichung dieses Ziels erforderliche Maß hinausgeht, verboten sein sollten. Gleichzeitig gehören

Sprenggranaten, verdeckte Minen, Torpedos und Hinterhalte völlig zu den erlaubten Kriegsmitteln. Man kann hungern und die Wasserzufuhr unterbrechen oder diese Wasserzufuhr zerstören, indem man etwas hinzufügt, das nicht absolut giftig ist und es dadurch ungenießbar macht. Es ist zulässig, einen Feind durch erfundene Depeschen zu täuschen, die vorgeben, von seiner eigenen Seite zu kommen; durch Manipulation von Telegrafennachrichten; durch die Verbreitung falscher Informationen in Zeitungen; indem er angebliche Spione und Deserteure schickte, um ihm unwahre Berichte über die Anzahl oder Bewegungen der Truppen zu übermitteln; indem sie ihn mit falschen Signalen in einen Hinterhalt locken. Über die Verwendung der Flagge und Uniform eines Feindes zu Täuschungszwecken gab es einige Kontroversen, die jedoch von hoher militärischer Autorität unterstützt werden. [29] Der Einsatz von Spionen ist uneingeschränkt erlaubt, aber der Spion ist, wenn er entdeckt wird, von den Kriegsrechten ausgeschlossen und mit einem schändlichen Tod rechnen müssen.

Abgesehen von den Fragen, die ich besprochen habe, gibt es noch eine andere Klasse von Fragen im Zusammenhang mit dem Krieg, die große Schwierigkeiten bereiten. Es ist das Recht der Männer, durch den Eintritt in den Militärberuf auf ihr privates Urteil zu verzichten. In kleinen Nationen ist diese Frage nicht von großer Bedeutung, da Kriege dort sehr selten vorkommen und meist der Selbstverteidigung dienen. In einem großen Reich ist das ganz anders. Kaum jemand wird von der Tugend seiner Herrscher so überzeugt sein, dass er glaubt, dass jeder Krieg, den sein Land in jedem Teil seiner Herrschaftsgebiete führt, sowohl mit unzivilisierten als auch mit zivilisierten Bevölkerungsgruppen, gerecht und notwendig ist, und auf den ersten Blick ist er es *sicherlich* nicht In Übereinstimmung mit einer idealen Moral sollten sich die Menschen auf Lebenszeit oder für einen Zeitraum von Jahren unbedingt dazu verpflichten, auf Befehl ihrer Vorgesetzten diejenigen zu töten, die ihnen persönlich kein Unrecht angetan haben. Doch dieser bedingungslose Gehorsam ist das Wesen militärischer Disziplin, und ohne ihn wären die Leistungsfähigkeit der Armeen und die Sicherheit der Nationen hoffnungslos zerstört. Es ist für die großen Interessen der Gesellschaft notwendig und wird daher aufrechterhalten, gestärkt durch die Verpflichtung eines Eides und noch wirksamer durch einen Ehrenkodex, der einer der stärksten verbindlichen Einflüsse ist, durch die Menschen regiert werden können.

Es ist jedoch nicht völlig absolut, und es wurden verschiedene Unterscheidungen und Kompromisse getroffen. Es besteht ein Unterschied zwischen einem Mann, der sich in die Armee seines eigenen Landes einträgt, und einem Mann, der sich dauerhaft oder für die Dauer eines einzelnen Krieges in den Auslandsdienst einträgt. Wenn sich ein Mann unnötigerweise

aktiv an einem Kampf zwischen zwei anderen Ländern als seinem eigenen
beteiligt, kann zumindest verlangt werden, dass er nicht nur von
Abenteuerlust oder persönlichem Ehrgeiz angetrieben wird, sondern von
einer starken und begründeten Überzeugung, dass dies der Fall ist Die Sache,
die er unterstützt, ist gerecht. Das Verhalten eines Mannes, der sich einer
fremden Armee anschließt, die möglicherweise gegen sein eigenes Land
eingesetzt werden kann, und der sich zumindest dazu verpflichtet, absoluten
Häuptlingen zu gehorchen, die keine natürliche Autorität über ihn haben, ist
vielfach verurteilt worden, aber auch hier müssen besondere Umstände
vorliegen berücksichtigt werden. Ich vermute, dass nur wenige Menschen
den irischen Katholiken des 18. Jahrhunderts ernsthaft die Schuld geben
würden, die die Armeen Frankreichs, Österreichs, Spaniens und Neapels
füllten, zu einer Zeit, als disqualifizierende Gesetze sie aufgrund ihrer
Religion aus der britischen Armee und von fast jedem Weg ausschlossen
voller Ehrgeiz zu Hause. Es gibt vielleicht auch einen gewissen Unterschied
zwischen der Stellung eines dienstpflichtigen Soldaten und der Stellung eines
Soldaten in einem Land, in dem die Einberufung freiwillig ist, und auch
zwischen der Stellung eines Offiziers, der seinen Dienst verweigern kann,
ohne gegen das Gesetz zu verstoßen, und a Privatmann, der seine Flagge
nicht aufgeben kann, ohne eine schwere Straftat zu begehen. Zu Beginn des
Krieges der Amerikanischen Revolution verließen einige englische Offiziere
die Armee, anstatt sich für eine Sache zu engagieren, die sie für ungerecht
hielten. Es lag in ihrer Macht, dies zu tun, aber wahrscheinlich hätte keiner
von ihnen gewollt, dass Privatsoldaten, die in dieser Angelegenheit keine
rechtliche Wahl hatten, ihrem Beispiel folgten und aus den Reihen
desertierten.

Es gibt jedoch Extremfälle, in denen die Verletzung des Militäreides und der
Ungehorsam gegenüber der Militärdisziplin gerechtfertigt sind. Mehr als
einmal in der französischen Geschichte hat ein Usurpator oder sein Agent
Soldaten befohlen, die Vertreter der Nation zu zwingen oder auf sie zu
schießen. In solchen Fällen heißt es: „Das Gewissen des Soldaten ist die
Freiheit des Volkes", und die Weigerung von Privatsoldaten, einem
offensichtlich illegalen Befehl Folge zu leisten, wird im Allgemeinen, wenn
auch nicht überall, begrüßt. In all diesen Fällen herrscht jedoch große
Unklarheit und Unstimmigkeit in der Beurteilung. Die Regel, dass die
moralische Verantwortung ausschließlich bei der Person liegt, die den Befehl
gibt, und dass das Private keine Stimme oder Verantwortung hat, wird auch
hier von einigen beibehalten. Hätte sich ein Privatsoldat weigern sollen, an
einer Hinrichtung wie der des Herzogs von Enghien oder am *Staatsstreich*
Napoleons III. teilzunehmen ? Sollte er sich weigern, auf einen Mob zu
schießen, wenn er an der Rechtmäßigkeit des Befehls seines Vorgesetzten
zweifelt? In solchen Fällen besteht manchmal ein direkter Konflikt zwischen
dem Zivil- und dem Militärrecht, und es gab Fälle, in denen ein Soldat vor

dem ersten für Handlungen bestraft werden konnte, die vom zweiten unbedingt durchgesetzt wurden. [30]

Der vielleicht stärkste Fall von gerechtfertigtem Ungehorsam, der behauptet werden kann, ist, wenn einem Soldaten befohlen wird, etwas zu tun, was einen Abfall vom Glauben beinhaltet, obwohl es selbst hier im Lichte der reinen Vernunft schwierig wäre, zu zeigen, dass es sich hierbei um eine schwerwiegendere Sache handelt als unschuldige Menschen für eine ungerechte Sache zu töten. In der frühen Kirche gab es einige Märtyrersoldaten, die den Tod erlitten, weil sie glaubten, dass das Tragen von Waffen nicht mit ihrem Glauben vereinbar sei, oder weil von ihnen Taten verlangt wurden, die nach Götzendienst riechen. Die Geschichte der thebischen Legion, die unter Diokletian den Märtyrertod erlitten haben soll, stützt sich auf keine vertrauenswürdige Autorität, veranschaulicht aber die Haltung der Kirche zu diesem Thema. Josephus erzählt, wie jüdische Soldaten sich trotz aller Strafen weigerten, mit den anderen Soldaten Erde zur Wiedergutmachung des Belus-Tempels in Babylon zu bringen. Konflikte zwischen Militärpflicht und Religionspflicht müssen während der Religionskriege des 16. Jahrhunderts nicht selten aufgetreten sein, und in unserem eigenen Jahrhundert und in unserer eigenen Armee gab es Fälle von Soldaten, die sich aus religiösen Motiven weigerten, götzendienerische Prozessionen in Indien zu begleiten oder zu schützen. oder in katholischen Ländern Waffen zu präsentieren, wenn die Hostie vorbeikam. Die Ansichten der Quäker über den Krieg stehen in völligem Widerspruch zu der in fast allen europäischen Ländern vorherrschenden Wehrpflicht, und religiöse Bedenken gegenüber der Wehrpflicht gehörten zu den Motiven, die die russischen Raskolniks in Konflikt mit der Zivilmacht gebracht haben.

Eines der schwerwiegendsten Beispiele für die Kollision von Pflichten in unserer Zeit ist die große Sepoy-Meuterei von 1857. Seit den Tagen von Clive haben Sepoy-Soldaten mit bewundernswerter Treue unter britischer Flagge gedient, und die Meuterei von Vellore im Jahr 1806 , was die einzige Ausnahme darstellte, beruhte wie das von 1857 auf der Überzeugung, dass die britische Regierung ihren Glauben beeinträchtigte. Wenige Dinge in der Geschichte der großen Meuterei sind so berührend wie der tiefe Glaube der englischen Kommandeure der Sepoy-Regimenter an die unveränderliche Loyalität ihrer Soldaten. Viele von ihnen verloren durch diesen Glauben ihr Leben und weigerten sich bis zum letzten Moment und trotz aller Beweise, ihn aufzugeben. Sie wurden getäuscht, und in dem heftigen Ausbruch der Empörung, der darauf folgte, wurde das Verhalten der Sepoy-Soldaten als der schwärzeste und unprovozierteste Verrat gebrandmarkt.

Doch sicherlich war kein Vorwurf weniger wahr. In der Tat waren Agitatoren aus eigennützigen Absichten gegen die Truppen vorgegangen, aber neuere Forschungen haben vollständig bewiesen, dass die gefetteten Patronen sowohl die wahre als auch die angebliche Ursache der Meuterei waren. Es wurde angenommen, dass die Patronen, die kürzlich für die Sepoy-Regimenter ausgegeben worden waren, mit einer Mischung aus Kuhfett und Schweinefett bestrichen waren, wobei eine dieser Zutaten in den Augen der Hindus und die andere in den Augen der Muslime völlig unrein war . Das Zerbeißen dieser Patronen würde die Kaste der Hindus zerstören und den Verlust von allem mit sich bringen, was ihm sowohl in dieser als auch in der nächsten Welt am liebsten und heiligsten war. In den Augen sowohl der Muslime als auch der Hindus war es das schwerste und unwiederbringlichste aller Verbrechen, das alle Hoffnungen auf eine zukünftige Welt zunichte machte, und dennoch wurde ihnen dieses Verbrechen ihrer Überzeugung nach als eine Angelegenheit der militärischen Pflicht von ihnen auferlegt Offiziere. Es war, als ob die puritanischen Soldaten des 17. Jahrhunderts von ihren Kommandanten angewiesen worden wären, ihre Hoffnungen auf Erlösung aufzugeben und den christlichen Glauben abzulehnen und zu beleidigen.

Zwar wurde die Existenz dieser widerlichen Inhaltsstoffe in den neuen Patronen feierlich geleugnet, aber die Aufrichtigkeit des Sepoy-Glaubens ist unbestreitbar, und General Anson, der Oberbefehlshaber, musste dies zugeben, nachdem er die Patronen untersucht hatte war sehr plausibel. [31] „Ich bin nicht so sehr überrascht", schrieb er an Lord Canning, „über ihre Einwände gegen die Patronen, nachdem ich sie gesehen habe." Ich hatte keine Ahnung, dass sie so viel Fett enthalten bzw. damit verschmiert sind, dass es genau wie Fett aussieht. Nach dem Abschuss der Kugel wird die Mündung der Muskete damit bedeckt."

Leider ist dies keine vollständige Darstellung des Falles. Es ist eine beschämende und schreckliche Wahrheit, dass die Sepoys, soweit es die Tatsachen betrifft, mit ihrer Überzeugung vollkommen recht hatten. Mit den Worten von Lord Roberts: „Die jüngsten Untersuchungen von Herrn Forrest in den Aufzeichnungen der indischen Regierung beweisen, dass die bei der Herstellung der Patronen verwendete Schmiermischung tatsächlich aus den anstößigen Zutaten, Kuhfett und Schmalz, bestand, und diese unglaubliche Missachtung." Bei der Herstellung dieser Patronen kamen die religiösen Vorurteile der Soldaten zum Ausdruck." [32] Dies war sicherlich nicht, wie die Sepoys glaubten, auf den Wunsch der britischen Behörden zurückzuführen, die Kaste zu zerstören oder den Weg für die Bekehrung der Sepoys zum Christentum zu ebnen. Es war einfach ein eklatantes Beispiel für die Gleichgültigkeit, Ignoranz und Unfähigkeit, die britische Verwaltungsbeamte allzu oft an den Tag legten, wenn sie mit Überzeugungen und Charaktertypen umgingen, die ihren eigenen völlig unähnlich waren. Sie waren nicht in der Lage zu erkennen, dass ein Glaube, der ihnen so kindisch erschien, irgendeine Tiefe haben konnte, und lösten daher eine Meuterei aus, die die englische Macht in Indien eine Zeit lang in ihren Grundfesten erschütterte.

Die Schrecken von Cawnpore – die einem einzigen Mann zuzuschreiben waren – nahmen der britischen Öffentlichkeit bald die Möglichkeit, den Konflikt vernünftig zu beurteilen, und ein Kampf, in dem kein Pardon gewährt wurde, war natürlich von extremer Wildheit geprägt; Aber im Rückblick müssen englische Schriftsteller mit Demut anerkennen, dass, wenn Meuterei jemals gerechtfertigt sein sollte, keine stärkere Rechtfertigung als die der Sepoy-Truppen gegeben werden könnte.

Viele meiner Leser werden sich an ein exquisites kleines Gedicht mit dem Titel „The Forced Recruit" erinnern, in dem Frau Browning einen jungen venezianischen Soldaten beschrieb, der durch die Wehrpflicht gezwungen wurde, gegen seine Landsleute in der österreichischen Armee in Solferino zu dienen, und der Er schritt fröhlich vor, um neben den italienischen Kanonen zu sterben, und hielt eine Muskete in der Hand, die nie geladen worden war. Eine solche Figur, ein solcher Verstoß gegen das Militärrecht, wird die Sympathie aller in Anspruch nehmen, aber ein ganz anderes Urteil sollte über diejenigen gefällt werden, die freiwillig in die Armee eingetreten sind und im Namen des Patriotismus ihr Vertrauen und ihren Eid missbrauchen. In der Fenian-Bewegung in Irland bestand eines der Hauptziele der Verschwörer darin, die irischen Soldaten zu korrumpieren und den hohen Sinn für militärische Ehre zu zerstören, für den das irische Volk zu allen Zeiten und in vielen Armeen bekannt war. „Die Epidemie" [der Unzufriedenheit], rühmt sich ein Schriftsteller, der viel mit den Verschwörungen jener Zeit zu tun hatte, „war keine Angelegenheit einzelner Personen, sondern von Kompanien und ganzen Regimentern." Der Versuch, alle militärischen Fenianer vor Kriegsgerichten anzuklagen, hätte England in Panik versetzt, wenn nicht sogar eine entsetzliche Meuterei ausgelöst und eine ausländische Invasion herbeigeführt.' [33]

Ich zitiere diese Worte nicht als wahre Aussage. Sie sind meiner Meinung nach eine grobe Übertreibung und eine grobe Verleumdung der irischen Soldaten, und ich bezweifle auch nicht, dass die meisten, wenn nicht alle Soldaten bei einem Glas Whisky oder durch die Überredung eines schlauen Agitators dazu gebracht wurden , den Fenian-Eid zu leisten, hätte, wenn es zu einem tatsächlichen Konflikt gekommen wäre, vollkommen treue Soldaten der Königin bewiesen. Die Perversion der Moral, die solche Verstöße gegen die Militärpflicht als lobenswert ansieht, ist jedoch nicht auf Schriftsteller vom Schlage von Mr. O'Brien beschränkt. Ein eindrucksvolles Beispiel dafür liefert eine neuere amerikanische Biographie. Zu den frühen Fenian-Verschwörern gehörte ein junger Mann namens John Boyle O'Reilly. Er war ein echter Enthusiast mit echtem literarischen Talent; In den letzten Jahren seines Lebens gewann er die Zuneigung und Bewunderung sehr

ehrenhafter Männer, und ich würde sicherlich nicht den Wunsch haben, jugendliche Irrtümer, die das Ergebnis einer fehlgeleiteten Begeisterung waren, allzu streng zu beurteilen, wenn sie als solche anerkannt worden wären. Tatsächlich begann seine Laufbahn jedoch mit einer Tat, die nach allen gesunden Grundsätzen der Moral, Religion und weltlichen Ehre in höchstem Maße strafbar war. Als geschworener Fenian trat er in ein Husarenregiment ein, nahm die Uniform der Königin an und leistete den Treueeid mit dem ausdrücklichen Ziel, sein Vertrauen zu missbrauchen und die Soldaten seines Regiments zu verführen. Er wurde entdeckt und zu Zuchthaus verurteilt und floh schließlich nach Amerika, wo er sich aktiv an der Fenian-Bewegung beteiligte. Nach seinem Tod wurde seine Biographie im Stil einer uneingeschränkten Lobrede verfasst, aber der Biograph hat die von mir erzählten Fakten ehrlich und vollständig offengelegt. Dieses Buch enthält eine Einleitung von Kardinal Gibbons, einem der bekanntesten katholischen Geistlichen in den Vereinigten Staaten. Der Leser mag neugierig sein, zu erfahren, wie der Akt des schweren Verrats und Meineids, den er offenbarte, von einer Persönlichkeit beurteilt wurde, die in einer Kirche, die sich als der höchste und inspirierte Lehrer der Moral ausgibt, alle außer der höchsten Position innehat. Kein Wort in dieser Einleitung deutet darauf hin, dass O'Reilly eine Tat begangen hat, für die er sich schämen sollte. Er wird als „großer und guter Mann" beschrieben, und die einzige Anspielung auf sein Verbrechen findet sich in den folgenden Worten: „In seiner Jugend quält sich sein Herz mit der traurigsten und seltsamsten Romanze aller Zeiten – dem Unrecht und den Nöten seines Mutterlandes." Niobe der Nationen. Als Mann findet er sich, weil er es wagte, ihr ihre Freilassung zu wünschen, als zum Scheitern verurteilter Verbrecher, als verbannter Sträfling, in der Unterwelt wieder, wie er sich selbst nennt Seine gesegneten Einflüsse vermittelten ihm die edelsten Denk- und Verhaltensideale. Das Land, in dem er adoptiert wurde, wetteifert mit dem Land seiner Geburt, indem es die Aufrichtigkeit seines Lebens bezeugt, und in ihrem Namen sage ich, dass die Welt heller ist, weil sie ihn besessen hat.'
[34]

**FUSSNOTEN:**

[24] Newman's *Anglican Difficulties*, S. 190.

[25] Siehe Grotius, *de Jure*, Buch III. CH. iv. Zu den jüdischen Vorstellungen zu diesem Thema siehe Deut. ii. 34; vii. 2, 16; xx. 10-16; Psalm cxxxvii. 9; 1 Sam. xv. 3. Einige zusätzliche Fakten zu diesem Thema habe ich in meiner *Geschichte der europäischen Moral* zusammengestellt.

[26] Tyrrell und Pursers *Korrespondenz von Cicero*, Bd. vp xlvii.

[27] Siehe Grotius, *de Jure Belli et Pacis*.

[28] Viele Informationen zu diesem Thema finden sich in einer bemerkenswerten Broschüre (angeblich von Pitt korrigiert) mit dem Titel „Eine Untersuchung über die Art und Weise, in der die verschiedenen Kriege in Europa während der letzten zwei Jahrhunderte begonnen haben", vom Autor von Die Geschichte und Grundlagen des Völkerrechts in Europa" (1805).

[29] Siehe Tovey's *Martial Law and the Custom of War* , Teil 2, S. 13, 29. Ein auffälliges Beispiel für die betrügerische Verwendung einer Flagge ereignete sich im Jahr 1781, als die Engländer, nachdem sie St. Eustatius von den Holländern erobert hatten, erlaubten Die niederländische Flagge wehte immer noch über seinem Hafen, damit niederländische, französische, spanische und amerikanische Schiffe, die nichts von der Eroberung wussten, in den Hafen gelockt und als Beute beschlagnahmt werden konnten. Einige Autoren zum Militärrecht behaupten, dass dies im Rahmen des Kriegsrechts liege.

[30] Siehe Fitzjames Stephens *History of the Criminal Law* , i. 205.

[31] Lord Roberts' *einundvierzig Jahre in Indien* , d. 94.

[32] *Ebenda*. P. 431.

[33] *Contemporary Review* , Mai 1897. Artikel von William O'Brien: „War der Fenianismus jemals beeindruckend?"

[34] Roche's *Life of John Boyle O'Reilly* , mit Einführung von Kardinal Gibbons. Seit der Veröffentlichung dieses Buches hat Kardinal Gibbons einen Brief an das *Tablet geschrieben* (2. Dezember 1899), in dem er sagt: „Ich halte es für meine Pflicht und im Interesse der Wahrheit, dies zu erklären, bis ich Mr. Leckys Kritik gelesen habe." Ich wusste nicht, dass Herr O'Reilly jemals ein Fenianer oder ein britischer Soldat gewesen war oder dass er versucht hatte, andere Soldaten von ihrer Loyalität abzubringen. Tatsächlich habe ich bis zu diesem Moment noch nie eine Zeile der Biografie gelesen, zu der ich die Einleitung geschrieben habe ... Meine einzige Kenntnis von Mr. O'Reillys Geschichte, bevor er nach Amerika kam, war die vage Information, die ich hatte: Wegen eines politischen Vergehens, dessen genaue Art ich nicht erfuhr, war er aus seinem Heimatland in eine Strafkolonie verbannt worden, aus der er später floh.

Ich nehme diese Zusicherung von Kardinal Gibbons gerne an, obwohl es mich wundert, dass er nicht einmal einen Blick auf das Buch geworfen hat, das er vorstellte, und dass er von dem auffälligsten Ereignis in seinem Leben, das er von früher Jugend an erlebte, überhaupt nichts wusste hielt der uneingeschränkten Bewunderung stand. Ich bedauere auch, dass er diesen Brief nicht zum Anlass genommen hat, eine Form der moralischen Perversion zu verurteilen, die unter seinen irischen Glaubensgenossen weit verbreitet ist und die seine eigenen Worte nur allzu wahrscheinlich verstärken werden. Es ist erst kurze Zeit her, dass ein irisch-nationalistischer Parlamentsabgeordneter, der beschuldigt wurde, einst der Königin als Freiwilliger gedient zu haben, sich damit rechtfertigte, dass er nur den Mantel getragen habe, den Lord Edward Fitzgerald und Boyle O'Reilly trugen; während ein anderer irisch-nationalistischer Parlamentsabgeordneter bei einer öffentlichen Versammlung in Dublin und unter dem Jubel seines Publikums seine Hoffnung zum Ausdruck brachte, dass die irischen Soldaten unter britischer Flagge im Südafrikakrieg auf die Engländer statt auf die Buren schießen würden.

# KAPITEL IX

Das vorangegangene Kapitel wird hinreichend gezeigt haben, wie weitreichend in einem großen und notwendigen Beruf das Element des moralischen Kompromisses Einzug halten muss, und es wird die Natur einiger damit verbundener moralischer Schwierigkeiten aufzeigen. Ähnliche Beispiele finden wir im Beruf des Anwalts. Im Interesse einer ordnungsgemäßen Rechtspflege ist es von größter Bedeutung, dass jede Sache, wie fehlerhaft sie auch sein mag, und jeder Verbrecher, wie schlimm er auch sein mag, vollständig verteidigt wird, und es ist daher unabdingbar, dass eine Klasse von Männern damit betraut wird Pflicht. Es ist die Aufgabe des Richters und der Jury, über die Begründetheit des Falles zu entscheiden, aber damit sie diese Funktion erfüllen können, ist es notwendig, dass ihnen die Argumente beider Seiten in der stärksten Form vorgelegt werden. Das klare Interesse der Gesellschaft erfordert dies, und es wird ein Standard beruflicher Ehre und Etikette festgelegt, um das Handeln des Anwalts zu regeln. Falsche Darstellung von Tatsachen oder Gesetzen; falsche Zitate von Dokumenten; starke Äußerungen persönlicher Meinung und einige andere Mittel, mit denen Urteile gewonnen werden können, werden verurteilt; Es gibt Fälle, die ein ehrenhafter Anwalt nicht übernehmen wird, und es gibt seltene Fälle, in denen er es im Laufe eines Prozesses für seine Pflicht hält, seinen Auftrag vorzulegen.

Aber so notwendig und ehrenhaft der Beruf auch sein mag, es gibt Seiten an ihm, die weit davon entfernt sind, einem strengen Kodex idealer Moral zu entsprechen. Es ist müßig anzunehmen, dass sich ein Meister der Verteidigungskunst lediglich auf eine ruhige, leidenschaftslose Darlegung der Tatsachen und Argumente seiner Seite beschränken wird. Er wird unweigerlich all seine rhetorischen Kräfte und seine Überzeugungskraft einsetzen, um die Sache, die er vertritt, als wahr erscheinen zu lassen, obwohl er weiß, dass sie falsch ist; er wird eine Wärme empfinden, die er nicht empfindet, und eine Überzeugung, die er nicht hegt; er wird jeden Fehler oder jede Unterlassung seines Gegners geschickt ausnutzen; jeglicher technischer Regel, die schädigende Beweise ausschließen kann; von all den Mitteln, die juristische Subtilität und ein strenges Kreuzverhör bieten können, um gefährliche Sachverhalte zu verwirren, unbequeme Tatsachen zu verschleiern oder herunterzuspielen und feindselige Zeugen zu diskreditieren. Er wird sich auf jedes Vorurteil berufen, das seiner Sache nützen kann; er wird sich eine Zeit lang so vollständig damit identifizieren, dass er ihren Erfolg zu seinem höchsten und alles absorbierenden Ziel machen wird; und er wird kaum umhin, ein gewisses Triumphgefühl zu verspüren, wenn er durch die Kraft eines genialen und beredten Plädoyers den Schuldigen vor seiner Strafe gerettet oder trotz aller Beweise ein Urteil erwirkt hat.

Es ist nicht verwunderlich, dass ein Beruf, der unweigerlich zu solchen Dingen führt, bei vielen guten Männern Skrupel erregt hat. Swift beschrieb Anwälte sehr grob als „eine Gesellschaft von Männern, die seit ihrer Jugend in der Kunst erzogen wurden, durch zu diesem Zweck vervielfachte Worte zu beweisen, dass Weiß schwarz und Schwarz weiß ist , je nachdem, wie sie bezahlt werden." Dr. Arnold hat mehr als einmal seine Abneigung und sogar seinen Abscheu gegenüber dem Beruf eines Anwalts zum Ausdruck gebracht. Er behauptete, es führe unweigerlich zu moralischer Perversion, die die wahllose Verteidigung von richtig und falsch und in vielen Fällen die bewusste Unterdrückung der Wahrheit mit sich bringe. Macaulay, den man kaum als den Verfeinerungen einer allzu anspruchsvollen Moral verfallen betrachten kann, fragt sich bei der Durchsicht der in England anerkannten Berufsregeln: „Ob es richtig ist, dass er nicht nur glaubt, sondern auch weiß, dass eine Aussage wahr ist?" Tun Sie alles, was durch Sophistik, durch Rhetorik, durch feierliche Beteuerungen, durch empörte Ausrufe, durch Gesten, durch Gesichtszüge, indem Sie einen ehrlichen Zeugen erschrecken, indem Sie einen anderen verwirren, um eine Jury dazu zu bringen, diese Aussage für falsch zu halten.' Bentham verurteilte mit noch deutlicheren Worten die gewohnheitsmäßige Methode des „Söldneranwalts", einen ehrlichen, aber feindseligen Zeugen ins Kreuzverhör zu nehmen, und erklärte, dass es in Westminster Hall einen Moralkodex gäbe, der sich allgemein und direkt vom Kodex des gewöhnlichen Lebens unterscheide darauf ausgelegt, die Liebe zur Wahrhaftigkeit und Gerechtigkeit zu zerstören. Andererseits erkannte Paley unter den Unwahrheiten, die keine Lügen sind, weil sie niemanden täuschen, die Aussage eines „Anwalts, der die Gerechtigkeit oder seinen Glauben an die Gerechtigkeit der Sache seines Mandanten behauptet". Als Antwort auf einige Einwände von Boswell argumentiert Dr. Johnson ausführlich, aber, wie ich glaube, mit etwas Sophistik zugunsten des Berufsstandes. „Sie dürfen Ihren Kunden nicht mit falschen Darstellungen Ihrer Meinung täuschen", sagt er. Sie dürfen den Richter nicht belügen, aber Sie brauchen keine Skrupel zu haben, einen Fall aufzugreifen, den Sie für schlecht halten, oder eine Wärme zu erzeugen, die Sie nicht verspüren. Sie wissen nicht, dass Ihre Sache schlecht ist, bis der Richter darüber entscheidet ... Ein Argument, das Sie nicht überzeugt, kann den Richter überzeugen, und wenn es ihn überzeugt, haben Sie Unrecht und er hat Recht ... Alle „Ich weiß, dass Sie dafür bezahlt werden, Ihrem Kunden gegenüber Wärme zu zeigen, und es ist daher keine Verstellung." Basil Montagu betont in einer hervorragenden Abhandlung zu diesem Thema, dass ein Anwalt lediglich ein Beamter sei, der bei der Rechtspflege mithilft, in der Überzeugung, dass die Wahrheit am besten durch die gegenteiligen Aussagen fähiger Männer ermittelt und Schwierigkeiten am effektivsten entwirrt werden könne. Er ist ein unverzichtbarer Teil einer Maschine, die im Endeffekt im wahren Interesse der Wahrheit handelt, obwohl er „Gefühle bekennt, die er nicht empfindet, und eine Sache unterstützen kann, von der er weiß, dass sie falsch ist", und obwohl er sich dafür einsetzt ist „eine Art des Handelns ohne das Eingeständnis, dass es handelt".

Es ist natürlich möglich, die Prinzipien des Quäkers zu übernehmen und jede Beteiligung an den Gerichten als unchristlich zu verurteilen, und obwohl die katholische Kirche dieses Extrem nie übernommen hat, scheint sie instinktiv eine gewisse Unvereinbarkeit zwischen dem Beruf eines Quäkers erkannt zu haben Anwalt und der heilige Charakter. Renan bemerkt die bedeutsame Tatsache, dass St. Yves, ein Heiliger der Bretagne, der einzige Fürsprecher zu sein scheint, der einen Platz in der Hagiologie gefunden hat, und dass die Gläubigen es gewohnt waren, auf seinem Fest „Advocatus et non latro – Res miranda populo" zu singen. ' Es ist in der Tat offensichtlich, dass in diesem Bereich viele moralische Kompromisse eingegangen werden müssen, und die angenommenen Maßstäbe für richtig und falsch sind sehr unterschiedlich. Inwieweit darf beispielsweise ein Anwalt eine Sache unterstützen, die er für falsch hält? In einigen alten Gesetzen mussten die Befürworter schwören, dass sie keine Anliegen verteidigen würden, die sie für ungerecht hielten oder entdeckten. [35] Der heilige Thomas von Aquin hat mit Nachdruck dargelegt, dass jeder Anwalt, der sich für die Verteidigung einer ungerechten Sache einsetzt, eine schwere Sünde begeht. Es sei rechtswidrig, behauptet er, mit jemandem zusammenzuarbeiten, der Unrecht tue, und ein Anwalt berate und unterstütze eindeutig denjenigen, dessen Anliegen er vertrete. Moderne katholische Kasuisten haben sich im gleichen Sinne mit dem Thema befasst. Sie geben zwar zu, dass ein Anwalt die Verteidigung eines Verbrechers, von dem er weiß, dass er schuldig ist, übernehmen darf, um alle mildernden Umstände ans Licht zu bringen, aber sie behaupten, dass kein Anwalt eine zivilrechtliche Sache übernehmen sollte, es sei denn, er habe zuvor eine sorgfältige Prüfung durchgeführt er hat sich davon überzeugt, dass es gerecht ist; dass kein Anwalt ohne Sünde eine Sache verfolgen kann, von der er weiß oder fest davon überzeugt ist, dass sie ungerecht ist; dass er, wenn er dies getan hat, selbst nach seinem Gewissen verpflichtet ist, der Partei, die durch sein Eintreten geschädigt wurde, Schadenersatz zu leisten; dass er, wenn er im Laufe eines Prozesses feststellt, dass eine Sache, die er für gerecht gehalten hatte, ungerecht ist, versuchen muss, seinen Mandanten zur Unterlassung zu bewegen, und wenn ihm dies nicht gelingt, er selbst die Sache aufgeben muss, allerdings ohne die Gegenpartei zu informieren von der Schlussfolgerung, zu der er gekommen war; dass er bei der Führung seines Falles darauf verzichten muss, den Ruf seines Nachbarn zu schädigen oder zu versuchen, die Richter dadurch zu beeinflussen, dass er ihnen Missetaten seines Gegners vorträgt, die nicht mit dem Fall zusammenhängen und für ihn nicht wesentlich sind. [36] Noch im Jahr 1886 wurde mit ausdrücklicher Zustimmung des Papstes eine Anordnung aus Rom erlassen, die es jedem Katholiken, Bürgermeister oder Richter untersagte, sich an einem Scheidungsverfahren zu beteiligen, da Scheidung von der Kirche strikt verurteilt wird. [37]

Es gab und gibt möglicherweise immer noch Fälle, in denen Anwälte versuchten, ihre Tätigkeit auf Fälle zu beschränken, die sie für gerecht hielten. Sir Matthew Hale ist ein herausragendes Beispiel, aber er gab zu, dass er seine Regelung zu diesem Thema erheblich gelockert hatte, nachdem er in zwei Fällen festgestellt hatte, dass Fälle, die auf den ersten Blick sehr wertlos erschienen, in Wahrheit begründet waren. Als allgemeine Regel nehmen englische Anwälte aus diesem Grund bei der Annahme von Schriftsätzen keine Diskriminierung vor, es sei denn, die Ungerechtigkeit ist sehr eklatant, und sie werden, außer in sehr extremen Fällen, ihrem Mandanten auch nicht den großen Schaden zufügen, einen Schriftsatz vorzulegen, den sie einmal angenommen haben. Sie behaupten, dass ein solches Vorgehen der Rechtspflege auf lange Sicht am besten dient, und sehen in dieser Tatsache auch seine Rechtfertigung.

Für die Führung eines Falles gibt es Regeln, die denen ähneln, die zwischen ehrenhaftem und unehrenhaftem Krieg unterscheiden, aber sie sind weniger klar definiert und weniger allgemein akzeptiert. Bei der Strafverfolgung wird eine bemerkenswerte, wenn auch sehr erklärliche Unterscheidung zwischen dem Staatsanwalt und dem Verteidiger getroffen. Es ist die Etikette des Berufsstandes, dass ersterer nur auf die Wahrheit abzielen muss, ohne dem Gefangenen irgendetwas vorzuwerfen, keine Tatsachen zu verheimlichen, die für ihn günstig sind, und auch kein Argument zu verwenden, das er selbst nicht für gerecht hält. Der Verteidiger ist jedoch im Sinne der Berufsetikette nicht an solche Regeln gebunden. Er kann Argumente verwenden, von denen er weiß, dass sie schlecht sind, Tatsachen verheimlichen oder durch technische Einwände ausschließen, die sich gegen seine Mandanten auswirken, und vorbehaltlich einiger weitreichender und vager Einschränkungen muss er den Freispruch seines Mandanten zu seinem ersten Ziel machen. [38]

Manchmal treten äußerst schwierige Fälle auf. Am bekanntesten ist wohl der Fall von Courvoisier, dem Schweizer Kammerdiener, der 1840 Lord William Russell ermordete. Im Laufe des Prozesses teilte Courvoisier seinem Anwalt Phillips mit, dass er des Mordes schuldig sei, wies Phillips aber gleichzeitig an ihn weiterhin bis zum Äußersten zu verteidigen. Da es überwältigende Beweise dafür gab, dass der Mord von jemandem begangen worden sein musste, der im Haus schlief, bestand die einzig mögliche Verteidigung darin, dass das Hausmädchen und die Köchin, die die anderen Bewohner des Hauses waren, ebenso verdächtig waren. Am ersten Verhandlungstag hatte Phillips, noch bevor er die Schuld seines Mandanten aus eigener Erfahrung kannte, das Hausmädchen, das den Mord zuerst entdeckt hatte, mit großer

Härte und offensichtlich mit dem Ziel, Verdacht auf sie zu erregen, ins Kreuzverhör genommen. Welchen Weg sollte er nun einschlagen? Es kam vor, dass ein angesehener Richter mit dem Richter, der den Fall verhandeln sollte, auf der Richterbank saß, und Phillips zog diesen Richter in sein Vertrauen, legte ihm unter vier Augen die aufgetretenen Tatsachen dar und bat ihn um Rat. Der Richter erklärte, dass Phillips verpflichtet sei, den Gefangenen weiterhin zu verteidigen, dessen Fall hoffnungslos gewesen wäre, wenn sein eigener Anwalt ihn im Stich gelassen hätte, und dass er verpflichtet sei, bei seiner Verteidigung alle fairen Argumente heranzuziehen, die sich aus den Beweisen ergeben. Die Rede von Phillips war unter außerordentlich schwierigen Umständen ein Meisterwerk der Beredsamkeit. Ein Großteil davon war der Anfechtung der Glaubwürdigkeit der Zeugen der Anklage gewidmet. Er erklärte feierlich, dass es nicht seine Aufgabe sei, zu sagen, wer den Mord begangen habe, und dass er nicht die Absicht habe, die anderen Bediensteten im Haus zu beschuldigen, und dass er sich gewissenhaft davon enthielt, eine persönliche Meinung zu dieser Angelegenheit zu äußern; Der Kern seiner Argumentation war jedoch, dass Courvoisier das Opfer einer Verschwörung war, da die Polizei kompromittierende Gegenstände unter seiner Kleidung versteckt hatte und dass es keinen klaren Umstand gab, der den gegen ihn gerichteten Verdacht von dem gegen die anderen Bediensteten unterscheiden würde. [39]

Das Verhalten von Phillips in diesem Fall wurde meines Erachtens durch das Überwiegen der Fachmeinung gerechtfertigt, obwohl die öffentliche Meinung außerhalb des Berufsstandes es allgemein verurteilte, als die Fakten bekannt wurden. Einige Anwälte haben die Verteidigungspflicht so weit ausgeweitet, dass selbst in ihrem eigenen Berufsstand viel Protest hervorgerufen wurde. „Der Anwalt", sagte Lord Brougham in seiner großartigen Rede vor dem House of Lords zur Verteidigung von Königin Caroline, „kann aufgrund der heiligen Pflicht, die er seinem Mandanten schuldet, bei der Ausübung dieses Amtes nur eine Person auf der Welt kennen – diesen Mandanten." und kein anderer. Diesen Klienten mit allen zweckdienlichen Mitteln zu retten, diesen Klienten unter allen Gefahren und Kosten für alle anderen und unter anderem auch für ihn selbst zu schützen, ist die höchste und unbestrittenste seiner Pflichten; und er darf den Schrecken, das Leid, die Qual und die Zerstörung, die er über irgendjemanden bringen könnte, nicht bedenken. Ja, indem er sogar die Pflichten eines Patrioten von denen eines Anwalts trennte und sie notfalls in den Wind schlug, musste er ohne Rücksicht auf die Konsequenzen weitermachen, wenn sein Schicksal unglücklicherweise darin bestehen sollte, sein Land in Verwirrung zu bringen den Schutz seines Mandanten.'

Diese Doktrin wurde von einigen bedeutenden englischen Anwälten entschieden zurückgewiesen, aber sowohl in der Praxis als auch in der

Theorie gab es in den verschiedenen Gerichten, Zeiten und Ländern große Unterschiede im Berufsstand. Inwieweit ist es beispielsweise im Kreuzverhör zulässig, einen ehrlichen, aber schüchternen und ungeschickten Zeugen einzuschüchtern oder zu verwirren? zu versuchen, die Aussage eines Zeugen in Bezug auf einen klaren Sachverhalt zu diskreditieren, an dessen Verheimlichung er kein Interesse hatte, indem gegen ihn ein moralischer Skandal aus seiner frühen Jugend exhumiert wird, der mit dem Gegenstand des Prozesses überhaupt nichts zu tun hatte; Oder soll man durch eine solche Art des Kreuzverhörs materielle Zeugen aus dem Zeugenstand fernhalten, die sich darüber im Klaren sind, dass ihre früheren Leben nicht über jeden Zweifel erhaben sind? Inwieweit ist es richtig oder zulässig, rechtliche Formalitäten im Gegensatz zu substanzieller Gerechtigkeit durchzusetzen? Wahrscheinlich werden die meisten Anwälte, wenn sie völlig aufrichtig sind, zustimmen, dass diese Dinge in ihrem Beruf gewissermaßen unvermeidlich sind und dass die eigentliche Frage eine Gradsfrage ist und daher nicht positiv definiert werden kann. Es gibt eine Art Geist, der sich so sehr in die Feinheiten und technischen Details des Gesetzes verliebt, dass er sich an den unerwarteten und unbeabsichtigten Ergebnissen erfreut, zu denen sie führen können. Ich habe einen englischen Richter über einen anderen längst Verstorbenen sagen hören, dass er durch dieses Gefühl ein positives Vergnügen an der Ungerechtigkeit verspürte, und ein Anwalt, der nicht aus diesem Land stammte, gestand mir einmal die Belustigung, die es ihm bereitete, die Verurteilungen von Kriminellen in seinem Staat zu brechen Sie entdecken technische Mängel in ihren Anklagen. Es gibt eine Klasse von Geistern, die sich an solchen Fällen erfreut, wie dem Fall eines Rechtsdokuments, das für ungültig erklärt wurde, weil die Buchstaben AD anstelle der Formel „im Jahr unseres Herrn" vor das Datum gesetzt wurden, oder dem Fall eines Betrügers, der gelitten hat mit seiner Beute davonzukommen, weil in dem für seine Verhaftung ausgestellten Beschluss durch einen Schreibfehler das Wort „Sheriff" anstelle von „Sheriffs" geschrieben wurde, oder das einer Dame, der ein Nachlass von 14.000 Pfund pro Jahr entzogen wurde weil durch einen bloßen Fehler des Testamentsvollstreckers ein wesentliches Wort aus dem Testament weggelassen wurde, obwohl ein möglichst klarer Beweis erbracht wurde, der den Willen des Erblassers widerspiegelte. [40] Solche Anwälte argumentieren, dass in Testamentsfällen „die wahre Frage nicht darin besteht, was der Erblasser beabsichtigte, sondern was die Bedeutung der Worte des Testaments ist" und dass die Abwägung der Vorteile für eine strikte Einhaltung spricht die Konstruktion des Urteils und die technischen Einzelheiten des Gesetzes, auch wenn dies im Einzelfall zu schwerwiegendem Unrecht führen kann.

Es muss in der Tat anerkannt werden, dass bis weit ins 19. Jahrhundert hinein diejenigen Juristen, die die technischste Sichtweise ihres Berufsstandes vertraten, völlig im Einklang mit dessen Geist handelten. Wenige, wenn überhaupt, Abteilungen der englischen Gesetzgebung und Verwaltung waren bis etwa zur Mitte dieses Jahrhunderts so skandalös schlecht wie diejenigen, die mit der Verwaltung des Zivil- und Strafrechts und insbesondere mit dem Court of Chancery zu tun hatten. Das gesamte Feld war mit einem Netzwerk obskurer, komplizierter und archaischer technischer Details bedeckt; nutzlos, außer zu dem Zweck, Kosten anzuhäufen, Entscheidungen hinauszuzögern, die einfachsten rechtlichen Verfahren gänzlich außerhalb der Kompetenz von irgendjemandem außer geschulten Experten zu platzieren, endlose Möglichkeiten für Betrug und für die Umgehung oder Niederlage der Justiz zu bieten und einen Rechtsfall in ein Spiel zu verwandeln wobei Zufall und Geschick oft einen weitaus größeren Einfluss hatten als wesentliche Verdienste. Lord Brougham hat wahrscheinlich keineswegs übertrieben, als er große Teile des englischen Rechts als „ein zweischneidiges Schwert in den Händen von List und Unterdrückung" beschrieb, und ein großer Experte auf dem Gebiet des Kanzleirechts erklärte 1839: „Kein Mensch als Dinge." Jetzt kann er in eine Kanzleiklage mit der begründeten Hoffnung eintreten, bei deren Beendigung noch am Leben zu sein, wenn er einen entschlossenen Gegner hat.' [41]

Die moralischen Schwierigkeiten bei der Verwaltung eines solchen Systems waren sehr groß, und in vielen Fällen verabschiedeten englische Geschworene bei der Bewältigung dieses Systems einen eigenen groben und klaren Moralkodex. Obwohl sie geschworen hatten, jeden Fall nach dem Gesetz zu entscheiden, wie es ihnen dargelegt wurde, und nach den ihnen vorgelegten Beweisen, weigerten sie sich häufig, rechtliche Formalitäten zu befolgen, die zu erheblicher Ungerechtigkeit führen würden, und sie lehnten dies noch häufiger ab Urteile auf der Grundlage von Beweisen zu fällen, wenn dadurch ein Gefangener einer grausamen, übermäßigen oder ungerechten Strafe ausgesetzt würde. Einige der schlimmsten Verstöße gegen das englische Recht wurden durch Meineid von Geschworenen gemildert, die sich weigerten, sie in Kraft zu setzen.

Die großen Rechtsreformen des letzten halben Jahrhunderts haben die meisten dieser Missbräuche beseitigt und gleichzeitig einen umfassenderen und gerechteren Geist in die praktische Rechtspflege eingeführt. Doch selbst heute noch unterscheiden sich verschiedene Richter manchmal stark darin, welche Bedeutung sie der substanziellen Gerechtigkeit und den rechtlichen Formalitäten beimessen; Und selbst heute noch besteht einer der Vorteile des Geschworenenprozesses darin, dass er den männlichen gesunden Menschenverstand und den einfachen Gerechtigkeitssinn unprofessioneller Männer in Bereiche bringt, die sonst oft durch raffinierte Feinheiten verzerrt würden. Die schwierigsten moralischen Fragen des Anwaltsberufs stellen sich jedoch weit weniger in der Position des Richters als vielmehr in der

Position eines Anwalts. Der Unterschied zwischen einem skrupellosen Anwalt und einem Anwalt, der von einem hohen Sinn für Ehre und Moral geleitet wird, ist sehr offensichtlich, aber im besten Fall muss es viele Dinge in dem Beruf geben, vor denen ein sehr empfindliches Gewissen zurückschrecken würde, und Dinge müssen gesagt und getan werden getan, was kaum gerechtfertigt werden kann, außer mit der Begründung, dass die Existenz dieses Berufsstandes und die vorgeschriebenen Methoden seiner Tätigkeit auf lange Sicht für eine ehrliche Rechtspflege unentbehrlich sind.


Die gleiche Argumentationsmethode gilt auch für andere große Bereiche des Lebens. In der Politik ist es besonders notwendig. In freien Ländern ist die Parteiregierung die beste, wenn nicht die einzige Möglichkeit, öffentliche Angelegenheiten zu regeln, aber es ist unmöglich, sie ohne ein großes Maß an moralischen Kompromissen durchzuführen; ohne eine häufige Aufgabe des privaten Urteilsvermögens und Willens. Ein guter Mann wählt seine Partei aus uneigennützigen Motiven und mit der festen und ehrlichen Überzeugung, dass sie die für das Land vorteilhafteste Politik vertritt. In schwerwiegenden Fällen wird er seine Parteiunabhängigkeit behaupten, aber in den meisten Fällen muss er mit seiner Partei zusammenarbeiten, auch wenn diese in gewissem Maße Kurse verfolgt, die seinem eigenen Urteil zuwiderlaufen.

Jeder, der sich aktiv in der Politik engagiert – insbesondere jeder, der Mitglied des Unterhauses ist – muss bald lernen, dass es zu politischer Anarchie kommen würde, wenn die absolute Unabhängigkeit des individuellen Urteils auf die Spitze getrieben würde. Die vollständige Übereinstimmung einer Vielzahl unabhängiger Urteile in einem komplizierten Maß ist unmöglich. Wenn eine Parteiregierung weitergeführt werden soll, muss es sowohl im Kabinett als auch im Parlament einen ständigen Kompromiss geben. Die erste Voraussetzung für den Erfolg ist, dass die Regierung über eine stabile, dauerhafte und disziplinierte Unterstützung verfügt. Um dies zu erreichen, muss das einzelne Mitglied in den meisten Fällen mit seiner Partei stimmen. Manchmal muss er eine Maßnahme unterstützen, von der er weiß, dass sie schlecht ist, weil ihre Ablehnung einen Regierungswechsel mit sich bringen würde, der seiner Meinung nach ein noch größeres Übel wäre als ihre Annahme, und um dieses Übel zu verhindern, muss er möglicherweise direkt dagegen stimmen zu einer Resolution, die eine Aussage enthält, die er für wahr hält. Gleichzeitig wird er, wenn er ein ehrlicher Mann ist, kein bloßer Sklave der Partei sein. Manchmal taucht eine Frage auf, die er für so überaus wichtig hält, dass er sich von seiner Partei löst und unter allen Umständen versucht, sie zu gewinnen oder zu besiegen. Viel häufiger wird er sich entweder der Stimme enthalten oder in einer bestimmten Frage gegen die Regierung stimmen, aber nur dann, wenn er weiß, dass er mit diesem

Vorgehen lediglich einen Protest vorbringt, der keine ernsthaften politischen Komplikationen hervorruft. Bei den meisten großen Maßnahmen gibt es eine abweichende Minderheit in der Regierungspartei, und diese übt oft einen äußerst nützlichen Einfluss aus, indem sie eine unabhängige Meinung vertritt und Modifikationen und Kompromisse in die Maßnahme einbringt, die den Widerstand besänftigen, Minderheiten befriedigen und Differenzen mildern. Aber das Vorgehen dieser Partei wird von vielen anderen Motiven als einer einfachen Prüfung der Begründetheit des Falles bestimmt sein. Es reicht nicht aus zu sagen, dass sie für jeden Beschluss stimmen müssen, den sie für wahr halten, für jeden Gesetzentwurf oder jede Klausel eines Gesetzentwurfs, den sie für richtig halten, und dass sie gegen jeden Gesetzentwurf, jede Klausel oder jeden Beschluss stimmen müssen, zu dem sie einen Beschluss fassen gegenteiliges Urteil. Manchmal werden sie privat versuchen, die Einführung einer Maßnahme zu verhindern, aber wenn sie eingeführt wird, werden sie es für ihre Pflicht halten, sie entweder positiv zu unterstützen oder zumindest keinen Protest dagegen einzulegen. Manchmal stimmen sie entweder dagegen oder enthalten sich überhaupt der Stimme, aber nur, wenn die Mehrheit so groß ist, dass sie sicher angenommen wird. Manchmal ist ihr Verhalten das Ergebnis einer Abmachung – sie stimmen für einen Teil eines Gesetzentwurfs, den sie ablehnen, weil sie von der Regierung ein Zugeständnis bei einem anderen erhalten haben, den sie für wichtiger halten. Die Art ihrer Opposition wird weitgehend von der Stärke oder Schwäche der Regierung abhängen, von der Größe der Mehrheit, vom Ausmaß, in dem ein Ministerwechsel die allgemeine Politik des Landes beeinflussen würde, und von der Wahrscheinlichkeit der Maßnahme, gegen die sie Einspruch erheben dazu, endgültig ausgelöscht zu werden oder in einem anderen Jahr entweder in verbesserter oder gefährlicherer Form wiederzukommen. Fragen der Proportionen und des Ausmaßes sowie weitere Konsequenzen werden sie ständig beeinflussen. Maßnahmen werden häufig abgelehnt, nicht aufgrund ihrer eigentlichen Vorzüge, sondern aufgrund von Präzedenzfällen, die sie schaffen könnten; anderer Maßnahmen, die sich daraus ergeben oder durch sie gerechtfertigt sein könnten.

Nicht selten kommt es vor, dass ein Teil der herrschenden Partei mit der Politik der Regierung in einer Frage, die sie für sehr wichtig halten, zutiefst unzufrieden ist. Sie sehen sich außerstande, direkten und erfolgreichen Widerstand zu leisten, aber ihre Unzufriedenheit wird sich in einer anderen Maßnahme der Regierung zeigen, bei der die Stimmen gleichmäßiger verteilt sind. Möglicherweise sind sie gegen diese Maßnahme. Wahrscheinlicher ist, dass sie den Spaltungen nicht regelmäßig beiwohnen oder ihre unabhängigen Urteile zu den Klauseln auf eine Art und Weise äußern, wie sie es nicht getan hätten, wenn ihre Parteitreue unerschütterlich gewesen wäre. Und dieses Verhalten ist keine bloße Rache. Dabei handelt es sich um eine Methode, um

Druck auf die Regierung auszuüben, um Zugeständnisse in Angelegenheiten zu erhalten, die sie für überaus wichtig hält. Ebenso werden sie versuchen, durch politische Bündnisse Unterstützer zu gewinnen. Wenige Dinge in der parlamentarischen Regierung sind gefährlicher oder führen eher zu Korruption als die Geschäfte, die die Amerikaner „Log-Rolling" nennen; Aber es ist unvermeidlich, dass ein Mitglied, das von einem Kollegen oder vielleicht von einem Gegner Hilfe bei einer Frage erhalten hat, die seiner Meinung nach von größter Bedeutung ist, geneigt sein wird, diese Hilfe in einem Fall zu erwidern, in dem seine eigenen Gefühle und Gefühle eine Rolle spielen Meinungen werden nicht stark vertreten.

Dann müssen wir auch die große Rolle berücksichtigen, die Obstruktion in der parlamentarischen Regierung spielt. Es kommt immer wieder vor, dass eine Maßnahme, gegen die kaum jemand Einwände erhebt, übermäßig ausführlich diskutiert wird, und zwar aus keinem anderen Grund, als um zu verhindern, dass eine Maßnahme diskutiert wird, gegen die viele Einwände bestehen. Maßnahmen können durch feindliche Abstimmungen abgelehnt werden, aber sie werden oft viel wirksamer durch kalkulierte Verzögerungen, durch zahlreiche Änderungsanträge oder Reden und durch einige der vielen Mittel, die eingesetzt werden können, um die Gesetzgebungsmaschinerie zu verstopfen, bekämpft. Es gibt große Klassen von Maßnahmen, zu denen Regierungen oder Parlamente es für wünschenswert halten, keine oder zumindest keine unmittelbare Stellungnahme abzugeben, obwohl sie ihre Einführung nicht verhindern können, und viele Methoden werden mit dem tatsächlichen, wenn auch nicht erklärten und scheinbaren Ziel der Verhinderung eingesetzt eine Abstimmung oder sogar eine Ministererklärung darüber. Manchmal ist das Parlament durchaus bereit, die abstrakte Gerechtigkeit eines Vorschlags anzuerkennen, hält ihn aber nicht für reif für eine Gesetzgebung. In solchen Fällen wird die zweite Lesung des Gesetzentwurfs wahrscheinlich angenommen, aber zur Empörung und zum Erstaunen seiner Unterstützer außerhalb des Repräsentantenhauses wird er im Ausschuss mit der Duldung, Duldung oder sogar tatsächlichen Unterstützung von behindert, verzögert oder abgelehnt einige derjenigen, die dafür gestimmt hatten. Einige Maßnahmen betreffen in den Augen mancher Mitglieder Grundsatzfragen, die so heilig sind, dass sie keine Kompromisse hinsichtlich der Zweckmäßigkeit zulassen. Die meisten Maßnahmen gelten jedoch als kompromissbereit und werden aus einigen der vielen von mir beschriebenen Motiven akzeptiert, abgelehnt oder geändert.

All diese merkwürdigen und unverzichtbaren Mechanismen der Parteiregierung sind mit einem hohen und echten Gefühl der öffentlichen Pflicht vereinbar, und wenn dieses Gefühl nicht in letzter Instanz alle anderen Überlegungen überwiegt, wird das politische Leben unweigerlich scheitern. Gleichzeitig ist es offensichtlich, dass viele Dinge getan werden müssen, vor denen eine sehr starre und strenge Natur zurückschrecken würde. Eine Regierung zu unterstützen, wenn sie sie für falsch hält, oder sich einer Maßnahme zu widersetzen, die er für richtig hält; Ausflüchte zu dulden, die bloße Vorwände sind, und Verzögerungen, die auf Gründen beruhen, die nicht offen zugegeben werden, ist manchmal, und zwar nicht selten, eine parlamentarische Pflicht. Ein Parlamentsmitglied muss sich oft in der Position eines Soldaten einer Armee, eines Spielers in einem Spiel oder eines Anwalts in einem Rechtsfall fühlen. In vielen Fragen vertritt und verteidigt jede Partei die besonderen Interessen bestimmter Klassen im Land. Wenn es zwei plausible alternative Vorgehensweisen gibt, die die öffentliche Meinung spalten, ist die Opposition fast an ihre Position gebunden, die Vorzüge der Vorgehensweise durchzusetzen, die der von der Regierung eingeschlagenen entgegengesetzt ist. Theoretisch könnte nichts absurder erscheinen als ein Regierungssystem, in dem, wie gesagt wurde, die fähigsten Männer im Parlament in zwei Klassen aufgeteilt sind, wobei der einen Seite die Aufgabe übertragen wird, die Regierung zu führen, und der anderen die Aufgabe, die Regierung zu führen Sie werden bei ihrer Aufgabe behindert und bekämpft, und bei einer Vielzahl unzusammenhängender Fragen gehen diese beiden großen Gruppen sehr kompetenter Männer mit den gleichen Fakten und Argumenten gewöhnlich gegensätzliche Lobbys ein. In der Praxis jedoch erweist sich die parlamentarische Regierung großer Parteien in Ländern, in denen sie vollständig verstanden und praktiziert wird, als bewundernswert wirksam bei der Vertretung aller politischen Meinungen; bei der Sicherstellung einer ständigen Überwachung und Kritik von Menschen und Maßnahmen; und indem es ein Sicherheitsventil bildet, durch das sich die gefährlichen Launen der Gesellschaft ausbreiten können, ohne der Gemeinschaft Schaden zuzufügen.

Dies gelingt jedoch nur durch ständige Kompromisse, die ohne langjährige nationale Erfahrung selten erfolgreich umgesetzt werden können. Partei muss existieren. Sie muss als wesentliche Voraussetzung für eine gute Regierung aufrechterhalten werden, aber sie muss den öffentlichen Interessen untergeordnet werden, und im öffentlichen Interesse muss sie in vielen Fällen außer Kraft gesetzt werden. Es gibt Themen, die nicht ohne größte Gefahr in die Arena der Parteikontroversen eingeführt werden können. Die indische Politik ist ein herausragendes Beispiel, und obwohl die Außenpolitik nicht völlig außen vor bleiben kann, sind die mit ihrer Behandlung als Partei verbundenen Gefahren äußerst groß. Viele Maßnahmen unterschiedlicher Art werden im Zusammenwirken der beiden Vorderbänke durchgeführt. Eine freundschaftliche Einigkeit zwischen den Spitzen der rivalisierenden Parteien in weiten Fragenbereichen ist eine der ersten Voraussetzungen für eine erfolgreiche parlamentarische Regierung. Der Oppositionsführer muss eine Stimme haben bei der Führung der Geschäfte, bei den Fragen, die vorgebracht werden sollten, und bei den

Fragen, die im öffentlichen Interesse zurückgehalten werden sollten. Er ist der offizielle Anführer der systematischen, organisierten Opposition gegen die Regierung, dennoch ist er in vielen Fragen ihr mächtigster Verbündeter. Er muss häufig vertrauliche Beziehungen zu ihnen unterhalten, und eine seiner nützlichsten Aufgaben besteht darin, zu verhindern, dass Teile seiner Partei versuchen, sich Parteivorteile durch Maßnahmen zu verschaffen, die die öffentlichen Interessen gefährden könnten. Wenn das Land gut regiert werden soll, muss seine Politik ein hohes Maß an Kontinuität aufweisen. Bestimmte Bedingungen und Grundsätze der Verwaltung müssen unflexibel eingehalten werden, und in großen nationalen Notfällen müssen sich alle Parteien zusammenschließen.

Bei Fragen, die den Kern der Parteipolitik ausmachen, werden in der Regel auch gewisse Kompromisse eingegangen. Debatten rufen nicht nur Meinungen hervor, sondern schlagen auch Alternativen und Kompromisse vor, und nur sehr wenige Maßnahmen werden von einer Mehrheit getragen, die nicht deutliche Spuren des Handelns der Minderheit aufweisen. Die Linie wird ständig mal auf der einen und mal auf der anderen Seite verschoben, und (normalerweise ohne viel Rücksicht auf logische Konsistenz) werden verschiedene und gegensätzliche Gefühle in gewissem Maße befriedigt. Wenn die Grenzen der Partei mit einer unflexiblen Starrheit gezogen werden; und wenn die Mehrheit auf der vollständigen Ausübung ihrer Befugnisse besteht, kann die parlamentarische Regierung zu einem Despotismus werden, der ebenso verheerend ist wie die schlimmste Autokratie – ein Despotismus, der vielleicht noch gefährlicher ist, da das Verantwortungsbewusstsein durch die Spaltung gemindert wird. Wenn andererseits der individuellen Meinung ein übermäßiger Spielraum eingeräumt wird, zerfällt das Parlament unweigerlich in Fraktionen, und die parlamentarische Regierung verliert viel von ihrer Tugend. Wenn Koalitionen von Minderheiten jederzeit ein Ministerium stürzen können, geht die gesamte Macht der Regierung verloren. Die Versuchung, Verhandlungen mit bestimmten Teilen zu korrumpieren, ist enorm gewachsen, und der Rückgang der Kontrolle über die beiden Vorderbänke wird schnell zu einem verminderten Verantwortungsbewusstsein und einem zunehmenden Einfluss gewalttätiger, exzentrischer und übertriebener Meinungen führen. Es ist von größter Bedeutung, dass die Politik einer Opposition von ihren wichtigsten Männern geleitet wird, und insbesondere von Männern, die über die Erfahrung und Verantwortung eines Amtes verfügen und wissen, dass sie diese Verantwortung möglicherweise erneut tragen. Aber der gesunde Spielraum individueller Meinung und Meinungsäußerung in einer Partei ist, wie die meisten Dinge, über die wir jetzt nachdenken, eine Frage des Grades und lässt sich nicht klar und scharf definieren.

Andere Fragen etwas anderer Natur, die jedoch schwerwiegende moralische Erwägungen beinhalten, ergeben sich aus den Beziehungen zwischen einem Mitglied und seinen Wählern. In der Zeit, als kleine Bezirke offen auf dem Markt gekauft wurden, wurde dies manchmal mit der Begründung verteidigt, dass es dem kaufenden Mitglied völlige Entscheidungsfreiheit einräumte. Romilly und Henry Flood sollen beide ihre Sitze mit dem ausdrücklichen Ziel erworben haben, sich diese Unabhängigkeit zu sichern. In der politischen Philosophie von Burke wird keine Doktrin nachdrücklicher durchgesetzt als die, dass ein Parlamentsmitglied ein Vertreter, aber kein Delegierter ist; dass er seinen Wählern nicht nur seine Zeit und seine Dienste schuldet, sondern auch die Ausübung seines unabhängigen und uneingeschränkten Urteilsvermögens; dass er zwar die allgemeine Ausrichtung ihrer Politik widerspiegelt, sich aber niemals auf ein bloßes Sprachrohr reduzieren lassen oder verbindliche Anweisungen akzeptieren darf, die für jede einzelne Maßnahme den Kurs vorschreiben, den er verfolgen darf; dass er sich nach seiner Wahl als Mitglied eines kaiserlichen Parlaments und nicht als Vertreter eines bestimmten Ortes betrachten und lokale und besondere Interessen den umfassenderen und allgemeineren Interessen der gesamten Nation unterordnen muss.

Die Bedingungen des modernen politischen Lebens haben diese Urteilsfreiheit stark eingeschränkt. In den meisten Wahlkreisen kann ein Abgeordneter nur dann ins Parlament einziehen, wenn er an zahlreiche Zusagen zu bestimmten Maßnahmen gebunden ist, und bei jeder politischen Wende werden Teile seiner Wähler versuchen, seine Vorgehensweise zu diktieren. Bestimmte große und allgemeine Zusagen gehen seiner Wahl natürlich und ordnungsgemäß voraus. Er wird als Befürworter oder Gegner der Regierung ausgewählt; Er bekennt sich als Anhänger bestimmter Grundzüge der Politik und vertritt in besonderem Maße auch die Interessen und die besondere Meinung der Klasse oder Industrie, die in seinem Wahlkreis vorherrscht. Aber selbst bei der Wahl stellt er oft fest, dass er in einer bestimmten Frage, an der seine Wähler sehr interessiert sind, anderer Meinung ist als sie, obwohl sie sich trotzdem bereit erklären, ihn zu wählen; und im Laufe eines langen Parlaments tauchen sehr leicht unerwartet andere auf. Es finden politische Veränderungen statt, die Themen in den Vordergrund rücken, die zum Zeitpunkt der Wahl noch weit entfernt schienen, oder neue Fragen aufwerfen oder unvorhergesehene Parteikombinationen, Entwicklungen und Tendenzen hervorrufen . Es kommt häufig vor, dass ein Mitglied bei diesen Gelegenheiten anders denkt als die Mehrheit seiner Wähler, und er muss sich der Frage stellen, inwieweit er sein Urteil dem ihres opfern muss und inwieweit er den Einfluss nutzen darf, den ihre Stimmen ihm verliehen haben im Widerspruch zu ihren Wünschen und vielleicht sogar zu ihren Interessen zu handeln. Burke zum Beispiel befand sich in dieser Lage, als er als Mitglied von Bristol es für seine

Pflicht hielt, das Zugeständnis des Freihandels an Irland zu unterstützen, obwohl seine Wähler ein starkes Interesse an Handelsbeschränkungen hatten oder zu haben glaubten Monopol. In unserer Zeit kam es vor, dass Mitglieder, die Industriebezirke von Lancashire vertraten, unerwartet aufgefordert wurden, über eine Maßnahme zur Beeinträchtigung oder Ausweitung konkurrierender Industriebetriebe in Indien abzustimmen; für die Erschließung neuer Märkte durch eine sehr zweifelhafte Aggression in einem fernen Land; oder zur Begrenzung der in der örtlichen Produktion eingesetzten Kinderarbeit; und diese Mitglieder haben oft geglaubt, dass der richtige Weg ein Weg sei, der großen Teilen ihrer Wähler äußerst zuwider sei.

Manchmal wird ein Abgeordneter auch aus rein weltlichen Gründen gewählt, aber im Laufe des Parlaments fegt einer dieser heftigen, plötzlichen Stürme religiöser Gefühle, denen England gelegentlich ausgesetzt ist, über das Land, und er findet sich völlig außer Gefecht Sympathie mit einem großen Teil seiner Wählerschaft. In anderen Fällen verfolgt die Partei, für deren Unterstützung er ins Parlament eingetreten ist, in einer schwerwiegenden Frage eine Politiklinie, die er für ernsthaft falsch hält, und gerät teilweise oder sogar vollständig in erbitterte Opposition. Zu Meinungsverschiedenheiten dieser Art kam es häufig dann, wenn kein Interesse daran bestand, das Mitglied beeinflusst zu haben. Manchmal hat er in solchen Fällen sein Mandat niedergelegt und sich zur Wiederwahl an seine Wähler gewandt. In anderen Fällen bleibt er bis zur nächsten Wahl im Parlament. Jeder Fall muss jedoch der individuellen Beurteilung überlassen werden, und es kann keine klare, eindeutige und unerschütterliche moralische Linie gezogen werden. Das Mitglied wird das Ausmaß der umstrittenen Frage sowohl in seinen eigenen Augen als auch in den Augen derjenigen, die es vertritt, berücksichtigen; sein dauerhafter oder vorübergehender Charakter, die Größe und Bedeutung der Mehrheit, die seinen Ansichten widerspricht, die Zeitspanne, die voraussichtlich vergehen wird, bevor eine Auflösung ihn mit seinen Wählern konfrontiert. In Angelegenheiten, die er nicht für sehr dringlich oder wichtig hält, wird er wahrscheinlich sein eigenes Urteil dem seiner Wähler opfern, zumindest soweit, dass er sich der Stimme enthält oder seine eigenen Ansichten nicht vertreten wird. In schwerwiegenderen Angelegenheiten ist es seine Pflicht, mutig der Unpopularität entgegenzutreten oder vielleicht sogar den extremen Schritt zu wagen, sein Amt niederzulegen.

Die Fälle, in denen ein Parlamentsabgeordneter es für seine Pflicht hält, eine Maßnahme zu unterstützen, die er für absolut schlecht hält, mit der Begründung, dass ihre Ablehnung zu noch größeren Übeln führen würde, sind erfreulicherweise nicht sehr zahlreich. Er kann sich aus vielen moralischen Schwierigkeiten befreien, indem er sich manchmal der Stimme oder der Äußerung seiner wirklichen Meinung enthält, und die meisten

Maßnahmen sind zusammengesetzter Natur, in der sich gute und böse Elemente vereinen und bis zu einem gewissen Grad getrennt werden können. Bei solchen Maßnahmen ist es oft möglich, das allgemeine Prinzip zu akzeptieren und sich jedoch bestimmten Details zu widersetzen, und es besteht ein erheblicher Spielraum für Kompromisse und Änderungen. Aber es gibt sehr viele Fälle, in denen ein Parlamentsabgeordneter gezwungen ist, für Maßnahmen zu stimmen, von denen er keine wirkliche Kenntnis oder Überzeugung hat. Eine Vielzahl von Maßnahmen hochkomplexer und technischer Natur, die Lebensbereiche betreffen, mit denen er keine Erfahrung hatte, und die sich auf die vielfältigen Industrien, Interessen und Bedingungen eines großen Volkes beziehen, werden ihm sehr kurzfristig vorgelegt; und kein Intellekt, wie mächtig er auch sein mag, kein Fleiß, wie groß er auch sein mag, kann sie beherrschen. Es ist völlig unmöglich, dass ein Parlamentsabgeordneter durch bloßes improvisiertes Wissen, das Zuhören einer kurzen Debatte oder die kurze Untersuchung eines neuen Themas ihn auf ein echtes Kompetenzniveau bei denen bringen kann, die ein lebenslanges Wissen einbringen können oder Erfahrung.

Ein Abgeordneter wird bald feststellen, dass er eine Kategorie von Themen auswählen muss, die er selbst beherrschen kann, während er bei vielen anderen Themen blind mit seiner Partei abstimmen muss. Die zwei oder drei Kapitalmaßnahmen in einer Sitzung werden so ausführlich erörtert, dass sowohl das Repräsentantenhaus als auch das Land durchaus kompetent sind, sie zu beurteilen, und in diesen Fällen wird das Übergewicht der Argumente großes Gewicht haben. Ein mächtiges Ministerium und eine stark organisierte Partei können eine solche Maßnahme trotzdem durchsetzen, aber sie werden gezwungen sein, Änderungen und Änderungen zu akzeptieren, und wenn sie an ihrer Politik festhalten, wird ihre Position sowohl im Repräsentantenhaus als auch im Land früher oder später schwächer zwangsläufig verändert werden. Viele Maßnahmen haben jedoch ein begrenzteres Interesse und werden weit weniger allgemein verstanden. Das Unterhaus ist reich an Expertenwissen, und es werden nur wenige Themen behandelt, die einige seiner Mitglieder nicht gründlich verstehen; aber in einer großen Anzahl von Fällen ist die Mehrheit, die über die Frage entscheidet, gezwungen, dies auf der Grundlage oberflächlichster Kenntnisse zu tun. Sehr oft ist es für ein Mitglied physisch unmöglich, sich das erforderliche Wissen anzueignen. Die wichtigste und detaillierteste Untersuchung fand in einem Ausschuss oben statt, dem er nicht angehörte, oder er wird während der Debatte an anderer Stelle wegen wichtiger parlamentarischer Angelegenheiten festgehalten. Selbst wenn dies nicht der Fall ist, verfügt kaum jemand über die körperliche oder geistige Kraft, die es ihm ermöglichen würde, alle Debatten intelligent zu überstehen. Jeder Abgeordnete kennt die Szene, wenn nach einer Debatte, die vor fast leeren Bänken geführt wurde, die Abstimmungsglocke läutet und die Abgeordneten herbeiströmen, um über die Angelegenheit zu entscheiden. Es gibt einen Moment der Unsicherheit. Die Fragen „Auf welcher Seite stehen wir?" 'Worum geht es?' kann immer wieder gehört werden. Dann erhebt sich der Sprecher und klärt die Situation mit einem magischen Satz. Es ist der Satz, in dem er ankündigt, dass die Wähler für die Ja- oder Nein-Stimmen, je nachdem, die Peitschenhiebe der Regierung sind. Es ist kein Argument, es ist keine Beredsamkeit, es ist dieser einzelne Satz, der in unzähligen Fällen das Ergebnis bestimmt und die Gesetzgebung des Landes prägt. Viele Mitglieder sind zwar nicht in der Fraktionslobby vertreten, aber in der Regel sind sie paarweise vertreten, das heißt, sie haben schon vor Beginn der Diskussion Partei ergriffen; vielleicht ohne überhaupt zu wissen, welches Thema besprochen werden soll, vielleicht trotz all der vielen vorhersehbaren und unvorhergesehenen Fragen, die über längere Zeiträume der Sitzung auftauchen können.

Es ist ein seltsamer Prozess, und für ein neues Mitglied, das sein Leben lang versucht hat, Argumente und Beweise mit größter Sorgfalt abzuwägen und die Bildung und Äußerung von Meinungen als eine Angelegenheit ernsthafter Pflicht zu betrachten, ist es zunächst sehr schmerzhaft. Er stellt fest, dass von ihm immer wieder verlangt wird, im großen Rat der Nation in Fragen von großer Bedeutung eine wirkungsvolle Stimme abzugeben, und zwar mit einer Leichtigkeit der Überzeugung, nach der er in den trivialsten Angelegenheiten des Privatlebens nicht handeln würde. Kein Arzt würde bei der geringsten Krankheit ein Medikament verschreiben; kein Anwalt würde im einfachsten Fall beraten; Kein kluger Mann würde bei den einfachsten Geschäften privater Geschäfte handeln oder auch nur bei einer Dinnerparty seinem Nachbarn eine Meinung äußern, ohne mehr über das Thema zu wissen, als über das, worüber ein Parlamentsmitglied oft abstimmen muss. Aber er findet bald heraus, dass dieses System im Guten wie im Bösen für das Funktionieren der Maschine absolut unverzichtbar ist. Wenn niemand abstimmen würde, außer über Angelegenheiten, die er wirklich versteht und die ihm am Herzen liegen, würden vier Fünftel der vom Unterhaus entschiedenen Fragen von bloßen Bruchteilen seiner Mitglieder entschieden, und in diesem Fall wäre es eine parlamentarische Regierung nach dem Parteiensystem unmöglich. Die stabilen, disziplinierten Mehrheiten, ohne die es nie effizient durchgeführt werden kann, wären am Ende. Wer sich weigert, die Bedingungen des parlamentarischen Lebens zu akzeptieren, sollte davon absehen, sich darauf einzulassen.

Es liegt auf der Hand, dass die einzige Rechtfertigung dieses Systems in der Überzeugung liegt, dass die parlamentarische Regierung, wie sie in England praktiziert wird, im Großen und Ganzen eine gute Sache ist und dass dies die unabdingbare Voraussetzung ihrer Existenz ist. Wahrscheinlich stärkt es auch bei den meisten Männern die Bereitschaft, die Regierung in

Angelegenheiten zu unterstützen, die sie nicht verstehen und bei denen schwerwiegende Parteiangelegenheiten nicht im Spiel sind. Sie wissen, dass diese kleinen Fragen zumindest von verantwortungsbewussten Männern und mit Hilfe des besten verfügbaren Expertenwissens sorgfältig auf ihre Begründetheit geprüft wurden.

Diese Tatsache versöhnt uns weitgehend mit der Tendenz, den Regierungen ein fast vollständiges Monopol bei der Initiierung von Gesetzen zu geben, die im modernen parlamentarischen Leben so offensichtlich ist. Viele nützliche Gesetze wurden in der Vergangenheit von privaten und unabhängigen Mitgliedern erlassen, aber die Chance, dass von solchen Mitgliedern eingebrachte Gesetzentwürfe jemals in Kraft treten, nimmt immer mehr ab. Dies ist nicht auf eine anerkannte Verfassungsänderung zurückzuführen, sondern auf den ständig zunehmenden Druck der Regierungsgeschäfte auf die Zeit des Repräsentantenhauses und insbesondere auf die sogenannte Zwölf-Uhr-Regel, die die Debatten um Mitternacht beendet.

Es ist eine Regel, die offensichtlich klug ist, denn sie begrenzt bei gewöhnlichen Gelegenheiten die Stunden der parlamentarischen Arbeit auf einen Zeitraum, der im Rahmen der Kräfte eines durchschnittlichen Mannes liegt. Die parlamentarische Regierung weist viele zweifelhafte Aspekte auf, aber sie erscheint nie schlimmer als in den Fällen, die immer noch manchmal beobachtet werden können, wenn eine Regierung es für angebracht hält, eine wichtige Maßnahme in nächtlichen Sitzungen durchzusetzen, und wenn ein müdes und gereiztes Haus tagt denn drei oder vier Uhr nachmittags ist zu einer entsprechenden Stunde des frühen Morgens aufgerufen, sich über ernste und schwierige Grundsatzfragen zu äußern und sich mit den ernsten Interessen großer Klassen zu befassen. Die völlige und natürlichste Unfähigkeit des Hauses zu solch einer Stunde, nachhaltig zu argumentieren; sein Anliegen, dass jeder nachfolgende Änderungsantrag innerhalb von fünf Minuten versandt werden sollte; Die Bereitschaft, mit der in dieser müden, fieberhaften Atmosphäre Überraschungen und Koalitionen herbeigeführt und Lösungen angenommen werden können, auf die das Haus in seinem normalen Zustand kaum gehört hätte, muss für jeden Beobachter offensichtlich sein. Szenen dieser Art gehören zu den größten Skandalen des Parlaments, und die Regel, die sie außer in den letzten Wochen der Sitzungsperiode unmöglich macht, ist eine der größten Verbesserungen in der modernen parlamentarischen Arbeit. Der Nachteil besteht jedoch darin, dass die Möglichkeit einer privaten Mitgliedergesetzgebung stark eingeschränkt wurde. In späten und schnellen Sitzungen durchliefen die meisten Maßnahmen dieser Art ihre Endphase, und seit der Einführung der Zwölf-Uhr-Regel finden viel weniger von Privatmitgliedern eingebrachte Gesetzentwürfe ihren Weg in das Gesetzbuch.

## FUSSNOTEN:

[35] O'Brien, *The Lawyer*, S. 169, 170.

[36] *Dictionnaire de Cas de Conscience*, Art. 'Avocat;' Migne, *Encyclopédie Théologique*, i. Serie, Band xviii.

[37] *Revue de Droit International*, xxi. 615.

[38] Siehe Sir James Stephens *General View of the Criminal Law of England*, S. 167, 168.

[39] Phillips' Verteidigung seines eigenen Verhaltens findet sich in einer Broschüre mit dem Titel „Korrespondenz von S. Warren und C. Phillips im Zusammenhang mit dem Courvoisier-Prozess". Es wurde oft gesagt, dass Phillips in seiner Rede seinen vollen Glauben an die Unschuld seines Mandanten bekräftigt hatte, aber dies wird durch die Aussage von CJ Tindal, der den Fall verhandelte, und von Baron Parke, der auf der Richterbank saß, widerlegt. Auch CJ Denman bezeichnete Phillips' Rede als einwandfrei. Ein kompetenter und interessanter Artikel von Herrn Atlay zu diesem Fall ist im *Cornhill Magazine* vom Mai 1897 zu finden.

[40] Siehe diese Fälle in Warrens *Social and Professional Duties of an Attorney*, S. 128-133, 195, 196.

[41] Siehe den bewundernswerten Artikel von Lord Justice Bowen über „The Administration of the Law" in Ward's *Reign of Queen Victoria*, Bd. ich.

# KAPITEL X

Aus den im letzten Kapitel dargelegten Überlegungen geht klar hervor, dass die moralischen Beschränkungen und Bedingungen, unter denen ein gewöhnlicher Parlamentsabgeordneter arbeiten muss, alles andere als ideal sind. Ein aufrichtiger Mann wird unter diesen Bedingungen gewissenhaft versuchen, sein Bestes für die Sache der Ehrlichkeit und zum Wohle seines Landes zu geben, aber er kann sie nicht wesentlich ändern, und sie stellen viele Versuchungen dar und neigen in vielerlei Hinsicht dazu, die Grenzen zwischen den Menschen zu verwischen Gut vom Bösen. Er wird sich praktisch verpflichtet fühlen, seine Partei bei Maßnahmen zu unterstützen, die er noch nie gesehen hat, und bei Maßnahmen, die noch nicht entwickelt sind; in einigen Fällen entgegen seiner wahren Überzeugung und in vielen Fällen ohne wirkliches Wissen abzustimmen; während seiner gesamten politischen Laufbahn aus vielen anderen Motiven als einer begründeten Überzeugung von der wesentlichen Begründetheit der fraglichen Frage zu handeln.

Ich habe mich mit den schwierigen Fragen befasst, die sich stellen, wenn die Wünsche seiner Wähler im Widerspruch zu seinen eigenen echten Meinungen stehen. Eine andere und umfassendere Frage ist, inwieweit er verpflichtet ist, das, was er für die Interessen der Nation hält, zu seinem Leitbild zu machen, und inwieweit er das, was er für ihre Interessen hält, ihren Vorurteilen und Wünschen unterordnen sollte. Eine der ersten Lektionen, die jeder aktive Politiker lernen muss, ist, dass er ein Treuhänder ist, der verpflichtet ist, für Männer zu handeln, deren Meinungen, Ziele, Wünsche und Ideale sich oft stark von seinen eigenen unterscheiden. Kein Mann, der das Amt eines Parlamentsmitglieds innehat, sollte sich dieser Überlegung entziehen, obwohl sie für verschiedene Klassen von Mitgliedern in unterschiedlichem Maße gilt. Ein Privatmitglied sollte dies nicht vergessen, aber da es in erster Linie und speziell zur Vertretung eines bestimmten Elements im nationalen Leben gewählt wurde, wird es seine Aufmerksamkeit ausschließlich auf einen engen Kreis konzentrieren, obwohl es gleichzeitig mehr Spielraum hat Die Fähigkeit, unpopuläre Meinungen zu äußern und unreife und unpopuläre Anliegen voranzutreiben, ist größer als ein Mitglied, das eine große und offizielle Rolle in der Regierung der Nation einnimmt. Die gegnerische Vorderbank nimmt eine etwas andere Position ein. Sie sind die besonderen und organisierten Vertreter einer bestimmten Partei und ihrer Ideen, aber die Tatsache, dass sie jederzeit aufgefordert werden können, die Regierung der Nation als Ganzes zu übernehmen, und dass sie auch in der Opposition einen großen Anteil daran haben Bei der Gestaltung seiner allgemeinen Politik werden ihnen Beschränkungen und Beschränkungen auferlegt, von denen ein bloßes Privatmitglied weitgehend ausgenommen ist.

Wenn eine Partei an die Macht kommt, ändert sich ihre Position erneut leicht. Ihre Führer sind sicherlich nicht losgelöst von der Parteipolitik, die sie in der Opposition vertreten hatten. Eines der Hauptziele der Partei besteht darin, bestimmte politische Meinungen und die Interessen bestimmter Teile der Gemeinschaft in einem organisierten Gremium zu vereinen, das eine stabile und dauerhafte Kraft in der Politik sein wird. Auf diese Weise ist es am wahrscheinlichsten, dass politische Meinungen triumphieren; dass Klasseninteressen am wirksamsten geschützt werden. Aber eine Regierung kann nicht nur im Interesse einer Partei regieren. Es ist ein Treuhänder für die ganze Nation, und eine seiner ersten Aufgaben besteht darin, die Wünsche und Interessen aller Teile so weit wie möglich zu ermitteln und zu respektieren.

Konkrete Beispiele können die Art der Schwierigkeiten, die ich beschreibe, vielleicht deutlicher zeigen als abstrakte Aussagen. Nehmen wir zum Beispiel die zahlreichen Vorschläge zur Begrenzung des Verkaufs starker Getränke durch Methoden wie örtliches Veto oder sonntägliche Schließung von Gaststätten. Eine Klasse von Politikern vertritt die Position kompromissloser Gegner des Getränkehandels. Sie argumentieren, dass starkes Getränk in England zweifellos die Hauptursache für das Elend, das Laster und die Erniedrigung der Armen sei; dass es nicht nur Zehntausende direkt an Körper und Seele ruiniert, sondern auch eine Menge Elend über ihre unschuldigen Familien bringt, das kaum zu überschätzen ist; dass sich das Verlangen des Trinkers nach Alkohol oft als Erbkrankheit bei seinen Kindern fortpflanzt; und dass ein Gesetzgeber kein höheres Ziel und keine klarere Pflicht haben kann, als mit allen verfügbaren Mitteln das Haupthindernis für das moralische und materielle Wohlergehen des Volkes zu beseitigen. Das Prinzip des Zwanges, wie man mit Recht sagt, durchdringt immer mehr alle Bereiche der Industrie. Es wäre müßig zu behaupten, dass der Staat, der zwar andere Formen des Sonntagshandels verbietet, den verderblichsten von allen ein besonderes Privileg einräumt, aber nicht das Recht hat, es einzuschränken oder zu entziehen, und dass der Gesetzgeber dem Ganzen riesige Summen auferlegt Gemeinschaft für den Unterhalt der Polizei sowie für Armenhäuser, Gefängnisse und Kriminalverwaltung, sollte sicherlich im Interesse der gesamten Gemeinschaft alles tun, was in ihrer Macht steht, um die Hauptursache für Armut, Unruhe und Kriminalität zu unterdrücken .


Eine andere Klasse von Politikern geht die Frage aus einem ganz anderen Blickwinkel an. Sie lehnen es nachdrücklich ab, erwachsenen Männern ein System moralischer Beschränkungen aufzuerlegen, das zu Recht auch Kindern auferlegt wird. Sie fordern, dass erwachsene Männer, die alle Pflichten und Verantwortlichkeiten des Lebens übernommen haben und sogar eine Stimme in der Regierung des Landes haben, ihr eigenes Verhalten ohne gesetzliche Beschränkungen regeln sollten, sofern sie ihre Nachbarn nicht direkt stören. tragen selbst die Konsequenzen ihrer Fehler oder Exzesse. Sie sagen, dies sei das erste Prinzip der Freiheit, die erste Voraussetzung für die Bildung starker und männlicher Charaktere. Ein armer Mann, der auf seinem Sonntagsausflug eine mäßige Erfrischung nach Belieben für sich oder seine Familie erhalten möchte und der in die Kneipe geht – wahrscheinlich in den meisten Fällen, um seine Freunde zu treffen und bei einem Glas Wein über den Dorfklatsch zu diskutieren Bier – beeinträchtigt in keiner Weise die Freiheit seiner Nachbarn. Er tut nichts Falsches; nichts, wozu er nicht das vollkommene Recht hätte. Niemand verweigert dem reichen Mann am Sonntag den Zutritt zu seinem Club, und man sollte bedenken, dass der arme Mann weder über die privaten Keller noch über die komfortablen und geräumigen Häuser der Reichen verfügt und unendlich weniger Möglichkeiten zur Erholung hat. Da einige Männer dieses Recht missbrauchen und nicht in der Lage sind, Alkohol in Maßen zu trinken, soll dann allen Männern verboten werden, ihn überhaupt zu trinken, oder ihn zumindest am Sonntag zu trinken? Haben zwei Männer das Recht, einem unwilligen Dritten die gleiche Verpflichtung aufzuerlegen, weil sie sich darauf einigen, es nicht zu trinken? Haben diejenigen, die nie ein Wirtshaus betreten und es aufgrund ihrer Stellung im Leben nie nötig haben, es zu betreten, ein Recht, wenn sie in der Mehrheit sind, dessen Türen vor denen zu verschließen, die es benutzen? Aus diesen Gründen betrachten diese Politiker all diese restriktiven Gesetze mit äußerster Ablehnung als ungerecht, parteiisch und unvereinbar mit der Freiheit.

Allerdings würden nur sehr wenige die Argumente in ihrer vollen logischen Konsequenz ausschöpfen. Nicht viele Männer, die über praktische Erfahrung in der Führung von Männern verfügen, würden eine völlige Unterdrückung des Getränkehandels befürworten, und noch weniger würden sie auf der Grundlage eines völligen Freihandels, völlig frei von besonderen gesetzlichen Beschränkungen, befürworten. Für verantwortungsbewusste Politiker wird der einzuschlagende Kurs hauptsächlich von den schwankenden Bedingungen der öffentlichen Meinung abhängen. Beschränkungen werden verhängt, jedoch nur, wenn und soweit sie von einer echten öffentlichen Meinung unterstützt werden. Es darf keine bloße Mehrheit sein, sondern eine große Mehrheit; eine stabile Mehrheit; eine echte Mehrheit, die einen echten und ernsthaften Wunsch vertritt, insbesondere in den Klassen, die am unmittelbarsten betroffen sind; keine bloß künstliche Mehrheit, wie sie oft durch geschickte Organisation und Agitation geschaffen wird; durch den Enthusiasmus der Wenigen, der der Gleichgültigkeit der Vielen gegenübersteht. In freien und demokratischen Staaten besteht eine der notwendigsten, aber auch schwierigsten Künste der Staatskunst darin, die öffentliche Meinung zu prüfen und zwischen dem, was real, wachsend und dauerhaft ist, und dem, was vergänglich, künstlich und im Niedergang begriffen ist, zu unterscheiden. Wie ein französischer Schriftsteller sagte: „Die große Kunst in der Politik besteht nicht darin, denen zuzuhören, die sprechen, sondern denen zuzuhören, die schweigen." Bei solchen Fragen wie denen, die ich erwähnt habe, können wir feststellen, dass derselbe Staatsmann ohne wirkliche Widersprüchlichkeit dieselben Maßnahmen in einem Teil des Königreichs befürwortet und sie in einem anderen ablehnt; sie einmal zu unterstützen, weil die öffentliche Meinung stark zu ihren Gunsten ist; sich ihnen zu einem anderen Zeitpunkt zu widersetzen, weil diese öffentliche Meinung schwächer geworden ist.

Eines der schlimmsten moralischen Übel, die in demokratischen Ländern entstehen, ist die übermäßige Tendenz zur Zeitdienerei und Jagd nach Popularität, und die Gefahr ist umso größer, weil beides in gewissem Sinne eine Notwendigkeit und sogar eine Pflicht ist. Ihre moralische Qualität hängt hauptsächlich von ihrem Motiv ab. Es stellt sich die Frage, ob ein Politiker aus persönlichen oder rein parteipolitischen Gründen oder aus ehrenwerten öffentlichen Gründen handelt. Jeder Staatsmann muss sich in seinem eigenen Kopf eine Vorstellung davon machen, ob eine vorherrschende Tendenz den wahren Interessen des Landes zuträglich ist oder ihnen zuwiderläuft. Von diesem Urteil wird es abhängen, ob er versuchen wird, es zu beschleunigen oder zu verzögern; ob er seinem Druck langsam oder bereitwillig nachgeben wird, und es gibt Fälle, in denen er sich trotz aller Gefahren der Popularität und des Einflusses unerbittlich dagegen wehren sollte. Aber auf lange Sicht müssen unter freien Regierungen politische Systeme und Maßnahmen an die Wünsche der verschiedenen Bevölkerungsgruppen angepasst werden, und diese Anpassung ist die große Arbeit der Staatskunst. Bei der Beurteilung einer vorgeschlagenen Maßnahme muss sich ein Staatsmann ständig fragen, ob das Land dafür reif ist – ob ihre Einführung, so wünschenswert sie auch sein mag, nicht verfrüht wäre, da die öffentliche Meinung noch nicht darauf vorbereitet ist? Wenn es eine schlechte Maßnahme ist, ist es nicht im Großen und Ganzen besser, dafür zu stimmen, da die Nation es offensichtlich wünscht?

Die gleiche Argumentation gilt für die schwierige Frage der Bildung und insbesondere der Religionserziehung. Jeder, der sich für das Thema interessiert, hat seine eigene Überzeugung darüber, welche Art von Bildung an sich die beste für das Volk und auch die beste für die Regierung ist. Er könnte es vorziehen, dass sich der Staat auf eine rein säkulare Bildung beschränkt und den gesamten Religionsunterricht freiwilligen Organisationen überlässt; oder er kann die Art des konfessionslosen Religionsunterrichts der englischen Schulbehörde gutheißen; Oder er ist ein starker Befürworter einer der vielen Formen deutlich akzentuierter konfessioneller Bildung. Aber wenn er als verantwortungsbewusster Gesetzgeber auftritt, sollte er sich darüber im Klaren sein, dass es nicht nur um die Frage geht, was *er* für das Beste hält, sondern auch darum, was sich die Eltern der Kinder am meisten wünschen. Zwar wird die Autorität der Eltern nicht uneingeschränkt anerkannt. Die Überzeugung, dass bestimmte Dinge für die Kinder und für das Wohlergehen und die Leistungsfähigkeit des Staates von wesentlicher Bedeutung sind, und die Überzeugung, dass Eltern dies oft keineswegs am besten beurteilen können, veranlassen den Gesetzgeber, sich in einigen wichtigen Fragen über die Wünsche hinwegzusetzen der Eltern. Die strengen Beschränkungen der Kinderarbeit; die – leider inzwischen stark gelockerte – Maßnahme zur Impfung von Kindern; und die Gesetzgebung, die Kinder vor Misshandlung durch ihre Eltern schützt, sind Beispiele, und die umfassendste und weitreichendste aller Ausnahmen betrifft die Bildung. Nach vielen Bedenken sind beide Parteien im Staat zu dem Schluss gekommen, dass es für die Zukunft der Kinder und auch für die Aufrechterhaltung der relativen Position Englands im großen Wettbewerb der Nationen von wesentlicher Bedeutung ist, dass zumindest die Ansätze von Bildung sollte universell gemacht werden, und sie sind auch davon überzeugt, dass dies eine der Wahrheiten ist, die völlig unwissende Eltern am wenigsten verstehen können. Daher das System, das in den letzten Jahren die Schulpflicht so rasch ausgeweitet hat.

Viele Nationen sind noch weiter gegangen und haben vom Staat das Recht beansprucht, absolut vorzuschreiben, welche Art von Bildung erlaubt sein sollte oder zumindest die Art von Bildung, die ausschließlich aus staatlichen Mitteln finanziert werden soll. In England ist dies nicht der Fall. Eine Vielzahl von Bildungsformen, die den Wünschen und Meinungen verschiedener Elternschichten entsprechen, erhalten staatliche Unterstützung, vorbehaltlich der Auflage, sich bestimmten Prüfungen der Bildungseffizienz zu unterziehen, und einer Gewissensklausel, die Minderheiten vor Eingriffen in ihren Glauben schützt.

Ein Fall, der einst bei guten Männern großes moralisches Aufsehen erregte, war die Stiftung des Maynooth College durch den Staat, das völlig unter der Kontrolle der römisch-katholischen Priesterschaft steht und seine Theologiestudenten im römisch-katholischen Glauben erziehen sollte. Die Stiftung stammt aus der Zeit des alten irischen protestantischen Parlaments; und als es mit der Auflösung der irischen Kirche zu Ende ging, wurde es durch einen großen Kapitalzuschuss aus dem Irish Church Fund ersetzt, und aus dem Interesse dieses Zuschusses wird das College immer noch unterstützt. Diese Bewilligung wurde von vielen hervorragenden Männern mit der Begründung abgelehnt, der Staat sei protestantisch; dass es einen bestimmten religiösen Glauben hatte, auf dessen Grundlage sein Gewissen handeln musste; und dass es ein sündiger Abfall vom Glauben war, aus öffentlichen Mitteln die Lehre dessen zu spenden, was alle Protestanten für Aberglauben halten und was viele Protestanten für einen götzendienerischen und seelenzerstörenden Irrtum halten. Die Stärke dieses Gefühls in England zeigt sich darin, dass es äußerst schwierig war, die öffentliche Meinung davon zu überzeugen, sich mit irgendeiner Form dieser gleichzeitigen Ausstattung mit Religionen abzufinden, die so weit verbreitet ist und auf dem Kontinent so gut funktioniert.

Viele wiederum, die keine Einwände gegen die Politik haben, die theologische Ausbildung der Priester durch staatliche Subventionen zu unterstützen, sind der Meinung, dass es sowohl für den Staat als auch für die Jugend äußerst schädlich ist, dass die weltliche Bildung – und insbesondere die höhere weltliche Bildung – dass die irische katholische Bevölkerung unter ihre vollständige Kontrolle gestellt werden sollte und dass durch ihren Einfluss die irischen Katholiken während ihrer Ausbildungszeit strikt von ihren Landsleuten anderer Religionen getrennt werden sollten. Kein Glaube ist meiner Meinung nach besser begründet als dieser. Wenn jedoch diejenigen, die es vertreten, feststellen, dass es eine große Anzahl katholischer Eltern gibt, die diese Kontrolle und Trennung beharrlich wünschen; Wer wird sich nicht mit der Beseitigung von Behinderungen und sektiererischem Einfluss in den Systemen der allgemeinen Bildung zufrieden geben? die sich gegen jede gemischte und nicht konfessionelle Bildung aussprechen, weil ihre Priester sie verurteilt haben und dass sie aus Gewissensgründen verpflichtet sind, den Anweisungen ihrer Priester zu folgen, und die deshalb ihren Kindern die Bildung vorenthalten, die sie ihnen sonst gegeben hätten , werden solche Männer meiner Meinung nach durchaus berechtigt sein, ihre Politik zu ändern. Aus Gründen der Zweckmäßigkeit werden sie argumentieren, dass es besser ist, dass diese Katholiken eine gleichgültige Universitätsausbildung erhalten als überhaupt keine; und dass es äußerst wünschenswert ist, dass das beseitigt wird, was viele ehrliche, aufrichtige und loyale Männer als Kummer empfinden. Grundsätzlich behaupten sie, dass es in einem Land, in dem die Hochschulbildung weitgehend und vielfältig aus öffentlichen Quellen finanziert wird, ein echtes Missfallen ist, dass es eine große Gruppe von Menschen geben sollte, die kaum oder gar keinen Nutzen aus diesen Mitteln ziehen können. Es reicht nicht aus, darauf zu antworten, dass der Einspruch der katholischen Eltern in den meisten Fällen nicht spontan, sondern auf Anordnungen ihrer Priester zurückzuführen sei, da wir es mit Männern zu tun haben, die glauben, dass es bei solchen Fragen um eine Gewissensfrage geht gehorche ihren Priestern. Ich glaube auch nicht, dass es ausreicht, zu behaupten – wie es sehr viele aufgeklärte Männer tun werden –, dass alles, was dem Glauben eines Katholiken auch nur im geringsten widersprechen könnte, aus der Ausbildung, die ihnen an den bestehenden Universitäten auferlegt wird, gestrichen wurde; dass ihnen jeder Ehren-, Besoldungs- und Machtposten offen stand; dass sie über

Generationen hinweg gerne die Kurse der Universität Dublin besuchten und es ihnen auch jetzt noch von ihren Geistlichen gestattet ist, denen von Oxford und Cambridge zu folgen; dass, da die Nation das umfassende Prinzip einer allen Religionsgemeinschaften zugänglichen Bildung übernommen hat, keine einzelne Sekte ein Recht auf Sonderbehandlung hat, obwohl jede Sekte zweifellos das Recht hat, auf eigene Kosten eine solche Bildung einzurichten, wie sie ihr gefällt. Die Antwort ist, dass sich der Einwand einer bestimmten Klasse von Katholiken in Irland nicht gegen etwaige Missbräuche richtet, die im System der gemischten und konfessionslosen Bildung stattfinden können, sondern gegen das System selbst und dessen besondere Art der Bildung Eine beträchtliche Gruppe von Steuerzahlern, auf die sie gewissenhaft zurückgreifen kann, ist nur durch freiwillige Anstrengung entstanden und wird vom Staat nur unzureichend und indirekt ausgestattet. [42] Langsam und sehr widerstrebend haben die Regierungen in England die Tatsache erkannt, dass der Trend der katholischen Meinung in Irland ebenso eindeutig in Richtung Konfessionalismus geht wie der Trend der nonkonformistischen englischen Meinung in Richtung Undenominationalismus, und das ist auch der Fall Es ist unmöglich, die Erziehung eines von Priestern getragenen katholischen Volkes auf die gleiche Weise wie die eines protestantischen Volkes fortzusetzen. Die Grundschulbildung ist fast vollständig konfessionell geworden, und eine Vielzahl von Stiftungen wird direkt oder indirekt ausschließlich an katholische Institutionen vergeben. Aus solchen Gründen sind viele, die die stärkste Abneigung gegen die priesterliche Kontrolle der Hochschulbildung hegen, bereit, eine stärkere Ausstattung einer Universität oder Hochschule zu befürworten, die eindeutig kirchlichen Charakter hat, und gleichzeitig energisch die konfessionslosen Institutionen aufrechtzuerhalten, für die sie sich halten unvergleichlich besser, und auf die derzeit nicht nur alle Protestanten, sondern auch eine nicht unbeträchtliche Zahl irischer Katholiken zurückgreifen.

Viele meiner Leser werden bei dieser sehr schwierigen Frage wahrscheinlich zu einem gegenteiligen Schluss kommen. Das Ziel meines Schreibens besteht lediglich darin, den Prozess aufzuzeigen, mit dem ein Politiker gewissenhaft für die Gründung und Ausstattung einer Sache eintreten kann, die er für an sich schlecht hält. Es soll ein Ausspruch von Sir Robert Inglis gewesen sein – einem hervorragenden Vertreter einer alten Schule des extremen, aber äußerst gewissenhaften Toryismus –, dass er „niemals einen Penny öffentlicher Gelder für einen Zweck verwenden würde, den er nicht für richtig und gut hielt." ' Die Unmöglichkeit, einen solchen Grundsatz umzusetzen, muss jedem klar sein, der das Wesen einer repräsentativen Regierung und die Pflicht eines Parlamentsmitglieds, als Treuhänder für alle Klassen der Gemeinschaft zu fungieren, wirklich verstanden hat. Bei der Ausübung dieser Funktion ist jedes gewissenhafte Mitglied verpflichtet, ständig Geld für Zwecke zu verwenden, die ihm missfallen. In dem speziellen Fall, den ich gerade angeführt habe, ist der von mir beschriebene Prozess des Denkens völlig desinteressiert, aber natürlich kann eine solche Frage nicht durch einen solchen Prozess des reinen Denkens entschieden werden. Englische und schottische Mitglieder müssen die Auswirkungen ihrer Wahl auf ihre eigenen Wahlkreise berücksichtigen, wo es im Allgemeinen große Teile der Wähler gibt, die nur sehr wenig über die besonderen Umstände der irischen Bildung wissen, aber sehr starke Gefühle für die römisch-katholische Kirche haben. Staatsmänner müssen darüber nachdenken, welche weiteren und vielfältigen Auswirkungen ihre Politik auf die gesamte soziale und politische Lage Irlands haben könnte, während die überwältigende Mehrheit der irischen Mitglieder von Kleinbauern und Landarbeitern gewählt wird, die niemals Zugang zu einer Universitätsausbildung haben könnten. und die in allen Fragen der Bildung blind dem Diktat ihrer Priester folgen.

Inkonsistenz ist keine notwendige Verurteilung eines Politikers, und sowohl Parteien als auch einzelne Staatsmänner haben dies reichlich bewiesen. Es würde mich in einem Buch, in dem die moralischen Schwierigkeiten der Politik nur einen Unterabschnitt bilden, zu weit führen, um auf die Geschichte der englischen Parteien einzugehen; Aber diejenigen, die dies tun, werden sich leicht davon überzeugen, dass es kaum ein Prinzip politischen Handelns gibt, das in der Geschichte der Partei nicht aufgegeben wurde, und dass es nicht selten vorkommt, dass Parteien in einer Periode ihrer Geschichte genau die Maßnahmen befürworten, die in einer anderen Periode gelten sie leisteten den energischsten Widerstand. Veränderte Umstände, das Wachstum oder der Niedergang intellektueller Tendenzen, die Parteistrategie und der individuelle Einfluss haben alle zu diesen Mutationen beigetragen, und die meisten davon waren auf sehr gemischte Motive aus Patriotismus und Eigennutz zurückzuführen.

Bei der Beurteilung der moralischen Qualität der Veränderungen an Parteiführern wird der Faktor Zeit in der Regel von entscheidender Bedeutung sein. Gewalttätige und plötzliche Kehrtwendungen in der Politik werden von einer Partei niemals ohne großen Verlust an moralischem Gewicht durchgeführt; obwohl es Umstände gibt, unter denen sie zwingend erforderlich sind. Niemand wird heute die Integrität der Motive bestreiten, die den Herzog von Wellington und Sir Robert Peel 1829 dazu veranlassten, die katholische Emanzipation durchzusetzen, als die Wahl in Clare Irland an den Rand einer Revolution gebracht hatte; und das Verhalten von Sir Robert Peel bei der Durchsetzung der Aufhebung der Maisgesetze beruhte sicherlich nicht auf persönlichen oder parteipolitischen Ambitionen, obwohl man mit Nachdruck behaupten kann, dass dies zu einer Zeit geschah, als er noch der Führer der protektionistischen Partei war Sein Geist hatte sich offensichtlich in Richtung Freihandel bewegt und die Hungersnot in Irland war zwar kein bloßer Vorwand, aber nicht allein der Grund für die Kapitulation. In jedem dieser Fälle versprach ein Ministerium, sich einer bestimmten eingeführten Maßnahme zu widersetzen, und führte sie durch, ohne dass dies bei den Wählern der Fall gewesen wäre. Die Begründung lautete, dass die Maßnahme in ihren Augen für das Gemeinwohl absolut notwendig geworden sei und dass die Lage der Politik es ihnen unmöglich mache, sie entweder durch eine Auflösung durchzuführen oder die Aufgabe in andere Hände zu übertragen. Hätte Sir Robert Peel nach der Clare-Wahl im Jahr 1828 entweder sein Amt niedergelegt oder das Parlament aufgelöst, wäre die Maßnahme der katholischen Emanzipation höchstwahrscheinlich nicht durchgesetzt worden, und ihre Verschiebung hätte seiner Meinung nach Irland in eine gefährliche Rebellion gestürzt. Es gibt kaum ein größeres Unglück über die Parteiregierung als das Scheitern der Whigs, 1845 ein Ministerium zu bilden. Hätten sie dies getan, wäre die Abschaffung der Korngesetze von Staatsmännern vorangetrieben worden, die in gewissem Maße von der Freihandelspartei unterstützt wurden nicht von Staatsmännern, die ihre Macht als Sondervertreter der landwirtschaftlichen Interessen erlangt hatten.

Ein anderer Fall, der aus parteipolitischer Sicht erfolgreicher war, aber meiner Meinung nach viel strenger beurteilt werden sollte, war das Reformgesetz von 1867. Die konservative Partei unter der Führung von Herrn Disraeli schlug das Reformgesetz von Herrn Gladstone nieder hauptsächlich mit der Begründung, es sei ein übermäßiger Schritt in Richtung Demokratie. Der Sieg brachte sie ins Amt, und sie erklärten dann, dass sie sich, da die Frage aufgeworfen worden sei, selbst damit befassen müssten. Sie brachten einen Gesetzentwurf ein, der das Wahlrecht auf einen viel niedrigeren Punkt als den von der verstorbenen Regierung vorgeschlagenen vorsah, aber sie umschlossen ihn mit einer Reihe von Bestimmungen, die eine zusätzliche Vertretung bestimmter Klassen und Interessen sicherten, was seinen demokratischen Charakter wesentlich verändert hätte.

Ohne diese Schutzbestimmungen hätte die Partei die Einführung einer solchen Maßnahme sicherlich nicht geduldet, doch angesichts der Opposition ließ ihr Führer sie nach und nach fallen, weil sie nicht von entscheidender Bedeutung waren, und zwar durch eine Führung, die ein Meisterstück skrupelloser Geschicklichkeit war Es gelang ihm, seine Partei dazu zu bewegen, eine weitaus demokratischere Maßnahme durchzuführen als die, die sie einige Monate zuvor angeprangert und abgelehnt hatte. Es wurde argumentiert, dass die Frage geklärt werden müsse; dass es auf eine dauerhafte und dauerhafte Grundlage gestellt werden muss; dass es nicht länger als Waffe in den Händen der Whigs gelten dürfe und dass das Reformgesetz der Tory, obwohl es als „Sprung ins Dunkel" anerkannt wurde, zumindest dazu führte, dass es „die Whigs belästigte". ' Es besteht kaum ein Zweifel daran, dass dies den echten Überzeugungen Disraelis entsprach. Er gehörte einer politischen Schule an, deren frühere Vertreter Bolingbroke, Carteret und Shelburne und in einigen Phasen seiner Karriere auch Chatham waren, die kein wirkliches Verständnis für das Übergewicht des aristokratischen Elements in der alten Tory-Partei hatten, das eine Er war entschlossen, offen an die demokratische Unterstützung zu appellieren, und glaubte, dass eine starke Exekutive auf einer breiten demokratischen Basis die wahre Zukunft des Toryismus sei. Er nahm in bemerkenswertem Maße die Schule des politischen Denkens vorweg, die in unseren Tagen triumphiert hat, obwohl er ihren Triumph nicht mehr erlebt hat. Gleichzeitig lässt sich nicht leugnen, dass das Reformgesetz von 1867 in der Form, in der es letztendlich verabschiedet wurde, so weit wie möglich von den Wünschen und der Politik seiner Partei zu Beginn der Sitzungsperiode entfernt war und so inkonsistent war, wie es eine Politik nur konnte in der vorangegangenen Sitzung mit ihrer Sprache und ihrem Verhalten übereinstimmen.

Eine nach dem Parteiensystem gewählte parlamentarische Regierung ist, wie wir gesehen haben, zugleich der Treuhänder der gesamten Nation, der als solcher verpflichtet ist, das Wohl des Ganzen zu seinem obersten Ziel zu machen, und auch der besondere Vertreter bestimmter Klassen, der besondere Hüter ihrer Interessen, Ziele, Wünsche und Prinzipien. Die beiden Standpunkte sind nicht identisch, und der Versuch, sie in Einklang zu bringen, stößt häufig auf große ethische und politische Schwierigkeiten. Es stimmt natürlich nicht, dass ein Parteigegenstand lediglich eine Frage des Ortes oder der Macht ist und sich natürlich von einem patriotischen Gegenstand unterscheidet. Die eigentliche Bedeutung von Partei besteht darin, dass Staatsmänner bestimmte Regierungsgrundsätze, bestimmte politische Linien, den Schutz und die Entwicklung besonderer Interessen für die Nation von größter Bedeutung halten und daher aus rein öffentlichen Gründen völlig berechtigt sind, sie zu einer Hauptpartei zu machen Einspruch dagegen erheben, die Regierung des Landes in die Hände ihrer Partei zu legen. Die Bedeutung des Machterhalts einer bestimmten Partei ist jedoch sehr unterschiedlich. In vielen, wahrscheinlich in den meisten Perioden der englischen Geschichte bedeutete ein Regierungswechsel keine gewaltsame oder weitreichende Änderung der Politik. Es bedeutet lediglich, dass eine Reihe von Tendenzen in der Gesetzgebung eine Zeit lang etwas gelockert und eine andere Reihe etwas verstärkt werden wird; dass die Interessen einer Klasse etwas stärker und die einer anderen Klasse etwas weniger berücksichtigt werden; dass sich die Geschwindigkeit des Fortschritts oder der Veränderung leicht beschleunigen oder verlangsamen wird. Manchmal bedeutet es sogar noch weniger. Die Meinungen auf den beiden Vorderbänken ähneln sich so sehr, dass ein Regierungswechsel grundsätzlich die vorübergehende Amtsenthebung von Ministern bedeutet, die unabhängig von ihrer Parteipolitik einige vereinzelte Verwaltungsfehler begangen oder sich individuelle Unpopularitäten zugezogen haben. Das bedeutet, dass Minister, die durch mehrere Jahre ununterbrochener Arbeit abgestumpft und etwas erschöpft sind und deren das Land überdrüssig geworden ist, durch Männer ersetzt werden, die frischere Köpfe und Energien in die Aufgabe einbringen können; Da die Schirmherrschaft in all ihren Zweigen einige Jahre lang hauptsächlich einer Partei zufiel, ist nun die andere Partei an der Reihe. Es gibt Zeiten, in denen das Land mit der allgemeinen Politik einer Regierung zufrieden ist, nicht aber mit den Männern, die sie betreiben. Minister mit hervorragenden Grundsätzen erweisen sich als ineffizient, taktlos oder unglücklich, oder es kommt zu Streitigkeiten und Eifersüchteleien unter ihnen, oder es laufen schwierige Verhandlungen mit fremden Nationen, die am besten zu einem erfolgreichen Abschluss gebracht werden können, wenn sie in die Hände frischer, unverpfändeter Männer gelegt werden und losgelöst von ihrer Vergangenheit. Das Land will einen Regierungswechsel, aber keine Änderung der Politik, und unter solchen Umständen besteht die Aufgabe einer siegreichen Opposition viel weniger darin, in neue Richtungen zu marschieren, als vielmehr darin, den richtigen Zeitpunkt zu bestimmen und die Angelegenheiten der Nation nach denselben Grundsätzen weiterzuführen. aber mit größerem Verwaltungsgeschick. In solchen Zeiten nimmt die Bedeutung der Parteiziele stark ab, und eine Politik, die lediglich darauf abzielt, eine Partei an der Macht zu halten, sollte aufs Schärfste verurteilt werden.

Manchmal kommt es jedoch vor, dass sich eine Partei zu einer bestimmten Maßnahme verpflichtet hat, von der ihre Gegner glauben, dass sie für das Land in hohem Maße gefährlich oder sogar ruinös ist. In diesem Fall wird es von größter Bedeutung, diese Partei aus dem Amt fernzuhalten oder, wenn sie im Amt ist, sie in einer Position dauerhafter Schwäche zu halten, bis dieses gefährliche Projekt aufgegeben wird. Unter solchen Umständen haben Staatsmänner das Recht, die Parteiziele und die reine Parteigesetzgebung viel weiter zu treiben als zu anderen Zeiten. Die eigene Partei stärken; dafür die größte Popularität zu erlangen; die Unterstützung verschiedener Fraktionen des Unterhauses zu gewinnen und zu einem großen öffentlichen Objekt zu werden; und um es durchzusetzen, musste man politische und teilweise prinzipielle Opfer bringen, indem man Maßnahmen akzeptierte, gegen die sich die Partei einmal gewehrt hatte, und Maßnahmen vertagte oder aufgab, zu denen sie sich verpflichtet hatte, was einst sehr schlimm gewesen wäre richtig verurteilt, gerechtfertigt werden. Das oberste Interesse des Staates ist der Zweck und die Rechtfertigung seiner Politik, und es werden Bündnisse geschlossen, die unter weniger dringenden Umständen unmöglich gewesen wären und die, wenn sie einmal hergestellt sind, den dauerhaften Charakter der Parteipolitik manchmal tiefgreifend verändern. Hier, wie in fast allen politischen Angelegenheiten, kennzeichnen die Beachtung von Proportionen und Maßen sowie das Opfer des Geringeren für die Erreichung des Größeren den Weg sowohl der Weisheit als auch der Pflicht.

Die Versuchungen von Parteipolitikern sind vielfältig und je nach politischer Entwicklungsstufe sehr unterschiedlich. Das Schlimmste ist die Versuchung zum Krieg. Krieg, der ohne Notwendigkeit oder zumindest ohne ernsthafte Rechtfertigung geführt wird, ist nach jeder vernünftigen Ethik das schwerste Verbrechen, und unter seinen Ursachen lassen sich oft Motive der von mir aufgezeigten Art entdecken. Viele Kriege wurden begonnen oder verlängert, um eine Dynastie oder eine Partei zu festigen; um es populär zu machen oder es zumindest vor Unbeliebtheit zu bewahren; um den Geist der Menschen von inneren Fragen abzulenken, die gefährlich oder peinlich geworden waren, oder um die Erinnerung an vergangene Streitigkeiten, Fehler oder Verbrechen auszulöschen. [43] Die Erfahrung zeigt leider nur allzu deutlich, wie leicht die Kampfleidenschaften von Nationen geweckt werden können und wie viel Popularität ein erfolgreicher Krieg bringen kann. Selbst in diesem Fall verarmt zwar der Krieg normalerweise das Land, das ihn führt, aber es gibt große Klassen, für die er keineswegs ein Unglück darstellt. Das hohe Niveau der Agrarpreise; die glänzenden Karrieren, die sich für Militär- und Marineberufe eröffneten; die vielen Spezialindustrien, die sofort angekurbelt werden; der Anstieg des Zinssatzes; die Möglichkeiten des Reichtums, die sich aus heftigen Schwankungen an der Börse ergeben; selbst die zunehmende Attraktivität der Zeitungen – sie alle neigen dazu, bestimmten Klassen ein Interesse an ihrem Fortbestand zu geben. Manchmal ist es eng mit Parteisympathien verbunden. Während der Frankreichkriege von Anne trug die Tatsache, dass Marlborough ein Whig war und dass der Kurfürst von Hannover, der die Hoffnung der Whig-Partei war, für den Krieg war, wesentlich dazu bei, den Frieden zu verzögern. Ein Zustand großer innerer Unruhe ist oft eine Versuchung zum Krieg, nicht weil er direkt dazu führt, sondern weil Herrscher einen Krieg im Ausland als das beste Mittel betrachten, gefährliche und störende Energien in neue Kanäle zu lenken und gleichzeitig das Militär zu stärken und maßgebliche Elemente in der Gemeinschaft. Die erfolgreiche Umwandlung der Anarchie der großen Französischen Revolution in eine Eroberungskarriere ist ein typisches Beispiel.

In aristokratischen Regierungen, wie sie im 18. Jahrhundert in England existierten, war die Versuchung zur Korruption besonders groß. Durch verrottete Bezirke ein riesiges System parlamentarischen Einflusses aufzubauen und durch die systematische Verleihung von Ehren an diejenigen, die sie kontrollieren konnten, die Unterstützung großer Unternehmen und Berufsgruppen zu gewinnen, indem man ihre Interessen förderte und sich aller Reformbemühungen enthielt, war eine ... Hauptbestandteil der damaligen Staatskunst. Es wurden Klassenprivilegien in vielfältiger Form geschaffen, ausgeweitet und aufrechterhalten, und in einigen Ländern – wenn auch in England viel weniger als auf dem Kontinent – war die Steuerlast höchst ungerecht verteilt und lag hauptsächlich bei den Armen.

In demokratischen Regierungen sind die Versuchungen anderer Art. Die Popularität ist dort die Hauptquelle der Macht, und das oberste Gericht besteht aus Zahlen, die vom Oberhaupt gezählt werden. Das Wohlergehen der großen Masse des Volkes ist das wahre Ziel der Politik, aber daraus folgt nicht notwendigerweise, dass die Meinung der am wenigsten informierten Mehrheit der beste Leitfaden zur Erlangung dieses Wohlergehens ist. Wenn ich mich nun mit den Versuchungen von Politikern in einem solchen System befasse, beziehe ich mich jetzt nicht nur auf den skrupellosen Agitator oder Demagogen, der Macht, Bekanntheit oder Popularität anstrebt, indem er Klassenneid und Feindseligkeiten schürt, indem er die Armen gegen die Reichen aufbringt und das Evangelium der Öffentlichkeit predigt Plunder; Ich möchte auch nicht weiter auf die Methoden eingehen, die in den Vereinigten Staaten so weit verbreitet sind, durch geschickt entwickelte Wahlmaschinen große Massen an Stimmrechten anzuhäufen, die den unwissendsten Wählern entzogen werden, und sie für Korruptionszwecke auszunutzen. Ich möchte lieber auf die Voreingenommenheit eingehen, die den Parteiführer fast zwangsläufig dazu zwingt, Gesetze hauptsächlich an ihrer unmittelbaren Popularität und dem daraus resultierenden Erfolg bei der Steigerung seiner Wählerstärke zu messen. In manchen Ländern zeigt sich diese Tendenz in verschwenderischen Ausgaben für öffentliche Arbeiten, die einer großen Masse von Arbeitern Beschäftigung verschaffen und in einem Wahlkreis sofort große Popularität bewirken, wodurch der Nachwelt eine schwere Last angehäufter Schulden hinterlassen wird. Ein großer Teil der finanziellen Misere Europas ist auf diese Quelle zurückzuführen, und in den meisten Ländern ist Verschwendung bei den Staatsausgaben beliebter als Sparsamkeit. Manchmal zeigt es sich in einer Gesetzgebung, die nur unmittelbare oder unmittelbare Auswirkungen berücksichtigt und diejenigen, die entfernt und unklar sind, völlig außer Acht lässt. Eine weitsichtige Politik, die die Gegenwart einer fernen Zukunft opfert, wird schwieriger; Maßnahmen, die zwar neue Grundsätze beinhalten, aber gegenwärtigen Schwierigkeiten begegnen oder unmittelbare Popularität sichern, werden ohne Rücksicht auf die Präzedenzfälle, die sie schaffen, und auf die umfassenderen Änderungen, die sich daraus ergeben könnten, eingeleitet. Die Arbeitsbedingungen werden zum Nutzen der bestehenden Arbeiter verändert, möglicherweise auf Kosten der Ablenkung von Kapital aus einer großen Industrieform, was es unmöglich macht, der ausländischen Konkurrenz zu widerstehen, und so auf lange Sicht die Beschäftigung einschränkt und die Klasse selbst ernsthaft schädigt denen ein Vorteil zugute kommen sollte.

Wenn eine Partei eine Maßnahme dieser Art eingeführt hat, ist die andere am stärksten versucht, sie zu überbieten, und unter dem Druck der Konkurrenz und aus Angst, im Wettlauf um die Beliebtheit distanziert zu werden, gehen beide Parteien am Ende oft viel weiter als sie es getan haben ursprünglich vorgesehen. Wenn die Rechte der Wenigen im Gegensatz zu den Interessen der Vielen stehen, besteht eine ständige Tendenz, Letzteren den Vorzug zu geben. Es kann sein, dass es sich bei den wenigen um diejenigen handelt, die eine Industrie aufgebaut haben; die alle Risiken und Kosten getragen haben, die das mit Abstand größte Interesse an ihrem Erfolg haben. Die bloße Tatsache, dass sie die wenigen sind, bestimmt die Voreingenommenheit der Gesetzgeber. Es besteht ständig die Neigung, selbst klar definierte und garantierte Rechte zu manipulieren, wenn dadurch eine große Wählerschicht versöhnt werden kann.

Das parlamentarische Leben hat viele Vorzüge, aber es hat eine offensichtliche Tendenz, kurze Ansichten zu fördern. Das unmittelbare Interesse der Partei wird so fesselnd, dass es den Menschen schwerfällt, weit darüber hinauszuschauen. Der Wunsch eines geschickten Debattierers, die Themen zu verwenden, die das Publikum vor ihm am meisten beeinflussen, oder der Wunsch eines Parteiführers, den Kurs zu verfolgen, der in einem unmittelbar bevorstehenden Wettbewerb am wahrscheinlichsten zum Erfolg führt, wird oft alle anderen Überlegungen außer Kraft setzen Die ganze Tendenz des parlamentarischen Lebens besteht darin, die Aufmerksamkeit auf nicht weit entfernte Orientierungspunkte zu richten und wenig darüber nachzudenken, was dahinter liegt.

Eine der Hauptursachen für die Inkonsistenz der Parteien liegt in der unbedingten Notwendigkeit, die Gesetzgebung anzupassen. Viele sind beispielsweise der Meinung, dass die bestehende Tendenz, staatliche Regulierungen und Eingriffe in alle Ressorts einzuführen, zumindest stark übertrieben ist und dass es weitaus besser wäre, dem individuellen Handeln und der Vertragsfreiheit einen größeren Spielraum zu überlassen. Wenn aber große Industriezweige dem System der Regulierung unterworfen wurden, ist es praktisch unmöglich, analoge Industrien einem anderen System zu überlassen, und die Männer, denen diese Tendenz am wenigsten gefällt, sind oft selbst gezwungen, sie auszuweiten. Sie können der Behauptung nicht widerstehen, dass einer Klasse von Arbeitern bestimmte gesetzliche Schutzmaßnahmen oder andere besondere Vergünstigungen gewährt wurden und dass es keinen wirklichen Grund gibt, ihren Fall von dem anderer zu unterscheiden. Die vorherrschende Tendenz wird sich so natürlich ausdehnen, und jede bedeutende gesetzgeberische Bewegung reißt andere unaufhaltsam mit sich.

Der Druck dieser Überlegung ist am schmerzlichsten zu spüren, wenn es um Gesetze geht, die nicht einfach nur unzweckmäßig und unklug, sondern eindeutig unehrlich erscheinen. In der Vertragsgesetzgebung muss eine klare ethische Unterscheidung getroffen werden. Es liegt völlig im moralischen Recht des Gesetzgebers, die Bedingungen künftiger Verträge zu regeln. Es ist etwas ganz anderes, bestehende Verträge zu brechen oder den noch extremeren Schritt zu unternehmen, ihre Bedingungen zugunsten einer Partei ohne Zustimmung der anderen zu ändern und diese andere Partei an ihre Beschränkungen gebunden zu lassen.

In der amerikanischen Verfassung gibt es eine Sonderklausel, die es einem Staat unmöglich macht, Gesetze zu erlassen, die gegen Verträge verstoßen. In England gibt es leider keine solche Regelung. Das eklatanteste und zweifellosste Beispiel dieser Art ist in der irischen Landgesetzgebung zu finden, die vom Ministerium von Herrn Gladstone begonnen wurde, aber von der Partei, die ursprünglich am heftigsten dagegen war, weitgehend ausgeweitet wurde. Zweifellos kann man viel sagen, um es zu mildern: Depression in der Landwirtschaft; die übermäßige Nachfrage nach Land; die Tatsache, dass Verbesserungen in Irland in der Regel von den Mietern vorgenommen wurden (die sich jedoch der Bedingungen, unter denen sie diese vornahmen, vollkommen bewusst waren und deren Mieten proportional niedriger waren); die Verbreitung von Landzöllen, die in einigen Teilen Irlands gesetzlich nicht sanktioniert sind; die Existenz einer großen revolutionären Bewegung, die das Land in einen Zustand schändlicher Anarchie gebracht hatte. Aber nachdem all dies zugegeben wurde, bleibt es für jeden klaren und ehrlichen Geist unbestreitbar, dass das englische Recht unbestreitbar rechtmäßiges Eigentum entzogen und unbestreitbar rechtmäßige Verträge gebrochen hat. Ein Grundbesitzer stellte einem Pächter auf seinem Hof ein Jahrespachtverhältnis zur Verfügung, aber wenn er sein einfaches gesetzliches Recht auf Wiederaufnahme am Ende des Jahres ausüben wollte, war er gezwungen, eine Entschädigung „wegen Unruhe" zu zahlen, die sich auf sieben belaufen konnte mal die Jahresmiete. Ein Grundbesitzer verpachtete sein Land für einen längeren Zeitraum an einen Bauern im Rahmen eines klaren schriftlichen Vertrags mit dem Siegel der Regierung. In diesem Vertrag wurden die zu zahlende Pacht, die Bedingungen, unter denen der Hof geführt werden sollte, und die Anzahl der Jahre festgelegt es sollte seinem Besitzer entfremdet werden. In der Grundklausel des Pachtvertrags war ausdrücklich festgelegt, dass der Pächter den Hof am Ende der vereinbarten Laufzeit an den Eigentümer zurückgeben muss, von dem er ihn erhalten hat. Das Gesetz hat eingegriffen und festgelegt, dass die Pacht, zu deren Zahlung sich dieser Landwirt verpflichtet hatte, durch ein Regierungsgericht ohne Zustimmung des Eigentümers und ohne dem Eigentümer die Möglichkeit zu geben, den Vertrag aufzulösen und einen neuen Pächter zu suchen, gekürzt werden soll. Es ist noch weiter gegangen und hat vorgesehen, dass der Pächter bei Beendigung des Pachtvertrags das Grundstück nicht gemäß den Vertragsbedingungen an den Eigentümer zurückgibt , sondern für alle künftigen Zeiten der Bewohner bleibt, vorbehaltlich nur einer festen Miete regelmäßig, unabhängig vom Willen des Vermieters, von einem unabhängigen Gericht überprüft. Riesige Grundstücke in Irland waren nach dem Incumbered Estates Act von einem Regierungsgericht verkauft worden, das als Vertreter des kaiserlichen Parlaments fungierte, und jeder Käufer erhielt von diesem Gericht einen parlamentarischen Titel, der ihn zum absoluten Eigentümer des Bodens und aller darauf befindlichen Gebäude machte , vorbehaltlich der bestehenden Mietverhältnisse im Zeitplan. Ihm wurden keine Berichte über die frühere Geschichte des Anwesens ausgehändigt, da er, abgesehen von den Bedingungen der noch nicht abgelaufenen Pachtverträge, für nichts in der Vergangenheit haftbar war. Der Titel, den er erhielt, galt als so unanfechtbar, dass das Berufungsgericht in einem denkwürdigen Fall, in dem versehentlich ein Teil des Eigentums eines Mannes in den Verkauf des Eigentums eines anderen Mannes einbezogen wurde, entschied, dass die Ungerechtigkeit nicht behoben werden könne , da es außer im Falle vorsätzlichen Betrugs unmöglich war, hinter parlamentarische Titel zu treten. [44] In Fällen, in denen das Grundstück zu niedrigen Pachtzinsen vermietet wurde, und in Fällen, in denen Pächter unter Pachtverträgen standen, die bald auslaufen würden, wurde die Möglichkeit einer Erhöhung der Pachtzinsen von der Autorität des Gerichts ständig als Anreiz für Käufer festgelegt.

Was ist aus diesem Parlamentstitel geworden? Verbesserungen, die von Mietern vor dem Verkauf vorgenommen wurden oder vermutlich vorgenommen wurden, sind nicht mehr Eigentum des Käufers, und ihm wurden gleichzeitig einige der offensichtlichsten und untrennbarsten Rechte entzogen des Eigentums. Er hat die Macht verloren, seine Höfe auf dem freien Markt zu veräußern, die Bedingungen zu regeln, zu denen er sie vermietet, einen Pächter zu entfernen, den er für ungeeignet hält, das Land nach Ablauf der festgelegten Frist wieder in seine eigenen Hände zu nehmen Ein Mietvertrag war abgelaufen, und er nutzte den gesteigerten Wert, den ein Krieg, eine Zeit großen Wohlstands oder ein anderer außergewöhnlicher Umstand seinem Eigentum verliehen haben könnte. Er ist zu einem einfachen Pachtnehmer für das Land geworden, das durch Erbschaft oder Kauf unbestreitbar sein Eigentum war, und die Höhe seiner Pacht wird von einem Gericht festgelegt und regelmäßig überprüft, bei dem er keine Stimme hat und dem ein Schiedsspruch erteilt wurde absolute Macht über sein Vermögen. Er kaufte oder erbte ein Exklusivrecht. Das Gesetz hat es in ein Doppeleigentum umgewandelt. Daraus wurde ein Pächterrecht herausgearbeitet, das dem Gesetz zum Zeitpunkt des Erwerbs seines Eigentums völlig unbekannt war und nur in einer Provinz allgemein durch die Sitten anerkannt wurde. Der Pächter, der zum Zeitpunkt der

Verabschiedung des Gesetzes zufällig im Besitz des Hofes war, kann ohne Zustimmung des Eigentümers das Recht, den Hof zum bestehenden Mietzins zu bewohnen, an einen anderen verkaufen. In vielen Fällen ist dieses Pächterrecht wertvoller als die einfache Gebühr des Hofes. In vielen Fällen ist ein Bauer, der eifrig darum gebettelt hatte, Pächter zu einem bestimmten Mietzins zu werden, anschließend vor dem Grundstücksgericht mit der Reduzierung des Pachtzinses konfrontiert und hat dann das Pachtrecht für einen Betrag verkauft, der weit über der Differenz zwischen den Pachtzinsen liegt die beiden Mieten. In vielen Fällen ist dies der Fall, wenn eine Nachbesserung seitens des Mieters nicht in Frage kam . Das Pachtrecht der kleineren Bauernhöfe ist in dem Maße gestiegen, wie die Pacht gesenkt wurde. In vielen Fällen kann der überhöhte Preis des Pachtrechts zweifellos auf den in Irland so verbreiteten Landhunger oder die Leidenschaft für Landspekulation zurückgeführt werden, oder auf einen außergewöhnlichen Grund, der einen Landwirt dazu veranlasst, einen überhöhten Preis für das Pachtrecht eines bestimmten Landwirts zu zahlen Bauernhof. Aber obwohl in solchen Fällen der Preis des Mietrechts ein trügerischer Test ist, ist die Bewegung, wenn es sich um eine allgemeine handelt, ein klarer Beweis dafür, dass die Senkung der Pacht keinen entsprechenden Rückgang des Marktwerts des Grundstücks darstellte, dies jedoch der Fall war einfach eine unentgeltliche Übertragung von Eigentum durch den Staat von einer Person auf eine andere. Nachdem das Gericht zunächst das ausschließliche Eigentum des Grundbesitzers in eine einfache Partnerschaft umgewandelt hatte, ging es unter Missachtung aller Billigkeit dazu über, die gesamte Last der landwirtschaftlichen Depression einem der beiden Partner aufzubürden. Das Gesetz behielt zwar dem Vermieter das Vorkaufsrecht vor, oder mit anderen Worten das Recht, das Recht des Mieters zu erwerben, wenn es zum Verkauf stand, und zwar zu einem vom Gericht festzulegenden Preis und somit einmalig mehr der alleinige Besitzer seiner Farm. Der vom Gericht festgelegte Betrag entsprach in der Regel etwa sechzehn Jahren der gerichtlichen Miete. Durch die Zahlung dieser hohen Summe kann er das Eigentum zurückgewinnen, das vor einigen Jahren unbestreitbar sein Eigentum war, das er unter dem sichersten Titel besaß, den das englische Recht kennt, und das ihm nicht durch ein ehrliches Verfahren entzogen wurde Kauf, sondern durch einen Akt der einfachen gesetzgeberischen Beschlagnahme.


Welche Erleichterungen auch immer behauptet werden mögen, die wahre Natur dieser Gesetzgebung kann vernünftigerweise nicht in Frage gestellt werden, und sie hat einen Präzedenzfall geschaffen, der mit Sicherheit wachsen wird. Der Punkt, auf den ich jedoch besonders eingehen möchte, ist, dass gerade die Partei, die sich am stärksten dagegen ausgesprochen und ihre grobe und grundsätzliche Unehrlichkeit am deutlichsten aufgedeckt hat, sich nicht nur gezwungen sah oder glaubte, es akzeptieren zu müssen, sondern auch um es zu verlängern. Sie haben behauptet, dass es aus praktischen politischen Gründen unmöglich sei, einer Klasse von Landpächtern solche Privilegien zu gewähren und sie anderen vorzuenthalten. Der Hauptvorwand für diese Gesetzgebung in ihren ersten Phasen war, dass sie sehr armen Mietern zugute kam, die nicht in der Lage waren, ihre eigenen Geschäfte abzuschließen, und dass das Gesetz den Jahresmietern eine feste Mietdauer vorsah, solange sie ihre Miete zahlten Diese wurden ihnen von guten Vermietern in der Regel freiwillig gegeben. Aber die Maßnahme wurde von einer Unionistenregierung bald auf die Pächter ausgeweitet, die die größte und unabhängigste Klasse von Landwirten sind und ihr Land für eine bestimmte Zeit und im Rahmen eines eindeutigen schriftlichen Vertrags besaßen. Tatsächlich sind es eher die klügeren und wohlhabenderen Landwirte als die armen und hilflosen Bauern, denen diese Gesetzgebung hauptsächlich zugute gekommen ist.

Fälle dieser Art, in denen eine starke Zweckmäßigkeit oder eine absolute politische Notwendigkeit scheinbar im Widerspruch zu elementaren Grundsätzen von richtig und falsch stehen, gehören zu den schwierigsten, mit denen ein Politiker zu kämpfen hat. Er muss das Land regieren und es in einem Zustand erträglicher Ordnung bewahren, und manchmal redet er sich ein, dass dies ohne Kapitulation vor der Anarchie, ohne Angriffe auf Eigentum und Vertragsbrüche unmöglich sei. Ob die Notwendigkeit so absolut oder die Zweckmäßigkeit so richtig kalkuliert ist, wie er vermutete, mag in der Tat fraglich sein, aber es besteht kein Zweifel daran, dass die meisten englischen Staatsmänner, die die irische Agrargesetzgebung durchführten, ernsthaft daran glaubten, und einige von ihnen auch Sie gingen davon aus, dass sie dem verbliebenen Eigentum Sicherheit und Endgültigkeit verliehen, um die geplünderten Grundbesitzer zu entschädigen. Unter solchen Umständen lässt sich vielleicht höchstens sagen, dass kluge Gesetzgeber sich bemühen werden, durch die Förderung des Kaufs in großem Umfang schrittweise das absolute Eigentum und die Gültigkeit des Vertrags wiederherzustellen, die zerstört wurden, und gleichzeitig eine Entschädigung zu leisten indirekt – wenn sie es nicht direkt tun können – die ehemaligen Eigentümer für den Teil ihrer Verluste zu entschädigen, der nicht auf rein wirtschaftliche Gründe zurückzuführen ist, sondern auf Handlungen des Gesetzgebers, die offensichtlich betrügerisch waren.

Es gibt noch andere Versuchungen anderer Art, mit denen sich Parteiführer auseinandersetzen müssen. Eine der gravierendsten ist die Tendenz, Fragen aufzudrängen, für die es keinen echten Wunsch gibt, um die Einheit oder den Eifer einer gespaltenen oder entmutigten Partei wiederherzustellen. Wie alle Politiker wissen, ist der Wunsch nach einem attraktiven Programm und einem populären Wahlruf einer der stärksten in der Politik, und sie wissen auch sehr gut, dass es so etwas wie eine künstliche öffentliche Meinung und künstlich angeregte Hetze gibt. Fragen werden aufgeworfen und vorangetrieben, nicht weil sie dem Vorteil des Landes dienen, sondern einfach aus parteipolitischen Gründen. Die Anführer haben oft keine oder nur geringe Widerstandskraft. Der Druck ihrer Anhänger oder eines Teils ihrer Anhänger wird unwiderstehlich; es werden unüberlegte Hoffnungen gemacht; Vorschnelle Zusagen werden erpresst und die Partei als Ganzes verpflichtet. Viele voreilige und böswillige Gesetze können auf solche Ursachen zurückgeführt werden.

Eine weitere sehr schwierige Frage ist die Art und Weise, wie Regierungen mit den Handlungen von Beamten umgehen sollen, die für den öffentlichen Dienst bestimmt sind, aber in einigen Teilen moralisch nicht vertretbar sind. Nur sehr wenige der großen Errungenschaften von Nationen wurden mit absolut tadellosen Mitteln erzielt, und in einem großen Reich, das mit unzivilisierten oder halbzivilisierten Bevölkerungsgruppen zu kämpfen hat, sind Gewalttaten mit Sicherheit keine Seltenheit. Weder in unseren Urteilen über die Geschichte noch in unseren Urteilen über Zeitgenossen ist es möglich, die volle Strenge privater Moral auf die Fälle von Männern anzuwenden, die inmitten der Stürme der Revolution, der Panik oder des Bürgerkriegs auf Posten mit großer Verantwortung und Gefahr agieren. Angesichts der ihnen anvertrauten enormen Interessen und der schrecklichen Gefahren, die sie umgeben, müssen oft Maßnahmen ergriffen werden, die nicht vollständig oder zumindest rechtlich gerechtfertigt werden können. Andererseits sind Menschen unter solchen Umständen nur allzu bereit, die Prinzipien Macchiavellis und Napoleons zu akzeptieren und die Politik so zu behandeln, als ob sie überhaupt nichts mit der Moral zu tun hätte.

Fälle dieser Art müssen gesondert und unter sorgfältiger Prüfung der Motive des Täters und des Ausmaßes der Gefahren, denen er ausgesetzt war, betrachtet werden. Die moralische Atmosphäre, in der er sich bewegte, muss berücksichtigt werden, und seine Karriere muss als Ganzes und nicht nur in ihren wichtigsten Teilen betrachtet werden. Im Prozess gegen Warren Hastings und in den Urteilen, die Historiker über das Leben der anderen großen Abenteurer gefällt haben, die das Imperium aufgebaut haben, tauchen immer wieder Fragen dieser Art auf.

Auch in unserer Zeit waren sie sehr häufig. Der *Staatsstreich* vom 2. Dezember 1851 ist ein extremes Beispiel. Louis Napoleon hatte geschworen, die 1848 geschaffene Verfassung der Französischen Republik zu beachten und zu verteidigen, und diese Verfassung erklärte unter anderem die Personen der Volksvertreter für unantastbar; erklärte jede Handlung des Präsidenten, die die Versammlung auflöste oder vertagte oder sie in irgendeiner Weise in der

Ausübung ihrer Aufgaben behinderte, für Hochverrat und garantierte die uneingeschränkte Schreib- und Diskussionsfreiheit. „Der Eid, den ich gerade geleistet habe“, sagte der Präsident vor der Versammlung, „bestimmt mein zukünftiges Verhalten.“ Meine Pflicht ist klar; Ich werde es als Ehrenmann erfüllen. Als Feinde des Landes werde ich alle betrachten, die versuchen, mit illegalen Mitteln zu ändern, was ganz Frankreich geschaffen hat.“ In mehr als einer weiteren Rede bekräftigte er dieselben Gefühle und versuchte, das Land davon zu überzeugen, dass er unter keinen Umständen seinen Eid brechen, sein Gewissen verletzen oder die Grenzen seiner verfassungsmäßigen Befugnisse überschreiten würde.

Was er getan hat, ist bekannt. Vor Tagesanbruch des 2. Dezember wurden einige der bedeutendsten Staatsmänner Frankreichs, darunter achtzehn Mitglieder der Kammer, auf seinen Befehl hin in ihren Betten verhaftet und ins Gefängnis geschickt, viele von ihnen anschließend ins Exil. Die Kammer war mit Soldaten besetzt und ihre Mitglieder, die sich an einem anderen Ort versammelt hatten, wurden ins Gefängnis marschiert. Der High Court of Justice wurde gewaltsam aufgelöst. Das Kriegsrecht wurde ausgerufen. Es wurde befohlen, alle, die sich auf der Straße der Usurpation widersetzten, sofort und ohne Gerichtsverfahren zu erschießen. Sämtliche Pressefreiheit, alle Freiheiten zu öffentlichen Versammlungen oder Diskussionen wurden völlig zerstört. Ungefähr einhundert Zeitungen wurden unterdrückt und ein großer Teil ihrer Herausgeber nach Cayenne versetzt. Ohne staatliche Genehmigung durfte nichts veröffentlicht werden. Um das Volk über das Ausmaß der Unterstützung hinter dem Präsidenten zu täuschen, wurde eine „Beratende Kommission“ eingesetzt und die Namen in Paris angehängt. Die Hälfte der Personen, deren Namen auf dieser Liste standen, verweigerten den Dienst, aber trotz ihrer Proteste wurden ihre Namen dort gespeichert, um den Anschein zu erwecken, dass sie mit dem, was getan wurde, einverstanden waren. [45] Unmittelbar nach dem *Staatsstreich* wurde angeordnet , dass jeder öffentliche Beamte, der nicht sofort schriftlich seinen Beitritt zur neuen Regierung erklärte, entlassen werden sollte. Den Präfekten wurde das Recht eingeräumt, in ihren Departements jeden zu verhaften, den sie wollten. Durch ein am 8. Dezember erlassenes *nachträgliches* Dekret wurde es der Exekutive gestattet, ohne Gerichtsverfahren alle Personen nach Cayenne oder in die Strafsiedlungen in Afrika zu schicken, die in der Vergangenheit einer „Geheimgesellschaft“ und dieser Anordnung angehört hatten stellte alle zahlreichen Mitglieder politischer Clubs der Gnade der Regierung aus. Als das Parlament wieder zusammentreten musste, war es so organisiert und gefesselt, dass für viele Jahre jede Spur einer freien Diskussion verschwand und in Frankreich ein Despotismus von fast asiatischer Strenge entstand.

Es kann völlig zugegeben werden, dass die Tragödie vom 4. Dezember, als etwa 3.000 französische Soldaten mehr als eine Viertelstunde lang absichtlich eine Salve nach der anderen ohne Gegenwehr auf die harmlosen Zuschauer auf den Boulevards abfeuerten, in die Häuser einbrach und nicht nur Menschenmengen tötete von Männern, sondern von Frauen und Kindern, bis die Boulevards, wie ein englischer Augenzeuge es ausdrückte, „an manchen Stellen ein vollkommenes Durcheinander" waren und das Blut in Pfützen um die Bäume herum lag, die sie säumten, wurde von den Bürgern nicht befohlen Präsident, obwohl es von ihm völlig ungestraft und unzensiert blieb. Zu diesem Punkt gibt es widersprüchliche Beweise, aber es ist wahrscheinlich, dass einige vereinzelte Schüsse von den Häusern abgefeuert wurden, und es ist sicher, dass eine wilde und blutige Panik über die Soldaten gekommen war. Es ist auch möglich und nicht unwahrscheinlich, dass die in Paris so weit verbreiteten Geschichten, dass große Mengen verhafteter Gefangener in den toten Stunden der Nacht aus dem Gefängnis geholt und von Soldatenkörpern absichtlich erschossen wurden, eine Rolle gespielt haben könnten übertrieben oder unwahr gewesen. Maupas, der Präfekt der Polizei war und die Wahrheit gekannt haben musste, bestritt dies entschieden; Aber die Frage, welche Glaubwürdigkeit man einem Mann seiner Vorfahren entgegenbringen sollte, der prahlte, von Anfang an ein führender Agent der gesamten Verschwörung gewesen zu sein, kann berechtigterweise gestellt werden. [46] Beweise für diese Dinge konnten, wie mit Recht gesagt wurde, kaum erlangt werden, da die Presse völlig gesperrt war und jede Möglichkeit einer Untersuchung verhindert wurde. Bezüglich der Zahl derjenigen, die in den wenigen Wochen nach dem 2. Dezember transportiert oder gewaltsam vertrieben wurden, können wir uns vielleicht auf den Historiker und Lobredner des Imperiums verlassen. Er berechnet sie auf die enorme Zahl von 26.500. [47] Nach der Volksabstimmung wurden neue Verbotsmaßnahmen ergriffen, und laut Émile Ollivier, einem der enthusiastischsten und geschicktesten Lobredner des *Staatsstreichs* , gab es in den ersten Monaten des Jahres 1852 zwischen 15.000 und 20.000 politische Gefangene Die französischen Gefängnisse. [48] Auf diese Weise erlangte Louis Napoleon das Reich, das der Traum seines Lebens gewesen war.

Wie viele der großen Verbrechen der Geschichte verlief auch dieses nicht ohne Linderung, und eine detailliertere Untersuchung wird zeigen, dass diese Linderung nicht unerheblich war. Napoleon war mit 5.434.226 von 7.317.344 abgegebenen Stimmen zum Präsidenten gewählt worden, und mit seinem Namen, seinen Vorfahren und seinen bekannten Bestrebungen zeigte diese überwältigende Mehrheit deutlich, was die wahren Wünsche des Volkes waren. Seine Macht beruhte auf dem allgemeinen Wahlrecht; es war unabhängig von der Kammer. Es gab ihm die Führung der Armee, obwohl er diese nicht persönlich befehligen konnte, und er nahm von Anfang an eine unabhängige und fast königliche Position ein. Bei der ersten Kritik, die nach seiner Wahl stattfand, wurde er von den Soldaten mit „Vive Napoléon!"- Rufen begrüßt. Vive l'Empereur!' Es stellte sich bald heraus, dass die

Verfassung von 1848 äußerst undurchführbar war. Um es mit den Worten von Lord Palmerston zu sagen: „Es gab zwei Großmächte, von denen jede ihre Existenz aus der gleichen Quelle hatte und die fast uneinig waren, aber keinen Schiedsrichter hatten, der zwischen ihnen entscheiden konnte, und keine von ihnen war in der Lage, die andere mit rechtlichen Mitteln loszuwerden." .' Der Präsident konnte die Kammer nicht auflösen, aber er konnte ihr jedes von ihm gewählte Ministerium auferlegen. Er selbst wurde nur für vier Jahre gewählt und konnte nicht wiedergewählt werden, während die Befugnisse des Präsidenten und der Kammer durch eine höchst absurde Bestimmung im Jahr 1852 gleichzeitig erlöschen sollten, wodurch Frankreich ohne Regierung zurückblieb und der Gefahr ausgeliefert war die größte Gefahr der Anarchie.

Die im Mai 1849 gewählte gesetzgebende Versammlung war allerdings alles andere als revolutionär. Es bestand aus einer Minderheit verzweifelter Sozialisten, es war in viele Fraktionen zersplittert und wie die meisten demokratischen französischen Kammern zeigte es viel Schwäche und Inkonsistenz; aber die überwiegende Mehrheit ihrer Mitglieder waren Konservative, die keinerlei Sympathie für die Revolution hatten, und ihr Verhalten gegenüber dem Präsidenten war, wenn man es fair beurteilt, im Großen und Ganzen sehr gemäßigt. Er behandelte es bald mit Verachtung, und es war ganz offensichtlich, dass dahinter keine nationale Begeisterung steckte. In den großen Städten wuchs die sozialistische Partei rasch; Im Juni 1849 kam es in Paris zu einem fehlgeschlagenen sozialistischen Aufstand und in Lyon zu einem etwas furchterregenderen. Sie waren leicht niederzuschlagen, aber die Sozialisten eroberten einen großen Teil der Pariser Repräsentation und es gelang ihnen, im ganzen Land eine wilde Panik auszulösen. Es führte zu mehreren reaktionären Maßnahmen, von denen die wichtigste ein Gesetz war, das durch die Einführung neuer Wohnsitzbedingungen das Wahlrecht erheblich einschränkte. Dieses Gesetz wurde der Kammer von den Ministern des Präsidenten und mit seiner Zustimmung vorgelegt, obwohl er später die Wiederherstellung des allgemeinen Wahlrechts forderte und ein Dekret, das dies durchführte, zu einer der Hauptrechtfertigungen seines *Staatsstreichs machte* . Das restriktive Gesetz wurde am 31. Mai 1850 mit überwältigender Mehrheit durch die Kammer verabschiedet, wurde jedoch von einigen ihrer führenden Mitglieder mit großer Beredsamkeit angeprangert, was die Unbeliebtheit der Versammlung erheblich steigerte und ihre Autorität erheblich schmälerte im Kampf mit einem Präsidenten, dessen Autorität auf dem direkten allgemeinen Wahlrecht beruhte. Mehr als einmal übte er seine Befugnis aus, Ministerien zu entlassen und zu ernennen, völlig unabhängig von deren Stimmen und Wünschen, und in jedem Fall, um alle Machtposten mit seinen eigenen Geschöpfen zu besetzen. Die ihn unterstützenden Zeitungen schimpften ständig gegen die Kammer und betonten die Gefahr der

Anarchie, der Frankreich im Jahr 1852 ausgesetzt sein würde, und die absolute Notwendigkeit eines „Retters der Gesellschaft". Auf wiederholten Reisen durch Frankreich und in mehr als einer Militärschau gab der Präsident Anlass zu Demonstrationen, bei denen der Ruf „Vive l'Empereur!" erklang. wurden oft gehört und dienten offensichtlich dazu, ihn in seinem Konflikt mit der Kammer zu stärken.

Der Mann, vor dem er am meisten zu fürchten hatte, war Changarnier, der seit Ende 1848 Befehlshaber der Truppen in Paris war und dessen Name, obwohl weit weniger beliebt als der Napoleons, bei der Armee großes Gewicht hatte. Er war ein Mann mit starkem Hang zur Autorität und wurde von den monarchischen Parteien sehr umworben, stand aber eine Zeit lang in entschiedener Sympathie mit Napoleon, von dem er sich jedoch trotz großer Angebote, die man ihm gemacht hatte, allmählich entfernte. Er erließ den Truppen unter seinem Kommando zwingende Befehle und verbot jegliches Parteigeschrei bei Überprüfungen. Er erklärte im Plenarsaal, dass diese Schreie „nicht nur ermutigt, sondern auch provoziert" worden seien, und als die Absicht des Präsidenten, seine Präsidentschaft zu verlängern, offensichtlich wurde, versicherte er Odilon Barrot, dass er vorbereitet sei, wenn es vom Minister angeordnet und vom Minister genehmigt würde Präsident der Kammer, um dem *Staatsstreich vorzugreifen* , indem er Louis Napoleon festnahm und einsperrte. [49] Dem Präsidenten gelang es, ihn seines Kommandos zu entheben und eine eigene Kreatur an die Spitze der Pariser Truppen zu stellen; aber obwohl Changarnier seiner Entlassung ohne Widerstand zustimmte, blieb er ein wichtiges Mitglied der Versammlung; Er erklärte offen, dass sein Schwert zu ihren Diensten stünde, und wenn es zu einem bewaffneten Konflikt kommen würde, war es einigermaßen sicher, dass er dessen Repräsentant sein würde. Der Präsident hatte ein offizielles Gehalt von 48.000 *Pfund* – fast fünfmal so viel wie der Präsident der Vereinigten Staaten. Die Kammer weigerte sich, den Betrag zu erhöhen, stimmte jedoch mit sehr knapper Mehrheit und auf Wunsch von Changarnier zu, seine Schulden zu begleichen.

Die Forderung nach einer Revision der Verfassung, die eine Wiederwahl des Präsidenten ermöglichen würde, nahm im ganzen Land rasch zu, und es besteht kaum ein Zweifel daran, dass dies allgemein als die einzige friedliche Lösung angesehen wurde, und das auch es stellte den wahren Wunsch der großen Mehrheit des Volkes dar. Petitionen dafür, die eine enorme Anzahl von Unterschriften trugen, wurden der Kammer vorgelegt, und die überwältigende Mehrheit der Conseils Généraux, denen die Abgeordneten im Allgemeinen angehörten, stimmte für die Revision. Der Präsident hat dies nicht so sehr gefordert, sondern vielmehr gefordert. In einer Botschaft, die er an die Kammer sandte, erklärte er, dass das Volk 1852 seine Wünsche feierlich zum Ausdruck bringen würde, wenn es nicht für die Revision stimmte. In einer Rede in Dijon am 1. Juni 1851 erklärte er, dass Frankreich dies von allen Seiten verlange; dass er den Wünschen der Nation folgen würde und dass Frankreich nicht in seinen Händen untergehen würde. In derselben Rede beschuldigte er die Kammer , seinen Wunsch, das Schicksal des Volkes zu verbessern, nie zu unterstützen. Gleichzeitig ließ er keine Gelegenheit aus, zu zeigen, dass seine besondere Sympathie und sein Vertrauen der Armee galten, und er lobte besonders die Obersten der Regimenter, die sich bei den Demonstrationen zu seinen Gunsten als die prominentesten erwiesen hatten. [50] Die Bedeutung all dessen war kaum zweifelhaft. Changarnier nahm den Fehdehandschuh auf, und zu einer Zeit, als die Frage der Revision vor der Kammer stand, erklärte er, dass kein Soldat jemals dazu veranlasst werden würde, gegen das Gesetz und die Versammlung vorzugehen, und er forderte die Abgeordneten auf, in Ruhe zu beraten.

Die Revision wurde in der Kammer mit 446 zu 278 Stimmen angenommen, für eine Verfassungsänderung war jedoch eine Mehrheit von drei Vierteln erforderlich, und diese Mehrheit wurde nicht erreicht, und angesichts der desintegrierten Lage der französischen Parteien schien es kaum wahrscheinlich, dass sie erreicht wird. Die Kammer wurde kurz darauf für etwa zwei Monate vertagt, so dass sich die Situation nicht änderte und die Spannung und Panik extrem waren. Von 85 Conseils Généraux in Frankreich stimmten 80 für die Revision, drei enthielten sich, zwei waren nur dagegen.

Der Präsident hatte sich nun endgültig für einen *Staatsstreich entschieden* , und bevor die Kammer wieder zusammentrat, wurde ein neues Ministerium konstituiert, wobei St.-Arnaud an der Spitze der Armee und Maupas an der Spitze der Polizei stand. Sein erster Schritt bestand darin, die Kammer aufzufordern, das Gesetz vom 31. Mai aufzuheben, mit dem das allgemeine Wahlrecht abgeschafft wurde. Die Kammer lehnte nach langem Zögern ab, jedoch nur mit zwei Stimmen. Der Glaube, dass die Frage nur mit Gewalt gelöst werden könne, verbreitete sich, und die mutigeren Geister in der Kammer erkannten deutlich, dass sie der Militärpartei wahrscheinlich hilflos gegenüberstehen würden, wenn keine neuen Maßnahmen ergriffen würden. Durch ein Dekret von 1848 hatte der Präsident der Kammer das Recht, bei Bedarf unabhängig vom Kriegsminister Truppen zu ihrem Schutz anzufordern, und es wurde nun der Antrag gestellt, dass er einen General auswählen könne, dem er dies möge diese Befugnis delegieren. Eine solche Maßnahme, die das Militärkommando aufteilte und es der Kammer ermöglichte, über einen eigenen General und eine eigene Armee zu verfügen, hätte sich möglicherweise als sehr wirksam erwiesen, aber sie hätte Frankreich wahrscheinlich in einen Bürgerkrieg verwickelt, und der Präsident war entschlossen, dies zu tun, wenn die Kammer darüber abstimmen würde Daraufhin sollte sofort der *Staatsstreich* stattfinden. Die Abstimmung fand am

17. November 1851 statt. St.-Arnaud lehnte als Kriegsminister die Maßnahme aus verfassungsrechtlichen Gründen ab und verwies auf die Gefahr eines geteilten Militärkommandos, doch während der Diskussion befanden sich Maupas und Magnan auf der Tribüne Kammer, die darauf wartet, St.-Arnaud den Befehl zu erteilen, die Truppen aufzurufen und die Kammer zu umzingeln und aufzulösen, falls der Vorschlag angenommen wird.

Es wurde jedoch mit einer Mehrheit von 108 abgelehnt, und es vergingen noch ein paar unruhige Tage voller Verschwörung und Panik, bevor der Schlag ausgeführt wurde. Der Zustand der öffentlichen Wertpapiere und die Aussagen der besten Richter aller Parteien zeigten die Ernsthaftigkeit der Besorgnis. Es stimmte nicht, wie der Präsident in der anlässlich des *Staatsstreichs herausgegebenen Proklamation feststellte, dass die Kammer zu einem bloßen Nest von Verschwörungen geworden sei, und in seiner Behauptung, er habe den Staatsstreich* durchgeführt, lag eine seltsame Kühnheit zum Zwecke der Aufrechterhaltung der Republik gegen monarchische Verschwörungen; aber es stimmte durchaus, dass man allgemein davon überzeugt war, dass Gewalt unvermeidlich geworden sei; dass der Hauptzweifel darin bestehe, ob Napoleon oder Changarnier den ersten Schlag ausführen würden, und dass, obwohl der offensichtliche Wunsch der Mehrheit des Volkes darin bestehe, Napoleon wiederzuwählen, einige Mitglieder der Kammer die Absicht hätten, ihn an sich zu reißen zu erzwingen und an seiner Stelle ein Mitglied des Hauses Orleans zu wählen. [51] Am 2. Dezember fiel der Vorhang, und Napoleon begleitete seinen *Staatsstreich* mit einem Dekret zur Auflösung der Kammer, zur Wiederherstellung des allgemeinen Wahlrechts durch seine eigene Autorität, zur Abschaffung des Gesetzes vom 31 Die Franzosen sollen sein Handeln anhand ihrer Stimme beurteilen.

Es war sicherlich kein Appell, auf den großes Vertrauen gesetzt werden konnte. Unmittelbar nach dem *Staatsstreich* stimmte die Armee, die ganz auf seiner Seite stand, separat und offen ab, damit Frankreich klar wusste, dass die Streitkräfte auf der Seite des Präsidenten standen, und die Folgen eines für ihn ungünstigen Urteils vorhersagen konnte seine Ansprüche. Als fast drei Wochen später die zivile Volksabstimmung stattfand, herrschte Kriegsrecht. Öffentliche Versammlungen jeglicher Art waren verboten. Keine Zeitung, die der neuen Behörde feindlich gesinnt war, war zugelassen. Es durften keine Wahlunterlagen oder Plakate in Umlauf gebracht werden, die nicht von Regierungsbeamten genehmigt worden waren. Der schreckliche Erlass, dass alle, die jemals einem Geheimbund angehört hatten, im Fieber Afrikas zum Tode geschickt werden könnten, wurde im weitesten Sinne ausgelegt und jede politische Gesellschaft oder Organisation war darin eingeschlossen. Alle Funktionäre eines stark zentralisierten Landes wurden zu leidenschaftlichen Wahlhelfern, und die Frage wurde so gestellt, dass die

Wähler keine andere Wahl hatten als für oder gegen den Präsidenten, eine negative Abstimmung führte dazu, dass das Land keine Regierung mehr hatte und die Aussicht auf Anarchie fast sicher war und Bürgerkrieg. Unter diesen Umständen gab es 7.500.000 Stimmen für den Präsidenten und 500.000 gegen ihn.

Aber nachdem alle Schlussfolgerungen gezogen wurden, kann es keinen wirklichen Zweifel daran geben, dass die Mehrheit der Franzosen mit dem neuen *Regime einverstanden war*. Der Terror des Sozialismus war weit verbreitet und brachte den brennenden Wunsch nach einer starken Regierung mit sich. Die Wahrscheinlichkeit einer Periode blutiger Anarchie war so groß, dass viele Menschen froh waren, um fast jeden Preis davor bewahrt zu werden. Der Parlamentarismus war zutiefst diskreditiert. Die bäuerlichen Besitztümer hatten sich nie darum gekümmert, und die bürgerliche Klasse, bei der es einst beliebt gewesen war, hatte jetzt große Angst. Nichts in den zeitgenössischen Berichten dieser Zeit ist auffälliger als die Gleichgültigkeit, der fast amüsierte Zynismus oder das Gefühl der Erleichterung, mit dem die große Masse der Franzosen offenbar die Zerstörung ihrer Verfassung und die groben Beleidigungen, die einer Kammer zugefügt wurden, miterlebt hat Darunter befanden sich so viele der berühmtesten ihrer Landsleute.

Wir können in diesem Punkt kaum eine bessere Autorität haben als Tocqueville. Niemand empfand die Ungerechtigkeit dessen, was getan worden war, tiefer oder bitterer; aber er machte sich keine Illusionen über die Gefühle des Volkes. Die Verfassung sei völlig unpopulär gewesen, sagt er. „Louis Napoleon hatte das Verdienst oder das Glück, das zu entdecken, was nur wenige ahnten – den latenten Bonapartismus der Nation ... Die Erinnerung an den Kaiser, vage und undefiniert, aber deshalb umso imposanter, wohnte immer noch wie eine Heldenlegende in den Vorstellungen." der Menschen.' Nach Meinung Tocquevilles verurteilten und lehnten alle Gebildeten den *Staatsstreich ab*. „Siebenunddreißig Jahre Freiheit haben für uns eine freie Presse und eine freie parlamentarische Diskussion notwendig gemacht." Aber der Großteil der Nation war nicht bei ihnen. Er sagte voraus, dass die neue Regierung „so lange bestehen bleiben wird, bis sie bei der Masse des Volkes unpopulär ist". Gegenwärtig beschränkt sich die Missbilligung auf die gebildeten Klassen. „Die Reaktion gegen die Demokratie und sogar gegen die Freiheit ist unwiderstehlich." [52]


Zweifellos ist diese Aussage auf beiden Seiten übertrieben. Das erschreckende Ausmaß der Deportationen und Inhaftierungen durch die neue Regierung scheint zu zeigen, dass der Hass tiefer ging, als Tocqueville vermutete, und andererseits kann man angesichts der Franzosen kaum sagen, dass die gebildeten Klassen das, was getan worden war, gänzlich ablehnten

Die Kassen stiegen sofort von 91 auf 102, fast alle Zweige des französischen Handels erlebten einen ähnlichen Aufschwung, [53] etwa zwanzig Generäle waren aktiv an der Verschwörung beteiligt und die große Priesterschaft war über ihren Erfolg erfreut. Die Wahrheit scheint zu sein, dass das französische Eigentum im Erfolg des *Staatsstreichs* einen Ausweg aus einer großen Gefahr sah, während zwei mächtige Berufsgruppen, die Armee und die Kirche, stark für den Präsidenten waren. Auf die Armee übte der Name Napoleons einen magischen Einfluss aus, und die Expedition nach Rom und die Wahrscheinlichkeit, dass die neue Regierung unter geistlicher Führung stehen würde, reichten in den Augen der Kirchenpartei völlig aus, um das Vorgehen zu rechtfertigen.

Nichts in dieser seltsamen Geschichte ist in der Tat bedeutsamer als die Haltung der besonderen Führer und Vertreter der Kirche, die lehren: „Es wäre besser, wenn Sonne und Mond vom Himmel fallen würden, wenn die Erde vergehen würde, und zwar für alle." Von den vielen Millionen, die darauf warten, in größter Qual an Hunger zu sterben, was die zeitliche Not angeht, ist es nicht so, dass eine einzige Seele ... eine lässliche Sünde begehen, eine vorsätzliche Unwahrheit sagen sollte.' [54]


*Staatsstreich* zu billigen oder seinem Urheber Vertrauen auszudrücken. Aber der jüngste Lobredner des Imperiums prahlt damit, dass sie in ihrem Beruf fast allein waren. Auf Anraten des päpstlichen Nuntius und der führenden französischen Bischöfe verlor der Klerus keine Zeit, seine Glückwünsche zu überbringen. Veuillot, der mehr als jeder andere Mann die überwiegende Mehrheit der französischen Priesterschaft vertrat und beeinflusste, schrieb mit unverhohlener und uneingeschränkter Freude und Freude über das, was getan worden war. Sogar Montalembert schloss sich am Tag nach dem *Staatsstreich der Regierung an* . Er beschrieb Louis Napoleon als einen Prinzen, „der eine wirksamere und intelligentere Hingabe an religiöse Interessen gezeigt hatte als jeder andere, der Frankreich sechzig Jahre lang regiert hatte"; und es wurde allgemein anerkannt, dass die große Masse des Klerus, mit Erzbischof Sibour an der Spitze, in diesem kritischen Moment glühende Unterstützer der neuen Regierung waren. [55] Kinglake hat in einem Buch von unsterblicher Schönheit die Szene beschrieben, als Louis Napoleon dreißig Tage nach dem *Staatsstreich* in Notre Dame erschien, um inmitten all des Pomps, den katholische Zeremonien verleihen konnten, den feierlichen Segen zu empfangen der Kirche, und dem Te Deum zuzuhören, in dem dem Allmächtigen für das, was erreicht wurde, gedankt wird. Allerdings kam die Zeit, in der sich die Politik der Priester änderte, denn sie fanden, dass Louis Napoleon liberaler und weniger klerikal war, als sie dachten; Aber wenn man die Gefühle einschätzt, mit denen die französischen Liberalen die Kirche beurteilen, sollte man nie ihre Haltung gegenüber dem Meineid und der Gewalt vom 2. Dezember vergessen.

Für diejenigen, die die politische Ethik der römisch-katholischen Kirche nicht anhand der irreführenden Seiten von Schriftstellern wie Newman beurteilen, sondern anhand einer Untersuchung ihres tatsächlichen Verhaltens in den verschiedenen Perioden ihrer Geschichte, wird sie keineswegs inkonsistent erscheinen. Es ist nur ein weiteres Beispiel für die Art und Weise, wie es alle Handlungen betrachtet, die seinen Interessen förderlich erscheinen. Es war derselbe Geist, der einen Papst dazu veranlasste, öffentlich für das Massaker am heiligen Bartholomäus zu danken und Vasari zu befehlen, den Mord an Coligny an die Wände des Vatikans zu malen und ihn zu den Triumphen der Kirche zu zählen. Kein christlicher Herrscher der Neuzeit hat eine schlimmere Erinnerung hinterlassen als Ferdinand II. von Neapel, der den Papst empfing, als er 1848 nach Gaëta floh. Er war der Herrscher, dessen Regierung von Gladstone als „Verneinung Gottes" beschrieben wurde. Er zerstörte nicht nur die Verfassung, zu deren Einhaltung er geschworen hatte, sondern warf auch die liberalen Minister, die ihm vertraut hatten, in einen abscheulichen Kerker. Doch in den Augen des Papstes überwogen seine Verdienste um die Kirche alle Mängel bei weitem, und das Denkmal, das diesem „frömmsten Fürsten" errichtet wurde, kann in einer der Kapellen des Petersdoms besichtigt werden. Jeder Besucher von Paris kann das Fresko in der Madeleine sehen, auf dem Napoleon I. triumphierend auf den Wolken sitzt und von einer bewundernden Priesterschaft umgeben ist, die prominenteste und verherrlichtste Figur auf einem Bild, das die Geschichte des französischen Christentums darstellt, mit Christus darüber, der segnend ist die Arbeit.


Es ist in der Tat eine äußerst bedeutsame Tatsache, dass in katholischen Ländern das höchste moralische Niveau im öffentlichen Leben heute selten bei denen zu finden ist, die den Geist und die Lehre ihrer Kirche besonders vertreten, und viel häufiger bei Männern, die nichts mit ihr zu tun haben oft mit aller dogmatischen Theologie. Wie selten hat die ausgesprochen katholische Presse ungerechte Kriege, skrupellose Bündnisse, Verletzungen verfassungsrechtlicher Verpflichtungen, unprovozierte Aggressionen, große Ausbrüche von Intoleranz und Fanatismus ernsthaft gerügt! Es ist in der Tat nicht übertrieben zu sagen, dass einige der schlimmsten moralischen Perversionen der Neuzeit von einer großen Zahl wahrhaft katholischer Meinungen sowohl im Priestertum als auch in der Presse unterstützt und gefördert wurden. Die antisemitische Bewegung, die beschämende Gleichgültigkeit gegenüber der Gerechtigkeit, die Frankreich im Fall Dreyfus an den Tag legte, und die unzähligen Betrügereien, Verbrechen und

Unterdrückungen, die mit der Vorherrschaft der Irish Land League einhergingen, sind aktuelle und auffällige Beispiele.

Unter säkular gesinnten Laien wurde der *Staatsstreich* von Louis Napoleon, wie ich bereits sagte, unterschiedlich beurteilt. Wenige Dinge in der französischen Geschichte sind ehrenvoller als die Entschlossenheit, mit der so viele Männer, die die Blüte der französischen Nation darstellten, sich weigerten, den Eid zu leisten oder sich der neuen Regierung anzuschließen. Große Staatsmänner und einige angesehene Soldaten, mit einer glänzenden Vergangenheit und der Aussicht auf eine glänzende Karriere vor ihnen; geniale Männer, die auf ihren Lehrstühlen das Zentrum des intellektuellen Lebens Frankreichs bildeten; Funktionäre, die durch mühevollen und beharrlichen Fleiß die Stufen ihres Berufs erklommen hatten und deren Lebensunterhalt von dessen Bezügen abhängig war, nahmen eher Armut, Verbannung und das lange Verschwinden der ehrenhaftesten Ambitionen in Kauf, als einen Eid zu leisten, der die Usurpation zu rechtfertigen schien. Gleichzeitig haben einige Staatsmänner von unbestreitbarer Ehre es nicht vollständig und in allen Teilen verurteilt. Unter ihnen ragte Lord Palmerston heraus. Ohne seine Zustimmung zu allem, was getan worden war, zum Ausdruck zu bringen, behauptete er stets, dass der Zustand Frankreichs so sei, dass eine gewaltsame Untergrabung einer undurchführbaren Verfassung und die Bildung einer starken Regierung absolut notwendig geworden seien; dass der *Staatsstreich* Frankreich vor der größten und drohendsten Gefahr von Anarchie und Bürgerkrieg gerettet habe und dass diese Tatsache seine Rechtfertigung sei. Ohne die unmittelbar darauf folgenden Taten grausamer Tyrannei wäre seine Meinung weit verbreiteter gewesen.

Es ist wahrscheinlich, dass der moralische Charakter von *Staatsstreichen* in Zukunft nicht selten in Europa zur Diskussion stehen wird, wie es in Südamerika oft der Fall war. Wie die besten Beobachter immer klarer erkennen, ist eine parlamentarische Regierung, die auf Parteilinien basiert, keineswegs eine leichte Sache, und sie erreicht selten Vollkommenheit ohne lange Erfahrung und ohne Geistes- und Charaktereigenschaften, die unter den Nationen der Welt sehr ungleich verteilt sind . Es erfordert Kompromissbereitschaft, Geduld und Mäßigung; die Art von Geist, der das Solide, Praktische und Wohlmeinende vom Brillanten, Plausiblen und Ehrgeizigen unterscheiden kann und dem mehr auf nützliche Ergebnisse und die Vereinbarkeit vieler Interessen und Meinungen als auf eine starre Einheitlichkeit und Konsistenz bedacht ist Prinzip; die zwar persönliche Ambitionen und Parteiziele verfolgen, diese aber bei großen Anlässen öffentlichen Interessen unterordnen können. Es braucht eine Kombination aus Unabhängigkeit und Disziplin, die nicht üblich ist, und wo sie nicht existiert, degenerieren Parlamente schnell entweder zu einer Ansammlung von Marionetten in den Händen von Parteiführern oder zu desintegrierten, demoralisierten, aufsässigen Gruppen. Einige der bedeutendsten Nationen der Welt – Nationen, die sich durch edlen und brillanten Intellekt auszeichnen; für großartigen Heldentum; für große Erfolge in Frieden und Krieg – sind in dieser Regierungsform eklatant gescheitert. In England ist es mit unserem Wachstum gewachsen und mit unserer Stärke stärker geworden. Wir haben es in vielen Phasen geübt. Seine Traditionen sind tief verwurzelt und stehen in vollem Einklang mit dem nationalen Charakter. Aber im gegenwärtigen Jahrhundert wurde diese Art von Regierung von vielen Nationen übernommen, die dafür völlig ungeeignet waren, und sie haben sie normalerweise in der schwierigsten aller Formen übernommen – der einer unkontrollierten Demokratie, die auf dem allgemeinen Wahlrecht beruht. Es wird sehr offensichtlich, dass solche Versammlungen in vielen Ländern völlig unfähig sind, den ersten Platz in der Regierung einzunehmen, aber sie sind durch Eide und andere Verfassungsformen so eingezäunt, dass nichts weniger als Gewalt ihnen eine Macht nehmen kann, die sie niemals erreichen könnten freiwillig verzichten. In solchen Ländern tendiert die Demokratie viel weniger natürlicherweise zum parlamentarischen System als vielmehr zu irgendeiner Form von Diktatur, zu einem gewissen Despotismus, der auf einer Volksabstimmung beruht und durch diese gerechtfertigt wird. Es ist wahrscheinlich, dass es viele Übergänge in diese Richtung geben wird. Sie werden selten aus rein öffentlichen Motiven oder ohne Meineid und Gewalt durchgeführt. Aber die öffentliche Meinung wird jeden Fall nach seinen eigenen Vorzügen beurteilen, und wenn nachgewiesen werden kann, dass die Ergebnisse vorteilhaft sind und dass große Teile der Bevölkerung dies gewollt haben, wird eine solche Tat nicht scharf verurteilt.

Fälle widersprüchlicher ethischer Urteile anderer Art können leicht angeführt werden. Einer der bekanntesten war der von Gouverneur Eyre zur Zeit des Jamaika-Aufstands von 1865. In diesem Fall war weder persönliches Interesse noch Ehrgeiz die Rede. Der Gouverneur war ein Mann von makelloser Ehre, der seinem Land in einer Zeit äußerster Schwierigkeiten und Gefahren große Dienste geleistet hatte. Durch sein schnelles und mutiges Vorgehen wurde ein Negeraufstand schnell niedergeschlagen, der, wenn er sich hätte ausdehnen dürfen, ungeahnte Schrecken über Jamaika gebracht hätte. Aber das Kriegsrecht, das er verkündet hatte, wurde sicherlich länger als nötig aufrechterhalten, es wurde mit übertriebener Strenge ausgeübt, und es handelte sich nicht nur um Männer, die in Waffengewalt genommen worden waren. Ein auffälliger ziviler Agitator, der wesentlich dazu beigetragen hatte, den Aufstand anzuregen, und nach Ansicht des Gouverneurs dessen „Hauptursache und Ursprung" gewesen war, der aber, wie die meisten Männer seiner Art, lediglich andere angestachelt hatte, ohne etwas davon zu nehmen Er selbst war ein direkter Teil davon, wurde in einem Teil der Insel verhaftet, in dem das Kriegsrecht nicht verhängt wurde, und wurde auf Anordnung eines Militärgerichts auf eine Weise vor Gericht gestellt und gehängt, die die besten Justizbehörden Englands für völlig ungerechtfertigt erklärten. Wäre diese Tat unabhängig von den allgemeinen Verhältnissen auf der Insel betrachtet worden, hätte sie eine strenge Strafe verdient. Hätte man die Dienste des Gouverneurs unabhängig von diesem Akt betrachtet, hätten sie hohe Ehren von der Krone verdient. In Jamaika wurde der Gouverneur vom Legislativrat und der Versammlung voll und ganz unterstützt, aber zu Hause war die öffentliche Meinung heftig gespalten, und die Tatsache, dass die führenden Literaten und Wissenschaftler Englands in dieser Frage Partei ergriffen, steigerte das Interesse erheblich. Carlyle war maßgeblich an der Verteidigung von Gouverneur Eyre beteiligt. John Stuart Mill war Vorsitzender eines Komitees, das ihn als einfachen Kriminellen betrachtete und ihn mehr als zwei Jahre lang mit hartnäckiger Rachsucht verfolgte. Wie zu erwarten war, konzentrierte sich die eine Seite ausschließlich auf seine Dienste und die andere Seite auf seine Missetaten. Gouverneur Eyre erhielt keine Belohnung für die großen Dienste, die er geleistet hatte, und er wurde von seinen Feinden in ruinöse Rechtsausgaben verwickelt, die jedoch später von der Regierung bezahlt wurden; Doch diejenigen, die ihn wegen Mordes vor Gericht stellen wollten, scheiterten, denn die Grand Jury von Old Bailey lehnte den Gesetzentwurf ab. Ich glaube, die öffentliche Meinung war im Großen und Ganzen mit dem einverstanden, was sie getan hatten. Die meisten gemäßigten Männer waren zu dem Schluss gekommen, dass Gouverneur Eyre ein mutiger und ehrenhafter Mann war, der dem Staat große Dienste geleistet und unzählige Leben gerettet hatte, der sich aber aus keinem unwürdigen Motiv und in einer Zeit extremer Gefahr und Panik verpflichtet hatte ein schwerwiegender Fehler, der reichlich gesühnt worden war.

Auch die neueren Ereignisse im Zusammenhang mit dem Jameson-Überfall auf Transvaal können zitiert werden. Zur Razzia selbst gibt es wenig zu sagen. Es war in Wahrheit eines der schändlichsten und schelmischsten Ereignisse in der jüngeren Kolonialgeschichte, und sein Charakter wurde durch keinerlei Anzeichen von Heldentum oder Geschicklichkeit gemildert. Diejenigen, die direkt daran beteiligt waren, wurden ordnungsgemäß vor Gericht gestellt und ordnungsgemäß bestraft. Ein Teil der englischen Gesellschaft nahm in dieser Frage eine schändliche Haltung ein, aber es muss zumindest zur Linderung gesagt werden, dass sie grob getäuscht worden waren, da eines der wichtigsten und normalerweise vertrauenswürdigsten Meinungsorgane als Organ der Meinungsfreiheit eingesetzt worden war Verschwörer.

Eine schwierigere Frage stellte sich im Fall des Staatsmannes, der die Expedition gegen Transvaal vorbereitet und organisiert hatte. Es ist sicher, dass die eigentliche Razzia ohne sein Wissen oder Einverständnis stattgefunden hatte, doch als er davon Kenntnis erlangte, unterließ er es, Schritte zu unternehmen, um sie zu stoppen. Es kann auch zugegeben werden, dass es tatsächliche Missstände gab, über die man sich beschweren konnte. Durch eine seltsame Ironie des Schicksals waren einige der größten Goldminen der Welt in den Besitz vielleicht der einzigen Menschen geraten, die sie nicht begehrten; einer Rasse von Jägern und Bauern, die den modernen Ideen zutiefst feindlich gegenüberstanden, die zweimal ihre Heimat verlassen hatten und lange Reisen in ferne Länder unternommen hatten, auf der Suche nach Einsamkeit und Raum und nach einem Zuhause, in dem sie ihr primitives, ländliches Leben ungestört von Fremden führen konnten Element. Diese Männer stellten nun fest, dass ihr Land das Zentrum eines riesigen Stroms ausländischer Einwanderung war, und zwar jener äußerst unerwünschten Art der Einwanderung, die Goldminen unweigerlich fördern. Ihre Gesetze waren sehr rückständig, aber der Teil, der am repressivsten war, bezog sich auf die Goldminenindustrie, die fast vollständig in den Händen der Einwanderer lag, und das war es, was sie zu einem Hauptziel machte, ihre Regierung zu stürzen. Die Spur der Finanzen zieht sich durch die ganze Geschichte, aber es kann anerkannt werden, dass Herr Rhodes, obwohl er durch Bergbauspekulationen ein enormes Vermögen gemacht hatte und obwohl er als Finanzier vor allem daran interessiert war, das Regierungssystem in Johannesburg zu stürzen, dies tat Es war nicht wahrscheinlich, dass er ein Mann war, der nur von der Liebe zum Geld angetrieben wurde, und dass ihn der politische Ehrgeiz, der eng mit der Öffnung und der Zivilisation Afrikas verbunden war, weitgehend antrieb. Ob die Motive seiner Mitverschwörer von derselben Art waren, mag fraglich sein. Was er jedoch tat, ist ganz klar erwiesen. Als er die streng vertrauliche Position des Premierministers der Kapkolonie innehatte und gleichzeitig Geheimrat der Königin war, beteiligte er sich an einer Verschwörung zum Sturz der Regierung eines benachbarten und befreundeten Staates. Um diesen Plan auszuführen, täuschte er den Hochkommissar, dessen Premierminister er war. Er hat seine eigenen Kollegen im Ministerium getäuscht. Er sammelte unter Vorspiegelung falscher Tatsachen eine Truppe, die bei einem Aufstand in Johannesburg kooperieren sollte. Als Direktor der Chartered Company nutzte er diese Position ohne Wissen seiner Kollegen, um die Verschwörung voranzutreiben. Er beteiligte sich aktiv und heimlich am Schmuggel großer Waffenmengen nach Transvaal, die für den Aufstand bestimmt waren; und zu einer Zeit, als seine Organe in der Presse Johannesburg als ein Land darstellten, das vor spontaner Empörung gegen eine repressive Regierung brodelte, gab er zusammen mit einem anderen Millionär in dieser Stadt heimlich viele tausend Pfund aus, um den Aufstand anzukurbeln und zu subventionieren. Er war auch direkt mit dem schäbigsten Vorfall in der ganzen Angelegenheit verbunden, der Erfindung eines Briefes der Verschwörer von Johannesburg, in dem er die englischen

Frauen und Kinder in Johannesburg absurderweise als Gefahr darstellte, von den Buren abgeschossen zu werden, und in dem er die Briten aufforderte, sofort zu kommen um sie zu retten. Es handelte sich um einen Brief, der mit Zustimmung von Herrn Rhodes viele Wochen vor dem Überfall und bevor irgendwelche Unruhen aufgetreten waren, verfasst und in Reserve gehalten wurde, um im letzten Moment datiert und zum Zweck der Einberufung der jungen Soldaten in Südafrika verwendet zu werden sich an der Razzia zu beteiligen und anschließend ihr Verhalten vor dem Kriegsministerium zu rechtfertigen, und auch mit dem Ziel, gleichzeitig mit der ersten Nachricht von der Razzia in der englischen Presse veröffentlicht zu werden, um auf die öffentliche Meinung Englands einzuwirken und das englische Volk davon zu überzeugen, dass der Überfall zwar technisch falsch, aber moralisch vertretbar war. [56]

Herr Rhodes ist ein Mann von großem Genie und Einfluss, und in der Vergangenheit hat er dem Imperium große Dienste geleistet. Gleichzeitig kann kein vernünftiger Richter in Frage stellen, dass er bei diesen Transaktionen mehr zur Verantwortung gezogen wurde als diejenigen, die wegen ihrer Teilnahme an der Razzia tatsächlich vom Gesetz bestraft wurden – viel mehr als die jungen Offiziere, die in Wahrheit am härtesten bestraft wurden , und die aufgrund einer falschen Darstellung der Wünsche der Regierung im Inland und einer grob falschen Darstellung der Lage in Johannesburg dazu veranlasst worden waren, daran teilzunehmen. Das Scheitern der Razzia und seine unbestrittene Mitschuld an deren Absicht zwangen Herrn Rhodes dazu, sein Amt als Premierminister und sein Amt als Direktor der Chartered Company niederzulegen, und stellten zumindest zeitweise seinen Einfluss in Afrika in den Schatten; Die Minister standen jedoch vor der Frage, ob diese Rücktritte allein eine ausreichende Strafe für seine Taten darstellten.

Die Frage war in der Tat eine sehr schwierige Frage. Meiner Meinung nach hatte die Regierung recht, als sie keine Strafverfolgung versuchte, angesichts der Tatsache, dass die tatsächliche Razzia sicherlich ohne das Wissen von Herrn Rhodes durchgeführt worden war und die Beweise gegen ihn hauptsächlich aus seinen eigenen Quellen stammten freiwillige Aufnahmen vor dem Untersuchungsausschuss hätten sich zwangsläufig als fehlgeschlagen erwiesen. Vielleicht hatten sie Recht, als sie ihm nicht die Würde eines Geheimen Rats entzogen, die ihm als Belohnung für große Verdienste in der Vergangenheit verliehen worden war und die in der gegenwärtigen Regierungszeit niemandem entzogen worden war, der sie einmal innehatte verliehen. Sie hatten meines Erachtens auch Recht, als sie darauf drängten, dass nach einer langen und ausführlichen Untersuchung der Umstände des Überfalls und nach einem Bericht, in dem das Verhalten von Herrn Rhodes vollständig untersucht und streng gerügt worden war, es für den Frieden und den Frieden von größter Bedeutung sei Ich bitte die gute Regierung Südafrikas, die Angelegenheit so schnell wie möglich fallen zu lassen und die Razzia und die dadurch hervorgerufenen Feindseligkeiten zwischen den Parteien zu beenden. Aber was kann man von der Sprache eines Ministers halten, der sich freiwillig bereit erklärt hat, dem Unterhaus zu versichern, dass Herr Rhodes bei allen von mir beschriebenen Transaktionen „einen gigantischen Fehler" begangen hat, einen Fehler, der vielleicht so groß ist wie der eines Staatsmanns? hätte machen können, nichts getan, was seine persönliche Ehre beeinträchtigt hätte? [57]

Die vorstehenden Beispiele werden dazu dienen, die Art von Schwierigkeiten zu veranschaulichen, mit denen jeder Staatsmann im Umgang mit politischen Missetaten konfrontiert ist, und die Unmöglichkeit, sie nach den klar definierten Linien und Maßstäben zu behandeln, die auf die Moral eines Privatlebens anwendbar sind. Welche Schlussfolgerungen Menschen auch immer in der Abgeschiedenheit ihrer Studien ziehen mögen, wenn sie am aktiven politischen Leben teilnehmen, werden sie es für notwendig erachten, Motive, Tendenzen, vergangene Verdienste, dringende Gefahren, überwältigende Zweckmäßigkeiten und gegensätzliche Interessen umfassend zu berücksichtigen. Jeder Staatsmann, der diesen Namen verdient, hat eine starke Veranlagung, die ihm unterstellten Beamten zu unterstützen, wenn er weiß, dass sie mit dem aufrichtigen Wunsch gehandelt haben, dem Imperium zu nützen. Dies ist in der Tat ein Merkmal aller wirklich großen Staatsmänner und verleiht dem öffentlichen Dienst ein Selbstvertrauen und eine Energie, die in schwierigen und gefährlichen Zeiten von größter Bedeutung sind. In solchen Zeiten ist eine Fehlentscheidung normalerweise weniger schlimm als zaghaftes, schwankendes oder aufschiebendes Handeln, und ein kluger Minister wird viel tun, um seine Untergebenen zu verteidigen, wenn diese umgehend und mit erheblicher Gerechtigkeit auf die Art und Weise gehandelt haben, die sie für das Beste hielten obwohl sie möglicherweise erhebliche Fehler gemacht haben und die Ergebnisse ihres Handelns möglicherweise unglücklich waren.

Aber von allen Prestigeformen ist das moralische Prestige das wertvollste, und kein Staatsmann sollte vergessen, dass eines der Hauptelemente der britischen Macht das moralische Gewicht ist, das dahinter steckt. Es ist die Überzeugung, dass die britische Politik im Wesentlichen ehrenhaft und geradlinig ist, dass man dem Wort und der Ehre seiner Staatsmänner und Diplomaten uneingeschränkt vertrauen kann und dass Intrigen und Täuschungen ihrer Natur völlig fremd sind. Der Staatsmann muss sich seinen Weg zwischen rivalisierenden Fanatismen bahnen – dem Fanatismus derer, die alles verzeihen, wenn es von Erfolg gekrönt ist und zur Größe des Imperiums beiträgt, und die so tun, als hätten schwache Mächte und wilde Nationen keine moralischen Rechte; und der Fanatismus derer, die immer eine Neigung zu ihrem eigenen Land zu haben scheinen und die glauben, dass es in Zeiten des Krieges, der Anarchie oder der Rebellion und im Umgang mit wilden oder halbwilden Militärbevölkerungen möglich sei, mit dem eigenen Land zu handeln derselbe Respekt vor den technischen Einzelheiten des Rechts und der gleiche ausnahmslos hohe Standard an moralischer Gewissenhaftigkeit wie in einem friedlichen Zeitalter und einem hochzivilisierten Land. In den Angelegenheiten des Privatlebens ist die Unterscheidung zwischen richtig und falsch normalerweise sehr klar, in öffentlichen Angelegenheiten jedoch nicht. Sogar die moralischen Aspekte politischer Handlungen können ohne die Ausübung eines umfassenden, gerichtlichen und umfassenden Urteils selten richtig eingeschätzt werden, und der Geist, der einen Staatsmann leiten sollte, sollte eher der eines hochgesinnten und ehrenwerten Mannes von Welt sein eines Theologen, eines Anwalts oder eines abstrakten Moralisten.

In mancher Hinsicht ist der Standard der politischen Moral in der Neuzeit zweifellos gestiegen; aber es ist keineswegs sicher, dass dies in der internationalen Politik der Fall ist. Eine wahre Geschichte der Kriege in der zweiten Hälfte des 19. Jahrhunderts lässt uns durchaus daran zweifeln, und jüngste Enthüllungen haben uns gezeigt, dass im schrecklichsten von ihnen – dem Deutsch-Französischen Krieg von 1870 – die Schuld viel größer sein muss gleichmäßiger gespalten, als wir bisher zu glauben gewohnt waren. Nur sehr wenige Massaker in der Geschichte waren gigantischer oder eindeutiger auf das Vorgehen einer Regierung zurückzuführen als die von türkischen Soldaten unserer Generation verübten, und nur wenige Anzeichen für die geringe öffentliche Stimmung in der Christenheit sind beeindruckender als die allgemeine Gleichgültigkeit, mit der sie sich verhalten Diese Massaker wurden in den meisten Ländern in Erwägung gezogen. Es wurde deutlich gemacht, dass eine Macht, die ihre militärische Stärke behält und daher als Verbündeter gesucht und als Feind gefürchtet wird, Dinge ungestraft und sogar mit sehr wenig Tadel tun kann, was im Falle einer schwachen Nation zu Folge hätte eine schnelle Vergeltung. Unter den kleineren Episoden der Geschichte des 19. Jahrhunderts wird der Historiker nicht vergessen, wie kurz nach den grausamen Massakern an den Armeniern der Herrscher einer der größten und zivilisiertesten christlichen Nationen nach Konstantinopel eilte, um die Hand zu ergreifen, die so tief mit christlichem Blut gefärbt war. und nachdem er, wie er meinte, seine Popularität und seinen Einfluss in diesem Viertel ausreichend gestärkt hatte, ging er zum Ölberg, wo er Szenen erlebte, die durch die heiligste aller Erinnerungen geweiht sind und am besten dazu geeignet sind, den Stolz der Macht zu demütigen und die Träume des Ehrgeizes zerstreute, erklärte er sich selbst mit melodramatischer Frömmigkeit zum Verfechter und Schutzpatron des christlichen Glaubens! Wie viele Beispiele für die absichtliche Unwahrheit von Staatsmännern lassen sich aus der modernen Geschichte finden? von einzelnen vertraglichen

Verpflichtungen und Verpflichtungen, die einfach aufgehoben wurden, weil sie für eine Macht unbequem waren und ungestraft zurückgewiesen werden konnten; von schwachen Nationen, die ohne den Anschein einer echten Provokation annektiert oder ausgeplündert wurden! Die Sicherheit der Schwachen in der Gegenwart der Starken ist der beste Prüfstein für die internationale Moral. Kann man sagen, dass die öffentliche Moral unserer Zeit, gemessen an diesem Test, einen sehr hohen Stellenwert hat? Es kann niemandem entgehen, mit welcher Leichtigkeit die Ursachen von Kriegen mit barbarischen oder halbzivilisierten Nationen untersucht werden, wenn nur diese Kriege von Erfolg gekrönt sind; wie stark die gegenwärtige Handelspolitik Europas die Leidenschaft zur Aggression anregt; Wie sehr wird diese Politik in allen großen Nationen von der öffentlichen Meinung und der Presse unterstützt.

Die sich aus diesen Dingen ergebenden moralischen Fragen sind vielfältig und kompliziert und können nicht durch kurze und einfache Formeln gelöst werden. Inwieweit ist ein Staatsmann, der sieht oder zu sehen glaubt, dass eine vernichtende Gefahr durch eine aggressive ausländische Macht über seinem Land droht, berechtigt, diese Gefahr vorherzusehen, und zwar zu einem geeigneten Zeitpunkt und ohne unmittelbare Provokation, die einen Krieg erzwingt? Inwieweit ist es sein Recht oder seine Pflicht, das Leben seines Volkes aus humanitären Motiven zu opfern, um ein eklatantes Unrecht wiedergutzumachen, bei dem er vertraglich nicht verpflichtet ist, einzugreifen? Inwieweit besteht, wenn sich mehrere Mächte darauf einigen, die Integrität einer Kleinmacht zu gewährleisten, eine große Gefahr, isoliert einzugreifen, wenn ihre Mitpartner dies verweigern oder sogar Komplizen einer Plünderungspolitik sind? Inwieweit darf ein Staatsmann Maßnahmen ergreifen, die unter anderen Umständen schlichtweg ungerechtfertigt wären , um sich vor einem solchen Nachteil zu schützen , wenn die Aggression anderer Mächte seiner Nation einen kommerziellen oder sonstigen Nachteil im Wettbewerb der Nationen verschafft? Mit welchem Maß an Pünktlichkeit und zu welchem Preis an Schätzen und an Leben sollte eine Nation Beleidigungen ertragen, die sich gegen ihre Würde, ihre Untertanen und ihre Flagge richten? Was ist der Sinn und wo liegen die Grenzen des nationalen Egoismus und der nationalen Selbstlosigkeit? Es gibt so etwas wie die Gemeinschaft der Nationen, und selbst ohne vertragliche Verpflichtungen kann keine große Nation eine Politik der völligen Isolation verfolgen und dabei Verbrechen und Aggressionen außerhalb ihrer Grenzen außer Acht lassen. Andererseits gilt die Hauptpflicht eines jeden Staatsmannes seinem eigenen Land. Seine Aufgabe ist es, für viele Millionen Menschen ein größtmögliches Maß an Frieden und Wohlstand zu sichern, und ein Egoismus ist zumindest kein beschränkter, der, während er andere nicht verletzt, sich darauf beschränkt, das Glück eines großen Teils der Menschheit zu fördern die Menschliche Rasse. Opfer und Gefahren, die ein guter Mann zu akzeptieren für seine klare Pflicht halten würde, wenn sie ihn allein treffen würden, haben einen anderen Aspekt, wenn er als Treuhänder für eine große Nation und für die Interessen noch ungeborener Generationen handelt. Nichts ist katastrophaler als die Trennung von Politik und Moral, aber in der praktischen Politik werden öffentliche und private Moral niemals absolut übereinstimmen. Die öffentliche Meinung der Nation wird unweigerlich ihre Staatsmänner inspirieren und kontrollieren. Es schafft in allen Ländern einen ethischen Kodex, der ihnen mit mehr oder weniger Perfektion den Weg der Pflicht vorgibt, und obwohl ein großer Staatsmann etwas tun mag, um dieses Niveau zu erhöhen, kann er sich seinem Einfluss nie ganz entziehen. In verschiedenen Nationen ist es höher oder niedriger – in der Wahrhaftigkeit und Aufrichtigkeit der Diplomatie gibt es sehr große Unterschiede –, aber es wird niemals der genaue Kodex sein, nach dem Männer im Privatleben handeln. Es unterscheidet sich sicherlich stark von der Bergpredigt.

Es gibt einen halb unbewussten, halb eingestandenen Glauben, der sich in unserer Generation auf der ganzen Welt verbreitet und von den englischsprachigen Nationen praktisch weitgehend akzeptiert wird. Die Rückgewinnung wilder Stämme für die Zivilisation und die Übergabe der entlegenen Herrschaftsgebiete zivilisierter Länder, die anarchisch oder völlig schlecht regiert sind, in die Hände von Herrschern, die weise und aufrichtig regieren, ist eine ausreichende Rechtfertigung für Aggression und Eroberung. Viele, die im Allgemeinen einen ungerechten und nicht provozierten Krieg, der zum Zweck der Annexion durch eine starke Macht gegen eine schwache Macht geführt wird, streng verurteilen würden, werden einen solchen Krieg entschuldigen oder kaum verurteilen, wenn er sich gegen ein Land richtet, das dies getan hat erwies sich als unfähig zu einer guten Regierung. Die Welt in die Hände derjenigen zu legen, die sie am besten regieren können, wird als höchstes Ziel angesehen. Zu diesem Zweck werden eigentlich keine Kriege geführt. Die Menschenliebe der Nationen, wenn sie die Form von Krieg und Eroberung annimmt, ist selten oder nie frei von Selbstsucht, obwohl starke Impulse humanitärer Begeisterung den kalkulierten Handlungen von Staatsmännern oft einen Anstoß, einen Vorwand oder eine Unterstützung geben. Aber wenn Kriege, wie egoistisch und unprovoziert sie auch sein mögen, dazu beitragen, die Grenzen der Zivilisation zu erweitern, echten Fortschritt anzuregen, wilden Sitten, Unterdrückung oder Anarchie ein Ende zu setzen, werden sie heute selbst in den vielen Fällen, in denen dies der Fall ist, sehr nachsichtig beurteilt Die Bewohner der eroberten Macht wollen die Veränderung nicht und wehren sich vor Ort energisch dagegen.

Sowohl in der Innen- als auch in der Außenpolitik ist die Aufrechterhaltung eines hohen moralischen Standards in der Staatskunst unmöglich, wenn die öffentliche Meinung des Landes nicht im Einklang damit ist. Dem moralischen Verfall einer Nation folgt sehr schnell ein entsprechender Verfall unter ihren Staatsmännern, und man wird in der Tat allgemein feststellen, dass der Standard der Staatsmänner tendenziell etwas niedriger ist als der des besseren Teils der Öffentlichkeit außerhalb. Sie sind ganz besonderen Versuchungen ausgesetzt, von denen ich einige bereits angedeutet habe.

Die ständige Gewohnheit, Fragen im Hinblick auf Parteivorteile, unmittelbare Themen und unmittelbare Popularität zu prüfen, was untrennbar mit der parlamentarischen Regierung verbunden ist, wird kaum umhin können, dem ehrlichsten Intellekt etwas Schwung zu verleihen. Die meisten Fragen müssen mehr oder weniger im Sinne eines Kompromisses behandelt werden; und Bündnisse und Koalitionen, die einer strengen politischen Moral nicht gerade förderlich sind, sind häufig. In England waren die führenden Männer der gegnerischen Parteien erfreulicherweise meist in der Lage, einander zu respektieren. Auf beiden Seiten des Repräsentantenhauses wird der gleiche Standard an Ehre herrschen, aber in jedem Parlament gibt es seine berüchtigten Agitatoren, Intriganten und Selbstsüchtigen, Männer, die mit Taten in Verbindung gebracht wurden, die möglicherweise in die Reichweite des Verbrechers gelangten oder auch nicht Gesetz, reichten aber zumindest aus, um ihren Charakter in den Augen ehrlicher Männer zu prägen. Solche Männer dürfen in Parteizusammenschlüssen nicht vernachlässigt werden. Politische Führer müssen mit ihnen im alltäglichen Umgang und in der Arbeit des parlamentarischen Lebens zusammenarbeiten – müssen sie manchmal um einen Gefallen bitten – müssen sie mit Ehrerbietung und Respekt behandeln. Männer, die bei manchen Themen und zu manchen Zeiten mit eklatanter Verschwendung gehandelt haben, handeln bei anderen mit Urteilsvermögen, Mäßigung und sogar Patriotismus und werden zu nützlichen Unterstützern oder gewaltigen Gegnern. Auf diese Weise werden Kombinationen gebildet, die zwar keineswegs falsch sind, aber dazu neigen, die moralische Wahrnehmung abzuschwächen und den Maßstab moralischen Urteils unmerklich zu senken. Im rasanten Wandel des Party-Kaleidoskops gerät das Vergangene schnell in Vergessenheit. Der Feind von gestern ist der Verbündete von heute; die Dienste der Gegenwart verdecken bald die Missetaten der Vergangenheit; und die Menschen werden unmerklich sehr tolerant, nicht nur gegenüber Meinungsverschiedenheiten, sondern auch gegenüber groben Abweichungen im Verhalten. Um einen hohen Standard politischer Moral aufrechtzuerhalten, ist die ständige Beobachtung der Außenmeinung äußerst wichtig.

Die öffentliche Meinung ist zwar keineswegs tadellos. Die Tendenz zu glauben, dass Verbrechen keine Verbrechen mehr sind, wenn sie ein politisches Ziel haben, und dass eine Volksabstimmung die schlimmsten Verbrechen freisprechen kann, ist nur allzu weit verbreitet; Es gibt nur wenige politische Missetaten, zu deren Verzeihung Reichtum, Rang, Genialität oder Erfolg große Teile der englischen Gesellschaft nicht veranlassen würden, und Nationen werden selbst in ihren besten Zeiten Handlungen, die ihrem eigenen Vorteil dienen, nicht mit der Härte des Urteils beurteilen, die sie tun würden gelten auch für ähnliche Handlungen anderer Nationen. Aber auch wenn dies alles zugegeben wird, bleibt es dennoch wahr, dass es in England eine große öffentliche Meinung gibt, die in die gesamte Politik einen gesunden moralischen Sinn einbringt und eine gerechte und rechtschaffene Politik höher stellt als jedes bloße Parteiinteresse. Von der Macht und dem Druck dieser Meinung hängt letztlich der hohe Charakter der englischen Regierung ab.

## FUSSNOTEN:

[42] Dieser Satz mag für englische Leser unklar erscheinen. Die Erklärung ist, dass durch eine von Lord Beaconsfield ersonnene geniale Vereinbarung die Professoren des Jesuitenkollegs in Stephen's Green fast alle zu Fellows der Royal University ernannt werden, während diejenigen der Arts Faculty 400 *l erhalten.* pro Jahr und drei Medical Fellows 150 *l.* jede. Durch diese Einrichtung verfügt das katholische College tatsächlich über eine staatliche Stiftung in Höhe von 6.000 *l.* und 7.000 *l.* ein Jahr. Dieser Umstand mindert die Beschwerde erheblich.

[43] Siehe z. B. die Ratschläge Heinrichs IV. am Sterbebett. zu seinem Sohn:—

„Deshalb, mein Harry,

Sei es dein Weg zu beschäftigten, schwindelerregenden Köpfen

Mit ausländischen Streitigkeiten; diese Handlung ist somit bestätigt,

Kann die Erinnerung an frühere Tage verschwenden.'

*Heinrich IV* . Teil II. Akt IV. Sc. 4.

[44] Lord Lanesborough *gegen* Reilly.

[45] Siehe Tocquevilles *Memoiren* (englische Übersetzung), ii. 189, Brief an die *Times* .

[46] Siehe Maupas, *Mémoires sur le Second Empire* , i. 511, 512. Es wird gesagt, dass die Soldaten entgegen den Befehlen von St.-Arnaud viele Gefangene machten, anstatt sofort alle Personen auf der Straße zu erschießen, die mit Waffen oder beim Bau oder der Verteidigung einer Barrikade angetroffen wurden, und das ist auch der Fall nicht klar, was aus ihnen geworden ist.

Granier de Cassagnac bestreitet jedoch insgesamt die Hinrichtungen auf dem Champ de Mars (ii. 433).

[47] Granier de Cassagnac, ii. 438.

[48] *L'Empire Libéral* , ii. 526.

[49] *Mémoires d'Odilon Barrot* , iv. 59-61.

[50] *Mémoires d'Odilon Barrot* , iv. 56, 57.

[51] Siehe Lord Palmerstons Aussagen zu diesem Thema in Ashley's *Life of Palmerston* , ii. 200-211. Tocqueville bestreitet jedoch entschieden, dass die Mehrheit der Versammlung irgendeine Sympathie für diese Ansichten hatte (Tocquevilles *Memoiren* (engl. trans.), II. 177). Maupas gibt in seinen *Mémoires* einen sehr detaillierten Bericht über die Verschwörung auf bonapartistischer Seite. Es scheint, dass der „homme de confiance" von Changarnier in seinem Gehalt enthalten war.

[52] Tocquevilles *Memoiren* , ii.

[53] Ashley's *Life of Palmerston* , ii. 208.

[54] Newman.

[55] Siehe Ollivier, *L'Empire Libéral* , i. 510-512.

[56] *Zweiter Bericht des Sonderausschusses für Britisch-Südafrika* (Juli 1897).

[57] *Parlamentsdebatten* , 26. Juli 1897, 1169, 1170.

# KAPITEL XI

Die Notwendigkeit moralischer Kompromisse, die ich in der Armee, im Gesetz und auf dem Gebiet der Politik aufgespürt habe, kann in einer anderen, nicht weniger auffälligen Form in der Kirche gefunden werden. Die Mitglieder und noch mehr die Geistlichen einer alten Kirche, die an Formeln und Glaubensbekenntnisse gebunden ist, die in längst vergangenen Jahrhunderten ausgearbeitet wurden, stehen ständig vor der Schwierigkeit, diese Formen mit den veränderten Bedingungen des menschlichen Wissens in Einklang zu bringen, und es gibt Zeiten, in denen dies der Fall ist Der Druck dieser Schwierigkeiten wird mit mehr als gewöhnlicher Kraft gespürt. Dies waren zum Beispiel die Perioden der Renaissance und der Reformation, als Veränderungen im intellektuellen Zustand Europas eine weitverbreitete Überzeugung von der enormen Menge an Betrug und Verblendung hervorriefen, die die Billigung einer Kirche erhalten hatte, die behauptete, unfehlbar zu sein Das Ergebnis war in einigen Ländern ein stilles Verschwinden jeglichen religiösen Glaubens unter der gebildeten Klasse, selbst unter Einschluss einer großen Zahl der Führer der Kirche, und in anderen Ländern ein großer Ausbruch religiösen Eifers, der auf die Wiederherstellung des Christentums in seiner ursprünglichen Form abzielte eine Ablehnung des Aberglaubens, der sich um ihn herum angesammelt hatte. Die kopernikanische Theorie, die beweist, dass unsere Welt nicht, wie lange angenommen wurde, das Zentrum des Universums ist, sondern ein einzelner Planet, der sich mit vielen anderen um eine Zentralsonne bewegt, und die Entdeckung des unendlich kleinen Ortes mit Hilfe des Teleskops die unser Globus im Universum einnimmt, veränderte das Wahrscheinlichkeitsmaß der Menschen und beeinflusste weitreichend, wenn auch indirekt, ihre theologischen Überzeugungen.

Eine ähnliche Veränderung wurde nach und nach durch die Newtonsche Entdeckung hervorgerufen, dass das gesamte System des Universums von einem großen Gesetz durchdrungen sei, und durch das stetige Wachstum wissenschaftlicher Erkenntnisse, die bewiesen, dass eine große Anzahl von Phänomenen einst isolierten und launischen Akten spiritueller Natur zugeschrieben wurden Eingriffe wurden durch ein unveränderliches, unerbittliches und alles durchdringendes Gesetz geregelt. Viele der Formeln, mit denen wir noch immer unsere religiösen Überzeugungen zum Ausdruck bringen, stammen aus Zeiten, als man glaubte, Kometen und Finsternisse seien als Vorboten von Unglück ausgesandt worden; als jede große meteorologische Veränderung einer isolierten spirituellen Kraft zugeschrieben wurde; als Hexerei und teuflische Besessenheit, übernatürliche Krankheiten und übernatürliche Heilmittel als unzweifelhafte Tatsachen galten und als Berichte über zeitgenössische Wunder, ob göttlich oder satanisch, keinerlei Gefühl von Fremdheit oder Unwahrscheinlichkeit mit sich brachten. Es ist kaum verwunderlich, dass diese Formeln manchmal unpassend zu einer Zeit zu sein scheinen, in der der wissenschaftliche Geist sehr unterschiedliche Vorstellungen von der Regierung des Universums eingeführt hat und in der das Wunderbare, wenn auch nicht völlig in Verruf geraten ist, zumindest in den Augen der meisten, es ist gebildete Männer, in eine ferne Vergangenheit verbannt.

Das gegenwärtige Jahrhundert hat einige heftige Reaktionen auf ältere religiöse Überzeugungen erlebt, war aber auch in ungewöhnlichem Maße fruchtbar in Bezug auf die Art von Veränderungen, die sie am tiefsten beeinflussen. Es sind noch nicht viele Jahre vergangen, seit man glaubte, das gesamte Drama der Weltgeschichte sei im Rahmen von „Das verlorene Paradies" und „Wiedergewonnenes Paradies" zusammengefasst. Der Mensch erschien im Universum als tadelloses Wesen in einer tadellosen Welt, doch schon bald fiel er von seinem ersten Stand ab, und sein Sturz hatte weltweite Folgen. Es brachte Sünde, Tod, Leiden, Krankheit, Unvollkommenheit und Verfall in unseren Globus; all die schelmischen und wilden Instinkte und Neigungen von Mensch und Tier; all die vielfältigen Formen von Kampf, Terror, Angst und Trauer; alles, was jedem Lebewesen das Leben bitter macht, und, wie die Väter zu sagen pflegten, die Dornen und das Unkraut und die Unfruchtbarkeit der Erde. Es wurde angenommen, dass Paradise Regained unauflöslich mit Paradise Lost verbunden ist. Das eine war die Erklärung des anderen. Der eine führte die Krankheit ein, der andere sorgte für das Heilmittel.

Es ist müßig zu leugnen, dass die Grundzüge dieses Bildes völlig verändert wurden. Zuerst kam die Entdeckung, dass die Existenz unseres Globus weit über den Zeitraum hinausreicht, der einst der Schöpfung zugeschrieben wurde, und dass der Tod unzählige Jahrhunderte lang vor der Zeit, als man glaubte, Adam habe das Paradies verloren, der Tod seine bekannteste Tatsache und sein unerbittliches Gesetz gewesen war; dass die Tiere, die dort lebten, sich wie heute gegenseitig jagten und verschlangen, wobei ihre Krallen und Zähne speziell für diesen Zweck angepasst waren. Sogar ihre halb verdauten Überreste sind in Fossilien erhalten geblieben.

„Der Tod", schrieb ein heidnischer Philosoph in scharfem Gegensatz zur Lehre der Kirche, „ist ein Gesetz und keine Strafe", und die Geologie hat seine Behauptung voll und ganz gerechtfertigt.

Dann kamen entscheidende Beweise dafür, dass der Mensch viele tausend Jahre vor seinem angeblichen Ursprung auf unserem Globus gelebt und gestorben war – ein Wesen, das, soweit sich aus den erhaltenen Überresten schließen lässt, uns nicht überlegen, sondern uns weit unterlegen war, dessen Fast nur die Kunst bestand in der Herstellung roher Tötungsinstrumente, die in ihrer Struktur und ihrem Leben den niedrigsten existierenden Formen wilden Lebens sehr nahe gekommen zu sein scheinen.

Dann kam die darwinistische Theorie, die besagt, dass die gesamte Geschichte der lebenden Welt eine Geschichte langsamer und kontinuierlicher Entwicklung ist, hauptsächlich durch unaufhörlichen Streit, von niedrigeren zu höheren Formen; dass der Mensch selbst auf diese Weise allmählich aus den bescheidensten Formen der Tierwelt hervorgegangen sei; dass die meisten moralischen Abweichungen, die dem Apfel in Eden zugeschrieben wurden, Überreste und Überlieferungen aus früheren und niedrigeren Stadien seiner Existenz sind. Die Theorie des kontinuierlichen Aufstiegs von einer niedrigeren zu einer höheren Stufe trat an die Stelle der Theorie vom Sündenfall als Erklärung der Menschheitsgeschichte. Es ist eine Doktrin, die für die Menschheit sicherlich nicht ohne Hoffnung ist. Es gibt keine Erklärung für den endgültigen Ursprung der Dinge und steht in keiner Weise im Widerspruch zum Glauben an einen göttlichen und schöpferischen Ursprung oder an einen festen und vorausschauenden Plan. Aber es ist so weit wie möglich von der Vorstellung der menschlichen Geschichte und der menschlichen Natur entfernt, die die Christenheit im Laufe von achtzehn Jahrhunderten als grundlegende Wahrheit akzeptierte.

Mit diesen Dingen gingen Einflüsse anderer Art einher. Die vergleichende Mythologie hat zahlreiche Beweise gesammelt, die zeigen, dass Mythen und Wunder das natürliche Produkt bestimmter Phasen der Menschheitsgeschichte und bestimmter primitiver Missverständnisse über den Lauf der Natur sind. wie Legenden im Wesentlichen der gleichen Art, wenn auch mit einigen Variationen in den Details, in vielen verschiedenen Gegenden entstanden sind und wie sie gewandert sind und aufeinander interagiert haben. Gleichzeitig hat die Bibelkritik die jüdischen Schriften zerlegt und analysiert und ihnen Daten und Autoritätsgrade zugewiesen, die sich stark von den von der Kirche anerkannten unterscheiden. Dies hat sicherlich weder ihre Bedeutung als Aufzeichnungen aufeinanderfolgender Entwicklungen des religiösen und moralischen Fortschritts beeinträchtigt, noch hat es ihren Wert als Ausdruck der erhabensten und beständigsten religiösen Gefühle der Menschheit geschmälert; aber in den Augen eines großen Teils der gebildeten Welt hat es ihnen den maßgeblichen und unfehlbaren Charakter genommen, der ihnen einst zugeschrieben wurde. Gleichzeitig hat die historische Kritik strengere Beweismaßstäbe und effizientere Mittel zur Unterscheidung des Historischen vom Fabelhaften mit sich gebracht. Sie hat die Phasen und Variationen der Religionen und die sie beherrschenden Einflüsse mit einer in der Vergangenheit unbekannten Fülle an Wissen und einer Unabhängigkeit des Urteils nachgezeichnet und ihre Anhänger dazu gebracht, in diesen Angelegenheiten einen skeptischen und

zögernden Geist als einen zu betrachten Tugend und Leichtgläubigkeit und
Leichtgläubigkeit als Laster.

Dies ist kein theologisches Buch, und ich habe nicht die Absicht, auf diese
Dinge näher einzugehen. Allen, die mit dem zeitgenössischen Denken
vertraut sind, muss jedoch klar sein, wie stark diese Einflüsse theologische
Überzeugungen bei einer großen Zahl gebildeter Männer verdrängt haben;
Wie viele Dinge, von denen einst allgemein geglaubt wurde, sind absolut
unglaublich geworden; Wie viele, die einst auf der Ebene der Gewissheit
ruhen sollten, sind jetzt auf die niedrigere Ebene der bloßen
Wahrscheinlichkeit oder vielleicht Möglichkeit gesunken. Seit der Zeit
Galileis wurden diese Veränderungen als unvereinbar mit der gesamten
Struktur des christlichen Glaubens angeprangert. Kein geringerer Apologet
als Bischof Berkeley erklärte, dass der Glaube, dass das Datum der Existenz
der Welt ungefähr dem entspreche, was aus dem Buch Genesis abgeleitet
werden könne, einer der Grundglauben sei, der nicht aufgegeben werden
dürfe. [58] Als der Reisende Brydone 1773 seine Reisen in Sizilien
veröffentlichte und aufgrund der Lavaablagerungen vermutete, dass die Welt
viel älter sein müsse, als die mosaische Kosmogonie zugab, wurde sein Werk
als Untergrabung der Grundlagen des christlichen Glaubens angeprangert.
Die gleichen Vorwürfe wurden gegen die früheren Geologen und in unserer
Zeit gegen die frühen Anhänger der Darwinschen Theorie erhoben; und viele
heute Lebende können sich an die Ausbrüche der Empörung gegen
diejenigen erinnern, die als erste die Prinzipien der deutschen Kritik in das
englische Denken einführten und den historischen Charakter und die
angenommene Urheberschaft des Pentateuchs in Frage stellten.

Es ist weder überraschend noch unvernünftig, dass dies so gewesen ist, denn
es lässt sich nicht leugnen, dass diese Veränderungen große Teile der
Überzeugungen, die einst als wesentlich galten, tiefgreifend verändert haben.
Es wurde angenommen, dass ein Hauptziel einer Religion darin bestand,
etwas zu liefern, was man eine Theorie des Universums nennen könnte —
seinen Ursprung, sein Schicksal und die seltsamen Widersprüche und
Unvollkommenheiten, die es aufweist, zu erklären. Die jüdische Theorie war
sehr klar und eindeutig, aber sie entspricht sicherlich nicht der modernen
Wissenschaft.

Doch kaum etwas ist bemerkenswerter als die Leichtigkeit, mit der diese
aufeinanderfolgenden Veränderungen nach und nach ihren Platz in der
etablierten Kirche gefunden haben, und wie wenig diese Kirche durch diese
Tatsache erschüttert wurde. Sogar die darwinistische Theorie wird, obwohl
sie noch nicht in den Kreis der vollständig etablierten Wahrheit
übergegangen ist, in ihren Hauptzeilen vom Klerus der Kirche ständig mit
Zustimmung erwähnt. Die Evolutionstheorie durchdringt ihre Lehre
weitgehend. Die Lehre, dass die Bibel niemals dazu gedacht war,

Wissenschaft oder wissenschaftliche Fakten zu lehren, sowie die wichtigsten Fakten und Schlussfolgerungen der modernen Bibelkritik wurden von den gebildetsten Geistlichen weitgehend akzeptiert. Nur sehr wenige von ihnen würden heute das Alter der Welt, des Menschen oder des Todes leugnen oder behaupten, dass die mosaische Kosmogonie eine wahre und wörtliche Darstellung des Ursprungs des Globus und des Menschen sei, oder würden dies auch nur sehr wenige tun argumentieren energisch entweder für die mosaische Urheberschaft oder die Unfehlbarkeit des Pentateuch.

Und während sich in der einen Richtung Veränderungen dieser Art abspielten, vollzog sich in der entgegengesetzten Richtung eine andere große Bewegung. Die Church of England war im Wesentlichen eine protestantische Kirche; Obwohl sie stärker als die meisten anderen Kirchen unter politischen Einflüssen, in aufeinanderfolgenden Entwicklungsstadien und mit der Absicht aufgebaut wurde, große und unterschiedliche Meinungsschichten in ihre Gemeinschaft einzubeziehen, behielt sie mehr als andere Kirchen Formeln und Grundsätze bei, die von der Kirche abgeleitet waren es wurde abgelöst. Die ernsthafte protestantische und puritanische Partei, die in Schottland und in der kontinentalen Reformation dominierte und jeden Kompromiss mit Rom ablehnte, war in der öffentlichen Meinung Englands erst einige Zeit nach der Festlegung des Rahmens der Kirche mächtig geworden. Der Geist des Kompromisses und des Konservatismus, der bereits das englische Volk kennzeichnete; die große Rolle, die Könige und Juristen bei der Entstehung der Kirche spielten; ihr Wunsch, in England eine einzige Körperschaft aufrechtzuerhalten, bestehend aus Männern, die sich vom Papsttum losgesagt hatten, aber ansonsten keine großen Einwände gegen römisch-katholische Formen und Lehren hatten, und auch Männern, die ernsthaft vom starken protestantischen Gefühl Deutschlands und der Schweiz durchdrungen waren; Die seltsame Duktilität des Glaubens und Verhaltens, die die große Mehrheit der englischen Geistlichen dazu veranlasste, ihre Vorlieben beizubehalten und der Verfolgung während der aufeinanderfolgenden Wechsel von Heinrich VIII., Eduard VI., Maria und Elisabeth zu entgehen, trug alle dazu bei, eine Kirche von höchster Bedeutung zu bilden zusammengesetzter Charakter. Darin fanden zwei unterschiedliche Theorien ihren Platz. Einer Schule zufolge handelte es sich einfach um die vorreformatorische Kirche, die von bestimmten Missbräuchen, die sich um sie herum versammelt hatten, gereinigt wurde, durch ein von Gott eingesetztes Episkopat organisch mit ihr verbunden war, auf einer autoritativen und kirchlichen Grundlage basierte und einen der drei großen Zweige der Kirche bildete Katholische Kirche. Der anderen Schule zufolge handelte es sich um eine von mehreren protestantischen Kirchen, die zwar solche Teile der alten kirchlichen Organisation beibehielten, die aus der Heiligen Schrift gerechtfertigt werden könnten, diese aber nicht als zu den wesentlichen Bestandteilen des Christentums zählten; in wesentlichen

Punkten mit anderen protestantischen Körperschaften übereinzustimmen und vor allem in unwesentlichen Punkten von ihnen abzuweichen; Sie akzeptierten herzlich den Grundsatz, dass „die Bibel und die Bibel allein die Religion der Protestanten ist", und trennten sich gleichzeitig durch die gravierendsten und grundlegendsten Unterschiede von dem, was sie für den großen Abfall Roms hielten.

Einerseits wurde argumentiert, dass die Kirche in England in ihrer kirchlichen und rechtlichen Organisation mit der Kirche unter Heinrich VII. identisch sei; dass es keinen Bruch der Kontinuität gegeben habe; dass Bischöfe, und oft dieselben Bischöfe, vor und nach der Reformation in denselben Bischöfen saßen; dass die große Mehrheit des Pfarrklerus unverändert blieb, ihre Begabungen mit denselben Titeln und Amtszeiten innehatten, denselben Gerichten unterstanden und sich in der gleichen Weise wie ihre Vorgänger zur Einberufung trafen; dass die alten katholischen Gottesdienste lediglich übersetzt und überarbeitet wurden und dass die Kirche von England immer noch die Kirche St. Augustinus war, obwohl römische Usurpationen, denen nie völlig zugestimmt worden war, entschieden zurückgewiesen und viele abergläubische Neuerungen entfernt worden waren; dass es selbst in der dunkelsten Zeit nie seine eindeutige Existenz verloren hatte und dass übernatürliche Gnaden und priesterliche Kräfte, die allen Schismatikern verwehrt blieben, durch das Episkopat in einem ununterbrochenen Strom zu ihm herabgestiegen seien. Andererseits wurde argumentiert, dass das Wesentliche einer wahren Kirche in der Übereinstimmung ihrer Lehren mit der Sprache der Heiligen Schrift liege und nicht in den Methoden der Kirchenregierung, und dass, was auch immer aus rechtlicher Sicht der Fall sein mag, die Die Theorie der Einheit der Kirche vor und nach der Reformation war im theologischen Sinne eine Täuschung. Die Kirche unter Heinrich VII. war nachdrücklich eine Theokratie oder kirchliche Monarchie, wobei der Papst als angeblicher Nachfolger des angeblichen Apostelfürsten der eigentliche Schlussstein des spirituellen Bogens war. Unter Heinrich VIII. und Elisabeth war die Kirche von England zu einer Art Aristokratie von Bischöfen geworden, die sowohl real als auch theoretisch von der Krone regiert wurde, völlig abgeschnitten von dem, was sie sich den Stuhl Petri nannte, und in völlig neue Beziehungen zur katholischen Kirche der Christenheit gestellt wurde . In diesem Zeitraum hatte das anglikanische Christentum nicht nur das Papsttum, sondern auch einen großen Teil dessen aufgegeben, was jahrhundertelang vor dem Wandel sowohl in seiner Theologie als auch in seinen Andachten für lebenswichtig und unbestreitbar notwendig gehalten worden war. Obwohl ein Großteil der alten Organisation und viele der alten Formeln beibehalten worden waren, strahlten ihre Artikel, ihre Predigten und die ständige Lehre ihrer Gründer einen Geist des unbestreitbaren Protestantismus aus. Die Kirche, die mit Rom verbunden blieb und dieselben Lehren vertrat, dieselben Andachten praktizierte und dieselben Zeremonien durchführte wie die englische Kirche unter Heinrich VII., erklärte sich für unfehlbar und lehnte jegliche Verbindung mit der neuen Kirche von Rom völlig ab England und betrachtete es als nichts weiter als ein protestantisches Schisma; während die Kirche von England in ihren autorisierten Formelsammlungen einige der zentralen Überzeugungen und Andachten der römischen Kirche als blasphemisch, götzendienerisch, abergläubisch und betrügerisch brandmarkte und lange Zeit daran gewöhnt war, diese Kirche als die Kirche des Antichristen zu betrachten; die Hure der Apokalypse, betrunken vom Blut der Heiligen. Jede Kirche unterdrückte oder verfolgte die andere über lange Zeiträume hinweg im vollen Umfang ihrer Macht.

In den Augen der Erastianer und auch in den Augen der Puritaner schien die Theorie der spirituellen Einheit dieser beiden Körper und die verschiedenen daraus abgeleiteten priesterlichen Konsequenzen unglaublich, und die erste Generation unserer Reformatoren schreckte auch nicht vor der Gemeinschaft zurück , Sympathie und Zusammenarbeit mit den nichtbischöflichen Protestanten des Kontinents. Obwohl sie großen Wert auf die patristische Autorität legten und sich – vor allem aus politischen Motiven – bereit erklärten, im Gebetbuch viele Dinge zu belassen, die von der älteren Kirche abgeleitet waren, ist die hochkirchliche Theorie des Anglikanismus viel mehr das Produkt der Geistlichen des 17. Jahrhunderts als der der Reformatoren, ebenso wie der römische Katholizismus den späteren Vätern viel ähnlicher ist als dem Urchristentum. Niemand konnte daran zweifeln, auf welcher Seite die Sympathien und Meinungen von Cranmer, Latimer, Ridley, Jewell und Hooper standen und welcher Geist die Artikel und Predigten durchdringt. Eine Kirche, die nicht den Anspruch erhebt, unfehlbar zu sein; das seine besondere Form hauptsächlich dem Scharfsinn von Staatsmännern verdankt; wobei das oberste Gericht, das darüber entscheidet, welche Lehren der Klerus lehren darf, ein weltliches Gericht ist; in der die Bande der Konformität so locker sind, dass die Tendenzen und Gefühle der Nation der Kirche das Aussehen verleihen, scheint in den Augen der Männer dieser Schulen kein Recht zu haben, die Autorität der Kirche von Rom zu beanspruchen oder zu teilen. Es beruht auf einer anderen Grundlage. Es muss aus anderen Gründen gerechtfertigt sein.

Diese beiden unterschiedlichen Schulen haben jedoch in der Kirche existiert. Jeder von ihnen kann eine gewisse Unterstützung im Gebetbuch finden, und die alte orthodoxe Schule der Hochkirche, die hauptsächlich unter den Stuarts entwickelt wurde und vor allem blühte, hat einen großen Teil der gelehrtesten Theologie der Christenheit hervorgebracht und war es auch schon in ihren Anfängen Tage wenig oder keine Tendenz nach Rom. Es war exklusiv und abstoßend auf der Seite der Nonkonformität und stellte die Autorität der Kirche sehr hoch; aber die überwiegende Mehrheit ihrer Mitglieder war der anglikanischen Kirche gegenüber äußerst loyal und lebte und starb zufrieden in ihrem Rahmen. Allerdings gab es in dieser Kirche immer Männer anderer Art, deren wahres Ideal jenseits ihrer Grenzen lag. Falkland spricht in einer bemerkenswerten Rede aus dem Jahr 1640 mit großer Bitterkeit von ihnen. „Einige", sagt er, „haben sich so eifrig darum bemüht, aus Rom abzuwandern, dass sie den großen Verdacht geäußert haben, aus Dankbarkeit dorthin zurückzukehren oder ihm zumindest auf halbem Weg entgegenzukommen." Einige haben offensichtlich daran gearbeitet, ein englisches, aber kein römisches Papsttum einzuführen; Ich meine nicht nur das Äußere und die Kleidung davon, sondern ebenso absolut ... Nein, der allgemeine Ruhm ist mehr als gewöhnlich falsch, wenn keiner von ihnen einen Weg gefunden hat, die Meinungen Roms mit den Vorlieben Englands in Einklang zu bringen, und dies auch tut Absolut, direkt und herzlich, Papisten, dass das alles 1.500 *l sind.* Ein Jahr kann ausreichen, um sie davon abzuhalten, es zu gestehen.' [59]

Die Entwicklung dieser Schule im 17. Jahrhundert folgte jedoch keiner weitreichenden Abspaltung nach Rom, obwohl sie eine große Rolle in der Spaltung der Nichtjuroren spielte und mit dem Zerfall dieser Spaltung und unter den Latitudinalitätstendenzen des 18. Jahrhunderts stark zurückging. Seit jedoch die Traktarierbewegung, die so viele Führer der englischen Kirche nach Rom brachte, hat sich die Zahl der Männer mit römischen Sympathien und römischen Idealen innerhalb der Kirche in außerordentlichem Maße vervielfacht. Sie haben ihre theologischen Ansprüche nicht nur viel weiter in Richtung Rom getragen als die Nichtjuroren; In vielen Fällen haben sie auch den alten und einfachen anglikanischen Gottesdienst durch Gewänder und Kerzen, Banner und Weihrauch, Kniebeugen und geflüsterte Gebete so verändert, dass ein Fremder sich gut vorstellen könnte, er sei in einer römisch-katholischen Kirche. Sie haben priesterliche Ansprüche geltend gemacht, die denen Roms kaum oder gar nicht nachstehen. Die gesamte Richtung ihrer Andachtsliteratur und ihres Denkens fließt im römischen Kanal, und selbst in den unbedeutendsten Fragen der Zeremonie und Kleidung sind sie es gewohnt, der größeren Kirche die Ehrerbietung ständiger Nachahmung zu erweisen.

Es wäre ungerecht zu leugnen, dass es tatsächliche Unterschiede gibt. Die absolute Autorität und Unfehlbarkeit des Papstes werden aufrichtig als Usurpation zurückgewiesen, die Ritualtheorie räumt ihm lediglich einen Vorrang unter den Bischöfen ein. Auch die Disziplin und die Unterwerfung unter die kirchliche Autorität, die die römische Kirche so hervorragend auszeichnen, fehlen bei vielen ihrer anglikanischen Nachahmer völlig, und gleichzeitig hat sich der englische Wahrheitssinn als ausreichend erwiesen, um die Partei vor der Toleranz und Verbreitung zu bewahren falsche Wunder und grob abergläubische Praktiken, die in römisch-katholischen Ländern so verbreitet sind. In dieser letzten Hinsicht ist es jedoch wahrscheinlich, dass sich die englischen und amerikanischen Katholiken fast gleichermaßen von den Katholiken in den Südstaaten Europas und Amerikas unterscheiden. Dennoch kann man, wenn man dies alles zugibt, kaum leugnen, dass in einem großen Teil der englischen Kirche eine Sympathie für Rom und eine Abneigung gegen den Protestantismus und gegen protestantische Gedanken- und Charaktertypen entstanden ist, die dem Geist der Kirche völlig fremd sind Reformatoren und zu den Lehrformeln der Church of England.

Es ist nicht ganz einfach, das Ausmaß und die Tiefe dieser Bewegung richtig einzuschätzen. Es gibt große Unterschiede in der Partei der Hochkirche; Die extremen Männer sind nicht die zahlreichsten und sicherlich bei weitem nicht die fähigsten, und viele andere Einflüsse als der überzeugte Glaube haben dazu beigetragen, die Partei zu stärken. Tatsächlich war sie, anders als die Tractarian-Partei, die ihr vorausging, bemerkenswert mangelhaft an literarischen oder theologischen Fähigkeiten und hat der großen und edlen theologischen Literatur der englischen Kirche außerordentlich wenig hinzugefügt. Der bloße Charme des Neuen, der im Bereich der Religion immer besonders stark ist, lockt viele zum rituellen Kanal, und Tausende, die sich kaum für rituelle Lehren interessieren, werden von der Musik, dem Prunk und der malerischen Schönheit der rituellen Gottesdienste angezogen. Der ästhetische Geschmack hat in England in den letzten Jahren stark zugenommen, und die Schließung von Vergnügungsstätten am Sonntag verstärkt wahrscheinlich das Verlangen nach attraktiveren Dienstleistungen. Die extreme Partei der Hochkirche hat diesen Wunsch hauptsächlich gefördert und vor allem davon profitiert, aber er hat sich viel weiter ausgedehnt. Es hat sogar puritanische und nicht-bischöfliche Körperschaften berührt und ist manchmal mit äußerst freizügigen Meinungen verbunden. Es gibt in der Tat einen Geistestyp, der in solchen Diensten ein glückliches Linderungsmittel für halb unterdrückte Zweifel findet. Bitten, die in ihrer ergreifenden Demütigung und tiefen Emotion nicht mehr den wahren Gefühlen des Anbeters entsprechen, wirken abgeschwächt und verwandelt, wenn sie intoniert werden, und Glaubensbekenntnisse, die, wenn sie klar gelesen werden, den Verstand und das Gewissen erschüttern, werden bereitwillig als Teil einer musikalischen Darbietung akzeptiert . Skepsis und Glaube erfüllen manchmal Kirchen. Große Klassen, die sich nicht von religiösen Gottesdiensten trennen wollen, haben jegliches Interesse an den theologischen Unterscheidungen verloren, die einst als äußerst wichtig galten, und jeglichen festen Glauben an große Teile dogmatischer Systeme, und solche Männer bevorzugen natürlich Gottesdienste, die durch Musik und Verzierung befriedigend sind beeinflussen ihren Geschmack und üben einen beruhigenden oder anregenden Einfluss auf die Fantasie aus.

Die extreme Hochkirchenpartei hat jedoch noch andere Anziehungspunkte. Ein großer Teil ihrer Macht beruht auf den neuen Quellen echten spirituellen Lebens und den neuen Formen echter Nützlichkeit und Nächstenliebe, die aus ihrem hochentwickelten Priestersystem und aus den halbklösterlichen Bruderschaften erwuchsen, die gleichzeitig ein aktives Leben fördern, ermutigen und organisieren Eifer. Die Macht der Partei, nicht nur auf die gebildeten Klassen, sondern auch auf die Armen einzuwirken, ist sehr offensichtlich, und sie hat viel dazu beigetragen, der Kirche von England einen demokratischen Charakter zu verleihen, den sie in früheren Generationen nicht besaß und der sich in den gegebenen Verhältnissen widerspiegelte des modernen Lebens ist von größter Bedeutung. Die Vermehrung nicht nur der Gottesdienste , sondern auch der Kommunikanten und die starke Zunahme des Interesses am kirchlichen Leben in Vierteln, in denen die Ritualistenpartei vorherrscht, können vernünftigerweise nicht in Frage gestellt werden. Seine reich verzierten Gottesdienste ziehen viele in die Kirchen, die sie noch nie zuvor betreten haben, und sie werden oft mit einem vertrauten und zugleich leidenschaftlichen Predigtstil kombiniert, etwa dem eines Franziskanermönchs oder eines methodistischen Predigers, der hervorragend dazu passt Handeln Sie gegen die Unwissenden. Wenn seine Geistlichen sich durch ihre Insubordination gegenüber ihren Bischöfen auszeichneten, wenn sie in keiner zweifelhaften Weise den scharfen Wunsch an den Tag legten, ihre eigene Position und Autorität zu vergrößern, ist es auch nur gerecht, hinzuzufügen, dass sie sich durch ihren Eifer und ihre selbstbewusste Haltung hervorgetan haben. Opfer, mit denen sie ihre Dienste vervielfachten, Bruderschaften gründeten und in die schlimmsten und dunkelsten Winkel der Armut und des Lasters vordrangen.

Das Ergebnis all dessen ist jedoch, dass sich die widersprüchlichen Tendenzen, die in der Kirche schon immer vorhanden waren, erheblich verschärft haben. Es gibt in ihr Männer, deren Meinungen kaum vom einfachen Deismus oder Unitarismus zu unterscheiden sind, und Männer, die den Namen Protestanten ablehnen und nur durch die dünnste Trennlinie von der römischen Kirche getrennt sind. Und diese Vielfalt existiert in einer Kirche, die durch Artikel und Formeln des 16. Jahrhunderts zusammengehalten wird.

Man hätte vielleicht *von vornherein* annehmen können, dass eine Kirche mit einer so großen Meinungs- und Geistesvielfalt eine geschwächte und zerfallene Kirche sei, aber kein aufrichtiger Mann wird der Kirche von England einen solchen Charakter zuschreiben. Alle Anzeichen unternehmerischer Vitalität sind reichlich vorhanden, und es lässt sich nicht leugnen, dass sie im englischen Leben eine aktive, kraftvolle und überaus nützliche Rolle spielt. Wenn man es zunächst von der intellektuellen Seite aus betrachtet, wird deutlich, wie groß ein großer Teil der besten Intellektuellen des Landes damit zufrieden ist, nicht nur darin zu leben, sondern auch aktiv an seinen Diensten teilzunehmen. Vergleichen Sie die Menge an höherer Literatur, die von Geistlichen der etablierten Kirche stammt, mit der Menge, die von der weitaus größeren Gruppe katholischer Priester stammt, die über die ganze Welt verstreut sind. Vergleichen Sie den Platz, den der englische Klerus oder die von der Lehre der Kirche tief durchdrungenen Laien in der englischen Literatur einnehmen, mit dem Platz, den katholische Priester oder aufrichtige katholische Laien in der Literatur Frankreichs einnehmen – und der Kontrast wird hinreichend deutlich erscheinen . Es gibt kaum einen Zweig der seriösen englischen Literatur, in dem anglikanische Geistliche nicht auffallen. Es gibt nichts an einem falschen und abergläubischen Glauben, der mit manchen Formen der Literatur unvereinbar wäre. Es kann sich leicht mit der Genialität eines Dichters oder mit der großen Schönheit des Stils, sei es mahnend oder erzählerisch, verbinden. Aber in der Church of England beschränkt sich die literarische Leistung sicherlich nicht auf diese Formen. Auf den Gebieten der Naturwissenschaften, der Moralphilosophie, der Metaphysik, der sozialen und sogar politischen Philosophie und vielleicht noch mehr auf den Gebieten der Geschichte haben sich ihre Geistlichen Spitzenplätze erkämpft. Es ist bekannt, dass ein großer Teil der ernsthaftesten Kritiken an den besten Zeitschriften Englands von anglikanischen Geistlichen stammt. Niemand würde bei der Aufzählung der führenden Historiker des gegenwärtigen Jahrhunderts Namen wie Milman, Thirlwall und Merivale der gerade verstorbenen Generation oder Creighton und Stubbs unter den Zeitgenossen auslassen, und dies sind nur herausragende Beispiele einer Art von Literatur, zu der die Kirche einen großen Teil beigetragen hat. Ihre Geschichten zeichnen sich nicht besonders durch die Schönheit ihres Stils und nicht nur durch ihre tiefe Gelehrsamkeit aus; Sie zeichnen sich in besonderem Maße durch Urteilsvermögen, Kritik, Unparteilichkeit, den Wunsch nach Wahrheit und die Fähigkeit aus, das Bewährte vom Falschen oder bloß Wahrscheinlichen zu trennen. Vergleichen Sie sie mit den Hauptgeschichten, die von katholischen Priestern geschrieben wurden. In vergangenen Zeiten waren einige der größten Werke geduldigen, lebenslangen Fleißes in der gesamten Literaturgeschichte dem katholischen Priestertum und insbesondere den Mitgliedern der Mönchsorden zu verdanken; selbst in der Neuzeit haben sie einige Werke von großer Gelehrsamkeit, von großem dialektischem Können und von großer Stilschönheit hervorgebracht; aber mit kaum einer Ausnahme tragen diese Werke den Stempel eines Anwalts und wurden mit dem Ziel geschrieben, einen Standpunkt zu beweisen, die Fehler auf der einen Seite zu verbergen oder wegzuklären und die auf der anderen Seite unverhältnismäßig deutlich hervorzuheben. Niemand würde in ihnen nach einer ehrlichen Einschätzung der Verdienste eines Gegners oder nach einer vollständigen Darlegung eines feindlichen Falles suchen. Döllinger, der wahrscheinlich einst als der größte Historiker bezeichnet worden wäre, den das katholische Priestertum im 19. Jahrhundert hervorgebracht hatte, starb unter dem Anathema seiner Kirche; Und wie groß ist der Anteil der besten Schriften im modernen englischen Katholizismus, der von Schriftstellern stammt, die an protestantischen Universitäten aufgewachsen sind und ihr Können in der anglikanischen Kirche erlernt haben!

Es ist zumindest ein großer Test für eine lebendige Kirche, dass die besten Intellektuellen des Landes in ihren Dienst eintreten können, dass sie Männer enthält, die in fast allen Zweigen der Literatur von Laiengelehrten mit Respekt oder Bewunderung betrachtet werden. Es wird gesagt, dass die Zahl der jungen, fähigen Männer, die Befehle entgegennehmen, abnimmt, und dass dies nicht nur auf die Depression in der Landwirtschaft zurückzuführen ist, die den Beruf der Kirche viel weniger attraktiv und in vielen Fällen für sie sogar fast unmöglich gemacht hat die kein Privatvermögen haben; nicht nur auf das wettbewerbsorientierte Prüfungssystem, das den fähigsten Laien weite und attraktive Felder für Ambitionen eröffnet hat, sondern auch auf die große Abweichung von Männern mit dem besten Intellekt von den Lehren der Kirche und der Überzeugung, dass sie nicht ehrlich sein können abonnieren Sie seine Artikel und rezitieren Sie seine Formelsammlungen. Obwohl dies meines Erachtens wahr ist, ist es auch wahr, dass es keine andere Kirche gibt, die sich als so fähig erwiesen hat, die Dienste von Männern mit allgemeiner Bildung, Kritik und Fähigkeiten anzuziehen und zu halten. Eines der wichtigsten Merkmale des englischen Kirchensystems war die Ausbildung derjenigen, die für die Kirche bestimmt waren, gemeinsam mit anderen Studenten an den großen nationalen Universitäten. Andere Bildungssysteme mögen einen Geistlichen mit größerer beruflicher Bildung und intensiverem und exklusiverem Eifer hervorbringen, aber kein anderes Bildungssystem ist so wirksam darin, eine allgemeine Harmonie der Gedanken und Tendenzen zwischen der Kirche und der durchschnittlich gebildeten Meinung der Nation aufrechtzuerhalten.

Machen Sie noch einen Test. Vergleichen Sie den *Guardian* , der besser als jede andere Zeitung die Meinungen gemäßigter Kirchenmänner wiedergibt, mit den Zeitungen, die von der französischen Priesterschaft am häufigsten gelesen werden und den größten Einfluss auf ihre Meinungen haben. Sicherlich haben nur wenige englische Journalisten an Fähigkeiten Louis Veuillot erreicht, und nur wenige Zeitungen haben einen so großen Einfluss auf den Klerus der Kirche ausgeübt wie die *Univers* zu der Zeit, als er sie leitete; aber niemand, der diese brutal skurrilen und intoleranten Seiten liest, der von einem ohnmächtigen Hass auf alle fortschrittlichen und liberalen Tendenzen der Zeit brennt, der vor keiner falschen Darstellung von Tatsachen und vor keiner Entschuldigung für ein Verbrechen zurückschreckt, wenn es im Interesse der Kirche wäre, konnte nicht erkennen, wie völlig im Widerspruch zu den besten Laiengedanken Frankreichs stand. Der englische Religionsjournalismus hat manchmal, wenn auch in sehr abgeschwächter Form, einige dieser Merkmale gezeigt, aber niemand, der den *Guardian liest* , der meiner Meinung nach ein größeres geistliches Publikum anspricht als jede andere Zeitung, kann diesen Kontrast nicht übersehen. Es ist nicht nur gewöhnlich im Stil und Temperament eines Gentleman geschrieben, sondern es spiegelt auch in seiner Kritik, seiner Unparteilichkeit, seinem Gedankenton die besten intellektuellen Einflüsse der Zeit am deutlichsten wider. Über seine Politik oder Theologie mögen sich die Menschen einig oder uneinig sein, aber niemand, der es liest, kann umhin zuzugeben, dass es durchaus mit der kultivierten Laienmeinung in Einklang steht, und es ist in der Tat ein Lieblingspapier vieler, denen nur seine säkularen Aspekte am Herzen liegen .

Die intellektuellen Fähigkeiten der Geistlichen einer Kirche sind zwar nur ein Test, aber keineswegs ein entscheidender und unfehlbarer Aspekt ihres religiösen Lebens. Während der Renaissance, als der echte Glaube an die katholische Kirche fast auf seinem Tiefpunkt gesunken war, waren die meisten Männer mit literarischem Geschmack und Talent entweder Mitglieder des Priestertums oder des Klosterordens. Das lag nicht an irgendwelchem Eifer des Glaubens, sondern einfach an der Tatsache, dass die Kirche zu dieser Zeit fast den einzigen Raum bot, in dem ein literarisches Leben bequem, ohne Belästigung und mit einer angemessenen Belohnung geführt werden konnte. Ein Großteil der literarischen Fähigkeiten der englischen Kirche ist zweifellos auf die Anziehungskraft zurückzuführen, die sie bietet, und auf die Möglichkeiten, die sie denjenigen bietet, die sich einfach ein fleißiges Leben wünschen. Die Abschaffung vieler geistlicher Pfründe und die durch die zeitgenössische Meinung aufgezwungene stark gesteigerte Tätigkeit der geistlichen Pflichten haben den Beruf unter diesem Gesichtspunkt zweifellos weniger wünschenswert gemacht; Aber auch heute noch gibt es außer den Universitäten keinen anderen Beruf, der sich so gut für ein literarisches Leben eignet, und ein großer Teil der bedeutendsten Denker und Schriftsteller der Kirche von England sind auf Gebieten berühmt, die kaum oder gar keinen Bezug zur Theologie haben.

Es sind weitere Tests für eine blühende Kirche erforderlich, die jedoch leicht zu finden sind. Politische Macht ist ein Test, wenn auch ein sehr grober und sehr trügerischer. Vielleicht ist es nicht übertrieben zu sagen, dass die abergläubischsten Glaubensbekenntnisse oft diejenigen sind, die den größten politischen Einfluss ausüben, denn sie sind diejenigen, in denen das

Priestertum die uneingeschränkteste Autorität erlangt. Auch der Niedergang des Aberglaubens unter den gebildeten Klassen geht nicht immer mit einem entsprechenden Rückgang des kirchlichen Einflusses einher. Sowohl in heidnischen als auch in christlichen Zeiten gab es Beispiele dafür, dass eine skeptische und hochgebildete herrschende Klasse eine abergläubische Kirche unterstützte und sich mit ihr verbündete, um die Massen am besten zu regieren oder zu moralisieren. Solche Kirchen haben durch ihre geschickte Organisation, durch ihre Überlegenheit über einzelne Herrscher oder durch ihre politischen Bündnisse seit langem einen enormen Einfluss ausgeübt, und in einem demokratischen Zeitalter geht die Vorherrschaft der politischen Macht immer mehr an die gebildetsten Klassen über. Gleichzeitig beweist die politische Macht, die die Church of England behält, in einem hochzivilisierten und vollkommen freien Land, in dem alle Gesetze zur religiösen Disqualifikation und zum Zwang verschwunden sind und alle Fragen der Religion einer ständigen Diskussion unterliegen, dies zumindest Hinter ihr steht eine große Menge echter und ernsthafter Meinungen. Kein Politiker wird die Stärke leugnen, mit der der vereinte oder weit überwiegende Einfluss der Kirche eine Partei unterstützen oder bekämpfen kann. Ein zynischer Beobachter hat gesagt, dass die drei Dinge außerhalb der eigenen Familie, die durchschnittliche Engländer am meisten schätzen, Rang, Geld und die Kirche von England sind, und sicherlich wird sich kein guter Beobachter eine geringe Einschätzung der Stärke oder des Ernstes dieser Kirche bilden Kirchengefühl in jedem Teil des englischen Volkes.

Noch weniger lässt sich leugnen, dass die Kirche ihren erzieherischen Einfluss in hohem Maße behält. Lange Zeit lag die nationale Bildung fast vollständig in ihren Händen, und da alle Disqualifikationen und die meisten Privilegien abgeschafft wurden, spielt sie immer noch eine Rolle in der englischen Bildung, die bei manchen Beunruhigung und bei anderen Bewunderung hervorruft. Sie hat sich mit Herz und Seele den neuen politischen Bedingungen gestellt, und die große Zahl freiwilliger Schulen, die unter klerikalem Einfluss gegründet wurden, und die immensen Summen, die jährlich für klerikale Zwecke gesammelt werden, zeigen zweifelsohne, wie viel Unterstützung und Enthusiasmus dahinter steckt. In jedem Zweig der höheren Bildung sind seine Geistlichen auffällig, und ihr Einfluss auf die Ausbildung der Nation beschränkt sich nicht auf die Kanzel, die Universität oder die Schule. Kein ehrlicher Beobachter des englischen Lebens wird an der enormen Wirkung des Pfarrsystems bei der Aufrechterhaltung des moralischen Niveaus sowohl der Prinzipien als auch der Praxis sowie an der Vielzahl, Aktivität und dem Wert der philanthropischen und moralisierenden Agenturen zweifeln, die ganz oder größtenteils der anglikanischen Kirche zu verdanken sind .

Es kann auch nicht vernünftigerweise bezweifelt werden, dass die Kirche dieses spirituelle Leben sehr wirksam gefördert hat, das, egal welche Meinung sich die Menschen über seinen Ursprung und seine Bedeutung bilden mögen, zumindest eine der großen Realitäten der menschlichen Natur darstellt. Die Macht einer Religion lässt sich nicht ausschließlich oder hauptsächlich anhand ihres unternehmerischen Handelns beurteilen; durch die Institutionen, die es schafft; durch die Rolle, die es in der Regierung der Welt spielt. Vielmehr ist es in seiner Wirkung auf die individuelle Seele zu finden, insbesondere in Zeiten und Umständen, in denen der Mensch am stärksten von der Gesellschaft isoliert ist. Es geht darum, die Ideale und Motive des individuellen Lebens zu liefern; bei der Führung und Reinigung der Emotionen; bei der Förderung von Denk- und Gefühlsgewohnheiten, die über die Dinge der Erde hinausragen; in dem Trost, den es im Alter, in der Trauer, in der Enttäuschung und im Trauerfall spenden kann; In den Zeiten der Krankheit, der Schwäche, des Verfalls der Fähigkeiten und des nahenden Todes ist seine Kraft am deutlichsten zu spüren. Kein einziges Glaubensbekenntnis oder keine Kirche hat das Monopol auf diese Macht, obwohl jede oft versucht hat, sie mit etwas Eigentümlichem zu identifizieren. Man findet es vielleicht beim Katholiken und beim Quäker, beim Hochanglikaner, der es seinem sakramentalen System zuschreibt, und beim Evangelischen, in dessen Augen dieses System nur einen sehr untergeordneten Platz einnimmt. Hier muss lediglich gesagt werden, dass niemand, der die Andachtsliteratur der englischen Kirche studiert oder das Leben ihrer gläubigeren Mitglieder beobachtet hat, daran zweifeln wird, dass dieses Leben weitgehend innerhalb seines Rahmens existieren und gedeihen kann.

Die Haltung, die Männer, die innerhalb dieser Kirche geboren wurden, aber mittlerweile von weiten Teilen ihrer Theologie abweichen, gegenüber diesem großen Instrument des Guten einnehmen sollten, ist sicherlich nicht weniger verwirrend als die Fragen, die wir in den vorangegangenen Kapiteln behandelt haben . Die schwierigste Lage ist natürlich die derer, die ihre eigentlichen Minister sind und ihre Formeln unterzeichnet haben. Jeder Mensch, der sich in dieser Lage befindet, muss im Lichte seines eigenen Gewissens urteilen. Es besteht ein großer Unterschied zwischen dem Fall von Männern, die eine solche Position in der Kirche einnehmen, obwohl sie sich grundlegend von ihren Lehren unterscheiden, und dem Fall von Männern, deren alte Überzeugungen sich, vielleicht ganz allmählich, verändert oder erschüttert fühlen, nachdem sie sich in ihren Dienst engagiert haben , durch den Fortschritt der Wissenschaft oder durch ausgereifteres Denken und Studium. Die Strenge der alten Form des Abonnements wurde durch ein Gesetz von 1865 erheblich gemildert, das eine allgemeine Erklärung, dass der Abonnent an die Lehre der Kirche als Ganzes glaubte, durch eine Erklärung ersetzte, dass er „alles und jedes“ in den Artikeln glaubte und das Gebetbuch. Die Church of England behauptet nicht, eine unfehlbare Kirche zu sein; Sie gibt vor, eine Nationalkirche zu sein, die große Körperschaften mehr oder weniger unterschiedlicher Meinungen vertritt und einbezieht, und seit dem Gorham-Fall besteht bei juristischen Entscheidungen die Tendenz, den Kreis der zulässigen Meinungen zu erweitern. Die Möglichkeit, dass die Nationalkirche mit den gebildeteren und intellektuelleren Teilen der Gemeinschaft in Kontakt bleibt, hängt hauptsächlich vom Meinungsspielraum ab, der ihren Geistlichen eingeräumt wird, und von ihrer Fähigkeit, neues Wissen aufzunehmen und zu übernehmen, und kann vernünftigerweise aufrechterhalten werden dass einer Nation nur wenige größere Katastrophen widerfahren können als die Trennung ihrer höheren Intelligenz von religiösen Einflüssen.

Es sollte auch daran erinnert werden, dass auf der lateinischen Seite die Veränderungen, die in der Lehre der Kirche stattfinden, viel weniger in der offenen Ablehnung alter Lehren als vielmehr in ihrem stillen Verschwinden bestehen. Sie verlassen die Ermahnungen der Kanzel. Die relative Bedeutung verschiedener Teile der Religionslehre ändert sich. Das Dogma tritt in den Hintergrund. Erzählungen, die nicht mehr ernsthaft geglaubt werden, werden zu Texten für moralische Auseinandersetzungen. Die introspektiven Gewohnheiten und die Betonung rein kirchlicher Pflichten, die einst vorherrschten, verschwinden. Die Lehrtätigkeit auf der Kanzel zielt eher auf die Bildung eines aktiven, nützlichen und selbstlosen Lebens ab; zu einem klareren Einblick in die großen Mengen an behebbarem Leid und Bedarf, die immer noch auf der Welt existieren; zur Pflicht, in alle Bereiche des weltlichen Lebens einen edleren und selbstloseren Geist zu tragen; zur Gewohnheit, Menschen und Kirchen hauptsächlich nach ihren Früchten und wenig nach ihrem Glauben zu beurteilen. Der Zerfall oder die Dekadenz alter religiöser Überzeugungen, die lange Zeit eng mit der Morallehre verbunden waren, birgt immer große moralische Gefahren, aber diese Gefahren werden erheblich gemindert, wenn der Glaubenswandel durch einen allmählichen Übergang erfolgt, ohne dass es zu gewaltsamen Erschütterungen oder Unterbrechungen kommt Männer von ihren alten religiösen Bräuchen. Ein solcher Übergang hat in England stillschweigend unter einer großen Zahl gebildeter Männer und in gewissem Maße unter dem Einfluss des Klerus stattgefunden. Ich glaube auch nicht, dass es die Kirche geschwächt hat. Der Pflichtstandard dieser Männer ist nicht gesunken, sondern in den meisten Bereichen spürbar gestiegen: Ihr Eifer hat nicht nachgelassen, obwohl er eher in philanthropischen als in rein kirchlichen Kanälen fließt. Die Überzeugung, dass die besonderen Dogmen, die andere protestantische Körperschaften vom Establishment trennten, auf keiner substantiellen Grundlage beruhten und keine wirkliche Bedeutung hatten, spricht für die größere und liberalere Kirche und die Vollständigkeit, die einen stark betonten Sakerdotismus und Latitudinarismus in derselben

Kirche ermöglicht ist in den Augen vieler von ihnen eher ein Element der Stärke als der Schwäche.

Nur wenige Männer haben die religiösen Tendenzen der Zeit mit einem schärferen Auge beobachtet als Kardinal Newman, und niemand hasste die latitudinären Tendenzen, die er miterlebte, mit größerem Hass. Sein Urteil über ihre Wirkung auf das Establishment ist sehr bemerkenswert. In einem Brief an seinen Freund Isaac Williams sagt er: „Alles, was ich höre, lässt mich befürchten, dass sich breite Meinungen in der Kirche von England wütend verbreiten." Ich trauere zutiefst darüber. Die anglikanische Kirche war ein äußerst nützlicher Wellenbrecher gegen den Skeptizismus. Es könnte die Zeit kommen, in der Sie und ich erwarten könnten, dass oben gesagt wird: „Warum beschwert es den Boden?" aber derzeit vertritt sie in England weit mehr Wahrheit als jede andere Religionsform und als die katholische römische Kirche es könnte. Was ich jedoch befürchte, ist, dass es zu einem mächtigen Establishment *tendiert* , das direkte Irrtümer lehrt, und zwar mächtiger als je zuvor; dreimal mächtig, weil es Irrtum lehrt." [60]

Es ist jedoch natürlich offensichtlich, dass der Meinungsspielraum, den der Klerus einer Kirche, die mit vielen Artikeln und Lehrformeln überladen ist, vernünftigerweise in Anspruch nehmen kann, nicht unbegrenzt ist und dass jeder für sich selbst die Grenze ziehen muss. Auch die Tatsache, dass die Kirche eine etablierte Kirche ist, erlegt ihren Amtsträgern einige besondere Verpflichtungen auf. Es ist ihre erste Pflicht, den öffentlichen Gottesdienst so zu feiern, dass alle Mitglieder der Church of England daran teilnehmen können. Wie auch immer die Zeremonien der Kirche interpretiert werden mögen, diese Zeremonien sollten zumindest im Wesentlichen gleich sein. Ein Fremder, der eine Kirche betritt, die er noch nie zuvor gesehen hat, sollte das Gefühl haben, dass er sicher sein kann, dass der öffentliche Gottesdienst verständlich und anständig durchgeführt wird, wie er in früheren Generationen in allen Teilen der etablierten Kirche gefeiert wurde. Meiner Meinung nach war es ein großer Skandal, dass dieser primären Verpflichtung infolge einer groben Pflichtverletzung nicht nachgekommen wurde und in englischen Kirchen Gottesdienste abgehalten wurden, die für die Kirchenmänner einer früheren Generation kaum wiederzuerkennen gewesen wären Dabei handelt es sich um offensichtliche Versuche, den öffentlichen Gottesdienst in England in eine Nachahmung der römischen Messe umzuwandeln. Die Menschen haben innerhalb der weitesten Grenzen das vollkommene Recht, die religiösen Dienste zu verrichten und die religiösen Lehren zu predigen, die ihnen gefallen, aber sie haben kein Recht dazu Tun Sie dies in einer etablierten Kirche.

Die Zensur von Meinungen ist eine andere Sache, und unter den Bedingungen des englischen Lebens wurde sie nie sehr wirksam aufrechterhalten. Der in einer etablierten Kirche eingeräumte Meinungsspielraum ist und sollte sehr groß sein, aber ich denke, es ist offensichtlich, dass ein Geistlicher, der sich an ein gemischtes Publikum aus der Kirche wendet, bei manchen Themen ein größeres Maß an Zurückhaltung in der Äußerung an den Tag legen sollte Er steht auf der Kanzel einer etablierten Kirche, als es im Privatleben oder sogar in seinen veröffentlichten Büchern von ihm verlangt werden müsste.

Die Haltung von Laien, deren Meinungen inzwischen weit von den kirchlichen Formeln abweichen, ist weniger verwirrend, und außer insoweit, als die jüngste Wiederbelebung priesterlicher Ansprüche eine Reaktion hervorrief, gab es, wenn ich mich nicht irre, in den letzten Jahren eine entschiedene Die Tendenz in der besten und gebildetsten Laienmeinung dieser Art, mit zunehmender Gunst auf die etablierte Kirche zu blicken. Die vollständige Abschaffung der religiösen und politischen Disqualifikationen, die ihre Aufrechterhaltung einst im Widerspruch zu den Interessen großer Teile des Volkes standen; die Abschaffung der Unauslöschlichkeit von Orden, die Geistliche, die ihre Ansichten geändert hatten, von allen anderen Lebensunterhalt ausschlossen; die größere Elastizität der Meinung, die in ihrem Rahmen zulässig ist; und die Streichung fast aller Strafen und Beschränkungen, die ausschließlich auf kirchlichen Gründen beruhten, aus dem Gesetzbuch – all das hat dazu geführt, dass bei solchen Männern die Einwände gegen die Kirche gemindert wurden. Es ist eine Kirche, die niemanden verletzt, der außerhalb ihrer Kirche steht, und sich nicht in diejenigen einmischt, die nur nominelle Anhänger sind. Es wird mehr und mehr als eine Maschine gut organisierter Wohltätigkeit angesehen, die effizient und ohne Korruption Funktionen von höchstem Nutzen erfüllt und eine der Hauptquellen des spirituellen und moralischen Lebens in der Gemeinschaft darstellt. Von keinem der modernen Einflüsse der Gesellschaft kann man sagen, dass er sie verdrängt hat. Die moderne Erfahrung hat viele Beweise dafür geliefert, dass die bloße intellektuelle Bildung unzureichend ist, wenn sie nicht von einer Charaktererziehung begleitet wird, und auf dieser Seite weist die moderne Bildung die größten Mängel auf. Während es die Menschen zweifellos deutlich stärker als in der Vergangenheit für die gewaltigen Ungleichheiten menschlicher Schicksale sensibilisiert, sind es doch die Gewohnheit, ständig materielle Preise als unmittelbare Ziele hochzuhalten, und das Verschwinden jener Zwangserziehungsmethoden, die einst den Willen disziplinierten Als Instrument zur moralischen Verbesserung ist es vielleicht weniger wirksam.

Auch einige Denkgewohnheiten, die sich unter gebildeten Männern rasch entwickelt haben, tendierten stark in die gleiche Richtung. Die scharfen

Gegensätze zwischen wahr und falsch in theologischen Fragen wurden erheblich abgeschwächt. Der Standpunkt hat sich geändert. Es wird angenommen, dass grobe und materielle Vorstellungen von Religion in der Geschichte der Welt nicht nur natürlich, sondern unverzichtbar waren und dass die Massen der Menschen nur durch einen allmählichen Prozess der intellektuellen Entwicklung auf höhere und reinere Vorstellungen vorbereitet werden. Aberglaube und Illusion spielen eine nicht unerhebliche Rolle dabei, das große Gefüge der Gesellschaft zusammenzuhalten. „Jede Unwahrheit", heißt es, „wird durch eine Legierung von Wahrheit auf eine gewisse Formbarkeit reduziert", und andererseits sind Wahrheiten von größter Bedeutung in bestimmten Phasen der Weltgeschichte nur dann wirksam, wenn sie sind mit einem Gewand des Aberglaubens bekleidet. Der göttliche Geist dringt durch ein grobstoffliches und materielles Medium in das menschliche Herz ein. Und was für verschiedene Phasen der Menschheitsgeschichte gilt, gilt nicht weniger für verschiedene zeitgenössische Wissens- und Intelligenzschichten. Trotz der demokratischen Deklamation der Gleichheit aller Menschen herrscht immer mehr die Auffassung vor, dass die gleiche Art der Lehre nicht für alle gut ist. Die unverdünnte Wahrheit ist für viele Gemüter eine zu starke Medizin. Einige Dinge, die ein hochkultivierter Intellekt wahrscheinlich und ohne Gefahr verwerfen würde, sind für das moralische Wesen einer Vielzahl von wesentlicher Bedeutung. In allen großen religiösen Systemen gibt es etwas Vergängliches und etwas Ewiges. Theologische Interpretationen der Phänomene der äußeren Natur, die uns umgeben und beeinflussen, und mythologische Erzählungen, die uns aus einer fernen, unkritischen und abergläubischen Vergangenheit überliefert wurden, können verändert oder diskreditiert werden; Aber es gibt Elemente in der Religion, die ihre Wurzeln viel weniger in der Vernunft des Menschen als vielmehr in seinen Sorgen und seinen Zuneigungen haben und Ausdruck von Bedürfnissen, moralischen Gelüsten und Bestrebungen sind, die ein wesentlicher, unzerstörbarer Teil seiner Natur sind.

Ich denke, niemand kann daran zweifeln, dass diese Denkweise, ob richtig oder falsch, im gebildeten Europa sehr weit verbreitet ist und dass es sich um eine Denkgewohnheit handelt, die sich mit zunehmendem Alter gewöhnlich verstärkt. Junge Männer diskutieren religiöse Fragen einfach als Fragen nach Wahrheit oder Unwahrheit. Im späteren Leben akzeptieren sie ihr Glaubensbekenntnis häufiger als Arbeitshypothese des Lebens; als Trost in unzähligen Katastrophen; als die einzige Annahme, unter der das Leben kein melancholischer Höhepunkt ist; als unverzichtbare Sanktion moralischer Verpflichtung; als Befriedigung und Widerspiegelung von Bedürfnissen, Instinkten und Sehnsüchten, die in den tiefsten Tiefen der menschlichen Natur verankert sind; als eine der Hauptsäulen, auf denen die Gesellschaft ruht. Der missionarische, aggressive, kritische Geist lässt nach. Sehr oft lenken sie ihre Gedanken bewusst von Fragen ab, die ihrer Meinung nach nur zu endlosen Kontroversen oder lediglich zu negativen Schlussfolgerungen führen, und gründen ihr moralisches Leben auf ein starkes, selbstloses Interesse am Wohl ihrer Art. In aktiver, nützlicher und selbstloser Arbeit finden sie den besten Zufluchtsort vor den Verwirrungen des Glaubens und das beste Feld für die Kultivierung ihrer moralischen Natur, und die Arbeit, die sie zum Wohle anderer tun, verfehlt selten ihre starke Wirkung auf ihr eigenes Glück. Es sind auch nicht immer diejenigen, die dogmatische Systeme völlig aufgegeben haben, die am wenigsten Gespür für die moralische Schönheit haben, die um sie herum entstanden ist. Die Musik der Dorfkirche, die für den Gläubigen im Inneren so hart und alltäglich klingt, füllt manchmal die Augen des Fremden mit Tränen, der draußen sitzt und zwischen den Gräbern lauscht.

Es ist schwer zu sagen, inwieweit der teilweise Waffenstillstand, der jetzt in England über die großen Glaubensgegensätze gefallen ist, von Dauer sein wird. Keiner, der die Welt kennt, kann sich darüber im Klaren sein, dass ein großer und wachsender Anteil derer, die regelmäßig an unseren Gottesdiensten teilnehmen, sehr stark, wenn auch in unterschiedlichem Ausmaß, von den Überzeugungen abweicht, die in den Formeln ausgedrückt oder impliziert werden Sie benutzen. Bräuche, Mode, der Charme alter Verbindungen, das Verlangen nach ihrer eigenen moralischen oder spirituellen Natur, der Wunsch, ein nützliches System moralischer Erziehung zu unterstützen und ihren Kindern, ihrem Haushalt oder ihren Nachbarn ein gutes Beispiel zu geben, halten sie fest ihr alter Platz, wenn die Überzeugungen, die sie mit ihren Lippen bekennen, weitgehend verblasst sind. Ich verpflichte mich nicht, sie zu beschuldigen oder zu verurteilen. Das individuelle Gewissen, der Charakter und die besonderen Umstände haben in diesen Angelegenheiten eine entscheidende Stimme. Aber es gibt Zeiten, in denen der Unterschied zwischen angeblichem Glauben und echtem Glauben zu groß ist, als dass man ihn ertragen könnte, und in denen Unaufrichtigkeit und Halbglaube den moralischen Charakter einer Nation ernsthaft beeinträchtigen. „Das tiefste, ja das einzige Thema der Weltgeschichte, dem alle anderen untergeordnet sind", sagte Goethe, „ist der Konflikt von Glauben und Unglauben." Die Epochen, in denen der Glaube, in welcher Form auch immer, vorherrscht, sind die markanten Epochen in der Geschichte der Menschheit, voller herzergreifender Erinnerungen und substanzieller Gewinne für die Zukunft. Die Epochen, in denen der Unglaube, in welcher Form auch immer, vorherrscht, selbst wenn sie für einen Moment den Anschein von Ruhm und Erfolg anziehen, versinken unweigerlich in der Bedeutungslosigkeit in den Augen der Nachwelt, die ihre Gedanken nicht an unfruchtbare und unfruchtbare Dinge verschwenden wird unfruchtbar.'

Viele meiner Leser haben wahrscheinlich die Kraft solcher Überlegungen und die moralischen Probleme, die sie aufwerfen, gespürt, und es gab vielleicht Momente, in denen sie sich die Frage des Dichters gestellt haben:

Sag mir, meine Seele, was ist dein Glaubensbekenntnis?

Ist es ein Glaube oder nur ein Bedürfnis?

Sie werden jedoch darüber nachdenken, dass ein Bedürfnis, wenn es allgemein empfunden wird, wenn die menschliche Natur sich in ihrem höchsten und reinsten Zustand befindet, eine gewisse Grundlage für den Glauben liefert, und auch, dass kein Mensch es wagen kann, den Veränderungen, die die Religion ohne sie durchmachen kann, Grenzen zu setzen seine Essenz oder seine Kraft verlieren. Sogar auf dem Gebiet der Moral waren diese sehr groß, obwohl die allgemeine Sitte uns in dem Maße unempfindlich macht, in dem wir von einer wörtlichen Befolgung der evangelischen Gebote abgewichen sind. Wir sollten kaum über die Sparkasse schreiben: „Sorgt nicht für den Morgen, denn der Morgen wird für sich selbst sorgen", oder über die Bank von England: „Sammelt euch keine Schätze auf Erden.": „Wie kaum wird ein Reicher Mann tritt ein in das Reich Gottes", oder über das Auswärtige Amt, oder das Gericht, oder das Gefängnis, „Widerstehe nicht dem Bösen", „Wer dich auf deine rechte Wange schlägt, dem wende auch die andere zu." „Er Wer dir den Mantel wegnimmt, der soll auch deinen Mantel haben. Kann man sagen, dass die ganze Kraft und Bedeutung solcher Worte durch eine Industriegesellschaft repräsentiert wird, in der die Bildung von Gewohnheiten ständiger Vorsehung mit dem Ziel, Armut abzuwenden oder den Komfort zu erhöhen, als eine der ersten Pflichten und ein Hauptelement angesehen wird? Maß für den gesellschaftlichen Fortschritt; in dem die wahllose Nächstenliebe, die das Betteln fördert und die Gewohnheiten der Voraussicht und Sparsamkeit entmutigt, viel ernster verurteilt wird als ein Industriesystem, das auf dem schärfsten, tödlichsten und oft bösartigsten Wettbewerb basiert; in der Reichtum allgemein gesucht und allgemein als gut und nicht als böse angesehen wird, vorausgesetzt, er wird ehrlich erworben und weise und großzügig verwendet; in dem, obwohl mutwillige Aggression und ein gewalttätiges und streitsüchtiges Temperament zweifellos verurteilt werden, es als die Pflicht eines jeden guten Bürgers angesehen wird, seine Rechte zu schützen, wann immer sie zu Unrecht verletzt werden; in der der Krieg und die Vorbereitung auf den Krieg die leidenschaftlichste Begeisterung entfachen und einen großen Teil der Energien der Christenheit absorbieren, und in der keine Regierung eine Woche an der Macht bleiben könnte, wenn sie nicht sofort die kleinste Beleidigung der Nationalflagge übel nehmen würde?

Es ist eine Frage anderer Art, ob der priesterliche Geist, der sich in den letzten Jahren in der englischen Kirche so weit verbreitet hat, sich ausbreiten kann, ohne eine gewaltsame Störung hervorzurufen. Eines der Hauptziele und Ziele der Reformation war es, die Wurzeln der Priesterschaft abzuschneiden, und aus den bereits dargelegten Gründen glaube ich nicht, dass die Partei, die sie wiederherstellen würde, auch nur in irgendeiner Weise über die Stärke verfügt, die sie gehabt hat darauf zurückzuführen. Es ist wahr, dass die Partei der Breiten Kirche, obwohl sie die Ansichten einer großen Zahl gebildeter Laien getreu widerspiegelt, nie einen Einfluss auf das aktive Kirchenleben ausgeübt hat, der auch nur im Geringsten im Verhältnis zur Bedeutung ihrer führenden Vertreter stand. Es ist auch wahr, dass die Evangelikale Partei ihren alten Platz auf der anglikanischen Kanzel und in der religiösen Literatur in bemerkenswertem Maße verloren hat, obwohl ihre Grundsätze immer noch die Grundlage der Predigten der Heilsarmee und der meisten anderen Straßenprediger bilden, die eine Kirche ausüben echten und weitreichenden Einfluss auf die Armen. Aber die mittleren und unteren Schichten der englischen Gesellschaft sind meiner Meinung nach im Grunde zutiefst feindlich gegenüber der Priesterschaft; und obwohl die Angst vor dem Papsttum nachgelassen hat, sind sie weit davon entfernt, sich jedem Versuch zu fügen, die Herrschaft wiederherzustellen, die ihre Väter aufgegeben hatten.

In einer Hinsicht ist der Priestertum in der anglikanischen Kirche tatsächlich eine schlimmere Sache als in der römischen Kirche, denn er ist undiszipliniert und unreguliert. Die Geschichte der Kirche zeigt reichlich die Gefahren, die vom Beichtstuhl ausgehen, obwohl die römisch-katholische Kirche behaupten wird, dass ihr gewohnheitsmäßig zurückhaltender und moralisierender Einfluss diese gelegentlichen Missbräuche bei weitem überwiegt. Aber in der römischen Kirche wird die Beichtepraxis unter strengster kirchlicher Aufsicht und Disziplin durchgeführt. Die Beichte kann nur einem zölibatären Priester im reifen Alter abgelegt werden, der durch den feierlichsten Eid zur Verschwiegenheit verpflichtet ist; der, außer im Falle einer schweren Krankheit, nur in der öffentlichen Kirche beichtet; und der eine lange, sorgfältige Ausbildung durchlaufen hat, die speziell und geschickt darauf ausgerichtet ist, ihn für diese Aufgabe zu qualifizieren. Keine dieser Bedingungen wird im anglikanischen Bekenntnis beachtet.

Ansonsten wird der Geist des Priestertums wahrscheinlich nie ganz derselbe sein wie in der römischen Kirche. Ein verheirateter Klerus, der sich mit allen Laieneinflüssen einer englischen Universität vermischt hat und sich immer noch an den Bestrebungen, Studien, gesellschaftlichen Verkehren und Vergnügungen von Laien beteiligt, wird wahrscheinlich keine eigene Kaste bilden oder eine sehr beeindruckende Priesterschaft bilden . Es ist vielleicht ein wenig schwierig, ihre Ansprüche mit angemessenem Ernst zu behandeln, und die Atmosphäre unbegrenzter Diskussionen, die die Engländer ihr ganzes Leben lang umhüllt, hat die Gefahr von Zwangs- und restriktiven Gesetzen, die sich gegen die Meinung richten, wirksam beseitigt. Moralischer Zwang und die Tendenz, per Gesetz aus moralischen Gründen in die Gewohnheiten von Menschen einzugreifen, selbst wenn diese Gewohnheiten andere in keiner Weise beeinträchtigen, haben zugenommen. Es handelt sich um eine der ausgeprägten Tendenzen der angelsächsischen Demokratie, und sie ist weit davon entfernt, einer bestimmten Kirche eigen zu sein oder in ihr auch nur besonders hervorzustechen. Aber der Wunsch, die Äußerung von Meinungen mit Gewalt zu unterdrücken, der so viele Jahrhunderte lang die Macht des mittelalterlichen Priestertums mit Blut und Feuer markierte, ist der modernen englischen Natur völlig fremd. Bei all dem Fanatismus, den Übertreibungen und dem Aberglauben des Glaubens dürfte zumindest diese Art von Zwang niemals gewaltig sein, und ich glaube auch nicht, dass im äußersten Teil des Priesterklerus überhaupt ein Verlangen danach besteht. Es gab einen bedeutenden Kontrast zwischen der Geschichte des Katholizismus und des Anglikanismus im gegenwärtigen Jahrhundert. In der katholischen Kirche hat das ultramontane Element stetig dominiert, was die Meinungsfreiheit einschränkte, und wichtige Grundsätze, die einst von der Kirche nicht definiert wurden und zu denen aufrichtige Katholiken einen gewissen Meinungsspielraum hatten, wurden unter das eiserne Joch gebracht. Dies ist zweifellos größtenteils auf die wachsende Skepsis und Gleichgültigkeit zurückzuführen, die dazu geführt hat, dass die große Gruppe gebildeter Laien der Kirche gegenüber feindselig oder gleichgültig geworden ist und ihre Verwaltung hauptsächlich in die Hände des Priestertums und der fanatischeren, unwissenderen und engstirnigeren Menschen gelegt hat gesinnte Laien. Aber in der anglikanischen Kirche sind gebildete Laien viel weniger vom kirchlichen Leben entfremdet, und ein Gericht, das hauptsächlich aus Laien besteht, übt die höchste Autorität aus. Als Folge dieser Umstände hat sich der Meinungsspielraum innerhalb der Kirche stetig vergrößert, obwohl das priesterliche Element stark zugenommen hat.

Gleichzeitig ist es schwer zu glauben, dass der Kirche keine ernsthaften Gefahren drohen, wenn die unprotestantisierenden Einflüsse, die sich in ihr ausgebreitet haben, weiter zunehmen. Es ist unwahrscheinlich, dass die Nation die Kirche weiterhin unterstützen wird, wenn sich diese Kirche in ihren Haupttendenzen von der Reformation abkoppelt. Die Konversionen zum Katholizismus in England waren, obwohl wahrscheinlich stark übertrieben, sehr zahlreich, und es ist sicherlich nicht überraschend, dass dies so ist. Wenn die Kirche Roms zulassen würde, dass der Protestantismus ständig auf ihren Kanzeln gelehrt wird und dass protestantische Gottesdienste und Charaktere gewohnheitsmäßig Bewunderung hervorrufen, besteht kaum ein Zweifel daran, dass viele ihrer Gläubigen erschüttert wären. Wenn die Kirche von England im Allgemeinen zu dem wird, was sie in einigen ihrer Kirchen bereits ist, ist es unwahrscheinlich, dass die öffentliche Meinung Englands ihre privilegierte Stellung im Staat dauerhaft akzeptieren wird. Wenn sie aufhört, eine protestantische Kirche zu sein, wird sie nicht lange eine etablierte Kirche bleiben, und ihre Auflösung würde wahrscheinlich einen Umbruch nach sich ziehen, in dem die Meinungen schärfer definiert würden und der Spielraum des Glaubens und der Geist des Kompromisses, die jetzt charakteristisch sind, erreicht würden Unser englisches religiöses Leben könnte ernsthaft beeinträchtigt werden.

## FUSSNOTEN:

[58] *Alciphron* , 6. Dialog.

[59] Nalsons's *Collections* , d. 769, 9. Februar 1640.

[60] *Autobiographie von Isaac Williams* , S. 132. Dieser Brief wurde 1863 geschrieben.

# KAPITEL XII

## DAS MANAGEMENT DES CHARAKTERS

Von allen Aufgaben, die dem Menschen im Leben gestellt werden, ist die Erziehung und Beherrschung seines Charakters die wichtigste, und damit diese erfolgreich erfüllt werden kann, ist es notwendig, dass er eine ruhige und sorgfältige Betrachtung seiner eigenen Persönlichkeit anstellt Tendenzen, die weder durch die Selbsttäuschung, die Fehler verbirgt und Vorzüge verherrlicht, noch durch den wahllosen Pessimismus, der sich weigert, seine Kräfte endgültig anzuerkennen, blind sind. Er muss den Fatalismus vermeiden, der ihn davon überzeugen würde, dass er keine Macht über seine Natur hat, und er muss auch klar erkennen, dass diese Macht nicht unbegrenzt ist. Der Mensch ist wie ein Kartenspieler, der von der Natur seine Karten erhält – seine Veranlagung, seine Umstände, die Stärke oder Schwäche seines Willens, seines Geistes und seines Körpers. Das Spiel des Lebens ist eine Mischung aus Zufall und Geschicklichkeit. Der beste Spieler wird besiegt, wenn er hoffnungslos schlechte Karten hat, aber auf lange Sicht wird sich das Können des Spielers bemerkbar machen. Die Macht des Menschen über seinen Charakter hat große Ähnlichkeit mit seiner Macht über seinen Körper. Männer kommen mit Körpern auf die Welt, deren Gesundheit und Kraft sehr unterschiedlich sind; mit erblich bedingten Krankheitsveranlagungen; wobei die Organe in ihrem Normalzustand stark variieren. Gleichzeitig verändern ein gemäßigtes oder maßloses Leben, eine geschickte oder ungeschickte Lebensweise, körperliche Übungen, die gut zur Stärkung der schwächeren Teile geeignet sind, körperliche Apathie, bösartige Nachsicht, fehlgeleitete oder übermäßige Anstrengung, alle auf ihre unterschiedliche Weise seinen körperlichen Zustand und verbessern oder verschlechtern ihn sein Risiko für Krankheit und vorzeitigen Tod. Die Macht des Willens über den Charakter ist jedoch stärker oder zumindest umfassender als seine Macht über den Körper. Es gibt Organe, die völlig außerhalb seines Einflusses liegen; Es gibt Krankheiten, auf die es keinen Einfluss ausüben kann, aber es gibt keinen Teil unserer moralischen Verfassung, den wir nicht in gewissem Maße beeinflussen oder modifizieren können.

Es kam mir oft vor, dass Geschmacksverschiedenheiten viel Aufschluss über den Charakter geben. Warum bereitet ein und dasselbe Gericht dem einen große Freude, dem anderen ist es abstoßend und abstoßend? Auf diese einfache Frage kann keine wirkliche Antwort gegeben werden. Es ist eine Tatsache unserer Natur, dass eine Frucht, ein Fleisch oder ein Getränk dem einen Gaumen Freude bereiten wird und dem anderen gar nichts. Während der ursprüngliche und natürliche Unterschied unbestritten ist, gibt es gleichzeitig viele Unterschiede, die ganz oder größtenteils auf bestimmte und oft vorübergehende Ursachen zurückzuführen sind. Gerichte haben eine Anziehungskraft oder das Gegenteil, weil sie mit alten Erinnerungen oder Gewohnheiten verbunden sind. Aus Gewohnheit mag ein Franzose seine Melone mit Salz, während ein Engländer sie lieber mit Zucker isst. Eine alte Assoziation von Ideen wird einen Engländer davor zurückschrecken lassen, einen Frosch oder eine Schnecke zu essen, obwohl er wahrscheinlich beides mögen würde, wenn er sie essen würde, ohne es zu wissen, und er könnte es leicht lernen, es zu tun. Die Art von Küche, die ein Zeitalter oder eine Nation generell mag, ein anderes Zeitalter oder eine andere Nation dagegen als geschmacklos empfindet. Oft bestimmt das Auge den Geschmack, und ein Gericht, das, wenn man es sieht, starke Abscheu hervorruft, würde bei einem Blinden nicht so abstoßend sein. Jeder, der viel in der Welt und besonders in unzivilisierten Ländern umhergezogen ist, wird viele alte Antipathien loswerden, die Feinheit seines Geschmacks verlieren und sich neue und echte Geschmäcker aneignen. Der ursprüngliche angeborene Unterschied wird nicht völlig zerstört, aber er wird tiefgreifend und vielfältig verändert.

Diese Geschmacksveränderungen sind sehr analog zu dem, was in unseren moralischen Dispositionen vor sich geht. Zum größten Teil sind sie an sich einfach außerhalb der Moral, obwohl es zumindest eine auffällige Ausnahme gibt. Viele – und das ist zu hoffen – die meisten Männer könnten ihr Leben mit uneingeschränktem Zugang zu berauschenden Getränken verbringen, ohne auch nur in die Versuchung zu geraten, sich zu betrinken. Abgesehen von allen Überlegungen zu Religion, Moral, sozialen, physischen oder intellektuellen Konsequenzen verzichten sie einfach aus Geschmacksgründen darauf. Bei anderen Männern ist das Vergnügen am übermäßigen Trinken so groß, dass es einer heroischen Willensanstrengung bedarf, ihm zu widerstehen. Es gibt Männer, die nicht nur so beschaffen sind, dass es ihr größtes Vergnügen ist, sondern die sogar mit dem Verlangen nach Alkohol geboren werden. In keiner Form wird die schreckliche Tatsache der Vererbung deutlicher oder tragischer dargestellt. Auch viele, die ursprünglich kein solches Verlangen verspürten, erwerben es nach und nach: manchmal durch bloßen sozialen Einfluss, der übermäßiges Trinken zur Gewohnheit ihres Umfelds macht; häufiger durch Depression oder Kummer, die bei den Menschen eine Sehnsucht nach einem leidenschaftlichen Vergnügen hervorrufen, in dem sie sich selbst vergessen können; oder durch die abgestumpfte geistige und körperliche Angewohnheit, die übermäßige Arbeit hervorbringt, oder durch die trostlose, farblose, freudlose Umgebung schmutziger Armut. Wenn Alkohol und Sinnesfreuden brutal genossen werden, erzeugen sie (zweifellos aus körperlichen Gründen) ein starkes Verlangen nach ihrer Befriedigung. Dies ist jedoch nicht bei allen unseren Vergnügungen der Fall. Viele werden in der Gegenwart sehr genossen, in der Abwesenheit jedoch nicht ernsthaft vermisst. Manchmal führt übermäßiger

Genuss auch dazu, dass der Gaumen verdorben und abgestumpft wird, sodass das, was einst angenehm war, überhaupt kein Objekt mehr der Begierde mehr ist. Auch dies hat in anderen Dingen seine Entsprechung. Wir haben ein bekanntes Beispiel im exzessiven Romanleser, der mit einer Art geistiger Vergiftung beginnt und mit einer solchen Müdigkeit endet, dass es für ihn eine ernsthafte Anstrengung ist, die Bücher zu lesen, die einst seine stärkste Versuchung darstellten.

Auch der Gaumengeschmack verändert sich natürlich mit dem Alter und den damit einhergehenden Veränderungen des Körpers. Der Schuljunge, der sich bitterlich darüber beklagt, dass sein geringes Taschengeld ihn in der Fähigkeit einschränkt, Torten und Süßigkeiten zu kaufen, wird wahrscheinlich zu einem Mann heranwachsen, der mit vielen Schilling in der Tasche täglich an der Konditorei vorbeigeht, ohne auch nur den geringsten Wunsch zu haben, sie zu betreten.

Es ist offensichtlich, dass es eine enge Analogie zwischen diesen Dingen und der Ansammlung moralischer und intellektueller Vorlieben und Abneigungen gibt, die die ursprüngliche Grundlage unseres Charakters bilden und hauptsächlich das Aussehen unseres Lebens bestimmen. Wie Marcus Aurelius sagte: „Wer kann die Wünsche des Menschen ändern?" Das, was das stärkste gewohnheitsmäßige Vergnügen bereitet, sei es angeboren oder erworben, wird in den allermeisten Fällen letztendlich dominieren. Bestimmte Dinge werden immer äußerst angenehm sein, andere dagegen gleichgültig oder abstoßend, und dieser Magnetismus ist die wahre Grundlage des Charakters und bestimmt bei der Mehrheit der Menschen hauptsächlich das Verhalten. Durch die Assoziationen der Jugend und durch andere Ursachen können diese natürlichen Vorlieben und Abneigungen etwas verändert werden, aber selbst in der Jugend ist unsere Macht sehr begrenzt, und im späteren Leben ist sie viel geringer. Kein wirklicher Anhänger des freien Willens ist der Ansicht, dass der Mensch ein absoluter Sklave seiner Wünsche ist. Kein Mensch, der die Welt kennt, wird leugnen, dass beim Durchschnittsmenschen die stärkste Leidenschaft oder das stärkste Verlangen vorherrscht – glücklich, wenn dieses Verlangen kein Laster ist.

Mit zunehmendem Alter werden die Leidenschaften schwächer, aber die Gewohnheiten verstärken sich, und es ist die große Aufgabe der Jugend, den Strom der Gewohnheiten zu bestimmen und die Geschmäcker zu formen, die das Glück im Leben am meisten hervorbringen. Hier wie in den meisten anderen Dingen sind gegenteilige Übertreibungen zu vermeiden. Man kann zu starr und zu ausschließlich auf die Zukunft blicken – auf eine Zukunft, die vielleicht nie eintritt. Das ist der große Fehler des Überpädagogischen, der das frühe Leben zu einer Belastung und Mühe macht, und auch derer, die versuchen, der Jugend die Vorlieben und Freuden des Mannes aufzuzwingen. Die Jugend hat ihre eigenen Freuden, die ihr immer die größte Freude bereiten werden, und eine glückliche Jugend ist an sich schon ein Ende. Es ist die Zeit, in der die Kraft des Vergnügens am stärksten ausgeprägt ist, und sie geht oft mit einer so extremen Sensibilität einher, dass die Leiden des Kindes für die scheinbar trivialsten Ursachen wahrscheinlich mindestens ebenso heftig, wenn auch nicht an Dauerhaftigkeit, den Leiden des Kindes gleichkommen ein Mann. Viele Eltern, die am Sarg ihres Kindes standen, haben mit Bitterkeit gespürt, wie viel von dem Maß an Freude, das ein kurzes Leben gekannt hätte, durch eine unüberlegte Erziehung zunichte gemacht wurde. Und selbst wenn das Erwachsenenalter erreicht wird, werden die Übel einer unglücklichen Kindheit selten vollständig ausgeglichen. Die Freuden des Rückblicks gehören zu den realsten, die wir besitzen, und unsere liebsten Assoziationen konzentrieren sich ganz natürlich um unsere kindlichen Tage. Eine frühe Überanstrengung unserer Kräfte hinterlässt oft bleibende Verzerrungen oder Schwächen, und eine traurige Kindheit führt in den Charakter Elemente von Morbidität und Bitterkeit ein, die nicht verschwinden.

Die erste große Regel bei der Beurteilung von Freuden ist die von Seneca so treffend ausgedrückte: „Sic præsentibus utaris voluptatibus ut futuris non noceas" – um gegenwärtige Freuden so zu nutzen, dass zukünftige Freuden nicht beeinträchtigt werden. Trunkenheit, Sinnlichkeit, Glücksspiel, gewohnheitsmäßige Extravaganz und Maßlosigkeit führen, wenn sie zu den Freuden der Jugend werden, fast unfehlbar zum Ruin eines Lebens. Vergnügungen, die an sich unschuldig sind, verlieren ihre Macht des Vergnügens, wenn sie zum alleinigen oder hauptsächlichen Ziel der Verfolgung werden.

Zu Beginn unseres Lebens neigen wir dazu, Geschmacksrichtungen, Freuden und Idealen einen überproportionalen Wert beizumessen, die nur annähernd durch Jugend, Gesundheit und Kraft befriedigt werden können. Ich denke, ein Beispiel dafür ist der enorme Stellenwert, den Leichtathletik und Outdoor-Sport im modernen englischen Leben eingenommen haben. Sie sind sicherlich nicht zu verurteilen. Sie haben die direkte Wirkung, ein großes Maß an intensivem und unschuldigem Vergnügen zu bereiten, und sie haben indirekte Wirkungen, die noch wichtiger sind. Insofern sie das Niveau der körperlichen Stärke und Gesundheit erhöhen und die Krankhaftigkeit des Temperaments vertreiben, die ein sesshaftes Leben und einen kranken oder trägen Körper so oft begleiten kann, tragen sie stark zu dauerhaftem Glück bei. Sie spielen eine wichtige Rolle bei der Bildung von Freundschaften, die eine der schönsten Früchte der Zeit zwischen der Kindheit und dem reifen Mannesalter sind. Einige von ihnen vermitteln Mut, Ausdauer, Energie, Selbstbeherrschung und fröhliches Nachgeben bei Enttäuschungen und Niederlagen, die für die Charakterbildung von nicht geringem Wert sind, und wenn sie nicht mit Glücksspiel in Verbindung gebracht werden, haben sie oft den unschätzbaren Vorteil junge Männer von bösartigen Vergnügungen abhalten. Gleichzeitig kann kaum bezweifelt werden, dass sie im Leben junger Engländer der heutigen Generation eine übertriebene Bedeutung haben. Es ist nicht übertrieben zu sagen, dass bei großen Teilen der Studenten unserer Universitäten und in einer Zeit, in der intellektueller Ehrgeiz am stärksten sein sollte und der Erwerb von Wissen am wichtigsten ist, Kenntnisse im Cricket, Bootfahren oder Fußball einen höheren Stellenwert haben als jede intellektuelle Leistung. Ich habe einen guten Richter, der seit langem mit dem englischen Universitätsleben verbunden war, seine Meinung äußern hören, dass sich die relative intellektuelle Stellung der oberen und mittleren Klassen in England in den letzten vierzig oder fünfzig Jahren aufgrund der unverhältnismäßigen Stellung wesentlich verändert habe welche Outdoor-Vergnügungen im Leben der ersteren Einzug gehalten haben. Es ist der Eindruck sehr kompetenter Richter, dass eine echte Liebe, Ehrfurcht und Begeisterung für geistige Dinge bei den jungen Männern von heute weniger verbreitet ist als zu Zeiten ihrer Väter. Das Vorherrschen des kritischen Geistes, der den Enthusiasmus dämpft, und noch mehr das Cram-System, das jungen Männern beibringt, die Preise, die bei Auswahlprüfungen zu gewinnen sind, als das höchste Ziel des Wissens anzusehen, sind zweifellos größtenteils dafür verantwortlich, aber vieles auch auch aufgrund der übertriebenen Verherrlichung sportlicher Spiele.

Wenn wir die Klasse der Freuden, die ich beschrieben habe, mit der Vorliebe für das Lesen und verwandten intellektuellen Freuden vergleichen, wird die Überlegenheit der letzteren deutlich. Zwar dürfte den meisten jungen Männern ein Spiel mindestens genauso viel Freude bereiten wie ein Buch. Wir dürfen die Freude am Lesen auch nicht allein an der Sprache des echten Gelehrten messen. Nicht jeder könnte wie Gibbon sagen, dass er seine Liebe zum Lesen nicht gegen den ganzen Reichtum Indiens eintauschen würde. Sehr viele würden ihm zustimmen; aber Gibbon war ein Mann mit einer ausgeprägten natürlichen Liebe zum Wissen, und die schwache Gesundheit seines frühen Lebens verstärkte diese vorherrschende Leidenschaft. Doch während die Vorlieben, die körperliche Stärke erfordern, mit zunehmendem Alter abnehmen oder verschwinden, nimmt die Neigung zum Lesen stetig zu. Es ist grenzenlos in den Aussichten des Vergnügens, die es eröffnet; Es ist eines der am leichtesten zu befriedigenden, eines der billigsten und eines der am wenigsten abhängigen vom Alter, den Jahreszeiten und den wechselnden Lebensbedingungen. Es ermuntert den Kranken über Jahre der Schwäche und Gefangenschaft hinweg; erleuchtet die tristen Stunden der schlaflosen Nacht; speichert den Geist mit angenehmen Gedanken, vertreibt Langeweile, füllt die unbesetzten Zwischenräume und erzwungenen Mußestunden eines aktiven Lebens; lässt Männer zumindest eine Zeit lang ihre Ängste und Sorgen vergessen, und wenn es vernünftig gehandhabt wird, ist es eines der wirksamsten Mittel, um den Charakter zu schulen und das Denken zu disziplinieren und zu erheben. Es ist ein Vergnügen, das nicht nur an sich gut ist, sondern auch viele andere bereichert. Indem es den Umfang unseres Wissens erweitert, indem es unsere Fähigkeit zu Mitgefühl und Wertschätzung vergrößert, trägt es unabsehbar zu den Freuden der Gesellschaft, zu den Freuden des Reisens, zu den Freuden der Kunst und zu dem Interesse bei, das wir an der großen Vielfalt an Ereignissen haben, die wir erleben bilden das große Weltdrama um uns herum.

Diesen Geschmack in der frühen Jugend zu erwerben, ist eine der besten Früchte der Bildung, und er ist besonders nützlich, wenn der Geschmack am Lesen zu einem Geschmack am Wissen wird und wenn er mit einer gewissen Spezialisierung und Konzentration sowie einer gewissen Ausübung der Fähigkeiten des Lesens einhergeht Überwachung. „Viele Geschmäcker und ein Hobby" ist kein schlechtes Ideal. Der Junge, der lernt, Fossilien, Blumen oder Insekten zu sammeln und zu klassifizieren, der eine Vorliebe für chemische Experimente entwickelt hat, der begonnen hat, eine Vorliebe für eine bestimmte Art oder einen bestimmten Wissensbereich zu entwickeln, hat den Grundstein für viel Glück im Leben gelegt .

Bei der Auswahl der Freuden und der Kultivierung des Geschmacks zeigt sich viel Weisheit darin, sie so zu wählen, dass sie eine Ergänzung zu den anderen bilden; dass verschiedene Freuden nicht aufeinanderprallen sollten, sondern vielmehr verschiedene Bereiche und Jahreszeiten des Lebens abdecken sollten; dass jeder dazu neigen sollte, Fehler oder Charaktermängel zu korrigieren, die der andere möglicherweise hervorrufen könnte. Der junge Mann, der sein Leben mit einem ausgeprägten literarischen Geschmack und auch mit einer ausgeprägten Liebe zu Outdoor-Sportarten beginnt und über die Mittel verfügt, beides zu befriedigen, hat sich vielleicht mit so vielen Elementen des Glücks ausgestattet, wie bloße Vergnügungen jemals bieten können . Eine Reihe von Vergnügungen zerstört jedoch oft die Fähigkeit, sich an anderen zu erfreuen, und einige, die an sich völlig unschuldig sind, üben einen schädlichen Einfluss auf den Charakter aus, indem sie die Freude an besseren Dingen abschwächen. Gewohnheitsmäßiges Lesen von Romanen zum Beispiel zerstört oft die Vorliebe für ernsthafte Literatur, und kaum etwas schadet einer gesunden literarischen Wahrnehmung so sehr und vulgarisiert die Figur wie die Gewohnheit, den Geist ständig mit minderwertiger Literatur zu sättigen, selbst wenn diese Literatur es ist in keinem Maße unmoralisch. Manchmal kann ein gegenteiliges Übel entstehen. Übermäßige Sorgfalt schränkt unsere Freuden stark ein und die unschätzbare Gabe extremer Konzentration wird oft teuer erkauft. Das bekannte Eingeständnis Darwins, dass seine intensive Sucht nach der Wissenschaft seine Fähigkeit zerstört habe, selbst die edelste fantasievolle Literatur zu genießen, stellt eine Gefahr dar, der viele Männer ausgesetzt sind, die in den höheren und strengeren Formen des wissenschaftlichen Denkens viel erreicht haben. Solche Männer sind in der Regel aufgrund ihres ursprünglichen Temperaments und noch mehr durch erworbene Gewohnheiten Männer von starker, beschränkter, konzentrierter Natur, deren Gedanken wie ein tiefer und schneller Strom, der in einem begrenzten Kanal eingeschlossen ist, mit unwiderstehlicher Energie in eine Richtung fließen. Sie tun so viel, indem sie Vielseitigkeit opfern, und das Ergebnis ist völlig ausreichend, um dies zu rechtfertigen. Aber es ist ein echtes Opfer, das sie vieler Möglichkeiten und Freude beraubt.

Dieselben Freuden wirken sich auf unterschiedliche Charaktere unterschiedlich aus, insbesondere auf die Charakterunterschiede, die mit unterschiedlichen Geschlechtern einhergehen. Ich habe selbst keinen Zweifel daran, dass die Bewegung, die in der Neuzeit die Vergnügungen von Frauen, die einst fast ausschließlich Männern vorbehalten waren, so weit geöffnet hat, im Großen und Ganzen eine gute Bewegung war. Es hat zu einem höheren Gesundheitsniveau, stärkeren Nerven und weniger krankhaften Charakteren geführt und vielen Menschen, deren Leben früher aufgrund ihrer Umstände und ihrer Umgebung als sehr trostlos und fade empfunden wurde, tiefe und unschuldige Freude bereitet. Doch die meisten guten Beobachter werden darin übereinstimmen, dass Vergnügungen, die keine schädlichen Auswirkungen auf Männer haben, oft bis zu einem gewissen Grad die Anmut oder den Charakter von Frauen beeinträchtigen und dass das eine Geschlecht nicht ganz ungestraft versucht, das Leben des anderen zu führen. Auch einige Freuden üben einen viel größeren Einfluss auf die allgemeinen Lebensgewohnheiten aus als andere. Es ist nicht übertrieben zu sagen, dass die Erfindung des Fahrrads, die eine enorme Zunahme des Lebens im Freien, der aktiven Bewegung und unabhängiger Gewohnheiten mit sich brachte, den Verlauf vieler Leben revolutioniert hat. Einige Vergnügungen, die an sich vielleicht nur wenig geschätzt werden, werden mit Bedacht kultiviert, um den Menschen zu helfen, sich leichter in verschiedenen Bereichen der Gesellschaft zu bewegen, oder als Ressource für das Alter. Talleyrand hatte nicht ganz unrecht mit seinem Vorwurf an einen Mann, der nie Whist spielen gelernt hatte: „Was für ein unglückliches Alter bereiten Sie sich vor!"

Ich habe bereits die Unterschiede erwähnt, die in verschiedenen Ländern und Zeitaltern zu finden sind, und zwar in der relativen Bedeutung, die den äußeren Umständen und Geistesverfassungen als Mittel zum Glück beigemessen wird, und in der Tendenz in den fortschrittlicheren Nationen, ihr Glück hauptsächlich in verbesserten Umständen zu suchen . Eine weitere große Unterscheidungslinie besteht zwischen Bildung, die speziell auf die Wünsche einwirkt, und Bildung, die speziell auf den Willen einwirkt. Die große Perfektion moderner Bildungssysteme ist hauptsächlich ersterer Art. Sein Ziel besteht darin, Wissen und Tugend attraktiv und damit zum Objekt der Begierde zu machen. Dies geschieht teils dadurch, dass sie in den verführerischsten Formen präsentiert werden, teils dadurch, dass sie so eng wie möglich mit Belohnungen verknüpft werden. Das große Prinzip der modernen Moralerziehung besteht darin, unschuldige und wohltätige Interessen, Geschmäcker und Ambitionen zu vervielfachen. Es geht darum, den Weg der Tugend zum Natürlichen, Leichten und Angenehmen zu machen. eine gesellschaftliche Atmosphäre zu schaffen, die seine Entwicklung begünstigt und Pflicht und Interesse so weit wie möglich in Einklang bringt. Bösartige Freuden werden durch die Vermehrung gesunder Freuden und durch eine klarere Einsicht in die Folgen jeder einzelnen bekämpft. Ein müßiger oder träger Charakter wird durch das Hochhalten würdiger Interessen und Ehrgeiz angeregt, und es ist das Ziel des Lehrers und des Gesetzgebers gleichermaßen, die Bahnen und Kanäle des Lebens so zu gestalten, dass sie auf natürliche und einfache Weise zum Guten tendieren. Aber die Erziehung des Willens – die Fähigkeit, dem Strom der Wünsche zu trotzen und über lange Zeiträume hinweg das zu tun, was geschmacklos und schmerzhaft ist – ist viel weniger kultiviert als in manchen Perioden der Vergangenheit.

Dazu tragen viele Dinge bei. Die Hektik und Hektik des modernen Daseins und die unübersehbare Vielzahl und Vielfalt flüchtiger Eindrücke, die in den großen Zentren der Zivilisation über den Geist gehen, sind für die Konzentration und vielleicht noch mehr für die direkte Entwicklung geistiger Zustände sehr ungünstig. Die Vergnügungen und der Appetit auf Vergnügungen haben stark zugenommen. Das Leben ist voller geworden. Die langen Mußestunden, die introspektiven Gewohnheiten, die *vita contemplativa*, die in der alten katholischen Disziplin so auffällig sind, werden immer seltener. Gedanken und Interessen werden mehr nach außen geworfen; und der Komfort, der Luxus, die Sanftheit, die Menschlichkeit des modernen Lebens und insbesondere der modernen Bildung machen die Menschen weniger geneigt, sich dem Unangenehmen zu stellen und das Schmerzhafte zu ertragen.

Der Ausgangspunkt der Bildung verändert sich somit stillschweigend. Das Ausmaß der Veränderung lässt sich vielleicht am besten an der alten katholischen Asketenausbildung erkennen. Ihr oberstes Ziel war es, den Willen zu disziplinieren und zu stärken: die Menschen daran zu gewöhnen, das Angenehme abzulehnen und das Schmerzhafte zu akzeptieren; die natürlichsten Geschmäcker und Neigungen zu demütigen; das Reich der Wünsche einengen und schwächen; Menschen völlig unabhängig von äußeren Umständen zu machen; Selbstverleugnung als Selbstzweck zu predigen.

Über die Vorzüge dieses Systems werden die Menschen immer unterschiedlicher Meinung sein. Meiner Meinung nach ist es schwer zu glauben, dass in der Zeit des katholischen Aufstiegs der moralische Standard insgesamt und in seinen Grundzügen höher war als unser eigener. Die Unterdrückung der sinnlichen Triebe war das zentrale Faktum der asketischen Moral; Aber selbst wenn dieser Test durchgeführt wurde, ist es zumindest sehr zweifelhaft, ob er nicht versagt hat. Der Rückzug der besten Männer aus der säkularen Gesellschaft trug viel dazu bei, die Einflüsse endgültig einzuschränken, und die Gewohnheit, ein unnatürliches Ideal anzustreben, war der gewöhnlichen, alltäglichen, häuslichen Tugend nicht förderlich. Die Geschichte des priesterlichen und klösterlichen Zölibats zeigt deutlich, wie viele Laster, die leicht hätten vermieden werden können, aus der Annahme eines unnatürlichen Standards erwuchsen und wie oft dies bei denen, die ihn erreicht hatten, zu schwerwiegenden Charakterverzerrungen führte. Zuneigungen und Impulse, denen ihr gesunder und natürlicher Ausdruck verwehrt wurde, verkümmerten entweder völlig oder nahmen andere und krankhafte Formen an, und der harte, grausame, selbstgerechte Fanatiker, der gleichermaßen bereit war, Leid zu ertragen oder zuzufügen, war ein nicht unnatürliches Ergebnis. Aber was auch immer ihre Misserfolge und Übertreibungen gewesen sein mögen, die katholische Askese war zumindest eine großartige Schule zur Disziplinierung und Stärkung des Willens, und die Stärke und Disziplin des Willens bilden eines der ersten Elemente der Tugend und des Glücks.

In dem ernsten und edlen Charaktertyp, der im englischen und amerikanischen Leben im 17. Jahrhundert vorherrschte, war die Willensstärke deutlich erkennbar. Das Leben war härter, einfacher, ernster und weniger ziellos als heute, und starke Überzeugungen prägten und stärkten den Charakter. „Es war eine Zeit", sagt ein großer amerikanischer Schriftsteller, „in der das, was wir Talent nennen, viel weniger berücksichtigt wurde als heute, aber die massiven Materialien, die Stabilität und Würde des Charakters erzeugen, viel mehr." Das Volk besaß durch Erbrecht die Eigenschaft der Ehrfurcht, die bei ihren Nachkommen, wenn sie überhaupt noch vorhanden ist, in geringerem Maße und mit erheblich geringerer Kraft bei der Auswahl und Wertschätzung öffentlicher Männer vorhanden ist. Die Veränderung kann zum Guten oder zum Schlechten sein und betrifft vielleicht teilweise beides. In jenen alten Tagen verlieh der englische Siedler an diesen rauen Küsten, nachdem er König, Adlige und alle Grade schrecklicher Ränge hinter sich gelassen hatte, obwohl die Fähigkeit und Notwendigkeit der Ehrfurcht in ihm stark war, sie dem weißen Haar und der ehrwürdigen Stirn des Alters ; auf lang erprobte Integrität; auf solider Weisheit und trauriger Erfahrung; über Stiftungen dieser ernsten und gewichtigen Art, die den Eindruck von Beständigkeit erwecken und unter die allgemeine Definition von Seriosität fallen. Diese primitiven Staatsmänner –

Bradstreet, Endicott, Dudley, Bellingham und ihre Kollegen –, die durch die frühe Wahl des Volkes an die Macht gelangten, scheinen daher nicht oft brillant gewesen zu sein, sondern zeichneten sich eher durch eine schwerfällige Nüchternheit als durch Aktivität aus des Intellekts. Sie verfügten über Standhaftigkeit und Selbstvertrauen und setzten sich in schwierigen oder gefährlichen Zeiten für das Wohl des Staates ein wie eine Klippenlinie gegen eine stürmische Flut." [61]

Die Willenskraft ist jedoch, selbst wenn sie in großer Stärke vorhanden ist, oft merkwürdig launenhaft. Die Geschichte ist voller Beispiele von Männern, die in großen Prüfungen und Notfällen mit bewundernswertem und ausdauerndem Heldentum gehandelt haben, die jedoch bereitwillig privaten Lastern oder Leidenschaften erlagen. Der Wille ist nicht dasselbe wie die Wünsche, aber die Verbindung zwischen ihnen ist sehr eng. Eine Liebe für ein fernes Ende; Ein vorherrschender Ehrgeiz oder eine vorherrschende Leidenschaft wird bei Männern, deren Wille in anderen Lebensbereichen beklagenswert schwach ist, lange Ausdauer in völlig widerwärtiger Arbeit hervorrufen. Jeder, der sich mit echtem Ernst auf ein umfangreiches literarisches Unterfangen eingelassen hat, das in seiner Gesamtheit die wahre Neigung seines Talents und Charakters widerspiegelt, wird von der außergewöhnlichen Fähigkeit beeindruckt sein, ausdauernd lange Abschnitte dieses Unterfangens zu bewältigen, für die er keine natürliche Begabung und keine natürliche Begabung besitzt woran er kein Vergnügen hat. Militärischer Mut ist bei den meisten Männern hauptsächlich eine Frage des Temperaments und des Impulses, aber es gab auffällige Beispiele von großen Soldaten und Seeleuten, die offen zugaben, dass sie im Kampf nie eine starke konstitutionelle Scheu vor der Gefahr verloren haben, wenn auch nur durch die Kraft eines starken Willens Sie haben diese Scheu nie hingenommen, sie zu regieren oder zu schwächen. Bei Männern mit einer sehr lebhaften Vorstellungskraft besteht eine natürliche Tendenz zur Schüchternheit, da sie Gefahren und Leid stärker erkennen als gewöhnliche Männer. Andererseits wurde oft beobachtet, wie ruhig das gefühllose, halb träge Temperament, das viele der schlimmsten Kriminellen auszeichnet, es ihnen ermöglicht, dem Tod am Galgen zu begegnen.

Auch beim Mut selbst gibt es viele Varianten. Der Mut des Soldaten und der Mut des Märtyrers sind nicht dasselbe, und daraus folgt keineswegs, dass einer den Mut des anderen besitzen würde. Nicht wenige Männer, die in der Lage sind, eine verlorene Hoffnung zu führen, und die niemals vor dem Bajonett und der Kanone zurückschrecken, haben sich als unfähig erwiesen, die Last der Verantwortung zu tragen, lange anhaltende Spannungen zu ertragen und Entscheidungen zu treffen, die sie der Kritik aussetzen könnten Unbeliebtheit. Der aktive Mut, der Gefahr zu begegnen und sich an ihr zu erfreuen, findet sich oft bei Männern, die keinen Mut zeigen, Leid, Unglück oder Krankheit zu ertragen. Im passiven Mut übertrifft die Frau den Mann oft ebenso sehr, wie im aktiven Mut der Mann die Frau übertrifft. Selbst bei aktivem Mut bewirkt Vertrautheit viel; Sympathie und Begeisterung spielen eine große und oft sehr unterschiedliche Rolle, und es können merkwürdige Anomalien gefunden werden. Die germanischen und lateinischen Rassen zeichnen sich wahrscheinlich gleichermaßen durch ihren militärischen Mut aus, aber es gibt einen klaren Unterschied zwischen ihnen in der Art dieses Mutes und in den Umständen oder Bedingungen, unter denen er normalerweise am prächtigsten zur Schau gestellt wird. Die Gefahr, der der Gladiator ausgesetzt war, war weitaus größer als die, der der Soldat ausgesetzt war, aber Tacitus [62] erwähnt, dass einige der tapfersten Gladiatoren, als sie in der römischen Armee eingesetzt wurden, als völlig ineffizient befunden wurden, da sie viel weniger fähig waren als die einfachen Soldaten mit militärischem Mut.

Die Lebensumstände sind die große Schule zur Bildung und Stärkung des Willens, und in der übermäßigen Konkurrenz und dem Kampf des modernen Industrialismus mangelt es an dieser Schule nicht. Doch in ethischen und pädagogischen Systemen wird der Wert seiner Kultivierung oft nicht ausreichend wahrgenommen. Doch nichts, was in der Jugend gelernt wird, ist so wirklich wertvoll wie die Kraft und die Gewohnheit der Selbstbeherrschung, der Selbstaufopferung, der energischen, kontinuierlichen und konzentrierten Anstrengung. In den Besten von uns sind böse Tendenzen immer stark und der Weg der Pflicht ist oft geschmacklos. Bei günstigstem Wind und Gezeiten wird die Barke nie im Hafen ankommen, wenn sie nicht mehr dem Ruder gehorcht. Eine schwache Natur, die von Natur aus freundlich, liebevoll und rein ist, die unter dem Impuls der Gefühle durch das Leben schwebt, ohne wirkliche Kraft zur Selbstbeherrschung, ist in der Tat nicht ohne Reiz, und das in einer gut organisierten Gesellschaft mit einer guten Umgebung und mit wenigen Versuchungen kann es ein hohes Maß an Schönheit erreichen; aber seine belastenden Mängel werden stetig zunehmen; Ohne Standhaftigkeit, Beharrlichkeit und Prinzipien hat es keine erholende Energie, und es wird oft in einer moralischen Katastrophe enden, die Naturen, die in anderer Hinsicht viel weniger glücklich miteinander verbunden sind, leicht vermeiden würden. Ohne einen zügelnden Willen, der sich auf ein starkes Gespür für den Unterschied zwischen richtig und falsch und auf der festen Grundlage von Prinzipien und Ehre gründet, kann nichts unser moralisches Wesen dauerhaft sichern.

Die Erfahrung zeigt reichlich, wie kraftvoll die stetige Wirkung eines solchen Willens auf angeborene Mängel einwirken und den konstitutionellen Müßiggänger in einen unermüdlich Fleißigen verwandeln kann, der konstitutionelle Reizbarkeit und bösartige Leidenschaften hemmt, einschränkt und manchmal fast zerstört. Die natürliche Willenskraft ist bei verschiedenen Menschen sehr unterschiedlich, aber es gibt keinen Teil unserer Natur, der durch Übung stärker gestärkt oder durch Nichtgebrauch stärker geschwächt wird. Die kleineren Charakterfehler lassen sich meist korrigieren; Aber wenn ein Charakter erst einmal geformt ist und seine Tendenzen im Wesentlichen bösartig sind, ist eine radikale Heilung oder sogar eine erhebliche Besserung sehr selten. Manchmal wird es durch den starken Einfluss der Religion beeinflusst. Manchmal wird es durch eine Krankheit, ein großes Unglück oder den völligen Wechsel der Assoziationen nach der Auswanderung verursacht. Die Ehe verändert oder verändert den Charakter vielleicht häufiger als jede andere gewöhnliche Handlung im frühen Leben, denn sie macht mächtigen Versuchungen ein Ende und bringt eine tiefgreifende Veränderung der Gewohnheiten und Motive, Assoziationen und Wünsche mit sich. Aber wir alle sind im Leben verdorbener Naturen begegnet, in denen die bösartige Zügellosigkeit eine solche Stärke erreicht hatte und die erholenden und moralisierenden Elemente so verhängnisvoll schwach waren, dass wir die Krankheit deutlich als unheilbar und kaum möglich wahrnehmen dass jede Änderung der Umstände das Problem sogar ernsthaft mildern könnte. Inwieweit dies die Schuld oder das Unglück des Patienten ist, kann kein menschliches Urteil genau sagen.

Es gibt kaum etwas Traurigeres, als zu beobachten, wie oft die Erbschaft großen Reichtums oder selbst einfacher Fähigkeiten den völligen und schnellen Ruin eines jungen Mannes nach sich zieht, es sei denn, es handelt sich um die Verwaltung eines großen Besitzes oder die Notwendigkeit, ein großes Geschäft zu betreiben, oder ... ein anderer günstiger Umstand verschafft ihm einen klar umrissenen Arbeitsbereich. Die Mehrheit der Männer verzichtet gerne auf unangenehme Arbeiten, die ihre Umstände nicht erfordern; und ohne stetige Arbeit und im Besitz aller Mittel zur Befriedigung nehmen die Versuchungen eine überwältigende Kraft an und die Quellen des moralischen Lebens werden tödlich beeinträchtigt. Es kann kaum bezweifelt werden, dass die durchschnittliche Lebenserwartung in dieser kleinen Klasse weitaus geringer ist als die der einfachen Männer und dass sie, selbst wenn die natürliche Leistungsfähigkeit beträchtlich ist, seltener zum Ausdruck kommt. Für einen Mann mit echtem Arbeitswillen sind solche Umstände in der Tat von unschätzbarem Wert, da sie ihm die Muße und die Möglichkeiten geben, sich ohne Ablenkung und vom frühen Mannesalter an der Art von Arbeit zu widmen, die für ihn am besten geeignet ist. Manchmal geschieht dies, aber viel häufiger sind schlechte Vorlieben oder ein einfach müßiges oder sinnloses Leben die Folge. Manchmal verbleibt tatsächlich eine große Menge unkontrollierter und unkontrollierter Energie, aber die ernsthafte Konzentrationsarbeit wird gemieden und es wird kein wirkliches Ergebnis erzielt. Der Bach ist da, aber er dreht keine Mühle.

Die meisten Menschen entgehen dieser Gefahr durch Lebensumstände, die eine ernsthafte und dauerhafte Arbeit für ihren Lebensunterhalt notwendig machen, und in den meisten Fällen ist die Art der Arbeit so klar festgelegt, dass sie kaum eine Wahl haben. Wenn es eine Wahl gibt, sollte die Regel, die ich bereits aufgestellt habe, nicht vergessen werden. Männer sollten ihre Arbeit nicht nur nach ihren Talenten und Möglichkeiten, sondern möglichst auch nach ihrem Charakter wählen. Sie sollten die Arten auswählen, die am besten dazu geeignet sind, ihre besten Qualitäten in die körperliche Betätigung einzubringen, oder sie sollten zumindest diejenigen meiden, die eine besondere Tendenz haben, ihre dominanten Mängel zu entwickeln oder zu fördern. Im Großen und Ganzen wird man feststellen, dass die Charaktere von Männern viel stärker von ihren Bestrebungen als von ihren Meinungen beeinflusst werden.

Die Berufswahl ist einer der wichtigsten Faktoren für die Charakterführung in der Jugend. Die Wahl der Freunde ist eine andere. Mit den Worten von Burke: „Das Gesetz der Meinung … ist das stärkste Prinzip in der Struktur des menschlichen Geistes, und mehr von Glück und Unglück des Menschen liegt in diesem inneren Prinzip als in allen äußeren Umständen zusammen." .' [63] Dies gilt für die große öffentliche Meinung eines Zeitalters oder Landes, die uns wie eine Atmosphäre umhüllt und durch ihren stillen Druck stetig und fast unmerklich das gesamte Gefüge unseres Lebens formt oder beeinflusst. Dies gilt umso mehr für den kleineren Kreis unserer Intimitäten, der mehr als fast alles andere dazu beiträgt, den Weg der Tugend einfach oder schwierig zu machen. Wie groß der Anstoß zu einem edlen Ehrgeiz oder die ersten Versuchungen zum Bösen sind, kann auf eine frühe Freundschaft zurückgeführt werden, und oft ist es der kleine Kreis, der sich um einen College-Tisch versammelt, wo der Maßstab für das Leben zum ersten Mal genommen wird Es entstehen Ideale und Begeisterungen, die allen folgenden Jahren eine Farbe verleihen. Starkes und weises Bewundern ist in der Tat eines der besten Mittel zur moralischen Verbesserung.

Ein großer Teil der Charakterführung kann jedoch nur vom Individuum selbst erreicht werden, indem er völlig isoliert auf seine eigene Natur und in der Kammer seines eigenen Geistes handelt. Die Disziplin des Denkens; die Etablierung einer Vorherrschaft des Willens über unsere Denkweisen; die Fähigkeit, krankhafte Gedankengänge abzuwerfen und sich entschlossen anderen Themen oder Aspekten des Lebens zuzuwenden; Die Fähigkeit, den Geist energisch auf ein ernstes Thema zu konzentrieren und kontinuierliche Gedankengänge zu verfolgen, ist vielleicht die beste Frucht einer umsichtigen Selbsterziehung. Seine Bedeutung ist in der Tat vielfältig. Auf den höheren Ebenen des Intellekts ist diese Fähigkeit der geistigen Konzentration von höchstem Wert. Man sagt, Newton habe seine philosophischen Leistungen vor allem auf ungewöhnlich viele davon zurückgeführt, und es ist wahrscheinlich, dass die meisten anderen großen Denker das Gleiche sagen würden. Beim Streben nach Glück ist unter äußeren Umständen kaum etwas so wirklich wertvoll wie die Fähigkeit, Sorgen abzuwerfen, sich in Zeiten des Kummers gesunder Arbeit zuzuwenden und die Dinge gewohnheitsmäßig mit einem besseren Blickwinkel zu betrachten. In solchen Willensübungen erkennen wir vor allem die Wahrheit der Zeilen von Tennyson:

Oh, gut für den, dessen Wille stark ist,

Er leidet, aber er wird nicht lange leiden.

In der moralischen Kultur ist es nicht weniger wichtig, die Fähigkeit zu erlangen, die demoralisierenden Gedanken und Vorstellungen, die so viele verfolgen, abzuwerfen und der Versuchung zu begegnen, indem man reinere, höhere und zügelnde Gedanken hervorruft. Die Fähigkeit, die wir besitzen, unsere eigenen Motive abzuwechseln und zu verstärken, indem wir bestimmte Gedanken, Bilder oder Themen in den Vordergrund rücken und andere in den Hintergrund werfen, ist eines unserer wichtigsten Mittel zum moralischen Fortschritt. Die Kultivierung dieser Kraft ist eine weitaus klügere Sache als die Kultivierung dieser introspektiven Geisteshaltung, die ständig mit Selbstanalyse oder Selbstprüfung beschäftigt ist und ständig und reumütig über vergangene Fehler oder die krankhaften Elemente unserer Natur nachdenkt . In den sogenannten minderwertigen Moralvorstellungen wird die Bedeutung der Gedankenführung nicht weniger deutlich, auch wenn sie tiefgreifende Auswirkungen auf das Glück der Menschheit haben. Das Geheimnis guter oder schlechter Laune liegt in unserer gewohnheitsmäßigen Tendenz, beim Ärgerlichen und Unvermeidlichen zu verweilen oder davor wegzulaufen. Zufriedenheit oder Unzufriedenheit, Liebenswürdigkeit oder das Gegenteil hängen hauptsächlich von der Neigung unseres Geistes ab, sich besonders den guten oder den schlechten Seiten unseres eigenen Schicksals, den Vorzügen oder den Mängeln unserer Mitmenschen zuzuwenden. Die Fähigkeit, unsere Gedanken von einem bestimmten Thema abzulenken, ist zwar nicht das einzige Element der Selbstbeherrschung, aber zumindest eine ihrer wichtigsten Zutaten.

In dieser Macht des Willens über die Gedanken unterscheiden sich die Menschen enorm. So ist – um das bekannteste Beispiel zu nennen – die Fähigkeit, sich Sorgen zu machen, mit all den Übertreibungen und Verzerrungen der Gefühle, die sie mit sich bringt, ganz offensichtlich eine konstitutionelle Sache, und wo sie in hohem Maße vorhanden ist, können weder Vernunft noch Wille sie wirksam heilen. Ein solcher Mann hat möglicherweise die klarste intellektuelle Wahrnehmung seiner Nutzlosigkeit und Torheit. Dennoch verbannt es oft den Schlaf aus seinem Kissen, führt zu einer gewohnheitsmäßigen Depression in allen Lebensbereichen und lässt sein Maß an Glück viel geringer ausfallen als das anderer, denen die Natur mit der Gabe des Leichtseins in weit weniger günstigen Umständen ausgestattet ist Die Vergangenheit abwerfen und mit einem zuversichtlichen und fröhlichen Geist in die Zukunft blicken. Es ist kaum möglich, die unterschiedlichen Schweregrade des Leidens zu übertreiben, die dasselbe Leid bei verschiedenen Menschen hervorruft, und es ist wahrscheinlich, dass das Glück eines Lebens viel weniger von der Menge angenehmer oder schmerzhafter Dinge abhängt, denen man begegnet, als vielmehr von der Wende Gedanke, der hauptsächlich auf dem einen oder dem anderen verweilt. Es ist ganz offensichtlich, dass die Heiterkeit des Temperaments nicht mit der Zivilisation oder der Bildung zunimmt . Es ist hauptsächlich körperlich. Es wird stark vom Klima und der Gesundheit beeinflusst, und wo es keine eindeutige Erklärung dieser Art geben kann, handelt es sich um eine Sache, in der sich die verschiedenen Nationen stark unterscheiden. Nur wenige gute Beobachter werden leugnen, dass beharrlicher und konzentrierter Wille in Großbritannien häufiger anzutreffen ist als in Irland, dass aber die Gabe eines lebhaften Temperaments bei Iren häufiger anzutreffen ist als bei Engländern. Dennoch koexistiert es im Nationalcharakter mit einer starken Ader echter Melancholie und wird oft von einer ausgeprägten Sensibilität für das Leiden begleitet. Diese Kombination kommt sehr häufig vor. Jeder, der schon oft am Sterbebett gestanden hat, weiß, wie oft man feststellen wird, dass der Trauernde, der vor Trauer völlig niedergeschlagen ist und dessen Tränen in Strömen fließen, seinen Kummer viel vollständiger und viel früher abwirft als jemand, dessen Tränen nicht fließen wollen und die keinen Augenblick ihre Selbstbeherrschung verliert.

Aber obwohl das natürliche Temperament einem Mann ermöglicht, ohne Anstrengung das zu schaffen, was ein anderer Mann mit größter Anstrengung nicht schafft, gibt es einige verfügbare Heilmittel, die die Krankheit lindern können. Gesellschaft, Reisen und andere Vergnügungen können etwas bewirken, und Worte wie „Ablenkung" und „Ablenkung" unterstreichen die Wahrheit, dass die Haupttugend vieler Freuden darin besteht, unseren Geist von schmerzhaften Gedanken abzulenken oder abzulenken. Pascal hielt dies für ein Zeichen des Elends und der Niedrigkeit unseres Wesens und beschreibt als beklagenswertes Schauspiel einen Mann, der von Angst und tiefem Kummer bedrückt aus seinem Bett aufstand und in der leidenschaftlichen Erregung eine Zeit lang alles vergessen konnte der Jagd. Aber in Wahrheit ist der Besitz einer solchen Macht − so schwach und vergänglich sie auch sein mag − eine der großen Erleichterungen für das Schicksal des Menschen. Die Religion mit ihren kraftvollen Motiven und ihrem breiten Spektrum an tröstenden und beruhigenden Gedanken und Bildern hat in diesem Bereich große Macht, wenn sie nicht eine krankhafte Form annimmt und das Leid verstärkt, anstatt es zu lindern; und die beständige Ausübung des Willens gibt uns eine gewisse reale und zunehmende, wenn auch unvollkommene Kontrolle über den Strom unserer Gefühle sowie unserer Ideen.

Oft kommt uns die Kraft des Träumens zu Hilfe. Wenn wir von einem schmerzlich drängenden Gedanken nicht zu ernsthaftem Denken anderer Art übergehen können, können wir unserer Fantasie die Zügel überlassen und uns bald in idealen Szenen verlieren. Es gibt Menschen, die so gewohnheitsmäßig in einer Welt der Fantasie leben, dass diese für sie zu einem zweiten Leben wird, zu dem ihre stärksten Versuchungen und ihre größten Freuden gehören. Für sie „scheint das gemeinsame Leben voller Träume zu sein". Nicht selten empfinden sie Freude aus eingebildeten oder erinnerten Freuden, die die Realität selbst nicht bieten würde. Sie wählen in der Vorstellung bestimmte Aspekte oder Teile aus, stellen andere in den Schatten, verstärken oder schwächen Eindrücke, verwandeln und verschönern die Realität der Dinge. Die Fähigkeit, ihre Existenz mit glücklichen Tagträumen zu erfüllen, ist ihr wertvollster Luxus. Sie spüren die ganze Wucht der pathetischen Zeilen eines irischen Dichters: [64]

Süße Gedanken, helle Träume, mein Trost sei,

    Darüber hinaus habe ich keine Freude;

Oh, drängt euch um euch und seid für mich

    Macht, Land, Ruhm und Braut.

Diese Seite unserer Natur zu trainieren, ist kein geringer Teil der Charakterführung. Es gibt eine große Sphäre von Glück und Elend, die fast oder überhaupt nichts mit den umgebenden Umständen zu tun hat und von den Gedanken, Bildern, Hoffnungen und Ängsten abhängt, auf die sich unser Geist hauptsächlich konzentriert. Die Ausübung dieser Form der Vorstellungskraft hat oft einen großen Einfluss, sowohl intellektuell als auch moralisch. In der Kindheit ist es, wie jeder Lehrer weiß, oft ein ablenkender Einfluss, und auch bei Männern ist es manchmal ein Hindernis für konzentriertes Denken und Beobachten, indem es den Geist von nüchternen und schwierigen Gedanken abhält; aber es gibt eine Art des Träumens, die dem produktiven Denken außerordentlich förderlich ist. Es ermöglicht einem Menschen, sich so vollständig in andere Denk- und Lebensbedingungen zu versetzen, dass die mit diesen Bedingungen verbundenen Ideen spontan im Geist aufsteigen. Es wird eine wahre und lebendige Wahrnehmung von Charakteren und Umständen erlangt, die sich von seinen eigenen unterscheiden. Die bloße Tatsache, sich in andere Umstände zu versetzen und sich mit imaginären Kräften und Funktionen auszustatten, deutet manchmal auf mögliche Heilmittel für große menschliche Übel hin und vermittelt klarere Ansichten über die Ausmaße, Schwierigkeiten und Bedingungen von Regierungen und Gesellschaften. Viele wissenschaftliche Entdeckungen sind auf die Fähigkeit der Vorstellungskraft zurückzuführen, unsichtbare Zustände zu erkennen, und die Gewohnheit oder Fähigkeit, ein anderes Leben als das unsere zu führen, ist für den Historiker und selbst für den Staatsmann kaum weniger wertvoll als für den Dichter oder der Romanautor oder der Dramatiker. Es verleiht den magischen Touch, der bloß lebloses Wissen in Erkenntnis verwandelt.

Auch seine Wirkung auf den Charakter ist groß und vielfältig. Niemand kann den verdorbenen Einfluss einer korrupten Fantasie übersehen; und die Korruption kann nicht nur aus Anregungen von außen entstehen, sondern auch aus solchen, die spontan in unserem Geist auftauchen. Auch die Einbildungskraft, die völlig rein ist, ist nicht unbedingt ungefährlich. Es ist ein wohlbekanntes Naturgesetz, dass ein übermäßiger Schwelgen in Emotionen, der nicht in Taten endet, eher dazu führt, den moralischen Nerv abzustumpfen als zu stimulieren. Es ist oft bemerkt worden, dass die übertriebene Sentimentalität, die leidenschaftliche Tränen über die fiktiven Sorgen eines Romans oder eines Theaterstücks vergießt, kein sicheres Zeichen einer wohlwollenden und selbstlosen Natur ist und durchaus mit viel Gleichgültigkeit gegenüber wirklichen Sorgen und viel Unwilligkeit, Anstrengungen zu unternehmen, vereinbar ist für ihre Linderung. Es ist jedoch nicht weniger wahr, wie Dugald Stewart sagt, dass die scheinbare Kälte und der Egoismus der Menschen oft einfach auf einen Mangel an Vorstellungskraft zurückzuführen sind, der es uns ermöglicht, Leiden zu erkennen, mit denen wir nie direkt in Berührung gekommen sind , und dass die Kälte schnell verschwindet, sobald diese Fähigkeit zur Erkenntnis erlangt ist. Es kann auch nicht bezweifelt werden, dass die Traumkraft bei der Steuerung des Denkens oft eine äußerst wichtige Rolle bei der Linderung menschlichen Leidens spielt; Sie erhellt freudlose und düstere Leben und durchbricht die Kette böser oder belastender Gedanken.

Der immense Platz, den die Belletristik in der Welt einnimmt, zeigt, wie weit ein Teil davon verbreitet ist und wie viel Zeit und Talent in ihre Pflege investiert wird. Es ist jedoch wahrscheinlich, dass es in den früheren und unkultivierten Stadien der Menschheit tatsächlich stärker ist als in den späteren Stadien der Menschheit, da es in der Kindheit und Jugend lebendiger ist als im reifen Leben. „Ein Kind", wie ein amerikanischer Schriftsteller [65] treffend gesagt hat, „kann es sich leisten, zu schlafen, ohne zu träumen; Er hat viele Träume ohne Schlaf.' Auch die Kindheit der Welt ist vor allem ein Zeitalter der Träume. Es gibt Stadien der Zivilisation, in denen die Traumwelt so eng mit der Welt der Realitäten verschmilzt, in denen sich die Vorstellungskraft so gewohnheitsmäßig und spontan verklärt oder verzerrt, dass die Menschen fast nicht mehr in der Lage sind, zwischen dem Realen und dem Fiktiven zu unterscheiden. Dies ist das wahre Zeitalter der Mythen und Legenden; und es gibt Schichten in der heutigen Gesellschaft, in denen etwas von den gleichen Bedingungen reproduziert wird. „Für diejenigen, die nicht viel lesen oder schreiben", sagt ein scharfsinniger Beobachter, „sind Träume sogar in unseren Tagen viel realer als für diejenigen, die ständig ihre Fantasie trainieren ... Seit ich mich mit Literatur beschäftige, sind meine Träume." haben jegliche Lebendigkeit verloren und sind weniger real als die Schatten der Bäume; Sie täuschen mich nicht einmal im Schlaf. Zu jeder Tageszeit bin ich es gewohnt, nach Belieben Gestalten vor meinen Augen hervorzurufen, die genau definiert und in der Farbe ihrer Gesichter gefärbt sind ... Je weniger literarisch ein Volk ist, desto mehr glaubt es an Träume; Das Verschwinden des Aberglaubens ist nicht auf die Kultivierung der Vernunft oder die Verbreitung von Wissen zurückzuführen, sondern lediglich auf die mechanische Wirkung des Lesens, die Figuren und Luftgestalten so ständig vor den geistigen Blick stellt, dass mit der Zeit diejenigen, die natürlich vorkommen, nicht mehr gedacht werden als diejenigen, die durch ein Buch ins Leben gerufen werden. An weit entfernten Orten auf dem Land, wo die Menschen sehr wenig lesen, sehen sie Phantome und konsultieren die Orakel des Schicksals. Ihre Träume sind real.' [66]

Der letzte Punkt, der mir bei der Charakterführung auffallen würde, ist die Bedeutung dessen, was man moralische Sicherheitsventile nennen könnte. Einer der verhängnisvollsten Fehler in der Erziehung ist der Versuch, den der Erzieher so oft unternimmt, seine eigenen Gewohnheiten und Geschmäcker Wesen aufzuzwingen, die grundsätzlich anders sind. Es ist üblich, dass Männer mit lebhaftem Temperament, fleißigem, frommem und zurückhaltendem Geschmack versuchen, einen übermütigen jungen Mann, der gerade ins Leben geht, in ihre eigene Form zu zwingen – ihm die Geschmacksrichtungen und Beschäftigungen vorzuschreiben, die sie am besten finden für sich selbst, vergessend, dass ein solches Ideal niemals einer völlig anderen Natur gerecht werden kann und dass bei der Erreichung dieses Ideals eine Art Exzellenz verfehlt wird, die leicht hätte erreicht werden können. Dies ist eines der Übel, die sehr häufig entstehen, wenn die Erziehung von Jungen von klein auf den Frauen überlassen wird. Es ist die wahre Erklärung für die so oft beobachtete Tatsache, dass Kinder von Geistlichen, oder zumindest Kinder, die in einem streng strengen, puritanischen System erzogen wurden, so oft auffällig zum Schlechten neigen. Eine solche Erziehung, die einer dafür ungeeigneten Natur aufgezwungen wird, beginnt im Allgemeinen mit der Erzeugung von Heuchelei und endet nicht selten mit einer heftigen Reaktion ins Laster. Es gibt keinen größeren Fehler in der Erziehung, als Tugend in der frühen Jugend mit düsteren Farben und ständigen Einschränkungen in Verbindung zu bringen, und nur wenige Menschen richten auf der Welt mehr Unheil an als diejenigen, die ständig Verbrechen erfinden. In Kreisen, in denen Rauchen oder Feldsport, der Theaterbesuch, das Lesen von Romanen, das Treiben irgendwelcher ausgelassener Spiele oder die harmlosesten Sonntagsvergnügungen als schwerwiegende Sittenverstöße behandelt werden, wachsen ständig junge Männer heran, die enden indem man schwerwiegende moralische Verstöße als nicht schlimmer als diese Dinge ansieht. Sie verlieren jeglichen Sinn für Proportionen und Moralvorstellungen, und diejenigen, die immer auf Mückenjagd sind, neigen oft besonders dazu, Kamele zu verschlucken. Es ist völlig richtig, dass Menschen, die sich ein Lebensideal der Art gebildet haben, wie ich es beschrieben habe, es konsequent verfolgen, aber es ist eine andere Sache, es anderen aufzuzwingen und es als allgemein anwendbar vorzuschreiben. Indem sie Dinge als absolut falsch lehren, die in Wirklichkeit nur an ihrem Missbrauch oder Übermaß schuld sind, zerstören sie die Gewohnheit des gemäßigten und zurückhaltenden Genusses, und auf eine Zeit des absoluten Verbots folgt oft eine Zeit der uneingeschränkten Zügellosigkeit.


Die Wahrheit ist, dass es Elemente in der menschlichen Natur gibt, die viele Moralisten vielleicht lieber ignorieren würden, da sie sehr leicht in die Richtung des Lasters gelenkt werden können, die aber gleichzeitig unserem Wesen innewohnen und, wenn sie richtig verstanden werden, von wesentlicher Bedeutung sind Elemente des menschlichen Fortschritts. Die Liebe zu Spannung und Abenteuer; der wilde Kampfinstinkt, der Freude an der Gefahr, am Kampf und sogar an der Zerstörung hat; der ruhelose Ehrgeiz, der mit einer unstillbaren Sehnsucht danach strebt, seine Position zu verbessern und noch unerreichte Höhen zu erklimmen; das Verlangen nach etwas Vergnügen, das nicht nur Vergnügen bereitet, sondern auch einen Schauer der Leidenschaft mit sich bringt – all dies liegt tief in der menschlichen Natur und spielt eine große Rolle in diesem Kampf ums Dasein, in diesem harten und schmerzhaften Evolutionsprozess, durch den die Zivilisation geht gebildet, die Fakultät zu ihrer vollen Entfaltung angeregt und der menschliche Fortschritt gesichert. In der Erziehung des Einzelnen wie auch in der Erziehung der Rasse besteht die wahre Politik im Umgang mit diesen Dingen darin, für sie einen gesunden, nützlichen oder zumindest harmlosen Wirkungsbereich zu finden. In der Chemie ihres Charakters können sie sich sowohl mit den heroischsten als auch mit den schlimmsten Teilen unserer Natur verbünden, und die gleiche Leidenschaft für Aufregung, die bei einem Mann die Form eines ruinösen Lasters annehmen wird, kann bei einem anderen zu brillanten Unternehmungen führen. während es in einem dritten ohne große Schwierigkeiten in Kanäle umgewandelt werden kann, die sehr unschuldig sind.

Nehmen wir zum Beispiel den bereits erwähnten Fall eines völlig alltäglichen Jungen, der, wenn er erwachsen wird, feststellt, dass er über eine Kompetenz verfügt, die ihn von der Notwendigkeit der Arbeit befreit; und der keinen Ehrgeiz, keinen literarischen oder künstlerischen Geschmack, keine Liebe zur Arbeit, kein Interesse an Politik, keinen religiösen oder philanthropischen Ernst oder kein besonderes Talent hat. Was wird aus ihm? In den wohl meisten Fällen stehen ihm Ruin, Krankheit und ein früher Tod bevor. Er strebt nur nach Unterhaltung und Aufregung, und drei tödliche Versuchungen erwarten ihn: Alkohol, Glücksspiel und Frauen. Wenn er unter die Herrschaft dieser oder auch nur einer von ihnen gerät, ruiniert er fast unfehlbar entweder sein Vermögen oder seine Verfassung oder beides. Es ist völlig sinnlos, ihm hohe Beweggründe oder Ideale vor Augen zu führen oder ihn zu Lebensbereichen anzuregen, für die er keine Begabung hat und die ihm keine Freude bereiten können. Was kann ihn dann retten? Am häufigsten eine glückliche Ehe; Aber selbst wenn er das Glück hat, dies zu erreichen, wird dies wahrscheinlich erst nach mehreren Jahren der Fall sein, und in diesen Jahren wird sein Leben wahrscheinlich eine verhängnisvolle Tendenz erfahren, die nie wieder hergestellt werden kann. Doch die Erfahrung zeigt, dass in solchen Fällen eine große Liebe zum Sport oft viel bewirken kann. Mit seiner Waffe und seinem Jäger findet er ein Interesse, eine Aufregung, eine Beschäftigung, die vielleicht nicht besonders edel ist, aber zumindest ausreichend spannend und weder seiner Moral noch seiner Gesundheit noch seinem Vermögen schadet. Es ist kein geringer Gewinn, wenn im Wettstreit der Vergnügungen ländliche Vergnügungen an die Stelle jener städtischen Vergnügungen treten, die in solchen Fällen, wie ich sie beschrieben habe, gewöhnlich Vergnügungen des Lasters bedeuten.

Und nicht nur in solchen Fällen erweist sich der Sport auf dem Feld als großes moralisches Sicherheitsventil, das krankhafte Neigungen zerstreut und harmlosen und gesunden Charakter- oder Gefühlsschwankungen freien Lauf lässt, die sehr leicht in Laster umgewandelt werden könnten. Unter den Einflüssen, die den Charakter der Oberschicht der Engländer prägen, haben sie einen großen Anteil, und trotz der Übertreibungen und Extravaganzen, die sie oft begleiten, werden nur wenige gute Beobachter daran zweifeln, dass sie einen positiven Einfluss haben. So viel philisterhaftes Element es auch in den oberen Klassen Englands geben mag, wie deutlich ihre Grenzen und Mängel auch sein mögen, es kann kaum ein Zweifel daran bestehen, dass sich die Bedingungen des englischen Lebens auf diesem Gebiet im Großen und Ganzen als erfolgreich erwiesen haben. Für gewöhnliche Menschen gibt es kaum einen besseren Arbeitstyp als den eines englischen Gentleman mit seinem konventionellen Geschmack, seinem Ehrenstandard, seiner Religion, seinen Sympathien, Idealen, Meinungen und Instinkten. Er wird wahrscheinlich weder ein Heiliger noch ein Philosoph sein, aber er ist ziemlich sicher, dass er sowohl ein ehrenhafter als auch nützlicher Mann ist, mit einem angemessenen Maß an gesundem Menschenverstand und Mäßigung und einer gewissen Neigung zu öffentlichen Pflichten. Eine Menge Vergnügungen und Interessen im Freien tragen viel dazu bei, seinen reizenden Humor zu zerstreuen und ihn vor der Stagnation und der Sinnlichkeit zu bewahren, die viele ausländische Aristokratien heimgesucht haben. Die Geschäfte des Kreises stimulieren seine Tätigkeit, mildern seine Klassenvorurteile und formen sein Urteil: und sein Ehrenmaßstab wird ihm trotz vieler Meinungsschwankungen im Wesentlichen Recht geben.

Der Leser wird aus seiner eigenen Erfahrung mit einzelnen Charakteren weitere Illustrationen für die Gedankengänge liefern, die ich vertrete. Manchen Versuchungen, die uns bedrängen, muss man standhaft entgegentreten und sie unterdrücken. Andere begegnet man am besten auf der Flucht – indem man die Gedanken oder Szenen vermeidet, die sie zur Aktivität auffordern; während andere Charakterelemente, von denen wir uns fernhalten möchten, im Rahmen der Ehe oft besser behandelt werden – das heißt durch eine umsichtige Regelung und harmlose Anwendung – als im Rahmen von Askese oder versuchter Unterdrückung. Es ist möglich, dass Männer – wenn nicht bei der Selbstbildung, so doch bei der Bildung anderer – ihren Anspruch und ihr Ideal zu hoch ansetzen. Was sie tun müssen, ist, ihre eigenen Qualitäten und die Qualitäten derer, die sie beeinflussen, so zu erkennen, wie sie sind, und sich zu bemühen, diese normalerweise sehr unvollkommenen Materialien bestmöglich für die Gestaltung eines nützlichen, ehrenhaften und glücklichen Lebens zu nutzen. Nach der Lehre dieses Buches kommt der Mensch mit einem freien Willen auf die Welt. Aber sein freier Wille wirkt, obwohl er real ist, in einem engeren Kreis und mit zahlreicheren Einschränkungen, als er sich normalerweise vorstellt. Er kann jedoch viel tun, um die Umstände seines Lebens so zu gestalten, zu regulieren und zu modifizieren, dass sowohl seine Leiden als auch seine Versuchungen gemindert werden und er sich die äußeren Bedingungen eines glücklichen und aufrichtigen Lebens sichert, und er kann etwas tun, indem er etwas tut vernünftige und beharrliche Selbstkultur, um jene Charakterbedingungen zu verbessern, von denen sowohl Glück als auch Tugend mehr als von irgendwelchen äußeren Umständen abhängen.

### FUSSNOTEN:

[61] Hawthorne's *Scarlet Letter*, Kap. xxii.

[62] *Hist.* ii. 35.

[63] Rede zur Amtsenthebung von Warren Hastings.

[64] Davis.

[65] Kabel.

[66] Jefferies, *Field and Hedgerow* , p. 242.

---

# KAPITEL XIII

## GELD

Ich glaube nicht, dass ich die wenigen Seiten, die ich über die Beziehungen von Geld, Glück und Charakter schreiben möchte, besser einleiten kann als durch eine prägnante Passage aus einem der Aufsätze [ [67] von Sir Henry Taylor. „Die Auswirkungen des Geldes auf das Leben und die Charaktere der Menschheit sind so vielfältig, dass eine Einsicht, die das Leben eines Menschen in seinen finanziellen Beziehungen erforschen sollte, fast jeden Winkel seiner Natur durchdringen würde." Wer wie der heilige Paulus weiß, wie man spart und wie man im Überfluss ist, hat ein großes Wissen; Denn wenn wir alle Tugenden berücksichtigen, mit denen Geld verbunden ist – Ehrlichkeit, Gerechtigkeit, Großzügigkeit, Nächstenliebe, Genügsamkeit, Voraussicht, Selbstaufopferung – und die damit verbundenen Laster, dann ist es ein Wissen, das nahezu die gesamte Länge abdeckt Die Breite der Menschheit und ein richtiges Maß an Erhalten, Sparen, Ausgeben, Geben, Nehmen, Verleihen, Ausleihen und Vererben würden fast für einen perfekten Menschen sprechen."

Es gibt wenige Themen, bei denen der Kontrast zwischen den erklärten und den tatsächlichen Überzeugungen der Menschen größer ist als bei der Schätzung des Geldes. Mehr als jedes andere einzelne Ding ist es Gegenstand und meist lebenslanger Gegenstand menschlicher Anstrengung, und jeder Erwerb von Reichtum wird von der überwiegenden Mehrheit der Menschheit als unbestreitbarer Segen gefeiert. Wenn wir jedoch viele der Lehren, die wir alle gehört haben, wörtlich nehmen würden, müssten wir zu dem Schluss kommen, dass Geld, das über das hinausgeht, was für das Lebensnotwendige benötigt wird, weitaus mehr eine Gefahr als ein Gut darstellt; dass es die Hauptquelle des Bösen und der Versuchung ist; dass eine der ersten Pflichten des Menschen darin besteht, sich von der Liebe zu ihr zu befreien, was nur bedeuten kann, von einem starken Wunsch nach ihrer Vermehrung.

Wie in so vielen anderen Dingen ist auch hier die Frage weitgehend eine Frage des Grades. Niemand, der weiß, was mit der bitteren Armut gemeint ist, zu der ein großer Teil der Menschheit verdammt ist, wird daran zweifeln, dass zumindest ein solcher Geldbetrag, der sie aus diesem Zustand befreit, einer der größten menschlichen Segnungen ist. Extreme Armut bedeutet einen lebenslangen Kampf um den Lebensunterhalt; es bedeutet ein Leben in elenden Hütten, mit unzureichender Nahrung, Kleidung und Beschuss, in erzwungener und absoluter Unwissenheit; eine fast rein tierische Existenz, in der fast alle höheren Fähigkeiten des Menschen unentwickelt sind. Zwischen der Lage solcher Menschen und der eines mäßig wohlhabenden

Handwerkers in einem zivilisierten Land besteht ein weitaus größerer realer Unterschied in den materiellen Elementen des Glücks als zwischen diesem und dem Millionär.

ein großes Gut , zumindest in einer Höhe, die es den Menschen ermöglicht, ihren Lebensweg weitgehend selbst zu bestimmen . In diesem zweiten Grad hat es weniger Einfluss auf das Glück als auf die Gesundheit und wahrscheinlich auch auf den Charakter und die häuslichen Beziehungen, aber sein Einfluss ist zumindest sehr groß. Geld ist eine gute Sache, weil es in viele andere Dinge umgewandelt werden kann. Es vermittelt die Kraft der Bildung, die an sich schon viel dazu beiträgt, den Charakter zu regulieren und unzählige Geschmäcker und Genussbereiche zu eröffnen. Es bewahrt seinen Besitzer vor der Angst vor einem mittellosen Alter und vor der Armut derer, die er zurücklassen könnte, was die quälende Sorge vieler Menschen ist, die nicht zu den Ärmsten gezählt werden können. Es ermöglicht ihm, die Wehen in Zeiten von Krankheit, Trauer und Alter sowie bei extremer Hitze und Kälte zu unterbrechen, in denen aktive Wehen kaum weniger als körperliche Schmerzen sind. Es gibt ihm und den Menschen, die er liebt, erhöhte Lebenschancen und größere Hoffnung auf Genesung im Krankheitsfall. Kaum ein Schmerz der Not ist schlimmer als der eines armen Mannes, der sieht, wie seine Frau oder seine Kinder durch Krankheiten verkümmern, und der weiß oder glaubt, dass eine bessere Ernährung, eine medizinische Versorgung, ein chirurgischer Eingriff oder ein Klimawechsel dies bewirken könnten habe sie gerettet. Auch Geld, auch wenn es die Arbeit nicht entbehrlich macht, ermöglicht zumindest die Wahl der Arbeit und längere Freizeitpausen. Für die Ärmsten besteht diese Wahl kaum oder nur in sehr engen Grenzen, und aus Mangel an Kultur oder Mangel an Freizeit werden einige ihrer ausgeprägtesten natürlichen Fähigkeiten nie zum Einsatz gebracht. Bei den vergleichsweise Reichen ist das nicht der Fall. Geld ermöglicht es ihnen, den Lebensweg zu wählen, der ihrem Geschmack und ihren natürlichen Talenten am besten entspricht, oder, wenn ihr stärkster Geschmack nicht zu ihrer Arbeit werden kann, gibt ihnen Geld zumindest etwas Muße, ihn zu kultivieren. Die Beherrschung der Freizeit, wenn es sich dabei um eine fruchtbare Freizeit handelt, die man in angenehmer Arbeit verbringt, ist für viele vielleicht der größte Segen, den sie schenken kann. „Reichtümer", sagte Charles Lamb, „sind vor allem deshalb gut, weil sie uns Zeit geben." „Die ganze Zeit für sich selbst!" Allein dafür bin ich neidisch auf die Reichen. „Bücher sind gut und Bilder sind gut, und Geld, um sie zu kaufen, ist daher gut – aber um Zeit zu kaufen – mit anderen Worten: Leben!"

Für manche Menschen ist Geld vor allem deshalb wertvoll, weil es ihnen ermöglicht, nicht an Geld zu denken. Abgesehen von der täglichen Regulierung des gewöhnlichen Lebens ermöglicht es ihnen, Sorgen, die für sie sowohl belästigend als auch unangenehm sind, beiseite zu legen und ihre Gedanken und Energien auf andere Dinge zu konzentrieren. Eine gesicherte Kompetenz, wie moderat sie auch sein mag, verleiht Männern den unschätzbaren Segen der Unabhängigkeit. Es gibt Lebensbereiche, es gibt ehrgeizige Bereiche, es gibt Beschäftigungsklassen, in denen es zwischen unzureichender Entlohnung und dem Druck der Not auf der einen Seite und den Möglichkeiten und Versuchungen, sich illegal Gewinne zu machen, auf der anderen Seite äußerst schwierig ist armer Mann, geradeaus zu gehen. Unter unerlaubtem Gewinn versteht man nicht nur einen Gewinn, der einen Menschen in den Bereich des Strafrechts bringt. Viele seiner Formen entgehen der rechtlichen und möglicherweise gesellschaftlichen Kritik und können sogar durch die Sitte sanktioniert werden. Eine Kompetenz, ob klein oder groß, ist kein sicherer Schutz gegen die Gier nach Gewinn, die zu einer der mächtigsten und unersättlichsten Leidenschaften wird. Aber es verringert zumindest die Versuchung. Es nimmt den Druck der Not, unter dem so viele Naturen, die einst im Wesentlichen ehrlich waren, zusammengebrochen sind.

In der Geldausgabe steckt meist viel Konventionelles, Künstliches, rein Prunkvolles, aber wir haben es hier mit den ernstesten Realitäten des Lebens zu tun. Es gibt nur wenige oder gar keine Elemente von Glück und Charakter, die wichtiger sind als die, die ich aufgezeigt habe, und eine geringe Kompetenz trägt stark dazu bei. Deshalb soll niemand es verachten, denn wenn es weise eingesetzt wird, ist es einer der wahrhaftigsten Segen des Lebens. Natürlich ist es nur für eine kleine Minderheit erreichbar, aber die Zahl kann durchaus auch viel größer sein. Wenn es in der frühen Jugend vererbt wird, verteilt es sich oft über ein oder zwei Jahre des Glücksspiels und der Verschwendung, gefolgt von einem lebenslangen Bedauern. In anderen Fällen zerfällt es im Laufe einer Generation, denn es wird als Entschuldigung für ein Leben voller Müßiggang herhalten, und wenn sich die Kinder vermehren oder Unglücke eintreten, wird aus dem, was einst eine Kompetenz war, nichts weiter als bloße Notwendigkeit. In einer noch größeren Zahl von Fällen gehen viele seiner Vorteile verloren, weil Männer sofort einen Lebensstandard annehmen, der ihrem Einkommen völlig entspricht. Für einen Mann, der mit einem Haus wohlhabend wäre, ist das Leben mit zwei Häusern ein ständiger Kampf. Es werden eine Reihe von Gewohnheiten erworben, ein Maßstab oder ein Maßstab für Luxus übernommen, der den Rand des Überflusses sofort beseitigt. Reichtum oder Armut hängen nicht nur von der Menge unseres Besitzes ab, sondern ebenso sehr von der Regulierung unserer Wünsche, und die vollen Vorteile von Kompetenz kommen erst dann zum Tragen, wenn Menschen damit beginnen, ihren Lebensplan materiell innerhalb ihres Einkommens zu regeln. Wenn die großen Ausgabenlinien auf diese Weise klug und sparsam festgelegt sind, können sie über einen weiten Spielraum und viel Leichtigkeit im Umgang mit den kleineren verfügen.

Natürlich ist die Macht eines Menschen, seine Ausgaben auf diese Weise zu regulieren, keineswegs absolut. Die Stellung in der Gesellschaft, in der ein Mann geboren wird, bringt bestimmte Konventionen und Verpflichtungen mit sich, die nicht aufgegeben werden können. Ein großer Adliger, der ein riesiges Anwesen und eine herausragende gesellschaftliche Stellung geerbt hat, wird ohne eigenes Verschulden in ständige Schwierigkeiten und Kämpfe um ein Einkommen verwickelt sein, von dem ein Zehntel ausreichen würde, um einem einfachen Privatherrn alle angemessenen Freuden zu bereiten im Leben. Ein armer Geistlicher, der die Stellung eines Gentleman wahren muss, ist in Wirklichkeit ein viel ärmerer Mann als ein wohlhabender Handwerker, auch wenn sein tatsächliches Einkommen etwas höher sein kann. Aber innerhalb der Grenzen, die die Konventionalitäten der Gesellschaft zwingend vorschreiben, sind viele Ausgabenskalen möglich, und deren kluge Regulierung ist eine der Hauptformen praktischer Weisheit.

Es kann jedoch beobachtet werden, dass nicht nur Menschen, sondern auch Nationen in dieser Hinsicht große Unterschiede aufweisen, und der Unterschied besteht nicht nur zwischen Klugheit und Torheit, zwischen Voraussicht und Leidenschaft, sondern ist in hohem Maße auch ein Unterschied der Geschmäcker und Ideale. Im Allgemeinen wird man feststellen, dass in kontinentalen Ländern ein Mann mit unabhängigem Vermögen seine Ausgaben tiefer unter seine Verhältnisse setzt als in England, und ein Mann, der einer lukrativen Beschäftigung nachgegangen ist, wird mit der erworbenen Kompetenz eher zufrieden sein und diese gerne austauschen seine Arbeit für ein Leben in der Freizeit. Der englische Charakter bevorzugt einen höheren Aufwand und setzt die Arbeit bis zum Ende fort.

Es ist wahrscheinlich, dass, soweit das Glück vom Geld abhängt, das glücklichste Los – obwohl es sicherlich nicht das ist, um das man am meisten beneidet – das eines Mannes ist, der über ein realisiertes Vermögen verfügt, das ausreicht, um ihn vor ernsthaften Geldsorgen für die Gegenwart zu bewahren die Zukunft, der aber gleichzeitig nur durch die Hinzufügung eines Berufseinkommens die von ihm gewählte Stellung in der Gesellschaft behaupten und für seine Kinder sorgen kann, wie er es sich wünscht. Arbeit ist sowohl für das Glück als auch für den Charakter notwendig, und die Erfahrung zeigt, dass sie ihre volle Konzentration und Kontinuität am häufigsten dann erreicht, wenn es um Beruf geht, also um Geld. Männer arbeiten in Spuren, da sie selten frei arbeiten. Der Pflichtcharakter, die festen Gewohnheiten, die ständige Nachahmung des Berufslebens formen und stärken den Willen, und wahrscheinlich ist das glücklichste Los, wenn es diese Art von Arbeit gibt, aber ohne die Ängste derjenigen, die ausschließlich darauf angewiesen sind.

Es ist auch gut, wenn das Vermögen mit zunehmendem Alter tendenziell zunimmt. „Alter", heißt es, „ist eine sehr teure Sache." Wenn die Lust am Vergnügen abnimmt, steigt das Bedürfnis nach Komfort. Männer werden abhängiger und anspruchsvoller, und Nöte, die der Jugend gleichgültig sind, werden äußerst schmerzhaft. Darüber hinaus lasten Geldsorgen besonders schwer auf den Alten. Geiz ist, wie oft beobachtet wurde, vor allem ein Alterslaster, und bei Menschen, die keineswegs geizig sind, wird man feststellen, dass echte Geldängste im Alter stärker spürbar sind und eine größere eindringliche Macht haben als in der Jugend. Dann gibt es das Gefühl der Ohnmacht, das den Männern das Gefühl gibt, dass ihre Verdienstmöglichkeiten verloren gegangen sind. Andererseits wird die Jugend und insbesondere das frühe Eheleben, das unter dem Druck enger Umstände verbracht wurde, oft als die glücklichste und fruchtbarste Zeit des Lebens betrachtet. Es ist die beste Charakterdisziplin. Unter solchen Umständen erwerben Menschen die Gewohnheit harter und beständiger Arbeit, Genügsamkeit, Ordnung, Voraussicht, Pünktlichkeit und Einfachheit des Geschmacks. Sie gewinnen Sympathien und Erkenntnisse, die sie unter wohlhabenderen Umständen nie erfahren hätten. Sie lernen, große Freude an kleinen Dingen zu haben und sowohl Geld als auch Zeit richtig zu schätzen. Wenn Reichtum und Luxus danach in überwältigendem Maße eintreten, gehen diese Lektionen nicht völlig verloren.

Der Wert des Geldes als Glückselement nimmt proportional zu seiner Höhe rapide ab. Im Falle eines bescheideneren Vermögens bringt jede Thronbesteigung einen großen Zuwachs an Freude und Komfort mit sich und wahrscheinlich auch eine beträchtliche Steigerung des wahren Glücks. Bei reichen Männern ist dies nicht der Fall, und von kolossalen Vermögen kann man nur sagen, dass nur ein sehr kleiner Teil wirklich dem persönlichen Vergnügen des Besitzers dient. Das Missverhältnis zwischen Vergnügen und Kosten in der Welt ist in der Tat fast lächerlich. Die zwei oder drei Schilling, die uns unseren ersten Shakespeare bescherten, würden nur einen kleinen Beitrag dazu leisten, eines der vielleicht unverkosteten Gerichte auf dem Nachtischtisch zu haben. Die erlesensten Meisterwerke des menschlichen Geistes – die Werke menschlichen Genies, die im Laufe der Jahrhunderte am meisten dazu beigetragen haben, das Leben der Menschen zu veredeln, zu trösten, zu erhellen und zu lenken – könnten alle gekauft werden – ich sage nicht, für den Preis von eine Damenhalskette, sondern aus einem oder zwei der kleinen Steine, aus denen sie besteht. Vergleichen Sie den Genuss, mit dem der müde Fußgänger sein Brot und seinen Käse isst, mit dem Appetit, mit dem sich Männer zu einem stattlichen Bankett niederlassen; Vergleichen Sie die Stimmung beim Dorftanz mit der des großen Stadtballs, dessen verschwenderische Pracht die Vereinspapiere mit Bewunderung erfüllt; Vergleichen Sie den Reiz der Unterhaltung im Gemeinschaftsraum des Colleges mit den müden Gesichtern, die man oft am Esstisch des Millionärs sieht, und wir können eine gute Lektion über die Eitelkeit des Reichtums gewinnen. Der Übergang vom Bedürfnis zum Komfort bringt große Freude und viel dauerhaftes Glück mit sich. Der Übergang vom reinen Komfort zum Luxus bringt unvergleichlich weniger und kostet unvergleichlich mehr. Lassen Sie einen Mann mit enormem Reichtum sein tägliches Leben analysieren und versuchen Sie abzuschätzen, welche Dinge oder Stunden ihm echte und lebendige Freude bereitet haben. In vielen Fällen wird er wahrscheinlich sagen, dass er es in seiner Arbeit gefunden hat – in anderen in der Stunde, die er mit seiner Zigarre, seiner Zeitung oder seinem Buch verbringt, oder in seinem Cricketspiel oder in der Aufregung auf dem Jagdrevier. oder bei seinem Gespräch mit einem alten Freund, oder beim Singen seiner Töchter, oder bei der Begrüßung seines Sohnes nach der Rückkehr von der Schule. Lassen Sie ihn sich in den prächtigen Verzierungen seines Hauses umsehen und fragen Sie, wie viele dieser Dinge ihm jemals im Verhältnis zu ihrem Preis eine Freude bereitet haben. Wahrscheinlich würde er in vielen Fällen, wenn er ehrlich mit sich selbst umgeht, zugeben, dass sein Sessel und seine Bücherregale fast die einzigen Ausnahmen sind.

Dampf, die Druckerpresse, die Ausbreitung des Bildungswesens und die große Vervielfachung öffentlicher Bibliotheken, Museen, Gemäldegalerien und Ausstellungen haben die Hauptfreuden des Lebens in viel größerem Maße als in jedem früheren Zeitalter in die Reichweite dessen gebracht, was man „..." nennt Arbeiterklassen, während unter den Bedingungen des modernen Lebens fast alle großen Quellen echten Vergnügens, die Geld bieten kann, einem Mann offen stehen, der über ein kompetentes, aber nicht außergewöhnliches Vermögen und etwas Muße verfügt. Den intellektuellen Geschmack kann er voll und ganz befriedigen. Zumindest in den großen Zentren der Zivilisation sind Bücher zugänglich, die seine Lesefähigkeit weit übersteigen. Die Freuden des Theaters, die Freuden der Gesellschaft, die Freuden der Musik in den meisten ihrer Formen, die Freuden des Reisens mit all seinen vielfältigen Interessen und viele der Freuden des Sports stehen ihm in Hülle und Fülle zur Verfügung. Der Besitz der höchsten Kunstwerke ist zweifellos mehr und mehr zum Monopol der sehr Reichen geworden, aber Gemäldegalerien und Ausstellungen sowie die Reisemöglichkeiten haben das Wissen und die Freude an der Kunst über ein weitaus größeres Gebiet verbreitet als in der Vergangenheit. Die Möglichkeiten, Kunstwerke zu reproduzieren, wurden immens gesteigert und verbilligt, und in einer Form wurde zumindest die höchste Kunst in die Reichweite eines Mannes mit sehr bescheidenen Mitteln gebracht. Die Fotografie kann eine Zeichnung mit solch absoluter Perfektion reproduzieren, dass sie ihre Wände mit Werken von Michael Angelo und Leonardo da Vinci bedecken kann, die von den Originalen nicht zu unterscheiden sind. Der Komfortstandard in rein materiellen Dingen ist in wohlhabenden Haushalten mittlerweile so hoch, dass der Millionär zu einer gesunden Natur kaum noch etwas beitragen kann.

Unter den Freuden des Reichtums hat vielleicht ein ländlicher Ort den größten Einfluss, besonders wenn er alte Erinnerungen und Assoziationen mit sich bringt, die die Zuneigung und die Vorstellungskraft stark ansprechen. Mehr als jedes andere unbelebte Ding wirft es seine Ranken um das menschliche Herz und wird zum Gegenstand einer tiefen und dauerhaften Zuneigung. Aber selbst hier wird man wahrscheinlich feststellen, dass dieses Vergnügen eher der Besitzer eines ländlichen Ortes empfindet als der große Besitzer, der sein Leben abwechselnd in mehreren verbringt – der Besitzer eines Ortes mittlerer Größe als der Besitzer eines riesigen Parks, die nur mit großen Kosten und Mühen und mit viel delegierter Aufsicht verwaltet werden können und die der Öffentlichkeit normalerweise mit einer solchen Großzügigkeit zugänglich gemacht werden, dass sie wahrscheinlich anderen mehr Freude bereiten als ihren Besitzern.

Unter den besonderen Vergnügungen der enorm Reichen sticht die Sammelleidenschaft hervor, und natürlich kann ein sehr reicher Mann sie in Bereiche tragen, die Menschen mit mäßigem Vermögen kaum erreichen können. In den seltenen Fällen, in denen der Sammler ein Mann mit starkem und echtem künstlerischem Geschmack ist, ist der Besitz von Werken von Schönheit eine Sache dauerhaften Vergnügens, aber im Allgemeinen ist die bloße Liebe zum Sammeln, auch wenn sie oft zu einer Leidenschaft wird, die fast einer Manie gleichkommt, steht in sehr geringem Verhältnis zum finanziellen Wert. Der intelligente Fossiliensammler hat genauso viel Freude wie der Edelsteinsammler – wahrscheinlich sogar mehr, da die erstere Beschäftigung eine viel größere Vielfalt an Interessen mit sich bringt und normalerweise viel mehr von den persönlichen Anstrengungen des Sammlers abhängt. Beim Betrachten einer geologischen Sammlung ist es angenehm zu denken, dass jeder Stein, den wir sehen, eine Freude bereitet hat. Ein Sammler von Caxtons, ein Sammler großer gedruckter oder illustrierter Ausgaben, ein Sammler von Erstausgaben berühmter Bücher, ein Sammler jener Ausgaben, die so geschätzt werden, weil ein Autor darin einen Fehler gemacht hat, den er später korrigiert hat; Ein Sammler dieser einzigartigen Bücher, die als Raritäten erhalten geblieben sind, weil niemand es für lohnenswert hielt, sie nachzudrucken, oder weil sie sich durch eine veraltete Absurdität auszeichnen, wird wahrscheinlich nicht mehr Freude daran haben, obwohl er weitaus mehr Geld ausgeben wird, als die bloße Literatur Mann, der sich für eine bestimmte Epoche oder ein bestimmtes Thema interessiert und es liebt, in alten Buchhandlungen nach obskurer und vergessener Literatur zu diesem Thema zu suchen. Ähnliches gilt auch für andere Geschmäcker. Die Befriedigung eines starken Geschmacks oder Hobbys wird immer Freude bereiten, und es macht kaum einen Unterschied, ob es sich um ein teures oder ein preiswertes Hobby handelt.

Die Freuden des Erwerbs, die Freuden des Besitzes und die Freuden der Prahlerei sind zweifellos reale Dinge, obwohl sie in sehr unterschiedlichem Maße auf verschiedene Naturen einwirken, und manche davon viel stärker auf das eine Geschlecht als auf das andere. Im Allgemeinen neigen sie jedoch dazu, passiv und träge zu werden. Ein Zustand des Luxus und der Pracht wird von denen, die in ihn hineingeboren werden, wenig geschätzt, besonders wenn er auf eine Zeit des Kampfes und der Not folgt. Doch selbst dann werden die Umstände und die Umgebung des Lebens bald zur zweiten Natur. Männer gewöhnen sich so sehr an sie, dass sie fast mechanisch akzeptiert werden und kein positives Vergnügen mehr bereiten, obwohl ein Entzug davon positive Schmerzen verursacht. Die Liebe zur Macht, die Liebe zur Gesellschaft und – was nicht ganz dasselbe ist – die Liebe zum sozialen Einfluss sind jedoch viel stärker und dauerhafter, und großer Reichtum wird jedoch vor allem deshalb geschätzt, weil er dazu beiträgt, sie zu geben es gibt sie nicht immer, und obwohl es andere Dinge gibt, die sie in gleichem oder größerem Maße geben. Für viele sehr reiche Männer ist irgendeine Form von Feldsport wahrscheinlich das größte Vergnügen, das Geld bietet. Es sorgt zumindest für einen echten Nervenkitzel und unverkennbaren Genuss.

Von den besonderen Vergnügungen des Millionärs kann man kaum sagen, dass sie rein egoistisch sind, denn nur wenige sind ganz auf ihn selbst konzentriert. Sein großer Park ist normalerweise für die Öffentlichkeit zugänglich. Seine Bilder werden zur Ausstellung ausgeliehen oder in seinem Haus ausgestellt. Wenn er ein Rudel Hunde hält, jagen andere damit. Wenn er das Wild in enormem Umfang konserviert, lädt er viele dazu ein, es zu schießen, und bei seinen großen Unterhaltungen wird man oft feststellen, dass niemand weniger Freude daran hat als der müde Gastgeber.

Gleichzeitig muss sich kein denkender Mensch über die große Verschwendung von Genussmitteln in einer Gesellschaft ärgern, in der solch gigantische Summen für bloße konventionelle Prahlerei ausgegeben werden, die wenig oder gar kein Vergnügen bereitet; in der die besten Londoner Häuser diejenigen sind, die am längsten unbewohnt sind; in dem einige der bezauberndsten Gärten und Parks von ihren Besitzern nur für ein paar Wochen im Jahr gesehen werden.

Hamerton hat in seinem Essay über den Böhmismus sehr treffend gezeigt, dass der Grund für einen Großteil davon einfach der Versuch der Menschen ist, aus dem gesellschaftlichen Verkehr das größtmögliche Maß an positivem Vergnügen oder Vergnügen herauszuholen, indem er die Formen, das Kostspielige, verwirft Konventionalitäten, die sozialen Beschränkungen, die es belasten und einschränken. Eine der schlimmsten Tendenzen einer sehr wohlhabenden Gesellschaft besteht darin, dass durch den bloßen Wettbewerb der Zurschaustellung der Standard der konventionellen Ausgaben angehoben wird und der Verkehr der Menschen durch die Einführung einer Reihe neuer und kostspieliger Luxusartikel eingeschränkt wird, die entweder keine Freude bereiten oder geben Vergnügen, das in keinem Verhältnis zu seinen Kosten steht. Man kann manchmal Beispiele von einem sehr reichen Mann sehen, der glaubt, dass er im Verhältnis zu seinem Reichtum echte Freude am Leben haben kann, und der es für rein egoistische Zwecke nutzt. Wir können dies in der fast wahnsinnigen Extravaganz vulgärer Prahlerei finden, mit der der Emporkömmlingsmillionär seine Eitelkeit zu befriedigen und seine Nachbarn zu blenden versucht; in dem wilden Kreis verschwenderischer Verschwendung und Laster, durch den so viele junge Männer, die enorme Vermögen geerbt haben, ihre Verfassung ruiniert und einen schnellen Weg in ein unehrenhaftes Grab gefunden haben. Sie suchten vom Geld, was Geld nicht geben kann, und erfuhren zu spät, dass sie bei der Verfolgung von Schatten die Substanz verfehlten, die in ihrer Reichweite lag.

Für den intelligenten Millionär und insbesondere für diejenigen, die zu großen Besitztümern erzogen wurden, wird Reichtum jedoch in einem ganz anderen Licht betrachtet. Es ist ein Besitz und ein Vertrauen, das viele Pflichten und Interessen mit sich bringt und mit einer großen Verantwortungslast einhergeht. Die bloße Jagd nach Vergnügen spielt in solchen Leben nur eine kleine und völlig untergeordnete Rolle, und sie sind normalerweise mit viel nützlicher Arbeit gefüllt. Dieser Mann zum Beispiel ist ein Banker von kolossalem Ausmaß. Verfolgen Sie sein Leben, und Sie werden feststellen, dass er vier Tage in der Woche genauso beständig und unermüdlich in seinem Büro beschäftigt ist wie jeder andere Angestellte in seinem Unternehmen. Er hat sich nicht nur die Einzelheiten seines eigenen gigantischen Geschäfts, sondern auch des gesamten großen Themas Finanzen in all seinen internationalen Beziehungen zu eigen gemacht. Er ist in vielen Ländern eine Macht. Er wird in jeder Finanzkrise konsultiert. Er ist ein wichtiger Einflussfaktor in einer Vielzahl von Unternehmen, von denen die meisten sowohl nützlich als auch lukrativ sind, einige von ihnen ausgesprochen philanthropisch. Samstag und Sonntag verbringt er auf seinem Landsitz und bewirtet dort meist zahlreiche Gäste. An einem weiteren Tag in der Jagdsaison widmet er sich regelmäßig seinem Lieblingssport. Sein Urlaub ist der übliche Urlaub eines Berufstätigen, der eher dazu neigt, ihn zu verkürzen als zu verlängern, da die natürliche Ausrichtung seiner Gedanken so stark auf seine Arbeit gerichtet ist, dass die Zeit bald schwer zu hängen beginnt, wenn er nicht da ist.

Ein anderer Mann ist ein leidenschaftlicher Philanthrop, und seine Philanthropie mischt sich wahrscheinlich mit viel religiösem Eifer, und er wird dadurch zu einem Führer in der religiösen Welt. Ein solches Leben kann nicht umhin, reichlich erfüllt zu sein. Religiöse Versammlungen, Ausschüsse, die verschiedenen Interessen der vielen Institutionen, mit denen er verbunden ist, die widersprüchlichen und konkurrierenden Ansprüche verschiedener religiöser Gesellschaften nehmen seine Zeit und Gedanken in Anspruch, manchmal unter großer Vernachlässigung seiner Privatangelegenheiten.

Ein anderer Mann ist von einem anderen Typ. Er ist schüchtern, zurückgezogen, hasst die Öffentlichkeit und interessiert sich nicht besonders für Politik. Er ist ein riesiger Grundbesitzer und die Arbeit seines Lebens konzentriert sich auf die Entwicklung seines eigenen Anwesens. Er kennt die Verhältnisse jedes Dorfes, fast jedes Bauernhofes. Er ist stolz darauf, dass kein Arbeiter auf seinem Anwesen schlecht untergebracht ist, dass kein Teil davon schlampig oder schlecht verwaltet oder von Armut geplagt ist. Er stiftet Kirchen und Krankenhäuser, er errichtet öffentliche Gebäude, fördert jede örtliche Industrie, gewährt in Zeiten der Not viel größere Mietnachlässe, als es einem ärmeren Mann möglich wäre, verwaltet persönlich die vielen Interessen auf seinem Grundstück und kennt die Bilanz der Einnahmen genau und Ausgaben, hat ein großes Interesse an sanitären Einrichtungen, an neuen Verbesserungen und Experimenten in der Landwirtschaft, an all den vielfältigen Angelegenheiten, die den Wohlstand seiner zahlreichen Pächter beeinflussen. Er beteiligt sich großzügig an großen nationalen Unternehmungen, da er dies als eine der Pflichten seiner Position ansieht, aber sein Herz ist nicht bei solchen Dingen, und das Wohlergehen seines eigenen riesigen Besitzes und derer, die darauf leben, ist das Ziel und das Werk seines Lebens. Einige Wochen im Jahr übt er die großartige und großzügige Gastfreundschaft aus, die man von einem Mann in seiner Position erwartet, und ist immer sehr froh, wenn diese Wochen vorbei sind. Er hat jedoch sein eigenes teures Hobby, das ihm wirklich Freude bereitet – seine Yacht, seine Bildergalerie, sein Museum, seine Wildtiersammlung, seine Treibhäuser oder seine Rennanlage. Eines oder mehrere davon bilden den eigentlichen Zeitvertreib seines aktiven und nützlichen Lebens.

Ein in England häufiger anzutreffender Typus ist der des aktiven Politikers. Großer Reichtum und besonders großer Grundbesitz bringen Männer leicht ins Parlament und, wenn sie mit Fleiß und einem gewissen Maß an Fähigkeiten verbunden sind, in das offizielle Leben, und das öffentliche Leben wird so zu einem Beruf und in vielen Fällen zu einem sehr mühsamen. Es gibt kaum bessere Beispiele für ein erfülltes Leben und für die geschickte Verwaltung und Ökonomie der Zeit als im Leben einiger großer Adliger, die eine führende Rolle in der Politik übernehmen und wichtigen Regierungsabteilungen vorstehen, ohne unter ihren riesigen Besitztümern zu leiden in Missmanagement verfallen oder die vielen damit verbundenen sozialen Pflichten und lokalen Interessen vernachlässigen. Der größte Teil ihres Erfolgs ist in der Tat auf den klugen Einsatz von Geld und die Einsparung von Zeit durch vertrauenswürdige und effiziente Delegation zurückzuführen. Doch auf das überwachende Gehirn, die geschickte Wahl, die persönliche Kontrolle kann nicht verzichtet werden. In einem derart ausgefüllten Leben sind die wenigen Wochen des Vergnügens, die man in einem schottischen Moor oder an einer kontinentalen Badestelle verbringen kann, sicherlich nicht zu verurteilen.

Die Zeitökonomie und die Elastizität von Gehirn und Charakter, die ein solches Leben entwickelt, werden jedoch wahrscheinlich von einer anderen Klasse übertroffen. Nichts ist im gesellschaftlichen Leben der heutigen Generation bemerkenswerter als der hohe Druck, unter dem eine große Zahl von Damen in Spitzenpositionen zu leben pflegt. Es fällt jedem kontinentalen Beobachter auf, denn in keinem anderen europäischen Land gibt es etwas Vergleichbares, und es übertrifft sicherlich alles, was in früheren Generationen in England existierte, bei weitem. Die Suche nach Vergnügungen, in großem Umfang jedoch mit dem Schenken von Vergnügen verbunden, nimmt in diesen Leben einen viel wichtigeren Platz ein als in denen, die ich gerade beschrieben habe. Da es in der Tat nicht wenige wohlhabende und angesehene Frauen gibt, ist dies das A und O des Lebens, und im Allgemeinen ist es wahrscheinlich, dass Frauen an den meisten Gesellschaftsformen mehr Freude haben als Männer, obwohl dies auch zutrifft einen viel größeren Teil seiner Lasten tragen. Allerdings gibt es in dieser Klasse viele, die eine wirklich überraschende Zahl und Vielfalt ernsthafter Interessen mit der Gesellschaft verbinden. Nicht nur die Verwaltung eines großen Hauses, nicht nur die Aufsicht über Schulen, Wohltätigkeitsorganisationen und örtliche Unternehmen, die mit einem großen Anwesen verbunden sind, sondern auch eine Schar philanthropischer, künstlerischer, politischer und manchmal literarischer Interessen erfüllen ihr Leben. Tatsächlich gibt es kaum ein Leben auf irgendeiner Station, das erfüllter, intensiver, beständiger und vielfältiger besetzt ist. Das öffentliche Leben, das in den meisten anderen Ländern völlig außerhalb der Sphäre von Frauen liegt, wird mit Spannung verfolgt. Öffentliches Reden, das in der Erinnerung vieler heute Lebender unter Frauen jeglicher Stellung in der englischen Gesellschaft nahezu unbekannt war, ist zur gewöhnlichsten Leistung geworden. Ihr Ziel ist es, von der Jugend bis ins hohe Alter so viel ins Leben zu stecken, wie das Leben geben kann, und sie gehen weit, um ihr Ziel zu erreichen. Es hat sich eine wunderbare Beweglichkeit und Flexibilität des Intellekts entwickelt, die in der Lage ist, sich schnell von Thema zu Thema zu wenden und sie mit einem sehr breiten Spektrum an Interessen und Vergnügungen in Kontakt zu halten.

Das alles hat zweifellos gravierende Nachteile. Viele werden sagen, dass diese äußere Tätigkeit auf Kosten der Pflichten des häuslichen Lebens gehen muss, aber zu diesem Thema gibt es meiner Meinung nach zumindest viel Übertreibung. Die Bildung hat mittlerweile solche Formen angenommen und einen solchen Standard erreicht, dass die Erziehung der Jugend in einer wohlhabenden Familie normalerweise viele Stunden am Tag in den Händen versierter Spezialisten liegt, und ich glaube nicht, dass die Leben, in denen sie am meisten beschäftigt sind, die sind Die Sorgen um ein Zuhause werden am meisten vernachlässigt. Inwieweit diese intensive und ständige Belastung jedoch mit dem körperlichen Wohlbefinden vereinbar ist, ist eine ernstere Frage, und viele haben befürchtet, dass sie der kommenden Generation geschwächte Konstitutionen hinterlassen müssen. Auch sonst ist ein Leben in ständiger Aufregung nicht von Vorteil. Sowohl in der intellektuellen als auch in der moralischen Hygiene ist das beste Leben das, das der Natur folgt und Perioden großer Aktivität mit Perioden der Ruhe abwechselt. Zurückgezogenheit, ruhiges, stetiges Lesen und stille Gedanken, die den Charakter reifen lassen und Eindrücke vertiefen, sind Dinge, die aus dem Leben vieler Engländer fast zu verschwinden scheinen. Aber Leben, wie ich sie beschrieben habe, sind sicherlich nicht nutzlos, unentwickelt oder völlig egoistisch, und sie erfüllen in hohem Maße das große Gesetz des Glücks, dass man es eher in Interessen als in Vergnügen suchen sollte.

Ich habe mich bereits auf die Klasse bezogen, die Geld vor allem deshalb schätzt, weil es ihnen ermöglicht, Geldgedanken und -sorgen aus ihrem Kopf zu verbannen. Im Großen und Ganzen wird dieses Ziel wahrscheinlich häufiger von Männern mit mäßigem, aber kompetentem Vermögen erreicht als von sehr Reichen. Dies ist zumindest dann der Fall, wenn sie reich genug sind, um ihr Geld in Wertpapiere anzulegen, die keinem ernsthaften Risiko oder Schwankung unterliegen. Ein riesiges Vermögen ist selten so beschaffen, dass es nicht einen großen Verwaltungsaufwand mit sich bringt und viel Nachdenken und viele Entscheidungen erfordert. Es gibt jedoch eine wichtige Ausnahme. Wenn es viele Kinder gibt, fällt die Aufgabe, für ihre Zukunft zu sorgen, viel leichter den sehr Reichen zu als denen mit mittlerem Vermögen.

Es gibt jedoch eine Klasse, die das genaue Gegenteil davon ist und den einfachen Gelderwerb zum Hauptinteresse und Vergnügen ihres Lebens macht. Geldverdienen ist in irgendeiner Form die Hauptbeschäftigung der großen Mehrheit der Männer, meist jedoch als Mittel zum Zweck. Es geht darum, sich die Mittel zum Lebensunterhalt anzueignen oder die Mittel zur Aufrechterhaltung oder Verbesserung einer sozialen Stellung oder die Mittel, um für die Kinder, die ihnen nachfolgen sollen, so zu sorgen, wie sie es für angemessen halten. Manchmal jedoch wird bei den sehr Reichen und ohne Hintergedanken das Geldverdienen um seiner selbst willen zum

Hauptinteresse. Sie können es mit großem Vorteil verfolgen; Denn, wie schon oft gesagt wurde, nichts macht Geld so gut wie Geld, und der Besitz eines riesigen Kapitals bietet unzählige Möglichkeiten, es zu vermehren. Die Sammelleidenschaft nimmt diese Form an. Ihnen liegt mehr am Geld als an allem, was man mit Geld kaufen kann, allerdings weniger am Geld als an den Zinsen und der Aufregung, es zu bekommen. Spekulative Unternehmungen mit ihren Schwankungen, Unsicherheiten und Überraschungen werden zu ihrem größten Interesse und ihrem größten Vergnügen.

Wenn es ehrlich durchgeführt wird, gibt es keinen wirklichen Grund, warum es verurteilt werden sollte. Unter diesen Bedingungen ist ein so verbrachtes Leben meiner Meinung nach normalerweise nützlich für die Welt, denn es fördert im Allgemeinen Arbeiten, die von echtem Wert sind. Mit Wahrheit kann man nur sagen, dass es schwere Versuchungen mit sich bringt und sehr geeignet ist, die Moral eines Menschen zu senken. Spekulation wird leicht zu einer Form des Glücksspiels, die in ihrer Aufregung so heftig ist, dass sie, wenn sie unaufhörlich und in großem Umfang betrieben wird, jede Fähigkeit zu höheren und ruhigeren Vergnügungen tötet, die Versuchungen zu skrupellosem Gewinn unermesslich verstärkt, das gesamte Gleichgewicht des Charakters stört und … oft sogar das Leben verkürzt. Bei anderen hat die Liebe zur Akkumulation eine seltsame Kraft der Materialisierung, Einengung und Verhärtung. Gewohnheiten der Gemeinheit – die manchmal merkwürdige und widersprüchliche Formen annehmen und sich nur auf bestimmte Dinge oder Bereiche des Lebens beziehen – überwältigen sie unmerklich, und die Liebe zum Geld nimmt den Charakter einer Manie an. Die mit Geld verbundenen Versuchungen gehören in der Tat zu den heimtückischsten und mächtigsten, denen wir ausgesetzt sind. Sie haben wahrscheinlich eine größere Wirkungsmacht als das Trinken, und im Gegensatz zu den Versuchungen, die der tierischen Leidenschaft entspringen, werden sie mit zunehmendem Alter eher stärker als schwächer. In keiner Hinsicht ist es für einen Mann notwendiger, auf seinen eigenen Charakter zu achten, darauf zu achten, dass das selbstlose Element nicht nachlässt, und die Erwerbslust durch großzügige Ausgaben zu korrigieren.

Es ist wahrscheinlich, dass die höchste Form der Nächstenliebe, die echte und ernsthafte Selbstverleugnung beinhaltet, unter den Armen und sogar den Ärmsten weitaus verbreiteter ist als unter den Reichen. Ich denke, die meisten Menschen, die viel praktische Erfahrung mit dem Umgang der Armen untereinander haben, werden dies bestätigen. Unter denen, die sich am entgegengesetzten Pol des Glücks befinden, kommt es sicherlich weitaus seltener vor. Sie hatten nicht die gleiche Disziplin, nicht die gleiche Möglichkeit zur Selbstaufopferung oder die gleichen Mittel, um die Schmerzen der Armut zu erkennen, und es gibt noch einen anderen Grund, der nicht unnatürlich dazu neigt, ihr Wohlwollen zu bremsen. Ein Mann mit dem Ruf eines großen Reichtums wird bald von unzähligen Formen der Bettelei und Betrügerei bedrängt. Er kommt zu dem Schluss, dass es eine allgemeine Verschwörung gibt, die darauf abzielt, ihn auszuplündern, und gerät automatisch in eine Haltung des Misstrauens und der Selbstverteidigung. Obwohl er großzügig und großzügig spendet, tut er dies oft unter dem Deckmantel strikter Anonymität, um nicht in den Ruf der Großzügigkeit zu geraten, der ihm ständige Bitten einbringen würde. Wenn er ein intellektueller Mensch ist, wird er wahrscheinlich aus eigener Erfahrung verallgemeinern. Er wird tief beeindruckt sein von den enormen Übeln, die aus unüberlegter Nächstenliebe entstehen, und von der Überlegenheit einer produktiven Geldausgabe, selbst aus philanthropischer Sicht.

Und in Wahrheit ist es schwierig, die schädlichen Auswirkungen unüberlegter Wohltätigkeitsorganisationen, die Sparsamkeit, Fleiß, Weitsicht und Selbstachtung beeinträchtigen, zu überschätzen. Sie nehmen viele Formen an; Einige davon sind äußerst offensichtlich, während andere nur durch eine sorgfältige Abwägung entfernter Konsequenzen richtig beurteilt werden können. Es gibt die müßigen Touristen, die in einem einst unkultivierten Viertel das Gefühl der Selbstachtung zerstören, das eine der wertvollsten Lektionen ist, die frühe Bildung vermitteln kann, indem sie unter den Kindern, die sie unterrichten, einen zu ergatternden Pfennig hinwerfen Armen die fatale Lektion, dass Betteln oder etwas, das kaum von Betteln zu unterscheiden ist, größeren Gewinn bringt als ehrliche und kontinuierliche Arbeit. Es gibt die impulsive, unnachgiebige Nächstenliebe, die den Beruf des geschickten Bettelbriefschreibers zu einem lukrativen Beruf macht und Männer und Frauen, die reich, wohlwollend und schwach sind, zur gewohnheitsmäßigen Beute gieriger Betrüger macht. Es gibt die alteingesessene Wohltätigkeitsorganisation zur Bekämpfung der einfachen Armut, die den ganzen Elend der benachbarten Bezirke in ihren Mittelpunkt rückt, die Löhne drückt und genau den Bezirk oder die Klasse verarmt, denen sie zugute kommen sollte. Es gibt Wohltätigkeitsorganisationen, die nicht nur die Leiden, die die natürliche Folge und Bestrafung von Lastern sind, weitgehend lindern; sondern sogar dafür sorgen, dass das Los der Kriminellen und Bösartigen ein besseres ist als das der hart arbeitenden Armen. Es gibt sich überschneidende Wohltätigkeitsorganisationen, die sich mit derselben Abteilung befassen, aber durch die Rivalität verschiedener Religionsgemeinschaften oder im Interesse der mit ihnen verbundenen Beamten mit der Verschwendung von Geldern Schritt halten. verspätete oder überholte Wohltätigkeitsorganisationen, die gegründet wurden, um mit Umständen oder Leiden umzugehen, die größtenteils vergangen sind — nutzlose oder fast nutzlose Wohltätigkeitsorganisationen, die gegründet wurden, um eine alberne Modeerscheinung auszuführen oder eine alberne Eitelkeit zu befriedigen; sektiererische Wohltätigkeitsorganisationen, die

Ziele verfolgen, die in den Augen aller außer den Mitgliedern einer Sekte nicht nur nutzlos, sondern auch schädlich sind; Wohltätigkeitsorganisationen, die sparsame Ehen fördern oder es Männern leicht machen, offensichtliche Pflichten zu vernachlässigen, oder eine halbarme Bevölkerung in Beschäftigungen und auf einem Boden festhalten, wo sie niemals gedeihen kann, oder auf andere Weise das Natürliche und Gesunde behindern, behindern oder ablenken Verlauf der Industrie. Illustrationen all dieser Übel werden jedem aufmerksamen Forscher in den Sinn kommen. Unintelligente, gedankenlose, rein impulsive Nächstenliebe und Nächstenliebe, die von einem anderen Motiv als dem wirklichen Wunsch, Leiden zu lindern, inspiriert ist, wird ständig schief gehen, aber jeder intelligente Mensch kann ohne Schwierigkeiten weite Felder finden, auf denen er die größte Großzügigkeit in Hülle und Fülle aufwenden kann Obst.

Krankenhäuser und verwandte Einrichtungen, die große, unvermeidbare Katastrophen lindern und den kranken Armen die gleichen Chancen auf Genesung bieten sollen wie den Reichen, fallen größtenteils unter diese Rubrik. Es wird selten Geld verschwendet, das für die Förderung von Wissen, Unternehmen oder Forschung ausgegeben wird, die im Verhältnis zu ihrem Wert keine bestimmte Vergütung bringen; bei der Unterstützung armer junger Männer mit Fähigkeiten und Fleiß bei der Entwicklung ihrer besonderen Talente; in der Förderung von Sparsamkeit, Selbsthilfe und Zusammenarbeit in ihren vielfältigen Formen; bei der Linderung des unvermeidlichen Leidens, das auf eine große Katastrophe zu Lande oder auf See, auf große Veränderungen in der Industrie oder auf große Schwankungen und Rückgänge im Klassenwohlstand folgt; indem man den Bewohnern einer überfüllten Stadt die Möglichkeit zu gesunder Erholung oder veredelnden Freuden bietet. Der weite Bereich der Bildung eröffnet endlose Felder für großzügige Ausgaben, und jeder religiöse Mensch wird Gegenstände finden, die nach der Meinung nicht nur der Menschen seiner eigenen Überzeugung, sondern auch vieler anderer von überragender Bedeutung sind. Es ist auch kein richtiger Grundsatz, dass bei allen Katastrophen, die in gewissem Maße auf die Schuld des Leidenden zurückzuführen sind oder die durch außergewöhnliche Vorsorge oder Selbstverleugnung hätten abgewendet werden können, die Almosen verweigert werden sollte. Einige Ökonomen schreiben, dass von den Armen und Ungebildeten ein weitaus höherer Willens- und Moralstandard erwartet werden müsse als von den Reichen. Gesunder Menschenverstand und richtiges Gefühl werden hier leicht die Grenze ziehen, indem wir auf Wohltätigkeitsorganisationen verzichten, die einen echten Einfluss darauf haben, Unvorsichtigkeit oder Laster zu fördern, und dennoch die normalen Schwächen unserer Natur gebührend berücksichtigen.

Auf all diese Weise können die Reichen reichlich Gelegenheit zu nützlicher Wohltätigkeit finden. Es ist das Vorrecht großer Reichtümer, oft heilen zu können, was andere nur lindern können, und dauerhafte Quellen des Guten zu schaffen, die noch lange nach dem Tod der Spender bestehen bleiben. Reiche Männer, die weder die Zeit noch die Lust haben, die besonderen Umstände zu untersuchen, tun bei der Bewältigung individueller Notfälle gut daran, sich weitgehend auf die Empfehlungen anderer zu verlassen. Wenn sie sich für vertrauenswürdige, kompetente und vernünftige Berater entscheiden, die ebenso viel Urteilsvermögen besitzen, wie sie es bei der Verwaltung ihrer privaten Angelegenheiten gewohnt sind, werden sie wahrscheinlich nicht in die Irre gehen. Es gab nie eine Zeit, in der eine größere Menge intelligenter und desinteressierter Arbeitskräfte für die sorgfältige und detaillierte Untersuchung der Umstände und Bedürfnisse der Armen eingesetzt wurde. Der Pfarrer, der Bezirksbesucher und die Vertreter der Charity Organization Society, die jedes Jahr ihre besonderen Fälle von wohlgeklärtem Bedarf auswählt, werden sie reichlich mit dem Wissen versorgen, das sie benötigen.

Der Vor- oder Nachteil der Anwesenheit einer großen Klasse von Menschen in einem Land, deren Vermögen weit über alles hinausgeht, was zu ihrem Vergnügen tatsächlich dienen kann, ist eine Frage, die sowohl politische Ökonomen als auch Moralisten stark gespalten hat. Die ersteren waren es lange gewohnt, einigermaßen ausschließlich darauf hinzuweisen, dass Gesetze und Institutionen mit dem Ziel geschaffen werden sollten, die größtmögliche Anhäufung von Reichtum zu fördern, und dass ein System uneingeschränkter Konkurrenz gepaart mit gleichen Gesetzen jedem Menschen die größtmögliche Sicherheit in der Welt geben sollte Der Besitz und die Verfügung über sein Eigentum war das beste Mittel, dieses Ziel zu erreichen. Sie betonten voller Wahrheit, dass, obwohl in einem solchen System die Vermögensungleichheiten enorm sein werden, der Großteil des Reichtums der sehr Reichen unweigerlich in Form von Löhnen, Einkäufen und Industrieunternehmen über die gesamte Gemeinschaft verteilt wird dass unter sonst gleichen Bedingungen das reichste Land im Großen und Ganzen das glücklichste sein wird. Sie erkannten deutlich die völlige Täuschung der verbreiteten Behauptungen, je mehr Millionäre es in einem Land gebe, desto mehr Arme würden sich vermehren und die Gesellschaft spalte sich in enorm Reiche und erbärmliche Arme. Die großen Industriegemeinden, in denen es die größte Zahl sehr wohlhabender Männer gibt, sind auch die Zentren, in denen wir die wohlhabendste Mittelschicht und die höchsten und fortschrittlichsten Löhne und Komfortstandards unter den Armen finden. In ihnen herrscht zweifellos große Korruption in vielen Formen, aber man kann kaum mit Sicherheit behaupten, dass der Standard der Integrität in diesen Ländern insgesamt niedriger ist als in anderen Ländern, und sie entgehen zumindest dem, was in vielen armen Ländern dazu gehört Die fruchtbarsten Ursachen der Korruption in allen Bereichen der Verwaltung waren die unzureichende Bezahlung der Bediensteten der Krone. Der Weg der Freiheit ist in den Augen der Ökonomen dieser Schule der Weg der Weisheit, und sie waren zutiefst misstrauisch gegenüber allen gesetzgeberischen Versuchen, den Lauf des industriellen Fortschritts einzuschränken oder zu behindern.

In unserer Generation hat sich offensichtlich eine etwas andere Tendenz verstärkt. Es wurde gesagt, dass frühere politische Ökonomen der Anhäufung von Reichtum zu viel Aufmerksamkeit und der Verteilung zu wenig Aufmerksamkeit schenkten. Die Menschen haben ein größeres Gespür für das hohe Maß an Glück und moralischem Wohlergehen entwickelt, das in einigen der kleineren und etwas stagnierenden Länder Europas erreicht wurde, wo Reichtum im Allgemeinen eher durch Sparsamkeit und stetigen Fleiß als durch große Industrie- oder Handelsunternehmen erlangt wird , in dem es wenige große Vermögen, aber wenig akute Armut, einen geringen Luxusstandard, aber einen hohen Standard an echtem Komfort gibt. Die enormen Übel, die in wohlhabenden Ländern entstanden sind, in Form von Firmenmache, übermäßigem Wettbewerb, extravagantem und oft bösartigem Luxus und unehrlicher Verwaltung öffentlicher Gelder, sind immer deutlicher zu spüren, und das ist auch in diesen Ländern nur allzu wahr In vielen Ländern gibt es große und einflussreiche Gesellschaftskreise, in denen alle Überlegungen zu Charakter, Intellekt oder Manieren in einem intensiven Durst nach Reichtum und den Dingen, die er geben kann, verloren zu sein scheinen. Manchmal finden wir große Vermögen in Ländern vor, in denen es nur wenig Unternehmertum und einen sehr niedrigen Wohlstandsstandard unter den Menschen gibt, und wenn dies der Fall ist, ist es meist auf ungleiche Gesetze oder korrupte Verwaltung zurückzuführen. In den freien, demokratischen und industriellen Gemeinschaften sind große Schwankungen und Ungleichheiten des Reichtums unvermeidlich, und einige der kolossalsten Vermögen wurden zweifellos durch die von mir beschriebenen bösen Methoden geschaffen. Sie sind jedoch nur eine Minderheit und keine sehr große. Wie alle großen Erfolge des Lebens ist auch die abnormale Anhäufung von Reichtum meist auf die Kombination von Fähigkeiten, Charakter und Zufall in unterschiedlichen Anteilen zurückzuführen und nicht mit Unehrlichkeit behaftet. Im Großen und Ganzen sollte nicht die Frage gestellt werden, was ein Mensch hat, sondern wie er es erlangt hat und wie er es nutzt. Wenn Reichtum ehrlich erworben und klug und großzügig genutzt wird, ist es umso besser, je mehr reiche Männer es in einem Land gibt.

Wahrscheinlich hat es in der Geschichte der Welt noch nie eine Periode gegeben, in der die Bedingungen der Industrie, begünstigt durch die großen Goldfunde in mehreren Teilen der Welt, so günstig für die Bildung enormer

Vermögen waren wie heute, und in der die Rasse von Millionäre war so groß. Die Mehrheit gehört der englischsprachigen Rasse an; Wahrscheinlich sind die meisten ihrer gigantischen Vermögen schnell angehäuft worden und bringen nichts von den notwendigen, erblichen und klar definierten Verpflichtungen eines Großgrundbesitzers mit sich, während ein beträchtlicher Teil davon in das Los von Männern gefallen ist, die durch ihre Bildung oder Ausbildung oder Bildung oder Bildung die Pflichten eines Großgrundbesitzers erfüllen frühe Gewohnheiten, haben nicht viele kultivierte oder natürlich teure Geschmäcker. In England werden viele der neuen Millionäre Großgrundbesitzer und gründen große Betriebe. In Amerika, wo der Landgeschmack weniger ausgeprägt ist und die Schwierigkeiten bei der häuslichen Bedienung sehr groß sind, kommt dies weniger häufig vor. In beiden Ländern ist die Zahl der Menschen mit immensen Vermögen, über die sie absolut verfügen können, enorm gestiegen, und die Art ihrer Ausgaben ist zu einer Angelegenheit von wirklicher nationaler Bedeutung geworden.

Ein Großteil davon fließt zweifellos in schlichten Luxus und Prunk oder in bloße Spekulation oder in die Wiederherstellung alter und heruntergekommener Vermögen durch die Ehen von Rang und Geld, die für unsere Zeit so charakteristisch sind; Vieles wird aber auch wohltätigen oder philanthropischen Zwecken gewidmet. Wie in den meisten Dingen sind auch hier die Motive oft sehr vermischt. Für Männer mit einem solchen Vermögen bedeuten solche Ausgaben, selbst in großem Umfang, keine wirkliche Selbstaufopferung, und die Anreize dazu sind nicht immer von höchster Qualität. Für manche Menschen ist es eine Frage des Ehrgeizes – eines legitimen und nützlichen Ehrgeizes –, den dauerhaften und ehrenvollen Ruhm zu erlangen, der mit dem Gründer einer großen philanthropischen oder pädagogischen Einrichtung verbunden ist. Andere sind der Meinung, dass große philanthropische Ausgaben zumindest in England einer der einfachsten und kürzesten Wege zum gesellschaftlichen Erfolg sind und Männer und Frauen von geringer Herkunft und schlechten Manieren in engen und häufigen Kontakt mit den anerkannten Führern der Gesellschaft bringen; Andere wiederum haben herausgefunden, dass dies der schnellste Weg ist, das Stigma zu beseitigen, das immer noch in gewissem Maße dem Reichtum anhaftet, der auf unehrenhafte oder zweifelhafte Weise erworben wurde. Mode, sozialer Ehrgeiz und soziale Rivalitäten sind in der Wohltätigkeitsbranche keineswegs unbekannt. Es gibt jedoch viele, in deren Philanthropie das Element des Selbst keinen Platz hat und deren einziger Wunsch darin besteht, ihr Geld in einer Form auszugeben, die für andere von echtem und dauerhaftem Nutzen sein kann.

Solche Männer verfügen über große Macht, und wenn ihre philanthropischen Ausgaben klug gesteuert werden, können sie von unschätzbarem Nutzen sein. Ich habe bereits viele der Kanäle aufgezeigt, in denen es sicher fließen kann, aber ein oder zwei zusätzliche Hinweise zu diesem Thema sind möglicherweise nicht nutzlos. Vielleicht werden diese Männer im Allgemeinen feststellen, dass sie am klügsten handeln können, wenn sie alte Wohltätigkeitsorganisationen stärken und erweitern, die wirklich gut sind, statt neue zu gründen. Konkurrenz ist die Seele der Industrie, aber sicherlich nicht der Wohltätigkeit, und in England herrscht eine beklagenswerte Verschwendung von Geld und Maschinen durch die übermäßige Vervielfachung von Institutionen, die denselben Zwecken dienen. Die Art von Ehrgeiz, von der ich gerade gesprochen habe, führt dazu, dass Männer neue Wohltätigkeitsorganisationen bevorzugen, die mit ihrem Namen identifiziert werden können; Die bezahlten Beamten im Zusammenhang mit Wohltätigkeitsorganisationen sind zu einem großen und mächtigen Berufsstand geworden, und ihr Einfluss wird natürlich in die gleiche Richtung genutzt. die vielen verschiedenen Religionsgemeinschaften im Land weigern sich oft, sich zusammenzuschließen, und jede wünscht sich ihre eigenen Institutionen; und es gibt Moden in der Wohltätigkeit, die, obwohl sie die Großzügigkeit stark fördern, allzu oft die Wirkung haben, sie von den älteren und unauffälligeren Formen abzulenken. Andererseits ist eine der wichtigsten Tatsachen in unserer gegenwärtigen wirtschaftlichen Lage, dass eine außergewöhnliche und fast beispiellose Entwicklung des industriellen Wohlstands mit einer extremen und lang anhaltenden Depression in der Landwirtschaft und einem starken Rückgang des Zinssatzes einherging. Reichtum in vielen Formen häuft sich mit erstaunlicher Geschwindigkeit an, und die gestiegenen Löhne verteilen den Wohlstand unter den Arbeiterklassen; Aber diejenigen, die direkt oder indirekt von landwirtschaftlichen Pachtzinsen oder von Zinsen für in Treuhandpapiere investiertes Geld abhängig sind, haben schwer gelitten, und sie gehören zu den nützlichsten, tadellosesten und verdienstvollsten Klassen der Gemeinschaft. Dieselben Ursachen, die ihnen geschadet haben, sind mit vernichtender Härte auf alteingesessene Institutionen eingegangen, die ihre Einkünfte meist größtenteils oder vollständig aus der Pacht von Grundstücken oder aus Geldern beziehen, die in öffentliche Fonds investiert werden. Der bittere Schrei der Not, der aus den Krankenhäusern und vielen anderen alten Wohltätigkeitsorganisationen, aus den Universitäten und aus dem Klerus der etablierten Kirche ertönt, beweist dies deutlich.

Allerdings unterliegt die Bevorzugung alter Wohltätigkeitsorganisationen gegenüber neuen Wohltätigkeitsorganisationen sehr vielen Ausnahmen. Es gilt nicht für neue Länder oder für die vielen Fälle, in denen Veränderungen und Entwicklungen in der Industrie zu riesigen Ansammlungen von Bevölkerungsgruppen in Gebieten geführt haben, die einst nur dünn besiedelt und daher kaum mit Wohltätigkeits- oder Bildungseinrichtungen ausgestattet waren. Sie gilt auch nicht für die vielen Fälle, in denen die

Umstände des modernen Lebens neue Formen der Nächstenliebe, neue Bedürfnisse, neue Gefahren und Übel, die es zu bekämpfen gilt, neue Wissensbereiche, die es zu kultivieren gilt, ins Leben gerufen haben. Eine der größten Schwierigkeiten der älteren Universitäten besteht darin, aus ihrer schrumpfenden Ausstattung die Lehre von Wissenschafts- und Wissenszweigen zu finanzieren, die erst lange nach der Gründung dieser Universitäten entstanden oder zumindest in den Vordergrund gerückt sind Einige davon erfordern nicht nur ausgebildete Lehrer, sondern auch kostspielige Geräte und Labore. Der zunehmende internationale Wettbewerb und erweiterte wissenschaftliche Kenntnisse haben eine technische und landwirtschaftliche Ausbildung erforderlich gemacht, von der unsere Vorfahren nie geträumt hätten. und der Aufstieg der großen Provinzstädte und die größere Intensität des Provinzlebens und des Provinzpatriotismus sowie die Veränderungen, die sich auf die Stellung sowohl der Arbeiter- als auch der Mittelklasse ausgewirkt haben, haben eine echte Nachfrage nach Bildungseinrichtungen anderer Art geschaffen von den älteren Universitäten. Die höhere Bildung von Frauen ist im Wesentlichen eine Aufgabe des 19. Jahrhunderts und wurde ohne die Unterstützung alter Stiftungen und mit sehr wenig Hilfe moderner Parlamente durchgeführt. Bei der Verteilung öffentlicher Gelder erhält eine Klasse, die im Parlament völlig nicht vertreten ist, selten ihren gerechten Anteil; und die Hochschulbildung kann, wie die meisten Formen der Wissenschaft, wie die meisten höheren Formen der Literatur und wie viele wertvolle Formen der Forschung, niemals selbsttragend sein. Es gibt große Wissenszweige, die ohne etablierte Ausstattung unkultiviert bleiben müssen oder nur von Männern mit beträchtlichen privaten Mitteln gepflegt werden müssen. In unserer Generation sind einige unschätzbar wertvolle Heilmittel wie Genesungsheime in verschiedenen Ländern und Klimazonen sowie für verschiedene Krankheiten entstanden, ebenso wie einige der fruchtbarsten Formen medizinischer Forschung und einige der wirksamsten Methoden, um eine gesunde Veränderung herbeizuführen und Helligkeit für das Leben, das am eintönigsten und überanstrengtsten ist. Jede große Revolution in der Industrie, in der Bevölkerung und sogar im Wissen bringt neue und besondere Bedürfnisse mit sich, und es gibt Fälle, in denen die unterstützte Auswanderung eine der besten Formen der Wohltätigkeit ist.

Dies sind nur einige Beispiele dafür, in welche Richtung die großen überschüssigen Mittel, die viele der sehr Reichen bereit sind, für wohltätige Zwecke auszugeben, gewinnbringend fließen können. In unserer Zeit gibt es eine ausgeprägte und zunehmende Tendenz, alle sich ergebenden Bedürfnisse der Gesellschaft durch staatliche Beihilfen zu erfüllen, die auf einer Zwangsbesteuerung beruhen. In Ländern, in denen das Vermögen so hoch ist, dass nur wenige Menschen ein Einkommen haben, das weit über ihren tatsächlichen oder künstlichen Bedürfnissen liegt, wird diese Methode wahrscheinlich notwendig sein; Viele der von mir beschriebenen Bedürfnisse können jedoch besser durch die alte englische Methode der intelligenten privaten Großzügigkeit erfüllt werden, und in einem Land, in dem die Zahl der sehr Reichen so groß ist und so zunimmt, sollte diese Großzügigkeit nicht fehlen.

## FUSSNOTE:

[67] *Notizen zum Leben.*

# KAPITEL XIV

## HOCHZEIT

Der schöne Ausspruch von Newton, dass er sich wie ein Kind fühlte, das am Ufer des großen Ozeans unentdeckter Wahrheit ein paar Kieselsteine aufgelesen hatte, mag jedem Schriftsteller in den Sinn kommen, der versucht, etwas über das große Thema der Ehe zu sagen. Die unendliche Mannigfaltigkeit der Umstände und Charaktere wirkt sich auf unendlich verschiedene Weise darauf aus, und alles, was hier getan werden kann, ist, ein paar etwas isolierte und verschiedene Bemerkungen dazu zu sammeln. Dennoch ist es ein Thema, das in einem Buch wie diesem nicht außer Acht gelassen werden darf. In vielen Fällen ist es der große Wendepunkt eines Lebens, und in allen Fällen, in denen es stattfindet, ist es eines der wichtigsten Ereignisse. Was auch immer die Ehe sonst noch bewirken oder unterlassen mag, sie lässt einen Mann niemals unverändert. Sein Intellekt, sein Charakter, sein Glück, seine Art, die Welt zu sehen, werden alle davon beeinflusst. Wenn es ihn nicht erhöht oder stärkt, wird es ihn erniedrigen oder schwächen. Wenn es das Glück nicht vertieft, wird es es beeinträchtigen. Es bringt Pflichten, Interessen, Gewohnheiten, Hoffnungen, Sorgen, Sorgen und Freuden mit sich, die in jeden Spalt seiner Natur eindringen und den gesamten Verlauf seines Lebens verändern.

Es ist seltsam, sich vorzustellen, mit wie viel Leichtfertigkeit und mit wie wenig Wissen ein so unauflöslicher und zugleich so bedeutsamer Vertrag ständig angenommen wird; manchmal unter dem Einfluss einer blendenden Leidenschaft und in einem Alter, in dem das Leben noch als Romanze oder Idylle betrachtet wird; manchmal aus reinem Ehrgeiz und Kalkül, aus dem Wunsch nach Reichtum, Titel oder Position. Männer und Frauen verlassen sich auf die Kraft der Gewohnheit und der Notwendigkeit, sich an Bedingungen anzupassen, die sie nie wirklich verstanden oder realisiert haben.

In den meisten Fällen kommen verschiedene Motive zusammen, wenn auch in unterschiedlichem Ausmaß. Manchmal ist eine überwältigende Zuneigung zu der Person das stärkste Motiv und stellt alle anderen in den Schatten. Manchmal ist das Hauptmotiv für die Ehe der Wunsch, verheiratet zu sein. Es geht darum, einen festen Haushalt und eine feste Stellung zu erlangen; von der „unverbrieften Freiheit" und den „vagen Wünschen" eines einsamen Lebens befreit zu werden; ein Objekt der Zuneigung finden; sich die festen Gewohnheiten anzueignen und sich von häuslichen Sorgen zu befreien, die für eine Karriere unerlässlich sind; ein Rennen aufrechterhalten; vielleicht um familiären Unannehmlichkeiten zu entfliehen oder um einen neuen und glücklichen Einfluss in eine Familie einzuführen. Mit diesen Motiven ist eine echte Zuneigung zu einer bestimmten Person verbunden, die jedoch nicht derart ist, dass sie eine Wahl, ein Urteil, einen Vergleich und die Berücksichtigung weltlicher Vorteile ausschließt.

Es ist ein weiser Ausspruch von Swift, dass es weniger unglückliche Ehen auf der Welt gäbe, wenn Frauen weniger an die Herstellung von Netzen und mehr an die Herstellung von Käfigen denken würden. Die Eigenschaften, die anziehen, faszinieren und verblüffen, unterscheiden sich oft erheblich von denen, die für eine glückliche Ehe unerlässlich sind. Manchmal stehen sie ihm ausgesprochen feindselig gegenüber. Häufiger tragen sie dazu bei, aber nur in geringerem oder untergeordnetem Maße. Die Geisteshaltung und der Charakter, die den vollendeten Flirt ausmachen, versprechen sicherlich nicht das Beste für das Glück eines Ehelebens; und vornehme Schönheit, brillante Talente und die heroischen Qualitäten, die in den Angelegenheiten des Lebens eine große Rolle spielen und im gesellschaftlichen Bereich auffällig hervortreten, rücken unter den Elementen des Eheglücks auf einen untergeordneten Platz. In der Ehe ist die Identifizierung zweier Leben so vollständig, dass sie alle Fähigkeiten und Gaben ins Spiel bringt, allerdings in Graden und Ausmaßen, die sich stark vom öffentlichen Leben oder vom ungezwungenen Verkehr und von Beziehungen unterscheiden. Das Wesentlichste fehlt oft in einem brillanten Leben und wird größtenteils in Leben und Charakteren entwickelt, die sich, wenn überhaupt, kaum über das Alltägliche erheben. Mit den Worten eines sehr klugen Mannes von Welt: „Vor der Heirat tragen die Form, die Figur, der Teint alles vor sich; Nach der Heirat beanspruchen Geist und Charakter unerwartet ihren Anteil, und zwar den größten, an Bedeutung." [68]

Die Beziehung ist von größter Intimität und Vertrauen geprägt, und wenn die Identität der Interessen zwischen den beiden Partnern nicht vollständig ist, hat jeder eine fast unermessliche Macht, den anderen zu verletzen. Eine moralische Grundlage mit erstklassigen Qualitäten ist von größter Bedeutung. Ein wahrer, ehrlicher und vertrauenswürdiger Charakter, der zu Selbstaufopferung und Selbstbeherrschung fähig ist, sollte an erster Stelle stehen, und danach ein freundliches, ausgeglichenes und zufriedenes Wesen, eine Fähigkeit zur Sympathie und die Gewohnheit, das Bessere zu sehen und hellere Seite von Menschen und Dingen. Von den intellektuellen Qualitäten sind Urteilsvermögen, Taktgefühl und Ordnung vielleicht die wertvollsten. Männer sollten in der Ehe vor allem nach vollkommener Vernunft streben und alles wie Hysterie fürchten. Schönheit wird weiterhin eine Freude sein, wenn auch mit viel geringerer Kraft, aber Anmut und der Charme des Benehmens werden bis zuletzt ihre volle Anziehungskraft behalten. Sie erhellen auf unzählige Arten die kleinen Dinge des Lebens, und das Leben besteht hauptsächlich aus kleinen Dingen, ist kleinen Reibungen ausgesetzt und erfordert kleine Entscheidungen und kleine Opfer. Breite Interessen und große Wertschätzung sind in der Ehebeziehung wichtiger als jedes große konstruktive oder kreative Talent und die Fähigkeit zu beruhigen, mitzufühlen, zu beraten und zu ertragen, als die höchsten Eigenschaften des Helden oder Heiligen. Nur dadurch erreicht das Eheleben sein volles Maß an Vollkommenheit.

„Tu mihi curarum requies, tu nocte vel atrâ.“

Lumen, und in dir allein bist du an deiner Stelle.' [69]

Obwohl dies für alle Ehen gilt, ist es offensichtlich, dass unterschiedliche Berufe und Lebensumstände unterschiedliche Qualitäten erfordern. Ein hart arbeitender, arbeitender Mann oder ein Mann, der, obwohl er nicht mit seinen Händen arbeitet, ein Leben in Armut und Kampf führt, wird in der Ehe nicht genau denselben Charaktertyp anstreben wie ein Mann, der in eine hohe Stellung hineingeboren wurde , und der große soziale und administrative Aufgaben zu erfüllen hat. Die Frau eines Geistlichen, der in die vielen Interessen einer Pfarrei vertieft ist; die Frau eines Soldaten oder eines Kaufmanns, die möglicherweise in vielen Ländern leben muss, mit langen Phasen der Trennung von ihrem Ehemann und vielleicht inmitten vieler Nöte; die Frau eines aktiven und ehrgeizigen Politikers; die Frau eines vielbeschäftigten Berufstätigen, der ununterbrochen außerhalb seines Hauses beschäftigt war; Die Ehefrau eines Mannes, der aufgrund seiner Gesundheit, seines Geschäftslebens oder seiner Gewohnheiten ständig in seinem Haus bleiben muss, benötigt jeweils einige besondere Eigenschaften. Es gibt wenige Dinge, in denen sich Männer und Frauen von Natur aus stärker unterscheiden als in der Elastizität und Anpassungsfähigkeit ihrer Natur, in ihrer Fähigkeit, Monotonie zu ertragen, in der Rolle, die Gewohnheit, Routine und Abwechslung in ihrem Glück einnehmen; und in verschiedenen Arten des Lebens haben diese Dinge einen sehr unterschiedlichen Grad an Bedeutung. Besondere familiäre Umstände, etwa Kinder aus einer früheren Ehe oder schwierige und heikle Beziehungen zu Familienmitgliedern eines Partners, erfordern die Ausübung besonderer Qualitäten. Tatsächlich sind solche Beziehungen oft eine der eindringlichsten und härtesten Prüfungen für die herausragenden Qualitäten des weiblichen Charakters.

Im Großen und Ganzen dürfte die beste Vermutung für eine erfolgreiche Ehewahl dann gegeben sein, wenn die Frau nicht in Umständen oder Vorstellungen erzogen wurde, die denen ihres Ehelebens völlig unähnlich sind. Ehen verschiedener Rassen oder Hautfarben sind selten glücklich, und das Gleiche gilt für Ehen zwischen Personen mit so unterschiedlichen sozialen Schichten, dass sie große Unterschiede in Manieren und Gewohnheiten mit sich bringen. Andere und geringfügige Unterschiede in den Umständen zwischen Mädchenleben und Eheleben werden ihre

Auswirkungen haben, aber sie sind weniger stark und weniger unveränderlich. Einige der glücklichsten Ehen waren Emanzipationsehen, die ein Mädchen aus einem ungünstigen familiären Umfeld entfernten und es zum ersten Mal in eine intellektuelle und moralische Atmosphäre versetzten, in der es frei atmen konnte. Gleichzeitig werden bei der Wahl einer Frau immer der Charakter, die Umstände, die Gewohnheiten und der Ton der Familie, in der sie aufgewachsen ist, ein wichtiges Element sein. Es gibt Rasseneigenschaften, es gibt Charaktereigenschaften, die man niemals vernachlässigen sollte. Franklin zitiert mit Zustimmung den Rat eines weisen Mannes, eine Frau „aus einem Haufen" auszuwählen, da Mädchen, die zusammen aufwachsen, sich gegenseitig durch Nachahmung verbessern, gegenseitige Selbstaufopferung und Nachsicht lernen, ihre Eckigkeit abstreifen und sich das nicht erlauben lassen entwickeln überheblichen Selbstgefälligkeit. Eine Familie, in der der vorherrschende Geschmack vulgär ist, in der der Standard der Ehre niedrig ist, in der Extravaganz, Maßlosigkeit und Mangel an Ordnung gewöhnlich vorherrschen, schafft eine Atmosphäre, der nur ein starker Charakter entkommen kann. Hinzu kommt die große Frage der körperlichen Gesundheit. Ein Mann sollte in der Ehe eher danach streben, das körperliche Niveau seiner Familie zu heben als zu schwächen, und vor allem sollte er keine schwere, wohlbestimmte Erbkrankheit in sie einführen. Von allen Formen der Selbstaufopferung ist kaum eine so eindeutig richtig und so eindeutig nützlich wie das Zölibat derjenigen, die von einer solchen Krankheit befallen sind.

Es gibt kein Thema, mit dem sich Religionslehrer mehr beschäftigt haben als die Ehe und die Beziehung der Geschlechter, und es wurde immer wieder betont, dass die Zeugung von Kindern ihr erstes Ziel sei. Es ist jedoch seltsam zu beobachten, wie in der Volksethik der Christenheit solche Überlegungen wie die, die ich zuletzt erwähnt habe, fast vollständig vernachlässigt wurden. Wenn es zu den verantwortungsvollsten Dingen, die ein Mensch tun kann, darin besteht, einen Menschen auf die Welt zu bringen, ist es eine seiner ersten und offensichtlichsten Pflichten, alles zu tun, was er kann, um sicherzustellen, dass er mit einem gesunden Körper und gesunden Menschen auf die Welt kommt ein gesunder Geist. Dies ist das beste Erbe, das Eltern ihren Kindern hinterlassen können, und es liegt zu einem großen Teil in ihrer Reichweite. Unreife Ehen, übermäßiges Kinderkriegen, Ehen naher Verwandter und vor allem Ehen mit einer schweren erblichen körperlichen oder geistigen Krankheit oder einem großen natürlichen Defekt können den Eltern Glück bringen, müssen aber zwangsläufig eine schreckliche Strafe nach sich ziehen ihre Kinder. Es ist klar anerkannt, dass eine der ersten Pflichten der Eltern gegenüber ihren Kindern darin besteht, ihnen in jungen Jahren nicht nur eine gute Bildung, sondern, soweit es in ihrer Macht steht, auch die Bedingungen für ein gesundes Leben zu sichern. Aber die Pflicht geht auf ein früheres Stadium zurück, und in der Ehe sollten die Aussichten des Ungeborenen nie vergessen werden. Dies ist eine der Überlegungen, die in der Ethik der Zukunft wahrscheinlich einen ganz anderen Platz einnehmen wird als alle, die sie in der Vergangenheit eingenommen hat.

Eine verwandte Überlegung, die etwas weniger wichtig ist und in der Volkslehre fast ebenso vernachlässigt wird, ist, dass es ein moralisches Vergehen ist, Kinder auf die Welt zu bringen, ohne die Aussicht, für sie sorgen zu können. Es ist schwer zu überschätzen, in welchem Ausmaß die Vernachlässigung dieser beiden Pflichten zur Erniedrigung und zum Unglück der Welt geführt hat.

Die stark gestiegene Bedeutung, die die darwinistische Theorie der Vererbung beigemessen hat, dürfte dazu führen, dass die Menschen sich der ersten dieser Pflichten bewusster werden. In der Ehe bestehen nicht nur gegenseitige Pflichten zwischen den beiden Partnern; Es gibt auch, mehr als in jedem anderen Lebensakt, klare Pflichten gegenüber der Rasse. Die erbliche Natur des Wahnsinns und einiger Formen von Krankheiten ist eine unbestreitbare Wahrheit. Die erbliche Weitergabe des Charakters hat diese Stellung freilich noch nicht eingenommen; und in der darwinistischen Schule gibt es zu diesem Thema eine gravierende Spaltung. Aber dass es bis zu einem gewissen Grad existiert, werden nur wenige genaue Beobachter bezweifeln, und es ist sehr wahrscheinlich, dass es sich um einen der stärksten prägenden Einflüsse des Lebens handelt. Für die Art und Weise, wie die menschliche Natur aufgebaut ist und für die verschiedenen Instinkte und Geschmäcker, mit denen wir geboren werden, wurde bisher keine wahrscheinlichere Erklärung gegeben als die Lehre, dass Gewohnheiten, Denk- und Gefühlsweisen den Umständen nachgegeben und von ihnen hervorgebracht werden In früheren Generationen sind sie der Rasse allmählich angeboren geworden und zeigen sich spontan und instinktiv und völlig unabhängig von den Umständen, die sie ursprünglich hervorgebracht haben. Nach dieser Theorie läuft derselbe Prozess ständig ab. Der Mensch ist langsam aus einem erniedrigten und bestialischen Zustand herausgekommen. Der Druck langjähriger Umstände hat ihn zu seinem besonderen Typ geformt; Aber neue Gefühle und Gewohnheiten oder Modifikationen alter Gefühle und Gewohnheiten dringen ständig nicht nur in sein Leben, sondern auch in seine Natur ein, schlagen dort Wurzeln und reproduzieren sich in gewissem Maße zumindest durch die Kraft der Vererbung in seiner angeborenen Veranlagung Nachwuchs. Wenn dies wahr ist, verleiht es sowohl der Pflicht zur Selbstbildung als auch der Pflicht zur klugen Auswahl in der Ehe eine neue und schreckliche Bedeutung. Das bedeutet, dass Kinder wahrscheinlich nicht nur von dem beeinflusst werden, was wir tun und sagen, sondern auch von dem, was wir sind, und dass die Charaktere der Eltern in unterschiedlichem Ausmaß und in unterschiedlichen Kombinationen sogar bis in die entfernte Nachwelt übergehen.

Es wirft ein nicht weniger schreckliches Licht auf die Fehleinschätzungen der Vergangenheit. Auf der Grundlage dieser Hypothese ist es, wie Herr Galton wirklich gezeigt hat, kaum möglich, das Übel zu übertreiben, das der Welt durch die religiöse Verherrlichung des Zölibats und durch die enorme Entwicklung und Förderung des Klosterlebens zugefügt wurde. Generation für Generation, Jahrhundert für Jahrhundert und in der gesamten Christenheit zog diese Auffassung von Religion fast alle in ein steriles Zölibat hinein, die am sanftesten, selbstlosesten, ernsthaftesten, fleißigsten und religiösesten und am empfänglichsten für Moral und Intellekt waren Begeisterung und hinderte sie so daran, der Nachwelt genau die Eigenschaften zu vermitteln, die für das Glück und den moralischen Fortschritt der Rasse am nötigsten sind. Immer wenn das Gute und das Böse, die sich aus verschiedenen Religionssystemen ergeben, unparteiisch beurteilt wird, wird diese Überlegung wahrscheinlich einen großen Einfluss auf die Waagschale haben. [70]

Kehren wir jedoch zum engeren Bereich der einzelnen Ehen zurück, so lässt sich feststellen, dass volles Vertrauen und in gewissem Sinne die vollständige Identifizierung der Interessen zwar die Merkmale einer perfekten Ehe sind, dies jedoch keineswegs bedeutet, dass es einen Partner gibt sollte eine Art Duplikat des anderen sein. Die Frau ist nicht nur ein schwächerer Mann; und die glücklichsten Ehen sind oft diejenigen, in denen die Frau in Geschmack, Charakter und intellektuellen Qualitäten eher die Ergänzung als das Spiegelbild ihres Mannes ist. In geistigen Dingen zeigt sich dies ständig. Der rein praktische und prosaische Intellekt vereint sich mit einem stark von Poesie und Romantik geprägten Intellekt; der Mann, dessen Stärke in Fakten liegt, mit der Frau, deren Stärke in Ideen liegt; der Mann, der völlig in Wissenschaft oder Politik oder wirtschaftliche oder industrielle Probleme und Beschäftigungen vertieft ist, mit einer Frau, die das Talent oder zumindest das Temperament einer Künstlerin oder Musikerin besitzt. In solchen Fällen bringt ein Partner Sympathien oder Qualitäten, Vorlieben oder Wertschätzungen oder Arten von Kenntnissen mit, in denen der andere am mangelhaftesten ist; und durch den engen und ständigen Kontakt zweier unterschiedlicher Typen wird jeder, oft unmerklich, aber meist sehr wirksam, verbessert. Männer unterscheiden sich stark in ihren Anforderungen an intellektuelles Mitgefühl. Eine vollkommen alltägliche intellektuelle Umgebung wird normalerweise etwas dazu beitragen , eine gute Intelligenz zu bremsen oder zu schwächen, aber daraus folgt keineswegs, dass jeder Mensch die beste intellektuelle Atmosphäre als diejenige ansieht, die am besten mit seinem eigenen besonderen Talent harmoniert.

Für viele ist harte geistige Arbeit eine äußerst isolierte Sache, und was sie sich im Familienkreis am meisten wünschen, ist, jeden Gedanken daran loszuwerden. Ich habe zwei Männer gekannt, die in der ersten Reihe der Wissenschaft standen, enge Freunde waren und beide einen sehr häuslichen Charakter hatten. Einer von ihnen war es gewohnt, fast seine gesamte Arbeit in Gegenwart seiner Frau und in engster Zusammenarbeit mit ihr zu erledigen. Der andere gratulierte sich immer dazu, dass niemand in seiner Familie einen eigenen wissenschaftlichen Geschmack hatte und dass er, als er seine Arbeit aufgab und in den Kreis seiner Familie kam, den Rest hatte und sich in einer völlig anderen Atmosphäre wiederfand. Manche Literaten brauchen für ihre Arbeit ständige Anregung, Interesse und Sympathie. Andere wollen ihr Talent nur unkontrolliert, unbeeinflusst und ungestört und in einer Atmosphäre fröhlicher Ruhe um sich herum entfalten.

Was für den Intellekt gilt, gilt in hohem Maße auch für den Charakter. Zwei Personen, die ständig zusammenleben, sollten viele gemeinsame Vorlieben und Sympathien haben, und ihre Charaktere neigen in den meisten Fällen dazu, sich anzugleichen. Dennoch kann es in der Ehe zu großen Charakterunterschieden kommen, nicht nur ohne Übel, sondern oft auch mit großem Vorteil. Dies ist insbesondere dann der Fall, wenn jeder das liefert, was im anderen am meisten benötigt wird. Manche Naturen erfordern Beruhigungsmittel und andere Stärkungsmittel; und man wird in einer glücklichen Ehe oft feststellen, dass die Vereinigung zweier unterschiedlicher Naturen die Müßigen und Trägen anregt, die Ungestümen mäßigt, den Sparsamen Großzügigkeit und den Extravaganten Ordnung verleiht und den Geist der Vorsicht oder den Geist des Unternehmungsgeistes vermittelt, der so ist und korrigiert durch den Kontakt mit einer gesunden und fröhlichen Natur das Krankhafte und Verzagte.

Eine Ehe kann auch sehr leicht gegenteilige Auswirkungen haben. Nicht selten beruht es auf der Sympathie für eine gemeinsame Schwäche, und wenn dies der Fall ist, kann es kaum umhin, den Mangel zu vertiefen. Im Großen und Ganzen sind Frauen in einigen der wertvollsten Formen der Stärke – in der Kraft der Ausdauer und in der Kraft der Beharrlichkeit – den Männern mindestens ebenbürtig. Aber schwache und zitternde Nerven, übermäßige Sensibilität und ein übertriebener Anteil an Impulsen und Gefühlen sind unauflöslich mit bestimmten Reizen sowohl des Verhaltens als auch des Charakters verbunden, die äußerst weiblich und für viele Männer äußerst attraktiv sind. Wenn eine solche Natur mit einem schwachen oder verzweifelten Mann verheiratet wird, wird das Ergebnis selten Glück für beide Seiten sein, aber mit einem starken Mann sind solche Ehen oft sehr glücklich. Stärke kann mit Schwäche oder mit Stärke einhergehen, aber Schwäche sollte sich davor hüten, sich mit Schwäche zu paaren. Es braucht die Eiche, um den Efeu ungestraft zu stützen, und es gibt viele, für die der ständige Kontakt mit einer glücklichen und fröhlichen Natur die erste Voraussetzung für ihr Glück ist.

Da es weder klug noch richtig ist, dass einer der Ehepartner seine Individualität verliert, ist es auch richtig, dass jeder über einen unabhängigen Machtbereich verfügt. Es wird natürlich davon ausgegangen, dass das vollkommene Vertrauen die erste Voraussetzung für eine Ehe und auch ein vernünftiges Urteilsvermögen sein sollte. Viele Ehen sind dauerhaft geschädigt, weil der Frau in Geldangelegenheiten keine Unabhängigkeit zugestanden wird und sie verpflichtet ist, für jede Kleinigkeit zu ihrem Mann zu kommen. Im Allgemeinen ist es umso besser, je weniger sich der Ehemann in Haushaltsangelegenheiten oder die Ehefrau in berufliche Angelegenheiten einmischt. Die Erziehung sehr kleiner Kinder beiderlei Geschlechts und von Mädchen im reifen Alter obliegt fast ausschließlich der Ehefrau. Die Erziehung der Jungen, wenn sie aus der Kindheit herauskommen, wird vielmehr vom Urteil des Mannes bestimmt. Vieles wird gemeinsam geregelt; aber die größeren Interessen der Familie fallen gewöhnlich hauptsächlich einem Partner zu, die kleineren und zahlreicheren dem anderen.

Allerdings haben Verallgemeinerungen in solchen Fragen wenig Wert, da es sehr viele Ausnahmen gibt. Unterschiede im Charakter, im Alter, in der Erfahrung und im Urteilsvermögen sowie unzählige besondere Umstände verändern den Familientyp, und die Weisheit in der Ehe besteht hauptsächlich darin, diese Unterschiede zu entdecken. Auch die Richtungen, in denen das Eheleben den Charakter beeinflussen kann, sind sehr vielfältig; aber in den vielen Fällen, in denen es eine große Last häuslicher Sorgen und familiärer Interessen mit sich bringt, wird es gewöhnlich bei beiden Partnern, besonders aber bei der Frau, dazu führen, dass die Selbstlosigkeit gleichzeitig gestärkt und eingedämmt wird. Sie wird sehr wenig für sich selbst leben, sondern ganz ausschließlich für ihre Familie. Auf der intellektuellen Seite vermitteln solche Ehen in der Regel ein fundierteres Urteilsvermögen und ein umfassenderes Wissen über die Welt und nicht nur rein intellektuelle Vorlieben. Es ist eine gute Sache, wenn die Bildung, die der Ehe vorausgeht, nicht nur auf die Pflichten des Ehelebens vorbereitet, sondern auch einen angemessenen Anteil an Interessen und Vorlieben vermittelt, die dieser Zustand wahrscheinlich schwächen wird. Der harte Kampf des Lebens und die Ängste und Sorgen, die eine Familie selten mit sich bringt, verleihen dem Charakter natürlich mehr Tiefe und Ernsthaftigkeit. Es gibt jedoch Naturen, die zwar nicht von schweren Lastern befallen sind, aber so unheilbar leichtsinnig sind, dass selbst diese Erziehung keinen Einfluss auf sie hat. Wie Emerson sagt: „Eine Fliege ist so unzähmbar wie eine Hyäne."

Auch das für die Ehe am besten geeignete Alter hängt weitgehend von den individuellen Umständen ab. Die Alten haben es bekanntlich beim Mann weit zurückgestellt und einen großen Altersunterschied zwischen Mann und Frau gewünscht. Platon nannte zwischen dreißig und fünfunddreißig und Aristoteles siebenunddreißig das beste Heiratsalter für einen Mann, während sie die Mädchen mit achtzehn oder zwanzig heiraten ließen. [71] Ihrer Ansicht nach wurde die Ehe jedoch ausschließlich von der Seite des Mannes und des Staates betrachtet. Sie betrachteten es hauptsächlich als Mittel zur Hervorbringung gesunder Bürger, und in ihren Augen war es fast völlig losgelöst von der Leidenschaft der Liebe. Montaigne hat diese Ansicht in einem seiner Essays mit dem offensten Zynismus dargelegt. [72] Doch nur wenige Dinge sind in der Ehe so wichtig, als dass der Mann die Frische und Reinheit einer unerprobten Natur in die Ehe einbringen sollte und dass die frühe Poesie und Begeisterung des Lebens zumindest einigermaßen mit dem Ehestand verschmelzen sollte. Es ist auch nicht wünschenswert, dass eine Beziehung, in der die Bildung von Gewohnheiten eine so große Rolle spielt, aufgeschoben wird, bis der Charakter seine Flexibilität verloren hat und bis die Gewohnheiten unwiederbringlich verhärtet sind.

Andererseits gibt es unschlagbare Argumente gegen Ehen, die in einem Alter geschlossen werden, in dem keiner der beiden Partner über wirkliche Welt- und Männerkenntnisse verfügt. Nur allzu oft beinhalten sie viele Illusionen und hinterlassen viel Bedauern. Manche Arten von Wissen, beispielsweise das Wissen, das man durch ausgedehnte Reisen erhält, lassen sich vor der Heirat viel leichter erwerben als nach der Heirat. Gewöhnlich handelt es sich bei sehr frühen Ehen um unvorsichtige Ehen, bei denen nicht ausreichend für die Kinder gesorgt wird, und oft handelt es sich um unreife Ehen, die schwerwiegende körperliche Übel mit sich bringen. In den Fällen, in denen ein großer Platz oder eine große Stellung geerbt werden soll, ist es selten eine gute Sache, dass der Altersunterschied zwischen dem Besitzer und seinem Erben so gering ist, dass die Erbschaft wahrscheinlich bis ins hohe Alter hinausgeschoben wird.


Ehen, die im Niedergang des Lebens geschlossen werden, unterscheiden sich etwas von anderen und werden von anderen Motiven bestimmt. Was die Menschen in ihnen vor allem suchen, ist eine führende Hand, die sie sanft in den letzten Abstieg des Lebens führt.

Wie bei den meisten Themen im Zusammenhang mit der Ehe kann auch hierzu keine allgemeine oder unflexible Regelung aufgestellt werden. Moralisten haben vor allem auf die Gefahren aufgeschobener Ehen hingewiesen; Ökonomen über die Übel unvorsichtiger Ehen. Die Umstände und die Veranlagung eines jeden Mannes müssen seinen Kurs bestimmen. Im Großen und Ganzen gehen jedoch in den meisten zivilisierten Ländern die Tendenzen in Richtung eines zunehmenden Aufschiebens der

Eheschließung. Bei den Reichen führen der höhere Standard an Luxus und Anforderungen, die Annehmlichkeiten des Clublebens und meiner Meinung nach auch die geringere Bedeutung der Emotionen im Leben dazu, während sich bei den Armen Vorsehung und industrielle Gewohnheiten ausbreiten hat die gleiche Tendenz.

Eine weibliche Feder ist im Umgang mit der Ehe aus der Sicht der Frau so viel kompetenter als eine männliche, dass ich nicht versuche, in dieses Feld einzusteigen. Es ist jedoch unmöglich, die ausgeprägte Tendenz der Zivilisation des 19. Jahrhunderts zu übersehen, verheirateten und unverheirateten Frauen ein Maß an Unabhängigkeit und Eigenständigkeit zu verleihen, das weit über das der Vergangenheit hinausgeht. Die Gesetzgebung der meisten zivilisierten Länder gewährt ihnen vollen Schutz für ihr Eigentum und ihre Einkünfte, erweiterte Vormundschaftsrechte für ihre Kinder, einen breiteren Zugang zum Berufsleben und sogar ein sehr bedeutendes Mitspracherecht bei der Verwaltung öffentlicher Angelegenheiten; und diese Einflüsse wurden durch die große Verbesserung der weiblichen Bildung und durch eine Veränderung des gesellschaftlichen Tons verstärkt, die ihren Spielraum für unabhängiges Handeln erheblich erweitert hat. Ich für meinen Teil habe keinen Zweifel daran, dass diese Bewegung im Großen und Ganzen nicht nur für diejenigen von Vorteil ist, die einen einsamen Kampf im Leben führen müssen, sondern auch für diejenigen, die sich in der Ehe befinden. Größere Interessen, größere Sympathien, ein diszipliniereres Urteil und eine größere Fähigkeit zur Unabhängigkeit und Selbstbeherrschung gehen natürlich damit einher; und diese Dinge können niemals völlig verschwendet werden. Sie werden oft durch die vielen Wechselfälle des Ehelebens zu aktiver Betätigung aufgefordert. Sie werden vielleicht noch mehr gebraucht werden, wenn die engsten menschlichen Bindungen durch die große Scheidung des Todes zerrissen werden.

## FUSSNOTEN:

[68] *Melbourne Papers* , S. 72.

[69] Tibull.

[70] Galton's *Hereditary Genius* , S. 357-8. Andererseits könnte man argumentieren, dass die Klöster einen großen Teil der körperlich schwächeren Menschen zum Zölibat verpflichteten, die andernfalls kränkliche Kinder zurückgelassen hätten. Dies und die viel höhere Sterblichkeit schwacher Säuglinge müssen die Rasse in einer Zeit gestärkt haben, in der die Gesundheitswissenschaft unbekannt war und die äußeren Bedingungen sehr ungünstig waren.

[71] *Republik* , Buch V. *Politik* , Buch VII.

# Kapitel XV

## ERFOLG

Eine der wichtigsten Lektionen der Erfahrung ist, dass der Erfolg im Leben im Großen und Ganzen und in den allermeisten Fällen mehr vom Charakter als von Intelligenz oder Vermögen abhängt. Zweifellos neigen viele brillante Ausnahmen dazu, die Regel zu verschleiern, und einige der Charaktereigenschaften, die sich am besten durchsetzen, können mit schwerwiegenden Lastern oder Mängeln verbunden sein; Aber im Großen und Ganzen kann das Gesetz nicht in Frage gestellt werden, und es wird mit dem Fortschreiten der Zivilisation immer offensichtlicher. Mäßigkeit, Fleiß, Integrität, Genügsamkeit, Selbstvertrauen und Selbstbeherrschung sind die Mittel, mit denen die große Masse der Menschen aus der Armut in den Wohlstand aufsteigt, und auf lange Sicht sind es die Nationen, in denen diese Eigenschaften am stärksten verbreitet sind der wohlhabendste. Zufall und Umstände können viel bewirken. Ein glückliches Klima, eine glückliche Annexion, ein günstiger Wechsel im Handelsverlauf können den Wohlstand der Nationen enorm beeinflussen; Anarchie, Agitation, ungerechte Gesetze und betrügerische Unternehmungen können viele Möglichkeiten für individuelle oder sogar Klassengewinne bieten; aber letztendlich wird man feststellen, dass die Nationen, in denen die soliden industriellen Tugenden am weitesten verbreitet sind und am meisten respektiert werden, alle anderen im Rennen überholen. Die moralische Grundlage des Charakters war das wahre Fundament der Größe des antiken Roms, und als dieses Fundament untergraben wurde, begann die Zeit seines Niedergangs. Die soliden, sparsamen und fleißigen Eigenschaften der französischen Bauernschaft haben ihrem Land die Erholungskraft verliehen, die es seiner Größe ermöglicht hat, die unzähligen Torheiten und Extravaganzen seiner Herrscher zu überleben.

Man kann hinzufügen, dass der Charakter besonders bei den Arten und Graden des Erfolgs im Vordergrund steht, die die meisten Menschen betreffen und ihr wahres Glück am stärksten beeinflussen – bei dem Erfolg, der ein hohes Maß an materiellem Komfort sichert; was das häusliche Leben stabil und glücklich macht; was einem Mann den Respekt und das Vertrauen seiner Nachbarn einbringt. Wenn wir traurige Beispiele dafür haben, dass sehr unterschiedliche Qualitäten oft großartige Preise gewinnen, ist es dennoch wahr, dass es nur wenige Lebensbereiche gibt, in denen ein Charakter, der völliges Vertrauen einflößt, nicht ein entscheidender Faktor für den Erfolg ist.

Auf den Wegen des Ehrgeizes, die nur von wenigen beschritten werden können, spielen intellektuelle Qualitäten eine größere Rolle, und natürlich gibt es viele geniale Werke, die ihrer Natur nach im Wesentlichen intellektuell sind. Doch selbst die großartigsten Erfolge des Lebens sind oft viel weniger auf außergewöhnliche intellektuelle Begabungen zurückzuführen als auf eine außergewöhnliche Stärke und Zähigkeit des Willens, auf den ungewöhnlichen Mut, die Ausdauer und die Arbeitskraft, die daraus entspringen, oder auf die … Taktgefühl und Urteilsvermögen, die Menschen geschickt darin befähigen, Gelegenheiten zu ergreifen, und die von allen intellektuellen Qualitäten am engsten mit dem Charakter verbunden sind.

Willensstärke und Taktgefühl sind nicht notwendigerweise, vielleicht nicht generell, miteinander verbunden, und oft scheint ersteres das zweite etwas zu beeinträchtigen. Die starke Leidenschaft, die intensive Überzeugung, die gebieterische und herrische Natur, die Hindernisse überwindet und Widerständen trotzt, die oft mit einem Willen von ungewöhnlicher Stärke einhergehen, harmonieren natürlich nicht mit der Zurückhaltung des Ausdrucks, der Feinheit der Berührung und des Managements, die einen Mann auszeichnen, der besitzt in hohem Maße die Gabe des Taktgefühls. Es gibt Umstände und Zeiten, in denen jedes dieser beiden Dinge wichtiger ist als das andere, und der Erfolg eines jeden Menschen hängt hauptsächlich von der Eignung seiner besonderen Begabung für die von ihm zu erledigende Arbeit ab. „Der mutige Pilot in extremen Situationen" ist oft keineswegs der beste Navigator in ruhiger See; und Männer, die sich in Momenten der Krise und entsetzlicher Gefahr als überaus groß erwiesen haben, die mächtige Nationen aufgebaut, wilde Stämme unterworfen haben, die Rinde des Staates mit Geschick und Mut inmitten der Stürme der Revolution oder des Bürgerkriegs geführt und ihre Namen geschrieben haben in unauslöschlichen Buchstaben auf der Seite der Geschichte, haben sich manchmal als weitaus weniger erfolgreich erwiesen als Männer mit geringerer Macht in der Kunst, Versammlungen zu leiten, rivalisierende Interessen zu befriedigen oder alte Hassgefühle und Vorurteile durch vernünftige Kompromisse zu besänftigen. Zumindest ein auffälliges Beispiel für den Unterschied dieser beiden Typen haben wir in unserer Zeit im Leben des großen Begründers der Deutschen Einheit erlebt.

Manchmal besitzen Männer mit großer Willensstärke und Zielstrebigkeit jedoch auch in hohem Maße die Gabe des Taktgefühls; und wenn dies mit einem gesunden Urteilsvermögen verbunden ist, führt es normalerweise zu einem Erfolg im Leben, der in keinem Verhältnis zu ihren rein intellektuellen Qualitäten steht. In fast allen Verwaltungsposten, in all den vielen Arbeitsfeldern, in denen es die Aufgabe des Menschen ist, andere zu regieren, zu leiten oder zu beeinflussen, Rassen-, Interessen- oder Vorurteilsgegensätze auszugleichen oder zu harmonisieren, schwierige Geschäfte ohne Reibungsverluste und mit Geschick zu erledigen Zusammenarbeit ist diese Kombination von Geschenken äußerst wertvoll.

Es ist viel wertvoller als Brillanz, Beredsamkeit oder Originalität. Ich erinnere mich an den Kommentar eines guten Menschenkenners zur Verwaltung eines großen Gouverneurs, der durch diese Kombination außerordentlich bemerkenswert war. „Er schien immer seinen Standpunkt durchzusetzen, schien aber nie mit irgendjemandem im Widerspruch zu stehen." Der ständige Druck eines festen und konsequenten Willens war kaum zu spüren, wenn er von der bereitwilligen Anerkennung aller guten Argumente eines anderen und von einem Charme des Benehmens und des Temperaments begleitet wurde, der es selten versäumte, den Widerstand zu entwaffnen und persönliche Zuneigung zu gewinnen .

Die Kombination von Eigenschaften, die zwar nicht völlig unvereinbar sind, aber sehr oft voneinander getrennt sind, ist das Geheimnis vieler erfolgreicher Leben. Um also eine der heimlichsten, aber nützlichsten und erfreulichsten Eigenschaften überhaupt zu nennen – Gutmütigkeit –, wird man allzu oft feststellen, dass sie, wenn sie das markante und führende Merkmal eines Charakters ist, von einigen begleitet wird Mangel an Festigkeit, Energie und Urteilsvermögen. Manchmal ist dies jedoch nicht der Fall und es gibt dann nur wenige größere Erfolgsfaktoren. Es ist merkwürdig, das subtile, anziehende Mitgefühl zu beobachten, durch das Menschen fühlen, ob ihr Nachbar ein strenger oder ein freundlicher Richter über andere ist, und wie im Allgemeinen diejenigen, die hart urteilen, selbst hart beurteilt werden, während diejenigen, die andere eher nach ihren Verdiensten als nach anderen beurteilen Ihre Mängel und vielleicht ein wenig über ihren Vorzügen erfreuen sich zunehmender Beliebtheit.

Tatsächlich kann niemand die Wirkung von Gutmütigkeit übersehen, die Widerstände ausgleicht, Bindungen sichert, die verschiedenen Lebenswege ebnet und, das muss hinzugefügt werden, schwerwiegende Fehler verbirgt. Nachlässiges Verhalten, das durchaus dem Ruf eines Mannes oder einer Frau schaden könnte, wird von denen, die ein Leben voller taktvoller Gutmütigkeit führen, ständig vergessen oder zumindest vergeben, und in den Augen der Welt wird diese Eigenschaft mehr geschätzt als andere von weitaus höherem und soliderem Wert. Es ist zum Beispiel nicht ungewöhnlich, in der Gesellschaft eine Dame zu sehen, die ganz oder fast ausschließlich für ihre Vergnügungen lebt, die keinen hohen Sinn im Leben hat, kein echtes Pflichtgefühl, keine Fähigkeit zu echter und ernsthafter Selbstaufopferung, die aber gleichzeitig nie etwas Unfreundliches über ihre Nachbarn sagt, weder für sich selbst noch für andere strenge Verhaltensmaßstäbe aufstellt und durch eine angeborene Liebenswürdigkeit ihres Temperaments erfolgreich und ohne Anstrengung versucht, alle um sie herum fröhlich und freundlich zu machen Glücklich. Sie wird wahrscheinlich mehr bewundert werden, sie wird mit ziemlicher Sicherheit beliebter sein als ihre Nachbarin, deren ganzes Leben von Selbstverleugnung zum Wohle anderer geprägt ist und die ihren Pflichten ihre liebsten Freuden, ihre Zeit, ihr Geld und sich selbst opfert Talente, die aber durch eine unglückliche Wendung ihres Temperaments, vielleicht gestärkt durch eine enge und strenge Erziehung, eine strenge und tadelnde Richterin über die Schwächen ihrer Mitmenschen ist.

Es ist auch merkwürdig zu beobachten, wie oft, wenn die rettende Gabe des Taktgefühls fehlt, die Brillanten, Witzigen, Ehrgeizigen und Tatkräftigen im Rennen des Lebens von Männern überholt werden, die ihnen an intellektuellen Qualitäten weit unterlegen sind. Sie verblüffen, erregen und beeinflussen in gewissem Maße, und sie erobern leicht Plätze in der zweiten Reihe; Aber etwas in der Ausübung ihrer Talente behindert sie ständig, während Urteilsvermögen, Taktgefühl und Gutmütigkeit, mit verhältnismäßig wenig Brillanz, ruhig und unauffällig das Ruder übernehmen. Es gibt den hervorragenden Redner, der aufgrund seiner Talente und Fähigkeiten hervorragend dazu geeignet ist, zu erfreuen und zu belehren, doch er ist so unfähig, einen unziemlichen Scherz, einen pointierten Sarkasmus oder ein humorvolles Paradoxon zu unterdrücken, dass er ständig einen Stachel hinterlässt. schafft Feinde, zerstört seinen Ruf als nüchternes Denken und macht sich in Verwaltungs- und Vertrauensposten unmöglich. Da ist der Parlamentspräsident, der unter Beifallsrufen seinen Gegner mit bissigen Beschimpfungen oder gnadenlosem Spott verfolgt und der ständig Feindseligkeiten gegen sich selbst anhäuft, die Tür vor Kombinationen verschließt, die für seine Karriere von entscheidender Bedeutung wären, und die seine Karriere zerstört Chancen auf Parteiführung. Es gibt den Anwalt, der seine Sache mit voller Kraft darlegen kann, der aber durch aggressives Verhalten oder eine allzu offensichtliche Verachtung gegenüber seinem Gegner oder durch die Überbetonung einer guten Sache die Gemüter seiner Zuhörer gewöhnlich in eine Stimmung bringt der Opposition. Es gibt die vielen Männer, die durch unzeitgemäße oder zu häufige Leichtfertigkeit jeden Kredit für ihre ernsthaften Qualitäten verlieren, oder die sich durch Anmaßung oder Selbstbehauptung oder ruhelose Bemühungen, sich hervorzuheben, allgemein unbeliebt machen, oder die durch ihren Egoismus oder Ihre Wiederholungen oder ihre Beharrlichkeit oder ihre Unfähigkeit, das Wesentliche vom Detail zu unterscheiden, die Dispositionen anderer zu verstehen oder Zeiten und Jahreszeiten zu würdigen, machen ihre müden und verärgerten Zuhörer blind für die wesentlichsten Vorzüge. Durch Taktfehler geraten Männer mit wirklich gemäßigten Ansichten in den Ruf von Extremisten; Männer von im Wesentlichen freundlicher Natur säen Feindseligkeiten, wohin sie auch gehen; Männer mit echtem Patriotismus gelten als bloße Narren oder Partyzocker; Männer, die über große Talente verfügen und der Welt große Dienste geleistet haben, versinken in unbändiger Langeweile und erhalten von ihren Zeitgenossen nie den

Zehnten des Erfolgs, der ihnen zusteht. Taktgefühl zeigt sich nicht nur darin, das Richtige zur richtigen Zeit und zu den richtigen Leuten zu sagen; es zeigt sich ebenso in den vielen Dingen, die unausgesprochen und scheinbar unbemerkt bleiben oder nur leicht und ausweichend berührt werden.

Es ist sicherlich nicht die höchste menschliche Begabung, aber sie ist sicherlich eine der wertvollsten, denn sie ist diejenige, die es einem Menschen hauptsächlich ermöglicht, seine anderen Gaben vorteilhaft zu nutzen, und die am wirksamsten den Platz der fehlenden Gaben ersetzt . Es liegt im Grenzbereich von Charakter und Intellekt. Es bedeutet Selbstbeherrschung, gute Laune und schnelles und freundliches Mitgefühl für die Gefühle anderer. Dazu gehört auch die Wahrnehmung der feineren Schattierungen von Charakter und Ausdruck, die intellektuelle Begabung, die es einem Menschen ermöglicht, sich mit den unterschiedlichsten Veranlagungen in Verbindung zu setzen und jene zarteren Gefühlsnoten zu erfassen, für die eine gröbere Natur unempfindlich ist.

Vielleicht ist es bei Frauen in den meisten Fällen stärker entwickelt als bei Männern, und es bedeutet nicht unbedingt, dass es sich dabei um eine andere bemerkenswerte Begabung handelt. Man findet es manchmal sowohl bei Männern als auch bei Frauen mit sehr geringer allgemeiner intellektueller Leistungsfähigkeit; und in zahlreichen Fällen dient es nur dazu, den Charme des Privatlebens zu erhöhen und den gesellschaftlichen Erfolg zu sichern. Wo es mit echten Talenten verbunden ist, ermöglicht es seinem Besitzer nicht nur, diese Talente zum größten Vorteil zu nutzen; es führt auch oft dazu, dass die Menschen um ihn herum ihre Menge vergrößern. Das Vorhandensein oder Fehlen dieser Gabe ist eine der Hauptursachen dafür, dass der relative Wert verschiedener Männer von Zeitgenossen und Nachkommen oft so unterschiedlich beurteilt wird; von denen, die in direkten persönlichen Kontakt mit ihnen gekommen sind, und von denen, die sie von außen beurteilen, und anhand der umfassenden Ergebnisse ihres Lebens. Echtes Taktgefühl ist oder wird, ebenso wie gute Manieren, eine spontane und natürliche Sache. Der Mann mit vollkommen gepflegten Manieren achtet nicht bei jeder Gelegenheit bewusst und absichtlich auf die Höflichkeiten und Annehmlichkeiten einer guten Gesellschaft. Sie sind für ihn zu einer zweiten Natur geworden, und er beobachtet sie wie instinktiv , ohne Nachdenken oder Anstrengung. Ebenso ist wahrer Takt etwas völlig anderes als die aufwändigen und künstlichen Versuche der Versöhnung und Anziehung, die man oft sieht und die normalerweise den Eindruck von Manöver und Unaufrichtigkeit erwecken.

Obwohl es bei Männern mit sehr unterschiedlichem Charakter und unterschiedlichem Intellekt zu finden ist, hat Takt seine natürliche Affinität. Da er über alles hinaus versucht, unnötige Reibungen zu vermeiden, und daher stark zu Kompromissen neigt, passt er im Allgemeinen oder natürlich nicht zu starken Überzeugungen, zu starkem Enthusiasmus, zu einem leidenschaftlich impulsiven oder emotionalen Temperament. Man findet es auch nicht häufig bei Männern mit tiefem und konzentriertem Genie, die sich intensiv mit einem speziellen Thema beschäftigen. Solche Männer gehören oft zu den unaufmerksamsten gesellschaftlichen Aspekten des Lebens und können den Charakter sehr schlecht einschätzen, obwohl man bei ihnen häufig eine fast kindliche Weltfremdheit und Einfachheit des Wesens sowie eine wesentliche Mäßigung des Temperaments findet, die mit ihrem Charakter einhergeht Die Überlegenheit des Intellekts verleiht ihnen einen ganz eigenen Charme. Taktgefühl hat jedoch eine natürliche Affinität zu einem ruhigen, ausgeglichenen und gutmütigen Temperament. Es verbindet sich mit einem schnellen Gespür für Möglichkeiten, Proportionen und Ausmaße; mit der Fähigkeit, leicht und wahrhaftig zwischen dem Wesentlichen und dem Unwichtigen zu unterscheiden; mit jener gesunden Urteilskraft, die den Menschen nicht nur durch die vielfältigen Ereignisse des Lebens und bei der Einschätzung ihrer Mitmenschen Orientierung gibt, sondern sie auch in die Lage versetzt, ihre eigenen Fähigkeiten und die Aufgaben, die für sie am besten geeignet sind, richtig einzuschätzen, der Ziele ihrer Ambitionen, die in ihrer Reichweite liegen und nicht.

Obwohl es in seinen höheren Graden im Wesentlichen eine natürliche Gabe ist und manchmal bei völlig ungebildeten Männern auffällt, kann es weitgehend kultiviert und verbessert werden; und in dieser Hinsicht ist die Bildung einer guten Gesellschaft besonders wertvoll. Eine solche Erziehung, was auch immer sie sonst noch bewirken mag, beseitigt zumindest viele Störgeräusche aus dem Lebensrhythmus. Es zielt darauf ab, Fehler in der Art, im Benehmen oder in der Aussprache zu korrigieren, die in einem Ausmaß gegen Menschen wirken, das in keinem Verhältnis zu ihrer tatsächlichen Bedeutung steht, und auf denen, wie man kaum sagen kann, die beiläufigen Urteile der Welt hauptsächlich gebildet werden; und es fördert auch moralische Qualitäten, die im Wesentlichen in der Natur des Taktgefühls liegen.

Wir können uns kaum ein besseres Bild von einem wirklich taktvollen Mann machen als in einigen Sätzen aus den bewundernswerten Seiten, in denen Kardinal Newman den Charakter des perfekten Gentlemans dargestellt hat.

„Es ist fast eine Definition eines Gentlemans, zu sagen, dass er jemand ist, der niemals Schmerzen zufügt ... Er vermeidet sorgfältig alles, was bei denen, mit denen er zusammen ist, eine Erschütterung oder einen Ruck hervorrufen könnte – alles Meinungsverschiedenheiten oder Kollisionen." des Gefühls, jede Zurückhaltung oder Misstrauen oder Trübsinn oder Groll; Sein großes Anliegen ist es, dafür zu sorgen, dass sich jeder wohl und zu Hause fühlt. Er hat sein gesamtes Unternehmen im Blick; er ist zärtlich gegenüber dem Schüchternen, sanft gegenüber dem Fernen und barmherzig gegenüber dem Absurden; er kann sich erinnern, mit wem er spricht; er hütet sich vor unvernünftigen Anspielungen oder Themen, die irritieren könnten; Er tritt in Gesprächen selten hervor und ist nie ermüdend. Er nimmt Gefälligkeiten auf die leichte Schulter, während er sie tut, und scheint sie zu empfangen, wenn er sie gewährt. Er spricht nie von sich selbst, außer wenn er dazu gezwungen wird, und verteidigt sich nie durch eine bloße Erwiderung; Er hat kein Ohr für Verleumdungen oder Klatsch, ist gewissenhaft darin, denen, die ihn stören, Motive zu unterstellen, und interpretiert alles zum Besten. Er ist in seinen Auseinandersetzungen niemals gemein oder kleinlich, nutzt niemals einen unfairen Vorteil, verwechselt niemals Persönlichkeiten oder scharfe Aussprüche mit Argumenten oder unterstellt Böses, das er nicht auszusprechen wagt ... Er hat zu viel gesunden Menschenverstand, um durch Beleidigungen beleidigt zu werden; Er ist zu beschäftigt, um sich an Verletzungen zu erinnern, und zu träge, um Bosheit zu ertragen hacken, statt reinzuschneiden... Er mag mit seiner Meinung Recht oder Unrecht haben, aber er ist zu klar im Kopf, um ungerecht zu sein; er ist ebenso einfach wie energisch und ebenso knapp wie entscheidungsfreudig. Nirgendwo werden wir mehr Offenheit, Rücksichtnahme und Nachsicht finden. Er stürzt sich in die Gedanken seiner Gegner, er verantwortet deren Fehler. Er kennt die Schwächen der menschlichen Natur sowie ihre Stärke, ihr Gebiet und ihre Grenzen. [73]

Ich habe zu Beginn dieses Kapitels gesagt, dass der Charakter im Großen und Ganzen eine größere Rolle bei der Förderung des Erfolgs spielt als alle anderen Dinge, und dass ein beständiges Beharren auf den industriellen Tugenden selten versäumt, eine Belohnung in die Richtungen zu bringen, die am förderlichsten sind zum menschlichen Glück. Gleichzeitig ist es nur allzu offensichtlich, dass Erfolg im Leben keineswegs an moralischen oder intellektuellen Verdiensten gemessen wird. Das Leben ist eine große Lotterie, bei der Zufall und Gelegenheit eine enorme Rolle spielen. Die höheren Qualitäten sind oft weniger erfolgreich als die mittleren und niedrigeren. Sie sind oft am erfolgreichsten, wenn sie mit anderen und minderwertigen Elementen vermischt werden, und ein großer Teil der großen Gewinne geht an die Skrupellosen, Selbstsüchtigen und Gerissenen. Wahrscheinlich verringert sich jedoch die Diskrepanz zwischen Verdienst und Erfolg, wenn wir die größeren Durchschnittswerte zugrunde legen, und das Vermögen der Nationen entspricht viel eher ihrem tatsächlichen Wert als das Vermögen einzelner Personen. Auch Erfolg ist weit davon entfernt, ein Synonym für Glück zu sein, und während der Wunsch nach Glück der gesamten menschlichen Natur innewohnt, ist der Wunsch nach Erfolg – zumindest über das hinaus, was nötig ist, um einen angemessenen Anteil an den Annehmlichkeiten des Lebens zu erlangen – sehr groß weniger universell. Die Macht der Gewohnheit, der Wunsch nach einem ruhigen häuslichen Leben, die Liebe zum Land und zur Heimat sind bei wirklich fähigen

Männern oft stärker als der Drang des Ehrgeizes; und eine Abneigung gegen die Konkurrenzen und Auseinandersetzungen des Lebens, gegen die zunehmende Verantwortung, die mit der Größe einhergeht, und gegen den Neid und die Eifersüchteleien, die ihm selten folgen, kann man bei Männern finden, die, wenn sie sich dafür entscheiden, die Arena zu betreten, dies zu tun scheinen alle Voraussetzungen für den Erfolg haben. Der stärkste Mann ist nicht immer der leidenschaftlichste Bergsteiger, und die ruhigen Täler haben für viele einen größeren Reiz als die hohen Gipfel des Lebens.

## FUSSNOTE:

[73] Newmans *Umfang und Art der Universitätsausbildung* , Diskurs IX.

# Kapitel XVI

## ZEIT

Wenn man die unzähligen Zeitalter bedenkt, in denen der Mensch auf diesem Globus gelebt hat, erscheint es seltsam, dass er so wenig gelernt hat, sich mit den normalen Bedingungen der Menschheit abzufinden. Wie groß ist die Melancholie, die sich in der Poesie aller Zeiten widerspiegelt und in unterschiedlichem Ausmaß in jeder Menschenseele spürbar wird, nicht auf ein besonderes oder besonderes Unglück zurückzuführen ist, sondern auf Dinge, die dem gesamten Menschengeschlecht gemeinsam sind ! Der unaufhaltsame Flug der Zeit; das Herannahen des Alters und seiner Gebrechen; der Schatten des Todes; das Geheimnis, das unser Wesen umgibt; der Kontrast zwischen der Tiefe der Zuneigung und der Vergänglichkeit und Ungewissheit des Lebens; das Spektakel zerbrochener Leben, scheiternder Sehnsüchte, nutzloser Arbeit, fehlgeleiteter Talente, verderblicher Energien und lang anhaltender Wahnvorstellungen, die den Weg der Menschheitsgeschichte prägen; das tiefe Gefühl der Eitelkeit und Ziellosigkeit, das uns manchmal überkommen muss, wenn wir über eine Welt nachdenken, in der der Zufall so oft stärker ist als die Weisheit; in dem Wüste und Belohnung so weit voneinander entfernt sind; in der Lebewesen in einer so gewaltigen und verwirrenden Redundanz aufeinanderfolgen – Essen, Töten, Leiden und Sterben ohne sinnvollen erkennbaren Zweck – all diese Dinge gehören zum normalen Schicksal oder zum unvermeidlichen Rahmen des menschlichen Lebens. Man kann auch nicht sagen, dass die Wissenschaft, die unser Wissen über das Universum so stark erweitert hat, oder die Zivilisation, die unseren Komfort so stark vervielfacht und unsere Schmerzen gelindert hat, die Traurigkeit, die sie mit sich bringen, in irgendeiner Weise verringert hat. Es scheint tatsächlich so, als ob diese Art von Gefühl umso stärker zunimmt, je mehr der Mensch über das rein tierische Dasein hinausgehoben wird und seine geistigen und moralischen Kräfte entwickelt werden.

In kaum einer Epoche der Weltgeschichte war es in der Literatur deutlicher zu spüren als heute. Die körperliche Konstitution und das Temperament haben eine enorme und demütigende Kraft, sie zu vertiefen oder zu erleichtern, und die Stärke oder Schwäche des religiösen Glaubens wirkt sich weitgehend darauf aus, doch die Besten, die Stärksten, die Gläubigsten und die Wohlhabendsten können sich ihr nicht völlig entziehen. Manchmal findet es seinen wahren Ausdruck in den Zeilen von Raleigh:

Sogar so ist die Zeit; das braucht Vertrauen

Unsere Jugend, unsere Freuden und alles, was wir haben!

Und zahlt uns nichts als Alter und Staub,

Was im dunklen und stillen Grab,

Wenn wir alle unsere Wege gewandert sind,

Hält die Geschichte unserer Tage zum Schweigen;

Und aus welchem Grab und Erde und Staub,

Der Herr wird mich aufrichten, darauf vertraue ich.

Manchmal hat es den Ton einer leichteren Melancholie mit einem Hauch von Zynismus:

La vie est vaine:

    Un peu d'amour,

Un peu de haine,

    Et puis – guten Tag.


La vie est brève,

    Un peu d'espoir,

Un peu de rêve,

    Et puis – bon soir. [74]

Es gibt wenige Aussprüche, die es besser verdienen, uns ständig vor Augen zu halten, als der von Franklin: „Du schätzt das Leben; Dann verschwende keine Zeit, denn Zeit ist der Stoff des Lebens.' Von all den Dingen, die den Menschen geschenkt werden, ist keines wertvoller, aber keines wird ungleicher genutzt, und der wahre Maßstab des Lebens sollte weniger in seiner Dauer als vielmehr in der Menge liegen, die hineingesteckt wird. Zeitverschwendung gehört zu den ältesten Gemeinplätzen, gehört aber auch zu den Dingen, die nie wirklich altbacken sind. Wie viel von dem kostbaren „Lebensstoff" wird durch mangelnde Pünktlichkeit verschwendet; aus Mangel an Methode, die überflüssigen und wiederholten Aufwand erfordert; durch Mangel an Maßen werden Dinge, die in Maßen angenehm oder gewinnbringend sind, bis zur Ermüdung, Sättigung und Extravaganz in die Länge gezogen; aus Mangel an Auswahl, die sich zu sehr mit dem Nutzlosen oder Unwichtigen beschäftigt; aus Mangel an Intensität, aus einer Natur herauswachsend, die sowohl bei der Arbeit als auch beim Vergnügen lustlos und apathisch ist. Zeit ist in gewisser Hinsicht das elastischste aller Dinge.

Es ist eine der häufigsten Erfahrungen, dass die meistbeschäftigten Männer das meiste davon für außergewöhnliche Arbeit finden, und oft ein Mann, der unter dem starken Anreiz eines aktiven Berufslebens bitter beklagt, dass er so wenig Zeit findet, seiner Lieblingsarbeit oder seinem Lieblingsstudium nachzugehen Zu seiner eigenen Überraschung stellt er fest, dass er auf diesem Gebiet weniger leistet als in den hart erkämpften Zeitabschnitten eines überfüllten Lebens, wenn ihm die Umstände die ganze Zeit zur Verfügung gestellt haben. Die Kunst, die freien fünf Minuten, die gelegentlichen Freiräume oder Zeitabschnitte des Lebens sinnvoll zu nutzen, ist eine der wertvollsten, die wir uns aneignen können. Es gibt Leben, in denen es vor allem darum geht, die Zeit zu überstehen. In anderen Fällen geht es darum, Zeit für alles zu finden, was durchgemacht werden muss, und die meisten Menschen sind in verschiedenen Phasen ihres Lebens mit beiden Extremen vertraut. Für manche ist die Zeit bloße Dauer, ein leeres, konturloses Ding, das schnell und unmerklich vorbeigleitet. Mit anderen scheint jeder Tag und fast jede Stunde ihren eigenen Stempel und Charakter zu haben, sei es im Guten oder im Schlechten, in der Arbeit oder im Vergnügen. In dieser Hinsicht gibt es große Unterschiede zwischen verschiedenen Epochen der Geschichte und zwischen verschiedenen Generationen im selben Land, zwischen Stadt- und Landleben und zwischen verschiedenen Ländern. „Besser fünfzig Jahre Europa als ein Zyklus von Cathay" ist zutiefst wahr, und kein Reisender kann sich des Unterschieds im Wert der Zeit in einem nördlichen und einem südlichen Land nicht bewusst sein. Die Freizeit einiger Nationen scheint geschäftiger zu sein als die Arbeit anderer, und kaum etwas ist für eine überreizte und abgestumpfte angelsächsische Natur beruhigender, als für eine kurze Zeit in eines dieser Länder zu gehen, in denen die Zeit fast wertlos zu sein scheint.

Im Großen und Ganzen besteht kaum ein Zweifel daran, dass das Leben in den zivilisierteren Ländern in unserer Generation stark zugenommen hat. Es liegt nicht nur daran, dass die durchschnittliche Dauer verlängert wird. Dies ist zu einem großen Teil auf die geringere Kindersterblichkeit zurückzuführen. Die Verbesserung zeigt sich deutlicher in der zunehmenden Verbreitung eines kräftigen und aktiven Alters, in der Vielzahl neuer Mittel zur Zeitersparnis und damit zur Zeitvermehrung, in der weitaus größeren Intensität des Lebens sowohl in den Formen der Arbeit als auch in den Formen des Vergnügens. „Leben unter hohem Druck" ist nicht ohne Nachteile und Übel, aber es bedeutet zumindest ein Leben, das weitgehend und vollständig genutzt wird.

Alle Arbeitsunterbrechungen sind jedoch keine Zeitverschwendung, auch wenn sie nicht die Form eines positiven Vergnügens annehmen. Überarbeitung ist in allen Bereichen des Lebens im Allgemeinen eine schlechte Ökonomie, und zwar nicht so sehr, weil sie oft die Gesundheit beeinträchtigt – das meiste, was dieser Ursache zugeschrieben wird, ist wahrscheinlich eher auf Angst als auf die Arbeit zurückzuführen –, sondern weil sie selten die Qualität beeinträchtigt der Arbeit. Ein großer Teil unseres Lebens vergeht in der Bewusstlosigkeit des Schlafes, und vielleicht wird kein Teil davon sinnvoller verbracht. Es bringt nicht nur die Wiederherstellung unserer körperlichen Energien mit sich, sondern verleiht auch unserer moralischen Natur einen wahren und gesunden Ton. Von allen irdischen Dingen trägt der Schlaf am meisten dazu bei, die Dinge in ihre wahren Proportionen zu bringen, aufgeregte Nerven zu beruhigen und übertriebene Sorgen zu zerstreuen. Wie viele Selbstmorde wurden abgewendet, wie viele voreilige Unternehmungen und Entscheidungen wurden verhindert, wie viele gefährliche Streitigkeiten wurden durch den beruhigenden Einfluss einiger Stunden ununterbrochenen Schlafes beigelegt! „Schlaf, der den ausgefransten Ärmel der Sorgen hochstrickt", ist in einer von Sorgen erfüllten Welt tatsächlich einer der größten Segen. Seine heilende und wiederherstellende Kraft ist sowohl bei geistigen als auch bei körperlichen Krankheiten zu spüren, und trotz der Autorität Salomos ist es für Menschen wahrscheinlich klug, das volle Maß davon zu nehmen, was nicht geheilt wurde die Natur verlangt. Die wahre Zeitverschwendung des Faulen liegt nicht in der Menge an natürlichem Schlaf, den er genießt, sondern in der Zeit, die er müßig im Bett verbringt, wenn der Schlaf aufgehört hat, und in unangebrachtem und ungünstigem Schlaf, der nicht auf ein echtes Verlangen des Körpers zurückzuführen ist zur Ruhe, sondern einfach zu geistiger Trägheit, zu Desinteresse und mangelnder Aufmerksamkeit.

Einige Männer haben sogar noch mehr Schlaf beansprucht. „Die Nachtzeit des Körpers", sagte ein antiker Schriftsteller, „ist die Tageszeit der Seele", und einige, die nicht unbedingt an dem alten Glauben festhalten, dass das Göttliche in den Träumen der Nacht liegt Obwohl der Geist am meisten mit dem Menschen kommuniziert, haben wir dennoch geglaubt, dass der völlige Rückzug unseres Geistes von den weltlichen Sorgen, die unsere wachen Stunden verfolgen und so viel zur Verwirklichung und Verhärtung unserer Natur beitragen, eine der ersten Voraussetzungen für ein höheres Leben ist. „Im Verhältnis dazu", sagte Swedenborg, „wie der Geist in der Lage ist, sich von sinnlichen und körperlichen Dingen zurückzuziehen, im gleichen Verhältnis wird er in himmlische und spirituelle Dinge erhoben." Es wurde festgestellt, dass Gedanken und Urteile, die in unseren Abendstunden verstreut und verwickelt sind, oft im Schlaf gesiebt, geklärt und geordnet zu sein scheinen; dass Probleme, die hoffnungslos verwirrt schienen, als wir uns hinlegten, sofort und leicht gelöst werden, wenn wir aufwachen, „als ob eine Vernunft, die vollkommener als die Vernunft war, am Werk gewesen wäre, als wir in unseren Betten lagen." Etwas Ähnliches, so wurde behauptet, geschieht in unserer moralischen Natur. „Während dieser Stunden läuft in uns ein Prozess ab, der zu keinem anderen Zeitpunkt, wenn überhaupt, so effektiv durchgeführt werden kann und kann, und wir wachsen spirituell, entwickeln uns und reifen kontinuierlicher, während wir so vor den ablenkenden Einflüssen geschützt sind." der phänomenalen Welt als während der Stunden, in denen wir in sie versunken sind ... Ist es nicht genau die Funktion des Schlafes, uns für einen Teil jedes Tages in unserem Leben eine Pause von weltlichen Einflüssen zu verschaffen, die uns ununterbrochen berauben würden? Können Sie uns die Unterweisung und die spirituelle Stärkung vermitteln, die notwendig ist, um uns zu qualifizieren, unsere Erfahrungen im Wachzustand mit der Welt bestmöglich zu nutzen, ohne von ihnen überwältigt zu werden? In diesen Stunden hören die Pläne und Ambitionen unseres äußeren weltlichen Lebens auf, den Fluss des göttlichen Lebens in den Willen zu behindern oder zu behindern. [75]

Ohne diesem Gedankengang jedoch zu folgen, ist es zumindest hinreichend klar, dass kein geringer Teil des Lebensglücks von unseren Schlafstunden abhängt. Platon hat die Menschen ermahnt, ihre Träume als Zeichen ihrer natürlichen Veranlagungen, Neigungen und Versuchungen sorgfältig zu beobachten, und – vielleicht mit mehr Grund – Burton und Franklin haben „die Kunst, angenehme Träume zu bewirken" als eine der großen, wenn auch wenig anerkannten Methoden vorgeschlagen. Zweige der Wissenschaft vom Leben. Dies ist zweifellos vor allem eine Frage der Ernährung, der Bewegung, einer effizienten Belüftung und einer sinnvollen Stundenverteilung, wird aber auch weitgehend von moralischen Gründen beeinflusst.

Somnia quæ mentes ludunt volitantibus umbris,

Nec delubra deum, nec ab æthere numina mittunt,

Sed sibi quisque facit.

Die Störungen des Geistes zu besänftigen, ein ruhiges, aufrechtes und reueloses Leben zu führen, die Kraft zu kultivieren, den Strom unserer Gedanken durch den Willen zu steuern und widerspenstige Leidenschaften, übertriebene Ängste und ungesunde Wünsche zu unterdrücken, ist mindestens ein großartiges Rezept dafür, dass wir jene schmerzhaften Träume aus unseren Kissen verbannen, die nicht wenig zum Unglück vieler Leben beitragen.

Ein analoger Zweig der Selbstkultur ist derjenige, der versucht, eine gesunde Nahrung für die wachen Stunden der Nacht bereitzustellen, wenn die Zeit so unnatürlich lang erscheint und in der besonders düstere Gedanken und übertriebene und trübe Ansichten über die Prüfungen des Lebens vorherrschen. Unter den Möglichkeiten, wie Bildung zum wahren Glück des Menschen beitragen kann, ist ihre Fähigkeit, angenehme oder beruhigende

Gedanken für diese trostlosen Stunden zu liefern, nicht die geringste, obwohl sie in Büchern oder Reden selten oder nie erwähnt wird. In dieser Hinsicht ist vielleicht die frühe Gewohnheit, sich Poesie – und insbesondere religiöse Poesie – einzuprägen, am wichtigsten.

Bei der Schätzung des Wertes jener Arbeitspausen, die nicht in aktiver Freude verbracht werden, kann noch eine weitere Überlegung berücksichtigt werden. Es gibt Zeiten, in denen der Geist brach liegen sollte, und alle, die das intellektuelle Leben mit Gewinn geführt haben, haben erkannt, dass es oft gerade diese Zeiten sind, in denen er die Elastizität, die er möglicherweise verloren hat, am meisten zurückgewinnt und im spontanen Denken am produktivsten wird. Viele Lebensabschnitte, die auf den ersten Blick wie ungenutzte Zeit erscheinen, gehören in Wahrheit zu den wirklich wertvollsten.

Wir alle haben die merkwürdige Tatsache der extremen scheinbaren Ungleichheiten der Zeit bemerkt, obwohl sie ihrem Wesen nach die einheitlichste aller Dinge ist. Perioden von Schmerz oder akutem Unbehagen scheinen unnatürlich lang zu sein, aber diese Verlängerung der Zeit trifft glücklicherweise nicht auf alle melancholischen Szenen des Lebens zu und ist auch nicht für Dinge charakteristisch, die schmerzhaft sind. Ein Invalidenleben mit seiner fast ununterbrochenen Monotonie und dem großen Maß an Erstarrung, das es oft begleitet, vergeht normalerweise sehr schnell, und die meisten Menschen müssen beobachtet haben, wie die erste Reisewoche oder eine andere große Änderung der Gewohnheiten und Beschäftigungen Obwohl es oft mit großem Vergnügen begleitet wird, scheint es unverhältnismäßig lang zu sein. Routine verkürzt und Abwechslung verlängert die Zeit, und es liegt daher in der Macht des Menschen, etwas zu tun, um ihr Tempo zu regulieren. Ein Leben mit vielen Meilensteinen, ein Leben, das stark unterteilt ist, wenn diese Unterteilungen nicht von der gleichen Art sind und wenn neue und unterschiedliche Interessen, Eindrücke und Arbeiten in schneller und deutlicher Abfolge aufeinander folgen, erscheint am längsten, und die Jugend, mit seiner ausgeprägten Empfänglichkeit für Eindrücke scheint sich viel langsamer zu entwickeln als das apathische Alter. Wie fast unermesslich lang erscheint einem kleinen Kind der Zeitraum von Geburtstag zu Geburtstag! Wie lang erscheint dem Schüler die Zeitspanne zwischen Ferien und Ferien! Wie schnell unser Leben voranschreitet, wird der schreckliche Rhythmus jedes wiederkehrenden Jahres! Wenn das Gefühl des Neuen selten geworden ist und die Interessen ihre Schärfe verloren haben, vergeht die Zeit immer schneller. Campbell hat zu Recht festgestellt, dass die Zeit in der Zeit des Lebens, in der die Freuden am wenigsten und die Gebrechen am zahlreichsten sind, als wohltuende Gabe der Natur am schnellsten zu vergehen scheint.

Je länger wir leben, desto kürzer erscheinen uns

   Die aufeinanderfolgenden Phasen unseres Lebens,

Ein Tag bis zur Kindheit scheint ein Jahr zu sein,

   Und Jahre wie vergehende Zeitalter.


   * * * * *


Wenn die Freuden ihre Blüte und ihren Atem verloren haben,

   Und das Leben selbst ist langweilig,

Warum, wenn wir die Wasserfälle des Todes erreichen?

   Spüren wir, dass die Flut schneller wird?


   * * * * *


Der Himmel gibt unseren schwindenden Jahren Kraft

   Flüchtigkeit entschädigen;

Und die der Jugend scheinen eine Länge zu haben

   Im Verhältnis zu ihrer Süße.


Die Kürze des Lebens gehört zu den Gemeinplätzen der Literatur. Obwohl wir uns zwar leicht Wesen mit geistigen und körperlichen Fähigkeiten vorstellen können, die für ein viel längeres Leben als unseres geeignet sind, werden wir mit unseren vorhandenen Kräften normalerweise feststellen, dass das Leben lang genug ist, wenn es nicht vorzeitig verkürzt wird. Bei Männern, die eine große Rolle in öffentlichen Angelegenheiten gespielt haben, wird die beste Arbeit fast immer vor dem Alter geleistet. Es ist eine bemerkenswerte Tatsache, dass, obwohl ein Senat schon seiner Ableitung nach eine Versammlung alter Männer bedeutet und obwohl im Senat von Rom, dem größten von allen, die Mitglieder auf Lebenszeit saßen, es ein besonderes Gesetz gab, das dies vorsah Kein Senator, der älter als sechzig ist, sollte zu seinem Dienst gerufen werden. [76] In den vergangenen Jahrhunderten waren aktive siebzigjährige Staatsmänner sehr selten und im parlamentarischen Leben nahezu unbekannt. In unserem Jahrhundert gab es brillante Ausnahmen, aber in den meisten Fällen wird man feststellen, dass der wahre Ruhm dieser Staatsmänner auf dem beruht, was sie vor ihrem Alter getan haben, und manchmal war die unangemessene Verlängerung ihres aktiven Lebens ein großes Unglück. nicht nur für ihren eigenen Ruf, sondern auch für die Nationen, die sie beeinflusst haben. Tatsächlich nimmt das Selbstvertrauen, selbst bei guten Männern, oft zu, während die Fähigkeiten abnehmen. Früher unterdrückte moralische und intellektuelle Versäumnisse wurzeln und breiten sich aus, und es ist kein geringer Segen, dass ihnen nur kurze Zeit bleibt, um ihren Lauf zu nehmen. Bei Männern mit großen Fähigkeiten sind die Torheiten des Alters vielleicht noch mehr zu fürchten als die Torheiten der Jugend. Wenn Menschen einen großen Ruf erworben und eine große Autorität erworben haben, wenn sie zum Objekt der Schmeichelei von Nationen werden und wenn sie mit wenig Mühe, Nachdenken oder Studium die allgemeine Aufmerksamkeit auf sich ziehen können, beginnt eine neue Reihe von Versuchungen. Ihre Köpfe neigen dazu, sich zu drehen. Das Verantwortungsgefühl wird schwächer; Das alte Urteilsvermögen, die Vorsicht, die Überlegung, die Selbstbeherrschung und die Schüchternheit verschwinden. Eigensinn und Vorurteil verstärken sich, während gleichzeitig die Kraft des Argumentationswillens abnimmt. Manchmal verlieren sie aufgrund eines teilweise intellektuellen, teilweise auch moralischen Versagens fast vollständig die Fähigkeit, neue Bedingungen, Entdeckungen und Notwendigkeiten zu erkennen oder zu erkennen. Mit Neid betrachten sie den Aufstieg neuer Ansehen und jüngerer Männer, und die wohlverdiente Autorität eines alten Mannes wird zum größten Hindernis für eine Verbesserung. Auf dem Gebiet der Politik, auf dem Gebiet der Wissenschaft und auf dem Gebiet der militärischen Organisation könnten diese Wahrheiten reichlich veranschaulicht werden. Im Falle eines großen, aber bösartigen Genies ist die Kürze des Lebens ein unschätzbarer Segen. Es gibt kaum einen größeren Fluch für die Menschheit als die jahrhundertelange Verlängerung des Lebens Napoleons.

Auch in der Literatur lässt sich das gleiche Gesetz nachweisen. Die besten Gedanken eines Schriftstellers werden normalerweise lange vor dem extremen Alter ausgedrückt, obwohl die Gewohnheit und der Wunsch, sie zu produzieren, bestehen bleiben. Die Zeit der Wiederholung, der verwässerten Kraft und des geschwächten Urteilsvermögens – die Zeit, in der der Geist seine Flexibilität verloren hat und nicht mehr in der Lage ist, neue Ideen zu assimilieren oder mit den sich ändernden Verhaltensweisen und Tendenzen einer anderen Generation Schritt zu halten – beginnt oft schon während des physischen Lebens aber wenig geschwächt. In diesem Fall ist das Übel allerdings nicht sehr groß, denn man kann darauf vertrauen, dass die Zeit die Spreu vom Weizen trennt, und obwohl sie das eine nicht bewahrt, wird sie das andere unfehlbar verwerfen. „Solange ich lebe", sagte Victor Hugo mit einer gewissen Großartigkeit, aber auch mit einer gewissen Gerechtigkeit, „ist es meine Pflicht, etwas zu leisten." Es ist die Pflicht der Welt, aus dem, was ich produziere, das auszuwählen, was es wert ist, behalten zu werden. Die Welt wird ihre Pflicht erfüllen. Ich werde meine entladen.' Gleichzeitig kann es niemandem entgangen sein, zu beobachten, wie sehr das lange Schweigen Newmans im hohen Alter in unserer Generation zu seiner Würde und seinem Ansehen beitrug, und das Gleiche hätte man auch von

Carlyle sagen können, wenn es ein wohltätiges Feuer gegeben hätte zerstörte die unrevidierten Manuskripte, die er als sehr alter Mann schrieb oder diktierte.

Wir haben es jedoch hier mit großen Aufgaben zu tun und mit Männern, die im Streit der Welt eine große Rolle spielen. Der Verfall der Fähigkeiten und des Willens, der in diesen Fällen die Macht beeinträchtigt, ist oft spürbar, lange bevor es zu einem wirklichen Verfall der Kräfte kommt, die für das normale Geschäft oder den vollen Lebensgenuss erforderlich sind. Aber es kommt die Zeit, in der die Kinder erwachsen geworden sind und in der es wünschenswert wird, dass eine jüngere Generation die Regierung der Welt übernimmt und ihren Reichtum, ihre Macht, ihre Würde, ihre vielen Einflussmöglichkeiten und Freuden erbt. und dies kann nicht vollständig geschehen, bis die ältere Generation zur Ruhe gebettet ist. Tatsächlich ist das Alter, wenn es frei von schweren Gebrechen und großen Prüfungen und Entbehrungen ist, oft die ehrenvollste, ruhigste und vielleicht im Großen und Ganzen glücklichste Zeit des Lebens. Die Kämpfe, Leidenschaften und Ambitionen anderer Tage sind vorbei. Der mildernde Hauch der Zeit hat Feindseligkeiten besänftigt, alte Charakterverhärtungen überwunden, ein größeres und toleranteres Urteil verliehen und die krankhafte Empfindlichkeit geheilt, die das Leben am meisten verbittert. Im Geist des alten Mannes sind die Erinnerungen an ein erfülltes und ehrenvolles Leben gespeichert. In den langen Freizeiten, die ihm nun zufallen, ist es ihm oft möglich, Projekte wieder aufzunehmen, die er in einem überfüllten Berufsleben aufgeben musste; Er findet (wie Adam Smith sagte), dass eine der größten Freuden im Leben darin besteht, im Alter auf die Studien der Jugend zurückzugreifen, und er selbst verspürt in seinem Mitgefühl mit den Kindern, die er umgibt, oft etwas von der Erregung einer zweiten Jugend ihn. Es ist der St.-Martins-Sommer, der den kurzen Novembertag mit einem blassen, aber schönen Glanz erhellt. Aber es muss die Zeit kommen, in der alle Alternativen des Lebens traurig sind, und die am wenigsten traurige ist ein schnelles und schmerzloses Ende. Wenn das Auge aufgehört hat zu sehen und das Ohr nicht mehr zu hören, wenn der Verstand versagt hat und alle Freunde der Jugend verschwunden sind und das Leben des alten Mannes nicht nur ihm selbst, sondern auch seinen Mitmenschen zur Last wird, dann ist das viel besser er sollte die Szene verlassen. Wenn ein natürliches Festhalten am Leben oder ein natürliches Zurückschrecken vor dem Tod ihn daran hindert, dies klar zu erkennen, wird es von allen anderen zumindest vollständig gesehen.

Tatsächlich ist diese Lebenslust in den meisten Fällen im extremen Alter auch nicht mehr dauerhaft vorhanden. Es gibt kaum etwas Traurigeres, als zu sehen, wie die Jungen oder Menschen im reifen Leben nach Mitteln suchen, um „die Zeit totzuschlagen", wie es in der aktuellen Redewendung heißt.

Aber im hohen Alter, wenn die Kraft zur Arbeit, die Kraft zum Lesen und die Freuden der Gesellschaft verloren gegangen sind, erhält dieser Satz eine neue Bedeutung. Wie Madame de Staël wunderschön gesagt hat: „On dépose fleur à fleur la couronne de la vie." Eine Apathie befällt alle Fähigkeiten, und Ruhe – ununterbrochene Ruhe – wird zum Hauptbedürfnis. Ich erinnere mich an eine rührende Grabinschrift auf einem deutschen Kirchhof: „Ich werde aufstehen, o Christus, wenn du mich rufst; aber oh! lass mich eine Weile ruhen, denn ich bin sehr müde.'

Nach allem, was man sagen kann, scheuen sich die meisten Männer davor, der Zeit ins Gesicht zu sehen. Der Jahresabschluss oder ein Geburtstag ist für sie lediglich eine Zeit der Freude, in die sie eintreten, um sich von deprimierenden Gedanken abzuwenden. Sie schrecken vor der für sie tristen Wahrheit zurück, dass sie in einen dunklen Abgrund abdriften. Für viele sind die Meilensteine auf dem Lebensweg Grabsteine, jede Epoche ist in ihrer Erinnerung vor allem mit einem Tod verbunden. Für manche ist vergangene Zeit nichts – ein abgeschlossenes Kapitel, das nie wieder geöffnet werden kann.

Die Vergangenheit ist nichts, und endlich,

Die Zukunft kann nur Vergangenheit sein.

Für andere ist der Gedanke an die in den vergangenen Jahren geleistete Arbeit der realste und bleibendste Besitz. Sie können die Kraft der edlen Linien von Dryden spüren:

Nicht der Himmel selbst hat über die Vergangenheit Macht,

Aber was war, ist gewesen, und ich hatte meine Stunde.

Wer der Zeit ohne Illusionen und ohne Angst ins Auge sehen möchte, sollte jedes Jahr, das vergeht, mit neuen Entwicklungen seiner Natur assoziieren; mit erfüllten Aufgaben, mit geleisteter Arbeit. Die uns zugeteilte Zeit bis zum Rand mit Taten und Gedanken zu füllen, ist die einzige Möglichkeit, wie wir lernen können, ihrem Verlauf mit Gleichmut zuzusehen.

### FUSSNOTEN:

[74] Monte-Naken.

[75] Siehe „*The Mystery of Sleep*" von John Bigelow.

[76] Seneca, *de Brevitate Vitæ*, Kap. XX.

# Kapitel XVII

## 'DAS ENDE'

Es ist leicht, sich Umstände vorzustellen, die sich nicht sehr von denen des tatsächlichen Lebens unterscheiden und die dem Tod, wenn nicht ganz, so doch zumindest weitgehend, die Düsterkeit nehmen würden, die ihn normalerweise umgibt. Wenn alle Mitglieder der Menschheit entweder vor zwei oder nach siebzig Jahren starben; wenn der Tod in allen Fällen so schnell und schmerzlos wäre wie bei vielen; Und wenn der alte Mann immer Kinder zurücklassen würde, um seinen Namen, seine Erinnerung und seine Gedanken zu bewahren, würde der Tod, auch wenn er immer noch traurig erscheinen mag, sicherlich nicht die Gefühle hervorrufen, die er jetzt so oft hervorruft. Von allen Ereignissen, die uns widerfahren, verdankt es den größten Schrecken nicht sich selbst, sondern seinen Begleiterscheinungen, seinen Assoziationen und den Vorstellungen, die sich um es herum sammeln. „Der Tod", wie ein großer stoischer Moralist sagte, „ist das einzige Übel, das uns niemals berühren kann." Wenn wir es sind, gibt es keinen Tod. „Wenn der Tod kommt, sind wir es nicht."

Das Verfassen tröstender Abhandlungen, die die Menschen daran gewöhnen sollten, den Tod ohne Schrecken zu betrachten, war eine der Lieblingsübungen der Philosophen im augusteischen Zeitalter und in den folgenden Perioden des heidnischen Roms. Das Kapitel, das Cicero diesem Thema in seiner Abhandlung über das Alter gewidmet hat, ist ein schönes Beispiel dafür, wie es einem tugendhaften Heiden erschien, der an ein zukünftiges Leben glaubte, das ihn in Gemeinschaft mit denen bringen würde, die er auf Erden geliebt und verloren hatte , der dies aber gleichzeitig nur als Wahrscheinlichkeit, nicht als Gewissheit erkannte. „Der Tod", sagte er, „ist ein Ereignis, das entweder völlig außer Acht gelassen werden darf, wenn es die Existenz der Seele auslöscht, oder sehr zu wünschen übrig lässt, wenn es sie in eine Region versetzt, in der sie für immer weiterexistieren wird." Eine dieser beiden Konsequenzen muss zwangsläufig mit der Trennung von Seele und Körper einhergehen; es gibt keine andere mögliche Alternative. Was muss ich dann fürchten, wenn ich nach dem Tod entweder nicht unglücklich oder mit Sicherheit glücklich sein werde?

Vage Vorstellungen von einer düsteren, zwielichtigen, schattigen Welt, in der die Geister der Toten ein schwaches und freudloses Dasein führten und von wo sie manchmal zurückkehrten, um die Lebenden in ihren Träumen zu verfolgen, waren jedoch in der populären Vorstellung weit verbreitet, und das war auch der Fall Als das Aussterben aller abergläubischen Ängste begrüßte die Schule von Lucretius und Plinius den Glauben, dass alles mit dem Tod endete – „Post mortem nihil est, ipsaque mors nihil." Es ist auch keineswegs sicher, dass selbst in der Schule Platons der Gedanke an ein anderes Leben einen großen und wirksamen Einfluss auf Geist und Charakter hatte. Der Tod wurde hauptsächlich als Ruhe dargestellt; als Abschluss eines Banketts; als das universelle Naturgesetz, das allen Lebewesen widerfährt, auch wenn die überwiegende Mehrheit bereits früher als der Mensch damit in Berührung gekommen ist. Man stellte es sich einfach als Schlaf vor – traumlosen, ungestörten Schlaf – die endgültige Befreiung von allen Sorgen, Leiden, Ängsten, Mühen und Sehnsüchten des Lebens.

Wir sind so etwas

Wie Träume entstehen und unser kleines Leben

Abgerundet wird mit einem Schlaf. [77]

Das Beste an Ruhe ist Schlaf,

Und dass du oft provozierst; doch große Angst

Dein Tod, der nicht mehr ist. [78]

Sterben bedeutet, an einem stillen Ufer zu landen

Wo niemals Wogen brechen, noch Stürme toben. [79]

Es ist seltsam zu beobachten, zu welcher Höhe nicht nur an moralischer Exzellenz, sondern auch an hingebungsvollem Eifer Menschen ohne jegliche Unterstützung durch die Lehre eines zukünftigen Lebens aufgestiegen sind. Nur ein schwacher und zweifelhafter Schimmer eines solchen Glaubens lässt sich in den Psalmen erkennen, in denen unzählige Generationen von Christen den vollsten Ausdruck ihrer hingebungsvollen Gefühle gefunden haben, oder in den Meditationen des Marcus Aurelius, die vielleicht das reinste Produkt heidnischer Natur sind Frömmigkeit.

Wie ich bereits sagte, versuche ich in diesem Buch, Fragen umstrittener Theologien zu vermeiden; aber man kann nicht umhin, die großen Veränderungen zu bemerken, die durch einige Lehren, die in verschiedenen Formen unter dem Namen Christentum entstanden sind, in die Vorstellung vom Tod eingeführt wurden, obwohl vieles davon im Keim auf frühere Perioden des Christentums zurückgeführt werden kann menschliche Entwicklung. Der Tod an sich wurde durch die Vorstellung, er sei kein Gesetz, sondern eine Strafe, ungleich schrecklicher; dass die großen Massen der Menschheit jenseits des Grabes unvorstellbar größere Leiden als die der Erde erwarteten; dass ein Ereignis, von dem man annahm, dass es lange vor unserer Geburt stattgefunden habe, oder kleine Schwächen, denen sich die Besten von uns nicht entziehen können, ausreichten, um die Menschen dieser Verurteilung zu unterwerfen; dass die einzigen Wege zur Sicherheit in kirchlichen Zeremonien zu finden seien; in der Unterstützung von Priestern; in einer genauen Wahl unter konkurrierenden theologischen Lehren. Gleichzeitig hat die größte und mächtigste Kirche der Christenheit über viele Jahrhunderte ihr Möglichstes getan, um die natürliche Angst vor dem Tod zu verstärken, indem sie ihn in der Vorstellung der Menschen mit abscheulichen Bildern und einer entsetzlichen Umgebung in Verbindung brachte. Es kann keinen größeren Kontrast geben als den zwischen dem griechischen Grab mit seinen Blumengirlanden, seinen hellen, jugendlichen und erholsamen Bildern und den Leichenkapellen, die man oft in katholischen Ländern findet, mit ihren gruseligen Bildern der *geretteten* Seelen, die sich im Fegefeuer winden Flammen, während die Inschrift oben und die Sparbüchse unten auf das einzige Mittel hinweisen, ihr Los zu lindern.

Fermati, O Passagiero, mira tormenti.

Siamo abbandonati dai nostri parenti.

Ich habe meine Frömmigkeit geäußert, oder meine Freunde.

Dies ist eine Seite des Bildes. Andererseits kann nicht in Frage gestellt werden, dass die starken Überzeugungen und beeindruckenden Zeremonien, selbst des abergläubischsten Glaubens, in ihren letzten Augenblicken viele Menschen getröstet und gestärkt haben, und dass der Tod in den reineren und aufgeklärteren Formen des Christentums jetzt ein ganz anderes Aussehen hat von dem, was es in der Lehre des mittelalterlichen Katholizismus oder einiger der aus der Reformation hervorgegangenen Sekten tat. Das menschliche Leben, das in der Schwäche des Alters und in der Verderbnis des Grabes endet, wird immer als demütigender Höhepunkt und oft als abscheuliche Ungerechtigkeit erscheinen. Der Glaube an die rechtmäßige Vorherrschaft des Gewissens und an ein ewiges moralisches Gesetz, das die vielen Fehler und Ungerechtigkeiten des Lebens wieder gut macht und den endgültigen Triumph des Guten über das Böse sicherstellt; die Unfähigkeit der Erde und der irdischen Dinge, unsere Wünsche und Ideale zu befriedigen; die instinktive Revolte der menschlichen Natur gegen die Idee der Vernichtung und ihre Fähigkeit zu Zuneigungen und Bindungen, die durch ihre Intensität die Grenzen der Erde zu überschreiten scheinen und in Momenten der Trauer eine Überzeugung oder Überzeugung von etwas mit sich bringen, das über das Grab hinaus Bestand hat – All diese Dinge haben im christlichen Glauben eine Sanktion und eine Befriedigung gefunden, die die Menschen bei Sokrates oder Cicero oder im vagen Pantheismus, zu dem die bloße Vernunft von Natur aus neigt, nicht gefunden hatten.

Betrachtet man den Tod jedoch in seinen rein menschlichen Aspekten, sollte der Trauernde bedenken, wie oft er sich während einer langen Krankheit wünschte, der Sterbende könnte schlafen; Wie tröstlich war für ihn der Gedanke an jede Stunde friedlicher Ruhe; von jeder Stunde, in der der Patient dem Bewusstsein entzogen war, gefühllos für das Leiden, für eine Zeit lang vom Elend eines sterbenden Lebens befreit. Er sollte sich fragen, ob diese Phasen der Gefühllosigkeit nicht im Großen und Ganzen die glücklichsten in der Krankheit waren – diejenigen, die er am liebsten vervielfacht oder verlängert hätte. Er sollte sich also daran gewöhnen, den Tod als Schlaf zu betrachten – ungestörten Schlaf – den einzigen Schlaf, aus dem der Mensch niemals mit Schmerzen erwacht.

Sie stehen vor einer weitaus tieferen und ergreifenderen Prüfung als der Tod eines alten Mannes – eines jungen Lebens, das in seiner Blütezeit abgeschnitten wurde; die Sonnenfinsternis vor Einbruch des Abends. Gewöhnen Sie sich, das vergangene Leben als Ganzes zu betrachten. Ein Mensch wurde in die Welt gerufen – er hat zehn, zwanzig, dreißig Jahre darin gelebt. Es scheint Ihnen ein unerträgliches Beispiel für die Ungerechtigkeit des Schicksals zu sein, dass er so früh abgeschnitten wird. Schätzen Sie also dieses Leben als Ganzes und fragen Sie sich, ob es, so beurteilt, ein Segen war oder das Gegenteil. Zählen Sie die Jahre des Glücks. Zählen Sie die Tage oder vielleicht Wochen der Krankheit und des Schmerzes. Messen Sie das Glück, das dieses kurze Leben einigen Verstorbenen beschert hat; der sein frühes Ende nie mehr erlebt hat. Vergleichen Sie das Glück, das es während seiner Existenz den Überlebenden bereitete, mit der Schärfe und der Dauer des Schmerzes, der durch den Verlust verursacht wurde. Hier ist zum Beispiel jemand, der vielleicht fünfundzwanzig Jahre lang gesund und munter gelebt hat; dessen Leben in dieser Zeit von keinem ernsthaften Unglück geprägt war; dessen Natur, obwohl von Zeit zu Zeit von kleinen Ängsten und Sorgen getrübt, im Großen und Ganzen fröhlich, fröhlich und glücklich war; der die Fähigkeit zu lebhaftem Genuss und viele Gelegenheiten hatte, dies zu erreichen; der den ganzen Nervenkitzel der Gesundheit, der Freundschaft und der ekstatischen Freude verspürte. Dann kam eine Veränderung – ein oder zwei Jahre mit einem verkrüppelten Flügel – das Leben, wenn auch nicht völlig elend, im Großen und Ganzen eine Last, und dann das Ende. Sie können sich leicht ein besseres Los vorstellen – Sie können es sich sehnlichst wünschen –, aber urteilen Sie gerecht über die Lichtverhältnisse und Schattierungen dessen, was gewesen ist. Übersteigt das Glück im Großen und Ganzen nicht das Böse? Können Sie ehrlich sagen, dass dieses Leben ein Fluch und kein Segen war? – dass es besser gewesen wäre, wenn es nie aus dem Nichts gerufen worden wäre? – dass es besser gewesen wäre, wenn das Drama nie gespielt worden wäre? Es ist vorbei. Während Sie in seinem letzten Zuhause das Objekt so großer Liebe liegen, fragen Sie sich, ob diese Klammer zwischen zwei Dunkelheiten, selbst aus rein menschlicher Sicht, ihm und seinen Mitmenschen nicht im Großen und Ganzen mehr Glück als Schmerz gebracht hat ihn.

Ein altes Sprichwort lautete: „Wen die Götter lieben, stirbt jung", und aus der heidnischen Antike sind uns mehr als eine Legende überliefert, die den schnellen und schmerzlosen Tod als den größten Segen darstellt; während andere Legenden, wie die von Tithonus, das Bild vorwegnahmen, das Swift so eindringlich, aber so abstoßend vom Elend des Alters und seinen Gebrechen gezeichnet hat, wenn der Tod nicht als Befreiung käme. Ich habe an anderer Stelle eine alte irische Legende erzählt, die diese Wahrheit verkörpert. „In einem bestimmten See in Münster gab es angeblich zwei Inseln; In die erste konnte der Tod nie eintreten, aber Alter und Krankheit, die Müdigkeit des Lebens und die Anfälle schrecklichen Leidens waren dort alle bekannt, und sie taten ihr Werk, bis die Bewohner, ihrer Unsterblichkeit überdrüssig, lernten, auf die gegenüberliegende Insel zu blicken wie auf einer Oase der Ruhe. Sie ließen ihre Rinden auf die düsteren Wasser strömen; Sie berührten sein Ufer und ruhten. [80]

Niemand kann jedoch mit Sicherheit sagen, ob ein früher Tod ein Unglück ist, denn niemand kann wirklich wissen, welche Katastrophen dem Verstorbenen widerfahren wären, wenn sein Leben verlängert worden wäre. Wie oft passiert es, dass die Kinder eines verstorbenen Elternteils Dinge tun oder leiden, die ihm das Herz gebrochen hätten, wenn er sie noch erlebt hätte! Wie oft lauern im Körper schmerzhafte Krankheiten im Keim, die unsagbares Leid hervorgerufen hätten, wenn nicht ein früher und vielleicht schmerzloser Tod ihrer Entwicklung zuvorgekommen wäre! Wie oft trüben Fehler und Unglücke den Abend und trüben die Schönheit eines edlen Lebens, oder moralische Gebrechen, die man in der Jugend oder im frühen Mannesalter nicht bemerkt hat, brechen noch vor dem Ende des Tages aus! Wer hat sich nicht schon oft im Rückblick auf ein erfülltes Leben gesagt: Wie viel glücklicher wäre es gewesen, wenn es früher geendet hätte? „Gib uns einen rechtzeitigen Tod" ist in Wahrheit eines der besten Gebete, die der Mensch beten kann. Der Schmerz, nicht der Tod, ist der wahre Feind, den es zu bekämpfen gilt, und zumindest in diesem Kampf kann der Mensch viel tun. Nur wenige Menschen können lange gelebt haben, ohne zu erkennen, wie viele Dinge schlimmer sind als der Tod und wie viele Knoten es im Leben gibt, die der Tod allein lösen kann.

Denken Sie vor allem daran, dass das Grab selbst für Sie nichts bedeutet, was auch immer sich jenseits des Grabes befindet. Das enge Gefängnis, der düstere Prunk, die Abscheulichkeit des Verfalls sind den Lebenden und den Alleinlebenden bekannt. Durch eine allzu verbreitete Illusion der Einbildungskraft stellen sich Menschen vor, sie seien bewusst tot, sie durchleben den Prozess der Verderbnis und sind sich dessen bewusst; mit dem Wissen um die Tatsache in den abscheulichsten aller Kerker eingesperrt.

Bemühen Sie sich ernsthaft, diese Illusion aus Ihrem Kopf zu löschen, denn sie liegt der Angst vor dem Tod zugrunde, und es ist eine der schlimmsten Seiten des Mittelalters und vieler moderner Lehren und Künste, dass sie dazu neigt, diese zu verstärken. Nichts ist, wenn wir es wirklich erkennen, weniger real als das Grab. Wir sollten uns um das Schicksal unserer entsorgten Körper genauso wenig kümmern wie um das der Haare, die der Haarschneider abgeschnitten hat. Je früher sie in ihre ursprünglichen Elemente aufgelöst werden, desto besser. Die Fantasie sollte niemals über ihren Verfall nachdenken.

Bacon hat zu Recht bemerkt, dass der Tod zwar oft als das höchste Übel angesehen wird, es aber keine menschliche Leidenschaft gibt, die nicht so mächtig wird, dass sie die Menschen dazu bringt, sie zu verachten. Nicht in den letzten Tagen des Lebens, sondern in der vollen Kraft der Jugend begegnen Männer aus Ehrgeiz oder bloßer Liebe zur Aufregung furchtlos und freudig dem Risiko. Wenn man ihm mit heißem Blut begegnet, hat man selten Angst, und unzählige Berichte über Schiffbrüche und andere Unfälle sowie viele Episoden in jedem Krieg zeigen eindrucksvoll, wie ruhig Ehre, Pflicht und Disziplin es Männern ermöglichen können, ohne außergewöhnliche Charaktere, Tugenden oder Errungenschaften zusammenzukommen es selbst dann, wenn es ihnen plötzlich, als unvermeidliche Tatsache und ohne die Aufregung vor Augen steht, die ihre Augen blenden könnte. Wenn wir unsere eigenen Gefühle über den Tod unserer Lieben analysieren, werden wir wahrscheinlich feststellen, dass Mitleid mit dem Verstorbenen selten ein ausgeprägtes Element ist, außer in Fällen, in denen das Leben vorzeitig verkürzt und viele Versprechen abgeschnitten werden. Die Gefühle, die sich lange Zeit ausschließlich auf die Leiden des Sterbenden konzentrierten, nehmen im Moment des Todes eine neue Richtung ein. Es ist die plötzliche Leere; die Trennung von dem, der uns lieb ist; das Aufhören der langen Gegenseitigkeit von Liebe und Vergnügen – mit einem Wort: unser eigener Verlust –, der uns dann betrifft. „Eine glückliche Erlösung" ist vielleicht der Satz, der am Sterbebett am häufigsten gehört wird. Und wenn wir auf ein paar Jahre zurückblicken und gelernt haben, den Tod klarer von der Krankheit, die ihm vorausging, zu trennen, wächst in uns das Gefühl seiner essentiellen Ruhe und Natürlichkeit. Ein verschwundenes Leben wird als ein vergangener Tag betrachtet, der jedoch viele Erinnerungen hinterlässt.

Ich denke, es ist eine gesunde Tendenz, die die Menschen unserer Generation dazu bringt, sich so weit wie möglich von den Zeichen und der Betrachtung des Todes abzuwenden. Der Prunk und die Ausarbeitung von Beerdigungen; langwierige Trauer umgibt uns mit der Düsterkeit einer auffälligen und künstlichen Trauer; vor allem die lange Aufhebung jener aktiven Gewohnheiten, die die Natur als Hauptheilmittel gegen Trauer vorgesehen hatte, sind Dinge, die zumindest im englischsprachigen Raum offensichtlich zurückgehen. Wir sollten versuchen, an diejenigen zu denken, die in Bestform gestorben sind, und nicht an Krankheit oder Verfall. Wahres Leid bedarf keiner Zurschaustellung und die Düsternis des Todes keiner künstlichen Verstärkung. Jeder gute Mensch, der die Gewissheit des Todes und die Ungewissheit seiner Stunde kennt, wird es zu einer seiner ersten Pflichten machen, für diejenigen zu sorgen, die er liebt, wenn er selbst gestorben ist, und alles in seiner Macht Stehende zu tun, um die Trauerzeit zu überbrücken so einfach wie möglich. Dies ist der letzte Dienst, den er leisten kann, bevor sich die Reihen schließen, sein Platz eingenommen wird und die Tage des Vergessens anbrechen. In Karrieren voller Aufruhr und Laster kann der Gedanke an den Tod einen heilsamen, zurückhaltenden Einfluss haben; aber in einem nützlichen, geschäftigen und geordneten Leben sollte es wenig Platz haben. Es waren nicht nur die Stoiker, die „den Tod zu teuer machten und ihn durch ihre Vorbereitungen noch furchterregender machten". [81] Wie Spinoza gelehrt hat, „besteht das richtige Studium eines weisen Mannes nicht darin, wie man stirbt, sondern wie man lebt", und solange er diese Aufgabe richtig erfüllt, kann er das Ende sich selbst überlassen. Die großen Orientierungspunkte für ein weises Leben sind tatsächlich wenige und einfach; unsere Pflicht zu erfüllen – nutzlosen Kummer zu vermeiden – uns geduldig mit dem Unvermeidlichen abzufinden.

### FUSSNOTEN:

[77] *Der Sturm.*

[78] *Maß für Maß.*

[79] Garth.

[80] *History of European Morals* , S. 203. Die Legende stammt von Camden.

[81] Speck.